戦後法制改革と占領管理体制

出口雄一
Yuichi Deguchi

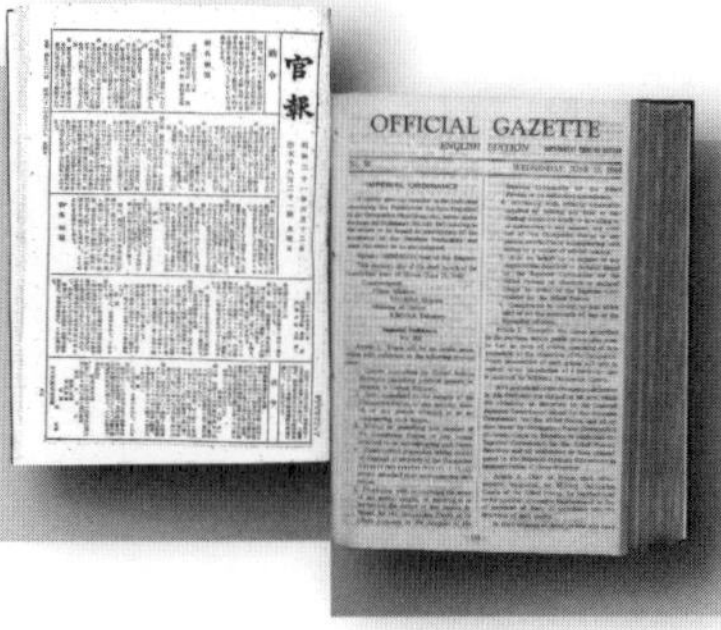

慶應義塾大学出版会

目次

第二部　占領管理体制と憲法秩序

凡例

・史料の引用に際しては、固有名詞を除いて原則として常用漢字を用いた。筆者による注記は〔　〕を附して示し、省略箇所は「…」、改行箇所は「／」で示した。判読不可能な文字は□で示した。書誌情報は、固有名詞を含めて原則として原文のまましたが、巻数等の表現について適宜統一を図った。また、初出時に利用した史料がその後史料集等に収録された場合は、読者の参照の便宜を図るため、初出時の出典の後に〔　〕を附して当該史料集等の書誌情報を記した。

・欧文史料に関しては、原史料で大文字のみで表記されている場合であっても、読みやすさを考慮して適宜小文字に置き換えて表記した。また、訳文を示す場合に、（　）を附して原語を表記した箇所がある。

・人名についての敬称等は、原則として省略した。また、欧文人名については、第四章を除いて姓のみの表記とし、当該章・節で最初に言及する際に原語表記を附した。

・年号表記に関しては、西暦を基本としているが、必要に応じて適宜元号を附した。

序論——本書の分析視角

一　本書の概要

本書は、第二次世界大戦後の占領期（一九四五〜五二年）の日本において行われた法制改革と当該時期の法的構造について、刑事司法をめぐる動向と憲法秩序の変動を主な素材として検討を行うものである。具体的には、第一部において、日本国憲法の規定を踏まえて全面改正されることになった刑事訴訟法（昭和二三年法律第一三一号）の制定過程について、隣接する法領域における改革の過程との関係を踏まえながら分析を行い、第二部において、連合国による軍事占領を法的に担保した、「「ポツダム」宣言ノ受諾ニ伴ヒ発スル命令ニ関スル件」（昭和二〇年勅令第五四二号、以下「ポツダム緊急勅令」）に基づく委任法令群である所謂「ポツダム命令」、及び、その一つとして発出された「昭和二十年勅令第五百四十二号ポツダム宣言の受諾に伴ひ発する命令に関する件に基く連合国占領軍の占領目的に有害な行為に対する処罰等に関する勅令」（昭和二一年勅令第三一一号、以下「勅令第三一一号」）について、新旧の憲法秩序との衝突という観点から分析を行う。本書の書名に引き付けるならば、第一部において「戦後法制改革」、第二部において「占領管理体制」について検討を行うということになるが、具体的な分析に入る前に、この二つの用語の含意を検討することを通じて、本書の分析視角を述べることとしたい。

二　戦後法制改革――戦前・戦後の「断絶」と比較法的自覚

第二次世界大戦後に行われた一連の「改革」をどのように呼称するかという問題は、日本近現代史における問題設定と密接に関わるものであるが[1]、この問題については近時、「占領史研究」[2]のパイオニアの一人でもある天川晃がクリアに整理を行っている[3]。天川は、東京大学社会科学研究所編『戦後改革（1）〜（8）』（東京大学出版会、一九七四〜七五年）に代表される、一九七〇年代の業績における「戦後改革」という枠組みと、アメリカにおける原史料の公開、及び、国立国会図書館における関連史資料の収集・公開を受けて進展を見せた「占領史研究」の影響を受けて、研究者の間で一九八〇年代〜九〇年代にかけて使われ始めた「占領改革」という枠組みが同じ内容を持つかどうか、という問題設定を行った上で[4]、前者の方が後者よりも広い概念であることを踏まえて、「戦後改革」の結果、一九六〇年頃に出来上がった枠組みを「戦後体制（Post War System）」として捉え[5]、「占領期の改革だけで「戦後体制」がつくられたとみる」のでは不十分であり、所謂「逆コース（Reverse course）」をも「含めた問題として「戦後体制」の成立を考えた方がよいのではないか」と提言する。ここで言われる「逆コース」について天川は、この語が使用され始めた当初の語義に従って、一九五〇年代半ば頃までを含めた「日本国内の動きとか、日本政府の動き」を中心としたものとし、そこで看取される「戦前」への復帰と「連続性」に関しても「広くとっても日中戦争以前と以後で、戦時と戦前とは違う」ということ、更に、「明治・大正システム」あるいは「明治憲法体制」に対して加えられた「戦時改革」の影響を考えるにあたっては、「総力戦」の結果が「敗戦」であった以上は「戦時の改革がそのまま生き延びるということではない」ことにも注意を喚起する[6]。

本書の分析は、主として一九四五（昭和二〇）年から一九四八（昭和二三）年にかけての「非軍事化と民主化の時代」と呼ばれる時期を中心としたものであり、その範囲に即して見るならば、「太平洋戦争において日本に勝利した米国によって主として推進」され「一九四六年と四七年（昭和二十一年と二十二年）のわずか二年で、憲法をふくむ主要な制度改革をほとんど完了」させた「占領改革」の範疇におおよそ収まる。[7] この時期に制定・改正された法制は、「戦後」の日本法の重要な構成要素になっていることは言うまでもないが、極めて広範なものであったとはいえ、すべての法制が当該時期に改革の対象となったわけではなく、改革が行われた場合も、その論点は戦前・戦時から既に検討されていたことも多い。[8] 日本国憲法の制定という重要な転回点があるものの、「戦前のシステムに対して戦時の改革が行われ、そういうものの上に戦後の占領下の改革があり、それがまだ逆コースで少し戻ったりして、戦後体制なるものができたのではないか」という天川の理解は、[9] とりわけ、改革の規模によって法領域による温度差はあるものの、第一義的には現行法の歴史的前提として占領期における法制改革を把握し、その変化を通時的に捉えようとする実定法学の立場と、基本的には順接的な関係に立つものと言えよう。[10]

上述のような立場は、しかし、初期対日占領政策、とりわけ日本国憲法を契機として導入された「戦後民主主義」の価値を高く見積もり、戦前との「断絶」を強調する法学（「戦後法学」）の主張とは、やや温度差があるものである。[11] 一九六〇年代までの法制史（法史学）における「近代」についての叙述は、明治維新から一九四五年までの法の歴史を「近代法」の「確立」を踏まえた「再編」と「崩壊」の過程として捉え、戦後をその対象としてこなかったが、[12] その後試みられた通史的な叙述においては、戦後は「現代法」の時期として取り扱われることが多い。[13] 例えば、上述の東京大学社会科学研究所編『戦後改革(1)　課題と視角』において「戦後改革全体の意義を総論的に把握」することを試みた渡辺洋三は、封建的諸関係やイデオロギーを解体して近代自由主義的市民社会の諸関係やイデオロギーを導入するという一九世紀的な近代憲法の課題としての「近代法的課題」と、これらを再編して現代民主主義を展望するという二〇世紀的な現代憲法の課題としての「現代法的課題」の両者を含む「二重の課題」を含んだものとして戦後法制改革を捉え、かつ、その「戦前」との断絶と連続に関しては、「個々の政策の機能面では連続している場合でも、法理念としては、むしろ断絶の契機が強い」として、「体制の側にとっては、それは、強いられたやむをえない改革であると考えられたのに対して、国民の側にとっては、それは当然の望ましい改革であると考えられた」と述べる。[14]ここで渡辺が用いる「現代法」概念は、単に同時代の法についての呼称ではなく、[15]一九六〇～七〇年代に提起された「現代法論争」の影響を受けた、私的領域への国家介入を批判する観点から用いられているものであるが、[16]この概念を用いた分析は、そのままの形ではないにせよ、[17]現在でもなお一定の影響力を維持しているように思われる。

一方、比較法的観点からは、戦後法制改革をアメリカ法の「自覚的摂取」として把握する理解が提示されている。野田良之は、明治期以降の外国法摂取の態様に即して、もっぱら西欧制定法の模倣を行った「立法的摂取の時代」、整備された法典をドイツ法学の影響下で解釈・適用した「法学的摂取の時代」に続けて、「日本法の独自性を比較法的に自覚し自律的に外国法を外国法として研究・摂取する時代」としての「自覚的摂取の時代」が、大正初年以降の外国法と日本法との関係であると規定した上で、「第二次大戦後におけるアメリカ法の大量継受」について、「敗戦による占領軍の外圧という条件が加わっていたにせよ、その場合でもその摂取の態度は本質的には比較法的自覚の上に立っていたのであり、決して明治初期における無自覚な大量摂取と本質を同じくするものではない」と述べる。[18]この観点からは、上述の渡辺の立場、あるいは、その背景にある、戦前と戦後を「断絶」の位相において捉えようとする立場に対して、一定の相対化が図られることになる。

さて、本書第一部が、刑事訴訟法を中心とする刑事司法をその素材としていることは、同法が日本国憲法の規定によって全面改正を受けた基本法典であり、戦後改革における「人権擁護」の中核的かつ本質的な課題であったということをその第一義的な理由とするが、本書の課題はこれにとどまらない。

現行刑事訴訟法の制定過程に関しては、一九七〇年代から実定法学者の間で関心が高まり、『法学協会雑誌』誌上における連載「刑事訴訟法の制定過程」において関連史料の翻刻が行われ始めたほか[19]、同法施行二五年を記念する特集を組んだ『ジュリスト』には立法関係者を含めた座談会及び関連年表が収録され、貴重な記録となっている[20]。これと同時期に、東京大学社会科学研究所編前掲『戦後改革(4)　司法改革』に掲載された小田中總樹「刑事裁判制度の改革」は、上述の「刑事訴訟法の制定過程」において翻刻され始めていた史料、及び、立法に深く関与した團藤重光が保管していた史料を用いた網羅的な検討を行っている。この論文における小田中の課題は、戦前に構築された人権抑圧的な「糺問主義的検察官司法」が戦後改革によって克服されたか否かを検証することであったが、小田中は、現行刑事訴訟法の制定を推進した主体は「国内的にみれば、敗戦直後から爆発的な発展を示した民主主義運動」であったが「司法省を中心とする日本の支配層の強い抵抗」に逢着し、「弁護士層に代表される日本国内の改革推進勢力と占領軍総司令部の努力」によって実行された戦後刑事司法制度改革は「かなり不徹底に終ったところが少くない」と結論づけている[21]。この評価は、渡辺が上述の論文において「改革に対するわが国の当局者の対応が消極的」であり、現行刑事訴訟法も「当事者主義や due process に徹底しきっておらず、妥協的である」と論じることとほぼ同一の構図であると言えよう[22]。しかし、同じ一九七〇年代の刑事訴訟法学においては、戦後改革の結果生じた「アメリカ法の浸透」という把握に対する疑問が提起されるようになり、その際に検討された「刑事訴訟の日本的特色」は、やがて、歴史的経緯を踏まえた「精密司法」として描出する潮流へと接続していくことになるのである[23]。

刑事訴訟法の制定過程に関する日本側の関連史料については、井上正仁・渡辺咲子・田中開編『刑事訴訟法制定資料全集　昭和刑事訴訟法編(1)〜(14)』（信山社、二〇〇一〜一六年）がほぼ網羅的な翻刻を行っており、精緻な実証研究を行う環境が整えられている。しかし、同法の制定過程に深く関わったGHQ／SCAP（General Headquarters/ Supreme Commander for the Allied Powers, 連合国最高司令官総司令部、以下断りのない限り「GHQ」）の民政局（Government Section, GS）の動きに関しては、国立国会図書館憲政資料室において関連史料を多く含む法務局（Legal Section, LS）文書の公開が他の部局よりやや遅れたこともあり、現在でも十分にフォローされてはいない。[24] 戦後法制改革のうち、日本国憲法の制定過程については日米双方の史料を用いた実証研究が盛んに進められているが[25]、それ以外の法領域に関するGHQ側の史料を用いた分析は、家族法改正や商法改正等の一部の領域において本格的な業績が現れているものの[26]、なお未開拓の領域を多く残す。本書第一部では、公開・翻刻が進んでいる日本側の史料と、あまり紹介されてこなかったGHQ側の史料の双方を用いることで、他の領域で進められている「戦後改革」分析とも関連づけながら、同法の制定過程を複眼的に明らかにし、改革を進めるGHQ側とそれに抵抗する日本側の対抗という図式を超えて「日米間のクロス・ナショナルな同盟関係の成立と変容の過程」を動態的に描き出すことを企図した[27]。

また、この過程を描き出すことは、戦後法制改革における「アメリカ法の大量継受」と、そこに看取される「比較法的自覚」のあり方を明らかにすることにも繋がる。戦後法制改革が、日本の法と法学におけるアメリカ法の影響の拡大を帰結したことは言うまでもないが、その影響の度合いには、法領域においてかなりの差が存在する[28]。すなわち、アメリカ軍を中心とする軍事占領の下において行われたにもかかわらず、戦後法制改革はアメリカ法の「大量継受」ではあっても「全面継受」ではなかったのである。このことは、法制改革の過程における「日米間のクロス・ナショナルな同盟関係の成立と変容の過程」において、比較法的自覚の下で法継受への慎重な態度が維持された領域が少なくないことの反映である[29]。もとより、このような「同盟関係」が成立しなかった領域も存在するが、その結果、とりわけ占領初期に行われた急激なアメリカ化は、警察制度等に代表されるように「逆コース」によって修正され、上述の「戦後体制」が形成されることとなったのである。

本書第一部において取り扱う、刑事訴訟法の制定過程を中心とする刑事司法制度改革は、上述の二つの観点、すなわち、占領者・被占領者という対抗的な権力関係に置かれながらも「クロス・ナショナル」な関係を取り結ぶＧＨＱ側・日本側の立法関係者の構図を動態的に描き出し、かつ、その過程において「比較法的自覚」がどのように発揮されたか（あるいはされなかったか）を検討する素材として選ばれたものである。

三　占領管理体制——日本占領の軍事的側面と憲法秩序

戦後法制改革が、実定法の歴史的前提として、あるいは、戦前との「断絶」と「連続」に関して検討の対象とされてきたことに比すと、第二部において取り扱う「占領管理体制」については、その構造を正面から分析した業績は、同時代的なものを除くならば、それほど多くはない。

そもそも「占領管理（Occupation and Control）」とは、第二次世界大戦の「戦後処理」の一環としての連合国による枢軸国の占領に際して、既存の国際法においては認められていなかった占領地における国家のあり方を根本的に変更する権限を占領者に与えるために新たに案出された枠組みであった[30]。すなわち、第一部において取り上げている、日本国憲法の制定を含む戦後法制改革は、枠組みとしては、占領者による「管理」の一環として行われたものなのである。占領管理体制についての検討は、同時代から一九六〇年代にかけて、日本占領の法的枠組の検討という観点から国際法の領域においてまず進められ、近時、その枠組みを問いなおす作業も行われている[31]。一方、この問題を憲法秩序——日本国憲法の正当性問題——の観点から比較的早い段階で取り上げたのが長尾龍一である。長尾は、通説である「八月革命説」が「被占領国の天皇や国民が主権者たり得る」という前提に立っていることを指摘し、「占領体制とはポツダム宣言を憲法とし、マッカーサーを主権者とする絶対主義的支配体制」ではなかったか、と述べた上で、「仮に当時の日本の主権がマッカーサーと極東委員会に分有されていたとするならば、日本国憲法の法的な制定者は天皇でも日本国民でもなく、マッカーサーと極東委員会ではないか」と疑義を呈する。[32] もとより、日本国憲法の正当性問題は「これをどのように構成するかによって憲法解釈論上の諸々の論点の答えが決まるような類の問題ではない」ものの、[33] 占領管理体制を法的にどのように把握するかという問題を歴史的観点から検討する上では、長尾の指摘は有益である。このように考えるならば、占領管理体制の下で、大日本帝国憲法（明治憲法）のみならず、日本国憲法すらも「最高法規」であったかどうかということを問う必要があるであろう。[34]

占領管理体制は、同時代的な業績に依拠して概観するならば、おおよそ以下のような法的構造を持っている。すなわち、冒頭で言及したポツダム緊急勅令に基づく委任法令群であるポツダム命令は、第一義的には、日本占領を「間接統治」の形式で実行することを担保するために、主として連合国最高司令官から日本政府に宛てた指令（ＳＣＡＰＩＮと称される）等を国内法化するための装置であったが、その委任の広範さが新旧憲法の規定を大きく踏み越えており、かつ、その内容としても、戦後法制改革を含む「戦後改革」は——例えば公職追放や農地改革のように——既存の憲法秩序に抵触する蓋然性を含むものであった。[35] また、ポツダム命令の一つとして発出された勅令第三一一号は、国内法化されていない占領軍側の指令に対する違反行為を国内法上の特別法犯とする空白刑罰法規であり、その広範な委任の方式も含めて、違憲の疑いの極めて濃い法令であった。[36] 日本国憲法の下で設置された最高裁判所は、ポツダム緊急勅令、及び、勅令第三一一号（後に「占領目的阻害行為処罰令」（昭和二五年政令第三二五号））に関して、占領管理体制下においては特段理由を示さずにこれらを合憲と判示し、占領終結後の一九五三（昭和二八）年には「日本国憲法にかかわりなく憲法外において法的効力を有するものと認めなければならない」として、その「超憲法的」な効力を是認したのである。[37]加えて、占領管理体制下においては、占領軍関係者はもとより、連合国人に対する日本側の裁判管轄権は認められておらず、これらは占領軍の下に設置された「軍事占領裁判所（Military Occupation Courts）」に属していた。誤解を恐れずに単純化するならば、外交権の停止された占領管理体制の下の日本は「治外法権」の状態であったのである。[38]

これらの問題については、既存の法学と距離を取る「戦後法学」の潮流に属する法学者たちは早くから敏感であった。長谷川正安は、占領管理体制の終結直後からいち早く「占領と憲法」の関係を問題としていたが、[39]その視角は、「改革を指導したアメリカ占領軍」には、民主主義連合国の代表者としての顔、資本主義国（帝国主義国）の代表者としての顔に加えて「占領統治の担当者としての顔」の「三つの顔」があると指摘する、上述の渡辺の視角にも接続するものである。[40]このことは更に、戦後改革を担ったGHQ／SCAPと、日本各地に地方軍政部を設置し、実際の占領政策の履行を担った実働部隊であるGHQ／AFPAC（General Headquarters/ United States Army Forces, Pacific, アメリカ太平洋陸軍総司令部）、及び、GHQ／FEC（General Headquarters/ Far Eastern Command, 極東軍総司令部）[41]との「二重構造」をめぐる問題でもあった。[42]

「戦後法学」の側の上記の関心は、その後「現代法論争」において、日米安保条約の問題性を指弾する「二つの法体系」論の提示に結びついていくが、[43]翻って、「占領管理体制」がどのような法的構造を持ち、どのように運営されていたかという問題については、上述した同時代的な検討の水準から、大きく検討は進んでいない。これはもとより、同時代における史料上の制約に基づくが、近時公開が進みつつある日本側の史料と併せて、GHQ／SCAP、及び、GHQ／AFPAC（FEC）側の史料を用いることで、その実施のあり方を実証的に明らかにすることが出来るように思われる。このことは、第一部で検討する戦後法制改革、更には、それを規定する（はずの）新旧の憲法秩序について、ある種の「限界」を設定する作業でもある。しかし、軍事占領と

「間接統治」の複雑な境界を読み解くことは、同時に、連合国による日本占領が、単なるアメリカ軍の軍事力の無制限な行使ではなかったこと、言い換えるならば、「日本国民に対して事実上無制限の権力をもって」いたと自認する連合国最高司令官マッカーサー（D. MacArthur）の下での占領管理体制には、[44] それが連合国の占領管理の一環であり、更に、アメリカ軍の一地域司令官によるものであったという限界のほかに、[45] 占領統治の実施システムそのものによる法的な箍が嵌められていたことを、明らかにすることにも繫がるであろう。

四　本書の構成

如上の問題意識に導かれた本書は、二部構成をとり、それぞれの課題に対応した検討を以下のように行う。

戦後法制改革を取り扱う第一部では、まず、戦後法制改革の研究の現況について、日本国憲法の制定過程研究、及び、憲法改正と併行して憲法附属法及び主要法令の制定・改正を行った臨時法制調査会の活動を踏まえて概観を行う（第一章）。続いて、一九四五年末から一九四七年五月まで、日本国憲法の制定過程と併行して、日本側とＧＨＱ側でそれぞれ検討されていた刑事司法改革構想について、主としてＧＨＱ側の部局間の意見の相違、具体的には、アメリカ型の司法制度の導入への態度の違いについて、ＧＨＱ側の基本方針の決定と、陪審制度の復活の是非を中心として検討を行う（第二章）。

上記の検討を踏まえて、一九四七年五月から一九四八年五月にかけての検察審査会法及び刑事訴訟法の制定過程を具体的に追い、この時期ＧＨＱ内部で地方分権政策、とりわけ警察制度改革をめぐる意見の対立があったことが、刑事司法改革の方向性に与えた影響を探る（第三章）。更に、これらの過程に大きな影響を及ぼしたと考えられるＧＨＱ民政局の法律スタッフであるオプラー（A. C. Oppler）とブレークモア（T. L. Blakemore）について、それぞれの個人文書を用いて、彼らの備えていた比較法的知見に重点を置いて検討する（第四章）。

占領管理体制を取り扱う第二部では、まず、ポツダム緊急勅令の制定過程を追うことで、占領管理体制の法的特質がどのようなものであったかを概観し、具体的な事例として、軍事占領裁判所の裁判管轄と「旧植民地人」の国籍問題を取り上げる（第五章）。続いて、占領管理体制の中核的な法的装置であるポツダム命令について、日本国憲法の制定という「憲法秩序の変動」がその効力に与える影響についての議論を、経過規定である「日本国憲法施行の際現に効力を有する命令の規定の効力等に関する法律」（昭和二二年法律第七二号）の制定、及び、その改正（法律第二四四号）の過程に即して検討する（第六章）。

続いて、占領管理体制の法的空白を埋めるためのポツダム命令である勅令第三一一号の制定、及び、翌年に行われたその改正過程について（昭和二二年政令第一六五号）、占領軍関係者及び連合国人の裁判管轄の制限と、それを取り扱う軍事占領裁判所の設置過程と併せて論じ、日本の新旧刑事訴訟法が共に維持し、「精密司法」の中核的な要素でもある起訴便宜主義（起訴裁量主義）の例外を設定することに関する議論を取り扱う（第七章）。

このように、戦後法制改革と占領管理体制の二つの側面から、約七年間の占領期について分析を行い、その法的な構造及び特色の総体的な把握を行うのが、本書の目的となる。

（1）　永原慶二『二〇世紀日本の歴史学』（吉川弘文館、二〇〇三年）、成田龍一『近現代日本史と歴史学』（中央公論新社、二〇一二年）。

（2）　「占領史研究」の動向に関しては、若手占領史研究者の会「占領史研究の動向」粟屋憲太郎他編『戦後五〇年の史的検証（年報日本現代史創刊号）』（東出版、一九九五年）を参照。

（3）　天川晃「戦後改革・占領改革・戦時改革――戦後体制の成立をめぐって」福永文夫・河野康子編『戦後とは何か――政治学と歴史学の対話　下』（丸善、二〇一四年）一二〇頁以下。以下の分析は、同報告、及び、これを受けて行われた質疑応答に拠る。

(4) ここで「占領改革」という概念を用いた研究として言及されているのは、油井大三郎『未完の占領改革——アメリカ知識人と捨てられた日本民主化構想』(東京大学出版会、一九八九年)、及び、五百旗頭真「占領改革の三類型」『レヴァイアサン』六号(一九九〇年)である。

(5) この「戦後体制」の一九七〇年代における変容に関しては、福永文夫編『第二の「戦後」の形成過程——一九七〇年代日本の政治的・外交的再編』(有斐閣、二〇一五年)を参照。

(6) ここで批判的に言及されているのは、野口悠紀雄『一九四〇年体制——さらば戦時経済』(東洋経済新報社、一九九五年)である。

(7) 中村政則「戦後五十年と日本現代史研究——戦時体制・戦後改革・高度成長」同『明治維新と戦後改革——近現代史論』(校倉書房、一九九九年)一八九頁。

(8) 五百旗頭前掲「占領改革の三類型」九七頁以下。

(9) 天川前掲「戦後改革・占領改革・戦時改革」一四〇頁。

(10) 例えば、ほぼ同じ時期に刊行された「〈特集〉戦後法制度の二〇年」『ジュリスト』三六一号(一九六七年)と「〈特集〉学説百年史」『ジュリスト』四〇〇号(一九六八年)に収録された諸論文には、「戦後改革」の影響の大きさによって、領域間で若干の叙述の温度差が見られる。

(11) 「戦後法学」の含意に関しては、広渡清吾「日本社会の法化と戦後法学」『社会科学研究』四九巻二号(一九九七年)四五頁、同「戦後法学と法社会学」『法律時報』八〇巻一〇号(二〇〇八年)七〇頁。なお、拙稿「「戦後法学」の形成——一九五〇年代の社会状況との関係から」「年報日本現代史」編集委員会編『戦後システムの転形(年報日本現代史⑳)』現代史料出版(二〇一五年)三七頁以下も参照されたい。

(12) 鵜飼信成他編『講座日本近代法発達史(1)〜(11)』(勁草書房、一九五八〜六一年)、長谷川正安・利谷信義「日本近代法史」伊藤正己編『岩波講座現代法⑭ 外国法と日本法』(岩波書店、一九六六年)。なお、近時の浩瀚な概説書である川口由彦『近代日本法制史〔第二版〕』(新世社、二〇一五年)も、一九四五年以降を叙述の対象としていない。

(13) 山中永之佑監修『日本現代法史論——近代から現代へ』(法律文化社、二〇一〇年)、藤田正他編『日本近現代法史(資料・年表)〔第二版〕』(信山社、二〇一五年)。

(14) 渡辺洋三「戦後改革と日本現代法」東京大学社会科学研究所編『戦後改革(1) 課題と視角』(東京大学出版会、一九七四年)一〇二頁以下。

(15) なお、浅古弘他編『日本法制史』(青林書院、二〇一〇年)は、一九〇〇〜五〇年を「近代法の再編」、一九五〇年以降を「現代法の展開」と区分するが、ここで用いられる「現代法」は、価値中立的な「同時代の法」を指すようである。

(16) 「現代法論争」に関しては、田中茂樹「現代法概念の再構築について」『法の科学』一九号（一九九一年）、同「現代法論の総括」『法の科学』二五号（一九九六年）を参照。

(17) 「現代法論争」の背景にあった「国家独占資本主義」概念は、現在はほとんど使われることがなくなっている（笹倉秀夫「民科法律部会五〇年の理論的総括――現代法論を素材として」『法の科学』二六号（一九九七年）九頁）。

(18) 野田良之「日本における外国法の摂取：序説」伊藤編前掲『外国法と日本法』一六四頁以下。

(19) なお、実定法学においては「立法資料」という表記を用いることが通例になっている。このことも、実定法の関心を示す象徴的な点であろう。本書では原則として「史料」と表記する。

(20) 「〈座談会〉刑事訴訟症の制定過程」『ジュリスト』五五一号（一九七四年）。

(21) 小田中總樹「刑事裁判制度の改革」東京大学社会科学研究所編『戦後改革(4) 司法改革』（東京大学出版会、一九七五年）一七三頁以下。

(22) 渡辺前掲「戦後改革と日本現代法」一三二頁。

(23) 松尾浩也『刑事訴訟の理論』（有斐閣、二〇一二年）二九頁以下。

(24) 民政局において法制改革を担当した司法法制課（Courts and Law Division）が一九四八年五月に法務局に移管されたことによる。国会図書館憲政資料室において法務局文書が公開されたのは一九八七～八八年のことである（和田幹彦『家制度の廃止――占領期の憲法・民法・戸籍法改正過程』（信山社、二〇一〇年）七頁）。

(25) 代表的な業績として、古関彰一『日本国憲法の誕生』（岩波書店、二〇〇九年）、同『平和憲法の深層』（筑摩書房、二〇一五年）等を参照。

(26) 中東正文編著『商法改正〔昭和二五・二六年〕ＧＨＱ／ＳＣＡＰ文書』（信山社、二〇〇三年）、和田前掲『家制度の廃止』等。

(27) 福永文夫『占領下中道政権の形成と崩壊』（岩波書店、一九九七年）五頁。なお、Ｔ・Ｊ・ペンペル／畠山弘文訳「占領下における官僚制の「改革」――ミイラとりのミイラ」坂本義和・Ｒ・Ｅ・ウォード編『日本占領の研究』（東京大学出版会、一九八七年）二九九頁以下を参照。

(28) 「〈特集〉日本法と英米法の三十年」『ジュリスト』六〇〇号（一九七五年）。

(29) アルフレッド・オプラー／内藤頼博監修、納谷廣美・高地茂世訳『日本占領と法制改革』（日本評論社、一九九〇年）。

(30) 豊下楢彦『日本占領管理体制の成立――比較占領史序説』（岩波書店、一九九二年）ix頁以下。

(31) 小畑郁「占領初期日本における憲法秩序の転換についての国際法的再検討――「八月革命」の法社会史のために」『名古

屋大学法政論集』二三〇号（二〇〇九年）、同「降伏と占領管理の中の秩序思想——占領初期の外務省と横田喜三郎をめぐって」酒井哲哉編『日本の外交(3)　外交思想』（岩波書店、二〇一三年）。なお、西川祐子「「占領」とは何か」西川長夫・大野光明・番匠健一編著『戦後史再考——「歴史の裂け目」をとらえる』（平凡社、二〇一四年）、及び、「同時代史を生きる——国際人権法学者・宮崎繁樹との対話」『同時代史研究』九号（二〇一六年）を参照。

(32)　長尾龍一「敗戦史の法哲学」同『日本憲法思想史』（講談社、一九九六年）二〇三頁以下〔初出一九七一年〕。なお、同「「八月革命説」ノート」同『日本国家思想史研究』（創文社、一九八二年）一四〇頁以下を参照。

(33)　日比野勤「現行憲法成立の法理」大石眞・石川健治編『憲法の争点（新・法律学の争点シリーズ(3)）』（有斐閣、二〇〇八年）一三頁。

(34)　高橋和之「憲法の制定とその運用」佐藤幸治他編『憲法五〇年の展望　I』（有斐閣、一九九八年）七八頁以下、大石眞『日本憲法史〔第2版〕』（有斐閣、二〇〇五年）三七七頁以下。

(35)　佐藤達夫「ポツダム命令についての私録 (1)～(4)」『自治研究』二八巻二号・五～七号（一九五二年）。

(36)　矢崎憲正「勅令三一一号——占領目的有害行為処罰規定の制定」『警察研究』一七巻九号（一九四六年）、神谷尚男「勅令第三百十一号について」『警察研究』二一巻九号（一九五〇年）。

(37)　小松浩「占領法規」『憲法判例百選Ⅱ〔第六版〕』（有斐閣、二〇一三年）四四八頁以下。

(38)　兼子一「日本管理と司法権」『日本管理法令研究』一巻八号（一九四六年）。

(39)　長谷川正安『憲法判例の研究』（勁草書房、一九五六年）。

(40)　渡辺前掲「戦後改革と日本現代法」一〇〇頁。

(41)　アメリカ太平洋陸軍は、一九四七年一月に極東軍に改組されている。

(42)　竹前栄治『占領戦後史』（岩波書店、二〇〇二年）三六頁以下。

(43)　和田進「「二つの法体系」論と長谷川正安」『法律時報』六〇巻一一号（一九八八年）七一頁以下。

(44)　ダグラス・マッカーサー／津島一夫訳『マッカーサー大戦回顧録〔改版〕』（中央公論新社、二〇一四年）四〇七頁。なお、袖井林二郎『マッカーサーの二千日』（中央公論新社、二〇一五年）を参照。

(45)　福永文夫『日本占領史 1945-1952　東京・ワシントン・沖縄』（中央公論新社、二〇一五年）。

第一部

戦後法制改革の過程——刑事司法を中心に

第一章　戦後法制改革研究の現況

一　序

第二次世界大戦（一五年戦争、アジア・太平洋戦争）(1)の終結から既に七〇年以上が経過した現在、我が国の「戦後」を歴史的手法により再検討する試みには既に多くの蓄積がある。(2)また近年、近代日本法史研究においても「戦後日本法史」あるいは「現代日本法史」を視野に入れる必要性が指摘されており、(3)概説書等にも反映されるようになってきている。(4)本章の課題は、以上のような現況を踏まえて、戦後日本法・現代日本法についての歴史的手法を用いたアプローチを概観することであるが、もとよりこのような課題は筆者の能力を大きく超える。そこで本章では、主として連合国軍による占領管理の下で実施された、所謂「戦後改革」についての研究の中から、「戦後日本法史」あるいは「現代日本法史」の構築に資すると思われるものを、筆者の目に触れた範囲で提示することとしたい。(5)

占領期を対象とした歴史研究は、一九五〇年代初頭から同時代的な検討として始められていたが、これが「占領史研究」という形で本格化するのは一九七〇年代に入ってからである。(6)この時期、東京大学社会科学研究所編『戦後改革（1）～（8）』（東京大学出版会、一九七四～七五年）や、思想の科学研究会編『共同研究　日本占領』（徳間書店、一九七二年）、同編『共同研究　日本占領軍　その光と影　上・下』、同編『日本占領研究事典』（徳間書店、一九七八年）等の成果が発表され、日本学術振興会編『日本占領文献目録』（日本学術振興会、一九七二年）等の既往の文献を網羅した目録も刊行されたが、(7)その後の研究動向に極めて大きな影響力を持ったのは、竹前栄治『アメリカ対日労働政策』（日本評論社、一九七〇年）、袖井林二郎『マッカーサーの二千日』（中央公論社、一九七四年〔二〇一五年改版〕）、秦郁彦『戦後財政史　終戦から講和まで（3）　アメリカの対日占領政策』（東洋経済新報社、一九七六年）等に代表される、アメリカで公開され始めた原史料や占領政策を担った当事者への聞き取り調査を用いることで、従来の手法からの方法論的な離脱を試みた緻密な実証研究であった[8]。対日占領政策の立案の中核を担ったアメリカ国務省や、占領政策の実施に携わったGHQ／SCAP（General Headquarters/ Supreme Commander for the Allied Powers, 連合国最高司令官総司令部、以下断りのない限り「GHQ」）、あるいは連合国最高司令官マッカーサー（D. MacArthur）関連史資料等を手掛かりに始められたこれらの実証研究は、竹前栄治『占領戦後史』（岩波書店、二〇〇二年〔初出一九八〇年〕）、坂本義和・R・E・ウォード編『日本占領の研究』（東京大学出版会、一九八七年）等の成果に結実している。また一九七〇年代の半ば頃から、国立国会図書館憲政資料室において在外日本占領関係史料・日本側個人文書の収集が継続的に行われていることや、外務省が戦後外交記録の公開を開始したことも、「占領史研究」の長足の進展に寄与してきた[9]。なお、この領域の研究をリードしてきた占領史研究会の研究成果は、袖井林二郎・竹前栄治編『戦後日本の原点――占領史の現在　上・下』（悠思社、一九九二年）に簡潔にまとめられているほか[10]、同会の発足時からのメンバーである天川晃の論文集『占領下の神奈川県政』『占領下の日本――国際環境と国内体制』『占領下の議会と官僚』が刊行を見た（現代史料出版、二〇一二～一四年）[11]。更に、雨宮昭一『占領と改革』（岩波書店、二〇〇八年）や増田弘『マッカーサー――フィリピン統治から日本占領へ』（中央公論新社、二〇〇九年）、福永文夫『日本占領史　1945-1952　東京・ワシントン・沖縄』（中央公論新社、二〇一五年）等、占領期について優れた概観を与えてくれる多くの著作が近時刊行されていることも注目されよう。

占領期の我が国についての歴史研究は、このような史料状況の進展と共に、「対象への接近方法や視点の変化」が「同時進行した分野」であることが指摘されている[12]。この七〇年余の間に、戦後改革の評価、より大きく言えば「戦後」そのものの位置づけが変化してきたことは、このことを端的に表している。一九七〇年代の所謂「断絶と連続」論争は、戦後改革による構造的断絶性に着目する立場と、機能的連続性を強調する立場の違いに基づき、「戦前」と「戦後」の関係を問うものであった。[13]一方、一九九〇年代以降盛んに提起されるようになった「戦時動員体制論」や「総力戦体制論」は、多様な方法論に基づいて「戦時」と「戦後」の連続性を強調する。[14]近時の「断絶と連続」論争は、様々な問題点を孕んではいるものの、戦時期を対象とする研究についての旧来の方法論からの脱却を企図したものであり、[15]「戦後歴史学」の再考の動きに象徴されるような、我が国の歴史学方法論における「近代」と「現代」の位相に関する論争にも接続するものである。[16]

さて、近代日本法史研究に現在でも大きな影響力を維持している、鵜飼信成他編『講座　日本近代法発達史(1)〜(11)』（勁草書房、一九五八〜六七年〔未完〕）において、編者の一人である川島武宜は、同講座の方法論的特色でもある時代区分の策定にあたって「ほんとうの近代法の発達史は、実は敗戦から始まる」のであるから「ひきつづいて戦後の法発達史をやらなければ、近代法発達史にならない」との認識を示していたが、[17]同じく編者の一人であった福島正夫が後年、「占領状況下の法を経由して、戦後の法体制がだんだんでき上がっていく過程を、歴史的＝理論的に構成していかなければならな」かったにもかかわらず、当時は「その根本の点の議論まで入らなかった」と回顧しているように、同講座は「一応、戦前の法体制というものは、敗戦をもって滅んだという考え方」を採用している。[18]一九六〇年代半ばに発表された利谷信義・長谷川正安の「日本近代法史」もこの時代区分を基本的に継承し、「戦前と戦後とで、国家と法の総体としての性格は変化した」と述べている。[19]なお、これとほぼ同時期に「明治維新以来一〇〇年の法の歴史を総括する」ことを目的として『講座　日本近代法百年史』が企画され、戦後法史を視野に入れた新たな時代区分が試みられたが、実現には至らなかった。[20]

一方、「日本の現代史を、法および法律をてがかりにして叙述」する「最初の試み」と銘打って世に問われたのが、渡辺洋三他編『現代日本法史』（岩波書店、一九七六年）である。同書は「民主主義科学者協会法律部会の学問研究成果のひとつ」として公刊された旨が明記されているように、[21]同会を中心に一九六〇年代後半から提起されていた「現代法論争」に強い影響を受けた内容となっている。この論争における「現代法」概念は必ずしも明瞭ではないものの、「資本主義の歴史的段階に照応した法認識」に基づく把握を企図する点でほぼ共通していたようである。[22]この論争を介して、一九七〇年代における上述の「戦前と戦後の断絶と連続」に関する論争の構図が法制史（法史学）に持ち込まれることとなった。[23]当時の議論における「現代法」概念の妥当性には、現在においては疑問が提起されるものの、[24]近代日本法史研究においては、戦間期の我が国に、「戦後」に連続する一般的な意味での「現代法化」の起点を求めることについては、ある程度の共通了解が成立していると考えられる。[25]また、このような認識を踏まえて、「現代法論争」の主な担い手の一人である渡辺洋三は、戦後改革を「近代法的諸課題と現代法的諸課題」の「同時並行的遂行」と捉え、「戦後の民主的改革は、個々の政策の機能面では連続している場合でも、法理念としては、むしろ断絶の契機の方が強い」とし、「運動を担う国民の側にとっては「連続」したものであった」と述べる。[26]近代日本法史研究の「戦後」への視線は、おおよそこれらの理解に基づくものと言えよう。[27]

その後、「現代法」をめぐる議論についての歴史的意識の希薄化と並行するように、近代法の批判としてのポストモダンの視角が強く現れてきている。[28]その議論は極めて多様であるが、筆者にとって示唆的であったのは、石井三記他編『近代法の再定位』（創文社、二〇〇一年）において広渡清吾が分析した「ナチズム近代化論」と、その言説をめぐって析出された、「近代法と現代法」という対カテゴリーを受容し得る「資本主義的近代」と、人々の共通了解により基礎づけられる「市民社会的近代」の概念区分である。[29]近現代史研究において「総力戦体制の近代性・合理性やその下での社会変動、およびその戦後との連続性」が「すでに共通了解となっている」とされる場合、[30]以上のような広渡の概念区分の提示は、「現代」を法的観点から歴史的に把握するにあたって、極めて有効な視座を提示するものと思われる。

（1）近時の「戦争研究」の多様な視角については、渡辺治・後藤道夫編『講座戦争と現代（1）〜（5）』（大月書店、二〇〇三〜〇四年）、倉沢愛子他編『岩波講座アジア・太平洋戦争（1）〜（8）』（岩波書店、二〇〇五〜〇六年）、伊香俊哉『戦争の日本史(22) 満州事変から日中全面戦争へ』（吉川弘文館、二〇〇七年）、吉田裕・森茂樹『戦争の日本史(23) アジア・太平洋戦争』（吉川弘文館、二〇〇七年）、古川隆久『敗者の日本史(20) ポツダム宣言と軍国日本』（吉川弘文館、二〇一二年）等を参照されたい。

（2）例えば、中村政則他編『〔新装版〕戦後日本 占領と戦後改革（1）〜（6）』（岩波書店、二〇〇五年〔初出一九九五年〕）。近時の通史的な叙述には、執筆者の「戦後」認識が強く反映する傾向が看取される（五百旗頭真『日本の近代(6) 戦争・占領・講和』（中央公論新社、二〇一三年〔初出二〇〇一年〕）、河野康子『日本の歴史(24) 戦後と高度成長の終焉』（講談社、二〇一〇年〔初出二〇〇二年〕）、吉田裕編『日本の時代史(26) 戦後改革と逆コース』（吉川弘文館、二〇〇四年）、歴史学研究会・日本史研究会編『日本史講座(10) 戦後日本論』（東京大学出版会、二〇〇五年）、大門正克『全集日本の歴史(15) 戦争と戦後を生きる』（小学館、二〇〇九年）等を参照されたい）。また、アメリカでの研究が盛んになりつつあることにも着目すべきであろう（アンドルー・ゴードン編／中村政則監訳『歴史としての戦後日本 上・下』（みすず書房、二〇〇一年〔原著一九九三年〕）、ジョン・ダワー／三浦陽一他訳『〔増補版〕敗北を抱きしめて 第二次大戦後の日本人 上・下』（岩波書店、二〇〇四年〔原著初出一九九九年〕））。なお本章においては、紙幅の関係から、外国語文献については邦訳書を中心に紹介することをあらかじめお断りしておきたい。

（3）吉井蒼生夫「福島法学の軌跡に関する覚え書――日本近代法史研究を中心に」飯島紀昭他編『市民法学の課題と展望――清水誠先生古希記念論集』（日本評論社、二〇〇〇年）二一六頁、伊藤孝夫「〈書評〉山中永之佑編『新・日本近代法論』」『法制史研究』五三号（二〇〇三年）二二〇頁等。また、わが国における法史学の歩み研究会「聞き書き・わが国における法史学の歩み(4)――山中永之佑先生にお聞きする」『同志社法学』五七巻二号（二〇〇五年）一四九頁以下も参照されたい。

（4）日本近代法制史研究会編『日本近代法一二〇講』（法律文化社、一九九二年）、山中永之佑編『新・日本近代法論』（法律文化社、二〇〇二年）、岩村等編著『入門 戦後法制史』（ナカニシヤ出版、二〇〇五年）、山中永之佑監修『日本現代法史論――近代から現代へ』（法律文化社、二〇一〇年）、浅古弘他編『日本法制史』（青林書院、二〇一〇年）、藤田正他編『日本近現代法史（資料・年表）〔第二版〕』（信山社、二〇一五年）等。

（5）なお、各法律雑誌は折に触れて戦後の法及び法学を回顧、検証する企画を行っており、本章の叙述もこれらに多くを負っている（「戦後法制変遷の回顧」『ジュリスト』一〇〇号（一九五六年）、「戦後法学　問題史的回顧と展望」『法律時報』三七巻五号（一九六五年）、「戦後法制度の二〇年」『ジュリスト』三六一号（一九六七年）、「憲法と戦後の法制度」『ジュリスト』六三八号（一九七七年）、「昭和の法と法学」『法律時報』五〇巻一三号（一九七八年）、「法律事件百選　これらの事件が戦後史を語る」『ジュリスト』九〇〇号（一九八八年）、「法学の歩み四〇年」『月刊法学教室』一〇〇号（一九八九年）、「戦後法制五〇年」『ジュリスト』一〇七三号（一九九五年）等）。

（6）「占領史研究」の概観については、竹前栄治「占領研究の現状と課題」同『占領戦後史――対日占領政策の全容』（双柿舎、一九八〇年）、荒敬「日本占領期研究の課題」歴史学研究会編『現代歴史学の成果と課題Ⅱ⑶』（青木書店、一九八二年）、五百旗頭真「占領研究の現況」『国際政治』八五号（一九八七年）、同「日米関係研究の現状と課題――戦後日米関係の研究⑴　占領期一九四五―五二」『東京大学アメリカ資料センター年報』一一号（一九八九年）、竹前栄治「占領期」国際歴史学会議編『歴史研究の新しい波――日本における歴史学の発達と現状⑺』（山川出版社、一九八九年）、若手占領史研究者の会「占領史研究の動向」粟屋憲太郎他編『戦後五〇年の史的検証（年報日本現代史創刊号）』（東出版、一九九五年）、浅野一弘他「日本における戦後日米関係の研究」『東京大学アメリカ資料センター年報』一七号（一九九五年）一七頁以下、竹前栄治他「研究展望――占領史研究と『ＧＨＱ日本占領史』」竹前・中村監修後掲『ＧＨＱ日本占領史　別巻』、三宅明正・高野和基編『展望日本歴史㉓　歴史の中の現在』（東京堂出版、二〇〇四年）等を参照されたい。

（7）なお、同書の欧文版も刊行されている（Robert E. Ward, Frank J. Shulman ed., *The Allied Occupation of Japan, 1945-52; An Annotated Bibliography of Western Language Materials*, American Library Association, 1974.）。占領史研究会編『地方における占領史関係文献目録』（占領史研究会、一九七六年）も参照されたい。

（8）聞き取り調査に依拠した業績には、週刊新潮編集部編『マッカーサーの日本　上・下』（新潮社、一九八七年〔初出一九七〇年〕）、竹前栄治『ＧＨＱの人びと――経歴と政策』（明石書店、二〇〇二年〔初出一九八八年〕）等を挙げておく。これらの「証言」が貴重な史料であることは言うまでもないが、その取扱いには慎重さが求められよう（この点につき、御厨貴『オーラル・ヒストリー――現代史のための口述記録』（中央公論新社、二〇〇二年）が示唆的である）。

（9）小川元「政治史料課所蔵　日本占領関係資料の概要」『参考書誌研究』三八号（一九九〇年）、植松栄「国立国会図書館日本占領関係文書の収集について――ＧＨＱ／ＳＣＡＰ文書を中心に」『図書館雑誌』八五巻九号（一九九一年）、豊田真穂「国立国会図書館憲政資料室所蔵マッカーサー記念館文書解題」『参考書誌研究』六二号（二〇〇五年）、「〈特集〉日本占領関係資料収集の歩み」『参考書誌研究』七七号（二〇一六年）等を参照。ＧＨＱ／ＳＣＡＰ文書については現在目録が公刊されている（荒敬他編『国立国会図書館所蔵　ＧＨＱ／ＳＣＡＰ文書目録　⑴〜⑾』（蒼天社、二〇〇五〜〇六年））。国立国会図書館憲政資料室が収集した占領期関係史料の一覧はホームページ上で閲覧出来るほか、ＧＨＱ／ＳＣＡＰ文書に関してはフォルダレベルで検索も可能となっており（一部検索は館内限定）、更に、デジタル化作業が現在進行している（http://www.ndl.go.jp/jp/service/tokyo/constitutional/index.html）。ＧＨＱ文書の構成や史料の読解方法については、荒敬『占領史研究序説』（柏書房、一九九四年）、同「ＧＨＱ文書とその解読――ＧＨＱ・ＳＣＡＰ資料と政策決定」『史学研究（広島大学）』二四〇号（二〇〇三年）等が有益である。外務省の戦後外交記録に関しては、それぞれにつき非公開扱いのものがあることに注意が必要である（これまで公開された外交記録の目録は、外交史料館のホームページで閲覧出来る（http://www.mofa.go.jp/mofaj/annai/honsho/shiryo/gaiko_kiroku.html））。

(10) なお、占領史研究会は一九九二年に解散したが、同会のニューズレターが公刊されている（占領史研究会編『占領史研究会ニュース』（柏書房、一九九三年））。

(11) なお、福永文夫・河野康子編『戦後とは何か――政治学と歴史学の対話 上・下』（丸善、二〇一四年）、天川晃「占領史研究とその周辺」「年報日本現代史」編集委員会編『戦後システムの転形（年報日本現代史⑳）』（現代史料出版、二〇一五年）も参照されたい。

(12) 三宅明正「戦後改革と戦後市民社会」歴史学研究会・日本史研究会編前掲『日本史講座 ⑽』一〇五頁以下。

(13) 大石嘉一郎「戦後改革と日本資本主義の構造変化 その断絶説と連続説」、及び、大内力「戦後改革と国家独占資本主義」東京大学社会科学研究所前掲『戦後改革 ⑴』。この論争は、所謂「講座派」と「労農派」の枠組みをそれぞれ引き継いだ「一九三〇年代の日本資本主義論争の戦後版としての性格をもっていた」とされる（森武麿「総力戦・ファシズム・戦後改革」倉沢愛子他前掲『講座アジア・太平洋戦争 ⑴』二一九頁）。

(14) 山之内靖他編『総力戦と現代化』（柏書房、一九九五年）、酒井直樹他編『ナショナリティの脱構築』（柏書房、一九九六年）、雨宮昭一『戦時戦後体制論』（岩波書店、一九九七年）等を参照。「戦時動員体制論」や「総力戦体制論」、またほぼ同時期に西川長夫らが問題化した「国民国家論」はいずれも、「近代」への懐疑と連動しているものと言えよう（西川長夫『国民国家論の射程』（柏書房、一九九八年）、同『戦争の世紀を越えて――グローバル化時代の国家・歴史・民族』（平凡社、二〇〇二年）等。なお、歴史学研究会編『国民国家を問う』（青木書店、一九九四年）、小田中直樹『歴史学のアポリア――ヨーロッパ近代社会史再読』（山川出版社、二〇〇二年）、牧原憲夫編『〈私〉にとっての国民国家論――歴史研究者の井戸端談義』（日本経済評論社、二〇〇三年）、畠山弘文『近代・戦争・国家――動員史観序説』（文眞堂、二〇〇六年）等も参照されたい）。

(15) 高岡裕之「「十五年戦争」・「総力戦」・「帝国」日本」歴史学研究会編『現代歴史学の成果と課題 一九八〇－二〇〇〇年 ⑴ 歴史学における方法的転回』（青木書店、二〇〇二年）四六頁。なお、沢井実「戦争による制度の破壊と革新」社会経済史学会編『社会経済史学の課題と展望』（有斐閣、二〇〇二年）、古川隆久「昭和戦時期研究から日本近現代史を見直す」『ヒストリア』一八八号（二〇〇四年）、小石川裕介「総力戦体制と日本法史」小野博司・出口雄一・松本尚子編『戦時体制と法学者　1931～1952』（国際書院、二〇一六年）等も参照されたい。

(16) 歴史学研究会編『戦後歴史学再考――「国民史」を超えて』（青木書店、二〇〇〇年）を参照。例えば、朝尾直弘他編『岩波講座　日本通史』（岩波書店、一九九三～九六年）が、占領末期以降を「現代」として扱っているのは、「戦前と戦後」及び「戦時と戦後」の連続性に力点を置く研究動向の端的な反映であろう（三宅明正「歴史の中の現在」三宅・高野編前掲『展望日本歴史(23)』五頁）。また、「組織化された資本主義」としての「現代資本主義」の画期（東京大学社会科学研究所編『現代日本社会(1)　課題と視角』（東京大学出版会、一九九一年）や、「名望家社会」としての「近代社会」から「大衆社会」としての「現代社会」への転形期（坂野潤治他編『シリーズ日本近現代史(3)　現代社会への転形』（岩波書店、一九九三年））として、戦間期を「現代」と把握する議論も見られる。なお、田中茂樹「現代法概念の再構築について」『法の科学』一九号（一九九一年）一三〇頁も参照されたい。

(17) 「〈座談会〉時代区分について」鵜飼他編前掲『講座日本近代法発達史(2)』三三四頁。

(18) 「〈座談会〉法と歴史と社会と」福島小夜子編『福島正夫著作集(7)　法と歴史と社会と(1)』（勁草書房、一九九五年）一一一頁以下。なお、『講座　日本近代法発達史』の時代区分について「資本主義には、いわばそれに本来的というべき法体制がある」という「編者の意図」が反映しているという指摘が、その掲載論文の中にも既に見られることを指摘しておくべきであろう（武田隆夫「戦時財政法」鵜飼他編前掲『講座日本近代法発達史(8)』一六七頁以下）。

(19) 利谷信義・長谷川正安「日本近代法史」伊藤正己編『岩波講座現代法(14)　外国法と日本法』（岩波書店、一九六六年）。なお周知のように、ここでは利谷の提起による「明治三二年体制論」の視角が採用されている（利谷信義「戦前の日本資本主義と法」渡辺洋三編『岩波講座現代法(7)　現代法と経済』（岩波書店、一九六六年）。同「長谷川正安・利谷信義「日本近代法史」について」杉原泰雄・樋口陽一・森英樹編『長谷川正安先生追悼論集　戦後法学と憲法――歴史・現状・展望』（日本評論社、二〇一二年）も参照されたい）。

(20) 吉井前掲「福島法学の軌跡に関する覚え書」二一二頁以下。

(21) 渡辺他編前掲『現代日本法史』ⅱ頁、及び、二〇七頁。

(22) 村井敏邦「新現代法論の意義」『法の科学』一六号（一九八八年）一一〇頁。なお、上述した『講座　日本近代法百年史』に関連して、以下のような証言があることを指摘しておくべきであろう。「戦後改革の対象は、戦前というものをどういうふうに改革するかということでもあったわけです。だから戦前の歴史や歴史的にものを見るということが問題関心の中に当然の事として含まれていた。ところが高度成長期に入ると、あるいは七十年代に入ると、民科法律部会でも現代法論争に見られるように現状の体制をどう見るか、改革していくかに関心が移って行く。その結果として明治期、近代に戻って問題を見直すという発想や方法に距離を置いていかざるをえなくなってしまう。そういう面もあったのではないでしょうか」（わが国における法史学の歩み研究会前掲「聞き書き・わが国における法史学の歩み(4)」九五頁）。

(23) 田中前掲「現代法概念の再構築について」一三二頁。

(24) 例えば、一九六〇年代後半からの「旧現代法論」の「理論的基礎」であった「国家独占資本主義」概念は、一九八〇年以降は「ほとんど死語化」していると指摘されている（笹倉秀夫「民科法律部会五〇年の理論的総括――現代法論を素材として」『法の科学』二六号（一九九七年）九頁）。なお、松本尚子「戦時法研究をめぐる作業概念の変遷について――ドイツ法史の立場からみた「現代法」を中心に」小野・出口・松本編前掲『戦時体制と法学者』四三頁以下を参照。

(25) 伊藤孝夫『大正デモクラシー期の法と社会』（京都大学学術出版会、二〇〇〇年）四頁以下。川口由彦の「私的所有権・契約を法的基礎とした資本主義法体制を前提としつつも、私人からなる「社会」に「国家」が直接的かつ系統的に介入していく法状態」という「現代法」の明瞭な定義も、如上の問題意識を共有したものであろう（同『日本近代法制史』（新世社、一九九八年）一一頁）。

(26) 渡辺洋三「戦後改革と現代法」東京大学社会科学研究所編前掲『戦後改革(1)』一一四頁。同『法と社会の昭和史』（岩波書店、一九八八年）も参照されたい。渡辺の理解は、中村政則の「近代化、現代化、前近代残存」の「三層の重層的改革」として戦後改革を把握する図式とも通底する（中村政則「戦後改革と現代」同編『近代日本の軌跡(6) 占領と戦後改革』（吉川弘文館、一九九四年）二〇頁以下、同『戦後史』（岩波書店、二〇〇五年）も参照されたい）。ここでの「国民の側の連続」への言及は「戦後歴史学の主流として存在」した「大正デモクラシーから戦後民主主義への連続性を強調する「下からの連続」論」の反映と見られるが（森前掲「総力戦・ファシズム・戦後改革」一三〇頁）、この点について中村は「戦後民主主義」の「受け皿」としての「自由民権運動の遺産」を強調する（中村政則「明治維新と戦後改革」同『明治維新と戦後改革――近現代史論』（校倉書房、一九九九年）三七頁以下）。この視角は、古関後掲『日本国憲法の誕生』や、原秀成『日本国憲法制定の系譜(3)』（日本評論社、二〇〇六年）、小西豊治『憲法「押しつけ」論の幻』（講談社、二〇〇六年）等における、日本国憲法の制定過程において、在野の団体が作成した所謂「憲法研究会案」に対する、やや高めに見積もられた評価と結びつくものであろう。

(27) 山中永之佑「戦後改革と法」同編前掲『新・日本近代法論』三四七頁以下。

(28) 広渡清吾「〈書評〉シンポジウム 法学における歴史的思考の意味」『法制史研究』五三号（二〇〇三年）一五八頁。なおこの点につき、棚瀬孝雄「基調報告 法秩序の近代と現代」『法社会学』四六号（一九九四年）二頁以下における、「近代から現代の転換」を、法の発展段階論に繋がる「近代の変容」と、ポストモダン論に繋がる「近代の虚構」の二つのシナリオに分岐させ、後者を更に「実在の近代と「語られた近代」のずれを問題にするもの」「近代のパラドックス、あるいは法の根源的矛盾を指摘する理論」「近代を近代として語る、その特有の語り口、いわば「近代の知」を問題にするもの」に整理した図式が示唆的である。

(29) 広渡清吾「ナチズムと近代・近代法——『近代法の再定位』に寄せて」及び「問題と考察」石井他編前掲『近代法の再定位』所収。なお、同『比較法社会論研究』(日本評論社、二〇〇九年)、石部雅亮「〈書評〉石井三記他編『近代法の再定位』」『法制史研究』五二号(二〇〇二年)も参照されたい。なお、伊藤孝夫は「近代化」と「現代法化」を慎重に使い分けている(矢野達雄「〈書評〉伊藤孝夫著『大正デモクラシー期の法と社会』」『法制史研究』五一号(二〇〇一年)二二三頁以下)。

(30) 高岡前掲「「十五年戦争」・「総力戦」・「帝国」日本」四六頁。

二　日本占領の法的構造

(一)「占領管理」の実際

日本占領を含む連合国による「占領管理(Occupation and Control)」は、第一義的には、戦勝国による第二次世界大戦の戦後処理としての性質を有している。第二次世界大戦は、基本的にはドイツ・イタリア・日本を中心とする枢軸国と「ヒトラー主義に対する勝利のための闘争(the struggle for victory over Hitlerism)」(連合国共同宣言)のために集った連合国との間の争いであり、この対抗軸が、一九四三年一月のカサブランカ会談においてローズベルト(F. D. Roosevelt)大統領が提唱した、枢軸国「諸国内の他国民の征服と隷属を求める思想の絶滅」のための長期の敵国の占領管理を帰結する、所謂「無条件降伏(unconditional surrender)」論の前提となっている。[31] しかし、降伏した枢軸国に対して実施された占領管理のあり方は、実際には必ずしも一様ではなかった。豊下楢彦『日本占領管理体制の成立』（岩波書店、一九九二年）は、イタリア、東欧三国、ドイツに対して実施された連合国による占領管理と比較すると、日本占領は、国際的協定が欠落したまま開始され、降伏からおよそ半年以上の間正規の管理機関が不在であった点で極めて特異であったことを指摘している。このことは、第二次世界大戦が、その主体や戦域、戦争の位置づけ等、様々な点で「複合的」な性格のものであったことの反映でもあり、[32] 第二次世界大戦後の枢軸国に対する占領管理にとどまらず、歴史上様々な形で展開した「占領」と日本占領との比較検討の必要性を示唆しよう。[33]

豊下が詳細に跡づけるように、紆余曲折を経て極東委員会（Far Eastern Commission, FEC）及び対日理事会（Allied Council for Japan, ACJ）が設置されるまで、日本占領においては連合国側の管理機関は十分に機能していなかった。そのためもあり、アメリカ政府が綿密に準備していた対日占領政策が、その後七年近くにわたる日本占領の性質を決定づけることとなった。[34] 日本との交戦中から既に始まっていたその策定過程については、アメリカにおける史料公開と同時に実証的な研究が開始されていたが、[35] 五百旗頭真『米国の対日占領政策　上・下』（中央公論社、一九八五年）は、対日占領政策の策定過程の全容を、ローズベルト大統領の提唱する「上から」の無条件降伏方針と、国務省知日派が策定していた「下から」の融和的な対日占領政策の統合の過程として、後者に軸足を置きながら描出し、研究レベルを大きく引き上げた。[36] 各領域の「占領史研究」に関しても、その前提としてアメリカ政府による対日占領政策の検討を踏まえることは、既に一般化しつつあると言えよう。[37]

一九四五（昭和二〇）年五月のドイツの降伏と相前後して準備が開始されたポツダム宣言の成立の経緯についても、五百旗頭前掲『米国の対日占領政策』に詳しいが、山極晃「ポツダム宣言の草案について」（『横浜市立大学論叢・人文科学系列』三七巻二・三号（一九八六年））は、陸軍省が果たした重要な役割を実証し、五百旗頭の国務省知日派への高い評価を相対化している。[38] また、国務・陸軍・海軍三省調整委員会（State-War-Navy Coordinating Committee, SWNCC）により策定され、初期対日政策の大枠を決定した「降伏後における米国の初期の対日方針」（SWNCC一五〇／四／A）の成立及び改訂過程についても、論者によりやや力点が異なるものの、大略明らかになってきていると言って良いであろう。[39] 八月一四日のポツダム宣言受諾、九月二日の降伏文書調印により無条件降伏に至る日本側の経緯については、鈴木九萬監修『日本外交史(26) 終戦から講和まで』（鹿島研究所出版会、一九七三年）、外務省編『終戦史録 (1)〜(6)』（北洋社、一九七八年）、江藤淳編『新装版 占領史録 上・下』（講談社、一九九五年〔初出一九八一〜八二年〕）、桑原健・波多野澄雄編『終戦工作の記録 上・下』（講談社、一九八六年）等により跡づけることが可能であるが、沖縄や朝鮮半島、中国東北部等のアジア諸地域において、戦闘終結の時期や態様が一様ではなかったことを見逃すべきではなかろう。[40]

日本本土の占領については、GHQ側が作成した「正史」とも言うべき、竹前栄治・中村隆英監修『GHQ日本占領史 (1)〜(55)・別巻』（日本図書センター、一九九六〜二〇〇〇年〔原著一九五一年〕）が、それぞれ有用な解説を附して邦訳され、研究動向の把握にも資するものとなっている。実際の占領統治の中核をなしたGHQ／SCAPについては、竹前栄治『GHQ』（岩波書店、一九八三年）が、GHQ側の記述を実証により補った好個の概説である。[41] 一方、所謂「GHQの二重構造」の一翼を担うGHQ／AFPAC（General Headquarters/ U.S. Army Forces in the Pacific, アメリカ太平洋陸軍総司令部）、及び、GHQ／FEC（General Headquarters/ Far East Command, 極東軍総司令部）の活動については、史料も研究も必ずしも多くはないのが現状であるが、[42] 占領政策の履行を担保していた地方軍政機構がアメリカ太平洋陸軍・極東軍の統括下にあったことには留意すべきである。[43] なお、本土の占領に先立って開始された沖縄の軍事占領に関しては、宮里政玄編『戦後沖縄の政治と法 一九四五年－七二年』（東京大学出版会、一九七五年）が原史料を用いた先駆的な共同研究であり、その後も内外の研究者によって、ロバート・D・エルドリッジ『沖縄問題の起源――戦後日米関係における沖縄　一九四五－一九五二』（名古屋大学出版会、二〇〇三年〔原著二〇〇一年〕）、中野育男『米国統治下沖縄の社会と法』（専修大学出版局、二〇〇五年）、同『米国統治下沖縄の職業と法』（専修大学出版局、二〇〇九年）、若林千代『ジープと砂塵――米国占領下沖縄の政治社会と東アジア冷戦 1945-1950』（有志舎、二〇一五年）、櫻澤誠『沖縄現代史――米国統治、本土復帰から「オール沖縄」まで』（中央公論新社、二〇一五年）等のような実証研究が蓄積されている。[44]日本本土の占領と前後して開始された南朝鮮における軍事占領についても、森田芳夫『朝鮮終戦の記録』（巌南堂書店、一九六四年）、神谷不二編『朝鮮問題戦後資料　(1)～(3)』（日本国際問題研究所、一九七六～八〇年）、森田芳夫・長田かな子『朝鮮終戦の記録　資料編　(1)～(3)』（巌南堂書店、一九七九～八〇年）等の基礎的文献を踏まえ、ブルース・カミングス／鄭敬謨他訳『朝鮮戦争の起源　上・下』（シアレヒム社、一九八九～九一年〔原著一九八一年〕）、李圭泰『米ソの朝鮮分離政策と南北分断体制の形成過程――「解放」と「二つの政権」の相克』（信山社、一九九七年）、文京洙『新・韓国現代史』（岩波書店、二〇一五年）、糟谷憲一・並木真人・林雄介『朝鮮現代史』（山川出版社、二〇一六年）等の多角的な研究が進められている。[45]

(二)「管理法令」の性質

二〇〇三（平成一五）年四月、横浜地方裁判所は所謂「横浜事件」の第三次再審請求に際して「治安維持法一条、一〇条は、ポツダム宣言が国内法的な効力を有するに至ったことにより実質的に失効した」との注目すべき見解を表明した。[46]ポツダム宣言及び降伏文書の法的性格については、その片務性から「相手方の受諾を条件とした単独行為」とする見解もあるが、[47]国際的合意による一種の条約と理解するのが判例及び学説における通説的な態度であるとされる。(48)しかし、上記再審請求につき即時抗告を受けた東京高等裁判所が、治安維持法の失効の時期についての「見解は様々であると考えられ、いずれを正当として採用すべきであるか、にわかに決し難い」としたように、その国際法的・国内法的な文脈における解釈は、現在でもなお結論の一致を見出し難い状況にある。(49)上述したような意味での「無条件降伏」が含意される状況下では「通常時における国際法と国内法との関係をめぐる法理をそのまま当て嵌めることはできない」との見解が憲法学の立場から提起されているが、(50)日本国憲法の正当性をめぐる所謂「八月革命説」の妥当性に関する議論と同様、(51)この見解には国際法学の立場からの異論もある。(52)なお周知のように、かつて、ポツダム宣言に規定された「条件（terms）」に関する江藤淳らによる論争があったが、(53)少なくとも第二次世界大戦終結当時の理解においては、無条件降伏は「勝者が提示した条件の無条件受諾」の形式を含み得る柔軟な概念であったものと思われる。(54)しかし、このことが直ちに、例えば一九四五（昭和二〇）年九月六日のトルーマン（H. S. Truman）大統領から連合国最高司令官への通達が主張するような、「契約的基礎」によらない占領管理権限を導くわけではないことも、併せて指摘しておかねばならないであろう。(55)

無条件降伏に引き続いて日本本土において実施された「占領管理（管理占領）」の性質についても、「狭義の戦時占領」、休戦・講和後に行われる「保障占領」、復仇の手段として行われる「平時占領」等との間に、国際法上「質的な差がある」ことについては大方の了解があると言って良いものの、戦時国際法の適用可能性やポツダム宣言・降伏文書との法的関係については必ずしも見解が一致しない部分がある。(56)この問題は、占領管理を実施するための法的措置をどのように把握するか、という議論にも結びつく。日本本土の占領管理の実施については、連合国最高司令官が「天皇を含む日本政府機構および諸機関を通じて」権力を行使するという「間接統治」方式が原則とされたが、その履行のために、九月二〇日に「連合国最高司令官ノ為ス要求ニ係ル事項」の実施のための命令発出を認める緊急勅令（昭和二〇年勅令第五四二号、所謂「ポツダム緊急勅令」）が制定され、この緊急勅令に基づく所謂「ポツダム命令」が数多く発出された[57]。ポツダム命令に関しては、占領期全般を通じてその制定及び運用に関わった佐藤達夫の「ポツダム命令についての私録 (1)～(4)」(『自治研究』二八巻二号・五～七号(一九五二年))が、その経緯を含めた詳細な検討を行っているが、ほぼ無制限な委任立法であるポツダム緊急勅令は、それ自体の合憲性が旧憲法下においても既に疑問視されており、これに基づいて発出されたポツダム命令にも、新旧憲法に照らして違憲性が高いものが多く含まれている[58]。我が国の裁判所は、占領中においては、このようなあり方は「まことに已むことを得ないところ」であるとして、これらは新旧憲法下で共に合憲であったと判示し、また占領終結後は「憲法外において法的効力を有する」ものであったと判示しているが、占領管理を規定するポツダム宣言及び降伏文書に照らした妥当性判断の必要性も指摘されている[59]。また、ポツダム命令等により明示的に国内法化されなかった連合国最高司令官からの指令等に対する違反行為についても、「占領目的に有害な行為」(昭和二一年勅令第三一一号、後に「占領目的阻害行為」(昭和二五年政令第三二五号))として、基本的には日本側の裁判所が管轄する犯罪類型とされたことにも留意する必要がある[60]。これら複雑な「管理法令」のあり方を把握するためには、日本管理法令研究会編『日本管理法令研究 (1)～(35)』(大雅堂・有斐閣、一九四六～五三年)、我妻榮編『新法令の研究 (1)～(12)』(有斐閣、一九四六～四九年)等の同時代的業績が、今日においてもなお有益である。

一方、日本占領が元々直接軍政を基本構想としていたことは、上述した対日占領政策に関する研究において明らかにされている。占領初期に生じた所謂「三布告」問題や、千葉県館山における直接軍政の実施等は、日本本土における直接軍政と間接統治の「混乱」の事例として理解されよう[61]。しかし、占領期全般を通じて、連合国最高司令官の直接軍政の権限が維持されていたことには注意が必要である。その態様は様々だが、例えば、連合国人や占領軍関係者についての犯罪に関する管轄を持つ「軍事占領裁判所 (Military Occupation Courts)」の存在や[62]、対外関係処理[63]、体系的な検閲の実施[64]、イギリス連邦占領軍が大きな役割を果たしたとされる移民管理等につき[65]、近時実証的な検討が行われている。もっとも、統治権が終局的には連合国最高司令官に帰すると理解するのであれば、直接軍政と間接統治には「政治的にはともかく、法的に異なる意味は与え難い」のかもしれない。[66]

直接軍政の最も峻厳な表現とも言い得る、戦犯裁判に関する研究にも触れておきたい。極東国際軍事裁判、所謂「東京裁判」については、極東国際軍事裁判研究会編『極東国際軍事裁判研究（1）〜（3）』（平和書房、一九四七〜四八年）、高柳賢三『極東裁判と国際法』（有斐閣、一九四八年）、横田喜三郎『戦争犯罪論〔増訂版〕』（有斐閣、一九四九年）等の法学者による同時代的分析が存在しているが、連合国側の史料公開に伴って内外の研究レベルは飛躍的に向上しており、粟屋憲太郎『東京裁判への道　上・下』（講談社、二〇一三年〔初出一九八四〜八五年〕）、「年報日本現代史」編集委員会編『東京裁判開廷七〇年（年報日本現代史㉑）』（現代史料出版、二〇一六年）等の実証研究が精力的に進められている。本章の問題関心からは、日暮吉延『東京裁判の国際関係――国際政治における権力と規範』（木鐸社、二〇〇二年）、同『東京裁判』（講談社、二〇〇八年）等の国際関係に即した分析のほか、近時盛んに行われている国際的な再検討の動きも挙げておきたい。[67] 一方、所謂「ＢＣ級戦犯裁判」については、相対的に研究が遅れていたが、近時、田中宏巳『ＢＣ級戦犯』（筑摩書房、二〇〇二年）、横浜弁護士会ＢＣ級戦犯横浜裁判調査研究特別委員会『法廷の星条旗――ＢＣ級戦犯横浜裁判の記録』（日本評論社、二〇〇四年）、林博史『ＢＣ級戦犯裁判』（岩波書店、二〇〇五年）、内海愛子『朝鮮人ＢＣ級戦犯の記録』（岩波書店、二〇一五年）等の業績がまとめられつつある。[68]

（31）五百旗頭真「「無条件降伏」とポツダム宣言」『国際法外交雑誌』七九巻五号（一九八〇年）一九頁以下、同後掲『米国の対日占領政策　上』八四頁以下。

（32）油井大三郎「世界戦争の中のアジア・太平洋戦争」倉沢他前掲『岩波講座アジア太平洋戦争（1）』二四〇頁以下。

（33）日本国際政治学会編『日本占領の多角的研究』（有斐閣、一九八五年）、袖井林二郎編『世界史のなかの日本占領』（日本評論社、一九八五年）、「〈特集〉占領と旧体制」『歴史学研究』六〇〇号（一九八九年）、袖井林二郎・豊下楢彦「世界史のなかの日本占領――比較占領史的アプローチ」竹前・袖井編前掲『戦後日本の原点　上』、大嶽秀夫『二つの戦後・ドイツと日本』（NHK出版、一九九二年）、山口定・R・ルプレヒト編『歴史とアイデンティティ――日本とドイツにとっての一九四五年』（思文閣出版、一九九三年）、油井大三郎他『占領改革の国際比較――日本・アジア・ヨーロッパ』（三省堂、一九九四年）、皆村武一『戦後日本の形成と発展』（日本経済評論社、一九九五年）、石田憲「敗戦と憲法――日独伊三国における憲法制定の比較　⑴〜⑵」『千葉法学論集』一九巻二〜三号（二〇〇四年）、北原仁『占領と憲法――カリブ海諸国、フィリピンそして日本』（成文堂、二〇一一年）等。欧文文献は数多いが、さしあたり、Robert Wolfe ed., *Americans as proconsuls: United States military government in Germany and Japan, 1944-1952*, Southern Illinois University Press, 1984. を参照されたい。

（34）極東委員会についてはさしあたり、山極晃解説『極東委員会　The Far Eastern Commission（現代史研究叢書⑴〜⑵）』（東出版、一九九四年、George H. Blakeslee, *A study in international cooperation. 1945 to 1952.*, *Report by the Secretary General. February 26, 1946-July 10, 1947; Second report by the Secretary General: July 10, 1947-December 23, 1948; Third report by the Secretary General: December 24, 1948-June 30, 1950* の合本）を参照されたい。

（35）竹前前掲『アメリカ対日労働政策の研究』、天川晃「戦後政治改革の前提――アメリカにおける対日占領の準備過程」渓内謙他編『現代行政と官僚制　下』（東京大学出版会、一九七四年）、秦前掲『アメリカの対日占領政策』、竹前栄治「対日占領政策の形成と展開」『岩波講座日本歴史㉒　現代⑴』（岩波書店、一九七七年）等。

（36）国務省の「知日派」については、新堀通編『知日家の誕生』（東信堂、一九八六年）、ハワード・ショーンバーガー／宮崎章訳『占領一九四五－一九五二　戦後日本をつくりあげた八人のアメリカ人』（時事通信社、一九九四年〔原著一九八九年〕）、ヒュー・ボートン／五百旗頭真訳『戦後日本の設計者――ボートン回想録』（朝日新聞社、一九九八年〔原著一九九七年〕）等を参照されたい。一方、太平洋問題調査会（Institute of Pacific Relations, IPR）に拠った知識人たちに見られる「下からの徹底改革論」に評価を与える立場として、油井大三郎『未完の占領改革――アメリカ知識人と捨てられた日本民主化構想』（東京大学出版会、一九八九年）、進藤榮一『敗戦の逆説――戦後日本はどうつくられたか』（筑摩書房、一九九九年）等がある。

（37）なお、五百旗頭らにより関連史料がマイクロフィッシュ化されている（Makoto Iokibe and Fumio Fukunaga ed., *The occupation of Japan, pt. 1: U.S. planning documents, 1942-1945, pt. 2: U.S. and Allied policy, 1945-1952, pt. 3: Reform, recovery and peace, 1945-1952*, Congressional Information Service; Maruzen, 1987-1991［microfiche］.『日本占領　資料解題　第一部』（丸善、一九八七年））。

（38）なお、中村政則『象徴天皇制への道――米国大使グルーとその周辺』（岩波書店、一九八九年）、山極晃・中村政則編

『資料日本占領(1) 天皇制』（大月書店、一九九〇年）、佐々木高雄「三つの基本的人権 (1)～(2)」『青山法学論集』四一巻四号～四二巻二号（二〇〇〇年）も参照されたい。

(39) もっとも、GHQで実務上の基本政策として重視されたのは、統合参謀本部（Joint Chief of Staff, JCS）からの「日本占領及び管理のための連合国最高司令官に対する降伏後における初期の基本的指令」（JCS一三八〇／一五）であった（セオドア・コーエン／大前正臣訳『日本占領革命 GHQからの証言 上・下』（TBSブリタニカ、一九八三年）。なおこの点につき、天川晃「日本における占領」同前掲『占領下の日本』が示唆的である）。

(40) なお、佐藤卓己『増補 八月十五日の神話――終戦記念日のメディア学』（筑摩書房、二〇一四年）も参照されたい。

(41) ほかに、木村正明「GHQ――構造と権力」思想の科学研究会編前掲『共同研究 日本占領軍 上』、荒敬「占領支配の構造とその変容」岩崎稔他編『越境する植民地主義――ジェンダー／民族／人種／階級』（青弓社、二〇〇五年）等。なお、竹前栄治「占領体制の成立」同前掲『占領戦後史』、同「占領とGHQ」竹前・中村監修前掲『GHQ日本占領史 (1)』も参照。

(42) 荒敬「高級副官および高級副官部の任務と組織」同前掲『占領史研究序説』三二九頁以下。

(43) 荒敬「占領軍と横浜」横浜市史編纂室編『横浜市史Ⅱ (2)下』（横浜市、二〇〇〇年）。地方軍政に関してはほかに、竹前前掲『アメリカ対日労働政策の研究』、阿部彰『戦後地方教育制度成立過程の研究』（風間書房、一九八三年）等を参照されたい。なお近時、国立国会図書館憲政資料室において地方軍政部からの報告書群が公開されている（占領期都道府県軍政資料）。

(44) 沖縄占領については極めて多くの問題提起的な実証研究が積み重ねられているが、本章の問題関心に即しては、奥山恭子「戦後沖縄の法体制と戸籍の変遷(1)」『横浜国際社会科学研究』一一巻三号（二〇〇六年）、明田川融「沖縄と「平和」憲法についての断章」「年報日本現代史」編集委員会編『歴史としての日本国憲法（年報日本現代史(11)）』（現代史料出版、二〇〇六年）、川手摂『戦後琉球の公務員制度史――米軍統治下における「日本化」の諸相』（東京大学出版会、二〇一二年）等が示唆的である。

(45) 日本の旧植民地に関する実証研究も盛んであるが（例えば「〈特集〉東アジア植民地の「近代」を問うことの意義」『歴史学研究』八〇二号（二〇〇五年））、法的な観点からは、占領期及び戦後における国籍問題への関心が高い（古川純「外国人の人権――戦後憲法改革との関連において」同後掲『日本国憲法の基本原理』、布田勉「日本国憲法の成立と国籍法――明治国籍法の人的妥当範囲の問題を中心にして」新正幸・鈴木法日児編『憲法制定と変動の法理』（木鐸社、一九九一年）、板垣竜太「帝国の臣民管理システム――過去と現在」白石孝他編『世界のプライバシー権運動と監視社会』（明石書店、二〇〇三年）、大沼保昭『在日韓国・朝鮮人の国籍と人権』（東信堂、二〇〇四年）、中村安菜「日本国憲法制定過程における国籍と

朝鮮人」『法学研究論集』（二〇一〇年）等。

(46) 『判例時報』一八二〇号（二〇〇三年）四五頁以下。横浜事件第三次再審請求に関しては、「〈小特集〉横浜事件第三次再審請求」『法律時報』七四巻六号（二〇〇二年）、櫻井大三「〈判例研究〉ポツダム宣言受諾後、治安維持法が廃止されるまでの間に治安維持法一条、一〇条違反の罪により処罰された事案（いわゆる横浜事件）に対する再審請求事件において、原判決の謄本がないことを理由として請求を棄却すべきではないとした上、ポツダム宣言受諾と天皇の終戦の詔書によりポツダム宣言は国内法的な効力を有するに至り、治安維持法一条、一〇条は実質的に効力を失い、免訴を言い渡すべき場合に当たるなどとして、再審請求が認められた事例――いわゆる横浜事件第三次再審請求事件決定」『法学新報』一一一巻三・四号（二〇〇四年）、齋藤正彰「ポツダム宣言受諾と国内法の効力――横浜事件第三次請求事件」『ジュリスト』一二六九号（二〇〇四年）、古川純「「横浜事件」第三次請求事件・横浜地裁再審決定の研究」『専修法学論集』九〇号（二〇〇四年）等を参照されたい。第三次請求も含めた横浜事件全般に関しては、横浜事件・再審裁判＝記録／資料刊行会編『ドキュメント横浜事件――戦時下最大の思想・言論弾圧事件を原資料で読む』『全記録：横浜事件・再審裁判――第一次～四次再審請求・再審公判・刑事補償請求』（高文研、二〇一一年）、大川隆司・佐藤博史・橋本進『横浜事件・再審裁判とは何だったのか』（高文研、二〇一一年）を参照。

(47) 田中二郎「日本管理法令と国内法」『日本管理法令研究』一巻一号（一九四六年）五〇頁以下。

(48) 高野雄一「第二次大戦の占領・管理　日本の場合を中心として」国際法学会編『国際法講座(3)』（有斐閣、一九五四年）二三一頁以下、同「無条件降伏論争」『八千代国際大学紀要』一巻一・二号（一九八八年）四一頁以下、安藤仁介「日本の敗戦および連合国の占領と国際法」『国際問題』一四七号（一九七二年）一五頁以下、同「国際社会と日本――日本国憲法と国際協調主義」佐藤幸治他編『憲法五〇年の展望　Ⅰ』（有斐閣、一九九八年）二七三頁以下、Nisuke Ando, *Surrender, occupation, and private property in international law : an evaluation of US practice in Japan*, Oxford University Press, 1991, 芳川俊憲「連合国軍隊による日本占領の法理と実際」『岡山大学法学会雑誌』二二巻三・四号（一九七二年）一頁以下、田中忠「戦争の開始と終了」寺澤一他編『標準国際法〔新版〕』（青林書院、一九九三年）五一六頁以下等。

(49) 『判例タイムズ』一一七九号（二〇〇五年）一三七頁以下。

(50) 大石眞「横浜事件の再審請求事件にかかる鑑定意見書」『法律時報』七四巻一三号（二〇〇二年）三〇五頁。なお、高橋正俊「憲法の制定とその運用」佐藤他編前掲『憲法五〇年の展望　Ⅰ』七四頁以下を参照。

(51) 日比野勤「現行憲法成立の法理」大石眞・石川健治編『憲法の争点（新・法律学の争点シリーズ(3)）』（有斐閣、二〇〇八年）一三頁。所謂「八月革命説」に関しては様々な観点から議論があるが、長尾龍一『日本憲法思想史』（講談社、一九九六年）が示唆的である。

(52) 櫻井前掲「いわゆる横浜事件第三次再審請求事件決定」三八八頁以下、齋藤前掲「ポツダム宣言受諾と国内法の効力」七頁。

(53) 江藤淳『忘れたことと忘れさせられたこと』(文藝春秋社、一九七九年)等。

(54) 五百旗頭前掲「「無条件降伏」とポツダム宣言」六八頁以下。荒敬・粟屋憲太郎「日本敗戦と旧支配体制の解体」『歴史学研究別冊　世界史における地域と民衆』(青木書店、一九七九年)、波多野澄雄「「無条件降伏」と日本」『法学研究』七三巻一号(二〇〇〇年)も参照されたい。

(55) この文書は「無条件降伏」の性質をめぐる議論においてしばしば取り上げられるが、ここに見られるアメリカ政府の解釈は疑問なしとしない(安藤前掲「国際社会と日本」二七三頁以下)。なお、この文書が孕む法的な問題点については、日米双方で当時既に指摘されていたことが明らかになっている(笹川隆太郎「対日占領管理権限の根拠とポツダム宣言条項——一九四五年九月四日附チャンラー大佐覚書」『石巻専修大学研究紀要』一六号(二〇〇五年))。

(56) 「広義の保障占領の一種」とする見解(高野雄一『国際法概論〔全訂新版〕下』(弘文堂、一九八六年)四五六頁以下)、「戦後占領」とする見解(安井郁「連合国の日本占領の本質——戦後占領の新形態」『国際法外交雑誌』四五巻一・二号(一九四六年)一九頁以下)等がある。この問題は、日本国憲法の正当性をめぐっても議論されてきた(田中英夫「日本国憲法の制定と「ハーグ陸戦法規」」国家学会編『国家学会百年記念　国家と市民(1)』(有斐閣、一九八七年)九三頁以下)。

(57) ここで言う「ポツダム緊急勅令」のことを「ポツダム勅令」と呼称する場合もある(行政法制研究会「重要法令関係慣用語の解説　ポツダム緊急勅令・ポツダム命令」『判例時報』一四七二号(一九九三年)二四頁以下)。なお、「管理法令」や「占領法規」という呼称は、厳密にはこの「ポツダム命令」を指すものとする場合もあるが(長谷川正安「占領法体系とその意味」『ジュリスト』六三八号(一九七七年)三九頁)、「占領中のすべての法令は、憲法をはじめとして司令部と何等かの交渉なしに発せられたものはないといえ」るため、「形式的にはもちろん、実質的にもポツダム法体系とか、管理法体系とかいうものを殊別すること困難」との指摘もなされる(佐藤後掲「ポツダム命令についての私録(3)」二七頁)。なお、連合国最高司令官が政治の最終決定権を持つことにより、占領管理体制下では新旧憲法は共に「管理法令の一種」であったという理解も出来よう(高橋前掲「憲法の制定とその運用」七九頁以下、大石後掲『日本憲法史』三七七頁以下。「〈研究会〉ポツダム命令よどこへ行く」『ジュリスト』一号(一九五二年)、「〈研究会〉政令第三二五号事件最高裁大法廷判決について」『ジュリスト』四三号(一九五三年)等も参照されたい)。他方、ポツダム命令は「一つの外国法」であるという理解もある(佐伯千仭「ポツダム命令に関する諸問題(2)」『労働法律旬報』一二三号(一九五二年)四頁〔本書第五章及び第六章を参照〕)。

(58) 「〈特集〉違憲問題に関する研究」『公法研究』一号(一九四九年)。「連合国最高司令官ノ為ス要求」の態様は当初、GHQから日本政府に宛てて発出された指令(竹前栄治監修『GHQ指令総集成(1)〜(15)』(エムティ出版、一九九四年)として復刻されている）を典型とする書面を想定していたようであるが、実際には様々な形式のものが用いられた。なお、占領中に制定されたポツダム命令は五二六件に及ぶ（司法法制課「ポツダム命令について」『J&R』八〇号（一九九五年）、片井睦明・小松俊也「ポツダム緊急勅令とこれにより制定された法令の変遷――戦後五十年を契機として」『法律のひろば』四八巻五号（一九九五年）を参照）。

(59) 長谷川正安『憲法判例の研究』（勁草書房、一九五六年）五一頁以下。なお、山手治之「〈総合判例研究〉日本占領法令の効力(1)〜(3)」『立命館法学』三一〜三三号（一九五九〜六〇年〔未完〕）等も参照されたい。このことと関連して長谷川正安は、超憲法的な管理法体系が占領終結後にそのまま「安保体系」に引き継がれて憲法体系と矛盾・対立を来すという「二つの法体系」論を提示している（和田進「「二つの法体系」論と長谷川正安」『法律時報』六〇巻一一号（一九八八年））。

(60) 拙稿「「占領目的に有害な行為」と検察官の起訴猶予裁量――占領下における刑事司法の管理と法制改革の交錯」『桐蔭法学』一二巻一号（二〇〇五年）を参照されたい〔本書第七章第一節及び第二節に収録〕。

(61) 天川後掲「占領初期の政治状況」九頁。

(62) 荒前掲「GHQ文書の種類とその解読――GHQ・SCAP資料と政策決定」三〇頁以下、前掲拙稿「「占領目的に有害な行為」と検察官の起訴猶予裁量」四頁以下を参照〔本書三五一頁以下〕。この軍事占領裁判所の裁判を刑法第五条に言う「外国の裁判」とするかどうかについては議論がある（長島敦「軍事裁判所の確定判決とわが裁判所の審判」『刑法における実存と法解釈』（成文堂、一九八六年）等を参照）。

(63) 高野雄一「管理下日本の国際関係の展開」『日本管理法令研究』三二号（一九五〇年）、横川新「占領期間中の外交機能」国際法事例研究会編『日本の国際法事例研究(2) 国交再開・政府承認』（慶應通信、一九八八年）等。

(64) 江藤淳『閉ざされた言語空間――占領軍の検閲と戦後日本』（文藝春秋社、一九九四年〔初出一九八九年〕）、有山輝雄『占領期メディア史研究――自由と統制・一九四五年』（柏書房、一九九六年）、明田川融訳『占領軍対敵諜報活動――第四四一対敵諜報支隊調書』（現代史料出版、二〇〇四年）、山本武利『GHQの検閲・諜報・宣伝工作』（岩波書店、二〇一三年）等を参照。なお、検閲の結果として民間検閲支隊（Civil Censorship Detachment, CCD）が保管していた史料は、メリーランド大学で「プランゲ文庫」として整理されており、マイクロフィルムにより利用可能になっている（プランゲ文庫に関しては「〈特集〉占領期研究の成果とプランゲ文庫」『Intelligence』三号（二〇〇三年）を参照されたい）。

(65) テッサ・モーリス＝スズキ／辛島理人訳「占領軍への有害な行動――敗戦後日本における移民管理と在日朝鮮人」岩崎他編前掲『越境する植民地主義』。この点に関しては近時、引揚の実証研究が進められている（増田弘編著『大日本帝国の崩壊と引揚・復員』（慶應義塾大学出版会、二〇一二年）、李淵植／舘野晳訳『朝鮮引揚げと日本人――加害と被害の記憶を超えて』（明石書店、二〇一五年）、今泉裕美子・柳沢遊・木村健二編著『日本帝国崩壊期「引揚げ」の比較研究――国際関係と地域の視点から』（日本経済評論社、二〇一六年）等）。
(66) 高橋前掲「憲法の制定とその運用」一三〇頁。
(67) 田中利幸・T・マコーマック・G・シンプソン編著／田中利幸他訳『再論東京裁判――何を裁き、何を裁かなかったのか』（大月書店、二〇一三年）、N・ボイスター・R・クライヤー／粟屋憲太郎他訳『東京裁判を再評価する』（日本評論社、二〇一四年）等。
(68) 戦犯裁判に関する文献及び史資料は極めて多いが、東京裁判ハンドブック編集委員会編『東京裁判ハンドブック』（青木書店、一九八九年）が、BC級戦犯裁判をも視野に入れた紹介として有用である。近時の研究動向に関しては、宇田川幸大「戦犯裁判研究の現在」『歴史評論』七九九号（二〇一六年）を参照されたい。また、国際法の観点からの業績として、村瀬信也・真山全編『武力紛争の国際法』（東信堂、二〇〇四年）を参照。なお、やや異なる観点からの分析として、松並潤「占領改革としてのBC級戦争犯罪裁判」『大阪学院大学法学研究』二八巻一号（二〇〇一年）がある。

三　戦後法制改革研究の現況

(一)　日本国憲法の制定過程――史料状況の紹介を兼ねて

戦後占領期の我が国において行われた法制改革のうち、研究が最も盛んな分野は、言うまでもなく日本国憲法に関するものである。とりわけ、その制定過程に対する関心の高さは、田中英夫「憲法成立史」（『ジュリスト』六三八号（一九七七年））、古川純「日本国憲法成立史の論点」（同『日本国憲法の基本原理』（学陽書房、一九九三年〔初出一九八一年〕））、大石眞「憲法制定史の現況」（同『憲法史と憲法解釈』（信山社、二〇〇〇年〔初出一九九六年〕））、古関彰一「憲法制定過程をめぐる問題」（『法律時報』七七巻一〇号（二〇〇五年））等の史料状況に即した紹介に反映されている。(69)

本章では以下、これらの先行業績に依拠して、時系列に沿う形で若干の整理を試みたい。

【第一期：憲法調査会の活動とその成果】

日本国憲法制定過程の概略については、占領下においても日米双方の当局者の手によってある程度の紹介が行われていたが、[70] その研究レベルを飛躍的に高めたのは、周知のように、内閣に置かれた憲法調査会において行われた「憲法制定経過の歴史的研究」である。[71] 一九六一（昭和三六）年にまとめられたその成果は、憲法調査会編『憲法制定の経過に関する小委員会報告書』（大蔵省印刷局）として刊行され、制定過程に深く関わった入江俊郎「日本国憲法成立の経緯」（同『憲法成立の経緯と憲法上の諸問題』（第一法規、一九七六年（初出一九六〇年））、佐藤達夫『日本国憲法成立史　(1)〜(2)』（有斐閣、一九六二〜六四年）もほぼ同時期に公表された。[72] また、ＧＨＱの民政局（Government Section）において所謂「マッカーサー草案」の起草に深く関わったラウエル（M. E. Rowell）の所蔵文書を中心とした英文史料を翻刻し、邦訳及び詳細な解説を附して紹介した高柳賢三・大友一郎・田中英夫編著『日本国憲法制定の過程　Ⅰ・Ⅱ』（有斐閣、一九七二年（初出一九六五〜六七年））は、アメリカ側の史料に基づく先駆的な成果である。

【第二期：アメリカ側史料の公開・日本側史料の整理】

一九七〇年代に活発化した「占領史研究」と軌を一にする形で、憲法制定史に関しても、公開が開始されたアメリカ側の史料を活用して、田中英夫『憲法制定過程覚え書』（有斐閣、一九七九年）、同「憲法制定過程における二つの法文化の衝突」（坂本・ウォード編前掲『日本占領の研究』）等の実証研究が進められた。ＧＨＱ側の史料に対する関心は極めて高く、ラウエルと同じく民政局のスタッフとして日本国憲法制定全般に関与したハッシー（A. R. Hussey, Jr.）の所蔵文書（現在はミシガン大学に寄贈されている）を影印を附して抄録した犬丸秀雄編『日本国憲法制定の経緯』（第一法規、一九八九年）や、日本国憲法公布後の民政局関係史料を主として影印版で収める古関彰一編

『GHQ民政局資料「占領改革」(1)憲法・司法制度』(丸善、二〇〇一年)等が刊行されるに至っている。[73] 高見勝利他「国立国会図書館憲政資料室所蔵 GHQ/SCAP資料所収日本国憲法関係資料書誌」(『参考書誌研究』六三号(二〇〇五年))は、国立国会図書館が二〇〇三(平成一五)年より企画した電子展示会『日本国憲法の誕生』の調査結果である。[74] 一方、日本側の原史料の整理・公開も進んでおり、佐藤達夫(佐藤功補訂)『日本国憲法成立史(3)〜(4)』(有斐閣、一九九四年(初出一九五五〜五八年))、外務省公開文書を翻刻した江藤編前掲『占領史録(3)憲法制定経過』等が公にされたほか、芦部信喜他編著『日本国憲法制定資料全集(1)〜(6)』(信山社、一九九七〜九八年(未完))の刊行も開始され、近年まで非公開となっていた衆議院事務局編『帝国憲法改正特別委員小委員会速記録』(衆栄会、一九九五年)、参議院事務局編『第九十回帝国議会貴族院帝国憲法改正案特別委員小委員会筆記要旨』(参友会、一九九六年)も公表された。[75]

【第三期:問題意識の拡大】

このような史料状況の変化は、近年の憲法制定史研究のレベルを飛躍的に上昇させている。まず取り上げるべきは、多角的視点による通史的な叙述である。古関彰一『日本国憲法の誕生』(岩波書店、二〇〇九年(初出一九八九年))は、内外の史資料を博捜した成果であり、とりわけ、知日家コールグローブ(K. W. Colegrove)を軸に描かれるGHQと国務省、極東委員会の複雑な関係についての叙述は説得的である。このほか、西修『日本国憲法はこうして生まれた』(中央公論新社、二〇〇〇年(初出一九八六年))、制憲過程に深く関わったケーディス(C. L. Kades)の回想の抄訳を附した竹前栄治・岡部史信『日本国憲法検証 一九四五–二〇〇〇 資料と論点(1) 憲法制定史』(小学館、二〇〇〇年)、古関彰一『平和憲法の深層』(筑摩書房、二〇一五年)等の文庫・新書での成果が多いことや、アメリカの研究者による史料集や本格的研究が現れていることも、憲法制定史についての関心の広さを示していると言える。[76] 我が国における「実質的意味の憲法」の明治期以降の通史を描く大石眞『日本憲法史』には、日本国憲法に関する叙述を大幅に補った第二版が出たほか（有斐閣、二〇〇五年〔初版一九九五年〕）、大石による所謂「憲法附属法」の制定過程研究を含む論文集『憲法秩序への展望』（有斐閣、二〇〇八年）及び『統治機構の憲法構想』（法律文化社、二〇一六年）が刊行された。一方、佐々木髙雄『戦争放棄条項の成立経緯』（成文堂、一九九七年）等を始めとする逐条的な実証研究も、憲法学に限らず多くの法領域において広く行われるようになっており、憲法制定史に関する知見がかなりの程度共有されつつあることを示しているが[77]、憲法学においては、制定過程研究と憲法解釈の関係が自覚的に問われるようになってきていることは、法制史学の観点からも注目されよう[78]。

これらの業績と並行する形で、占領を実施した側の多義性を明らかにする実証研究も行われている。成田憲彦「日本国憲法と国会」（内田健三他編『日本議会史録 ⑷』（第一法規、一九九〇年））は、アメリカ国務省及びその出先機関である政治顧問部（Political Adviser, POLAD）との対抗を軸に、憲法制定についてのマッカーサーのイニシアティブを強調する。一方、天川晃「民政局と憲法制定――三つ目の「偶然」」（同前掲『占領下の日本』〔初出一九九三年〕）は、第二代民政局長ホイットニー（C. Whitney）の役割に注目して、GHQ内部の「軍人と文官の対抗」と、マッカーサー草案起草による民政局のヘゲモニー獲得の過程を明らかにする。笹川隆太郎「マッカーサーの憲法制定作戦とペンタゴンの黒衣たち――憲法改正草案要綱公表の舞台裏」（新正幸他編『公法の思想と制度』（信山社、一九九九年））は、従来知られていなかったアメリカ陸軍省の関与を立証する注目すべき論稿である。また、連合国側の機関として制憲過程に強い影響を与えた極東委員会の活動については、西修『日本国憲法の成立過程の研究』（成文堂、二〇〇四年）が詳しく検討している。これらの研究はいずれも、勝者と敗者の単純な力関係に還元できない、憲法制定史の複雑な実像に鋭く迫る視角を提示してくれる。なお、従来の研究においては、インタヴューや回顧等が十分な検討を経ずに――いささか安易に――用いられる傾向が見られたが、佐々木髙雄、笹川隆太郎、布田勉、廣田直美らの、日米双方の史料に関する本格的な史料批判の試みによって、憲法制定史の歴史研究としての質が担保されるようになってきていることも指摘しておきたい(79)。

（二）臨時法制調査会と民政局——主要法令の改正

日本国憲法は補則において「この憲法を施行するために必要な法律の制定」を始めとする準備手続についての規定を置いているが（第一〇〇条第二項）、これらの所謂「憲法附属法」の整備の必要性は、制憲過程と並行して早くから認識されていた(80)。一方、マッカーサー草案起草の段階から含まれていた「最高法規」条項は、憲法典の条規に反する法令が当然に失効することを明言する(81)。ＧＨＱとの徹夜交渉を経て、一九四六（昭和二一）年三月六日に「憲法改正草案要綱」を公表した後、政府が直ちに「憲法改正ニ伴フ諸法制整備ニ関スル重要事項ヲ調査審議」する調査会の設置の準備に取りかかっているのは、これらの問題意識の反映であると言えよう(82)。如上の目的で同年七月三日に内閣に設置された臨時法制調査会は、憲法の改正に伴って「制定又は全部改正を要するもの」（二六件）、「一部改正を要するもの」（二四件）、「廃止を要するもの」（二件）を列記し、それぞれ、「皇室及び内閣関係」を扱う第一部会、「国会関係」を扱う第二部会、「司法関係」を扱う第三部会、「財政、地方自治関係その他の部会の所管に属しないもの」を扱う第四部会に分けて検討することとしていた(83)。各部会は小委員会を設置し、各省庁の調査会等とも連携しながら、一〇月二六日の第三回総会において計一九件の要綱の答申を行い、これに基づいて、日本国憲法の施行と相前後して多くの立法がなされている(84)。また、マッカーサー草案の起草を担ったＧＨＱの民政局にも早くから接触が試みられており、臨時法制調査会の設置に伴って、民政局にもそれぞれの部会に対応したスタッフが配されている(85)。以上のような経緯に鑑みれば、すべての局面が網羅されているわけではないものの、戦後法制改革の中核には、臨時法制調査会と民政局の活動があったものと評価して良いであろう。なお、民政局の活動についてはかなり研究が進んでおり、改革が行われた領域ごとに史料を精選し、研究動向の把握にも有益な解説を附した、天川晃・福永文夫編『GHQ民政局資料「占領改革」⑴〜⑾・別巻』（丸善、一九九八〜二〇〇二年）が刊行されている。以下、時期的に前後するものも含めて、戦後法制改革に関する研究動向を臨時法制調査会の各部会の所管事項に即して紹介することとする。[86]

【第一部会：部会長金森徳次郎・民政局担当官ピーク（C. H. Peake）】

皇室典範及び皇室経済法に関する先駆的な業績としては、憲法調査会の活動の一環として作成された高尾亮一「皇室典範の制定経過」「皇室経済法の制定経過」（憲法調査会事務局編『憲法調査会資料　第二冊』（一九六二年））があるが、芦部信喜・高見勝利編『皇室典範〔昭和二二年〕』『皇室経済法〔昭和二二年〕』（信山社、一九九〇〜九二年）が、憲政資料室所蔵の佐藤達夫文書・入江俊郎文書を中心に関係史料を翻刻したことが注目される。近時の業績としては、奥平康弘『「萬世一系」の研究――「皇室典範的なるもの」への視座』（岩波書店、二〇〇五年）や笠原英彦「皇室典範制定過程の再検討――皇位継承制度を中心に」（『法学研究』八三巻一二号（二〇一〇年））が各論的な問題も含めて皇室典範の制定過程についての詳細な検討を行っているほか、川田敬一「終戦前後アメリカの皇室財産政策に関する基礎的考察――「皇室経済法」制定前史」（『憲法論叢』六号（一九九九年））、同「近代日本の皇室財産一八六七〜一九四七」（伊藤之雄・川田稔編『二〇世紀日本の天皇と君主制』（吉川弘文館、二〇〇〇年））、同「「皇室経済法」の成立過程――GHQとの折衝を中心に」（『産大法学』四〇巻三・四号（二〇〇七年））等の一連の業績が注目される。なお、占領・戦後史研究においては総じて天皇制に関する関心が高く、象徴天皇制、東京裁判、沖縄問題等に引き付けた業績は極めて多いが、[87]近時は、『昭和天皇実録』の公表により更に研究が活性化し、[88]情報公開請求により開示された史料を駆使した研究も行われるようになっている。[89]

内閣法及び行政組織法に関しては、自治大学校編『戦後自治史Ⅷ（内務省の解体）』（自治大学校、一九六六年）が内務省の解体過程についての概観を与えており、天川晃「内閣法制局の対応――新憲法体制の整備」（同前掲『占領下の議会と官僚』（初出一九八二年））、平野孝『内務省解体史論』（法律文化社、一九九〇年）、岡田彰『現代日本官僚制の成立――戦後占領期における行政制度の再編成』（法政大学出版局、一九九四年）等が、佐藤・入江文書やＧＨＱ側の史料を用いた詳細な研究を行う。また、国立公文書館所蔵の井手成三文書を用いて、大石眞「内閣法立案過程の再検討」（同前掲『憲法秩序への展望』（初出二〇〇一年））、松戸浩「事務配分規定成立の経緯（1）～（3）」（『愛知大学法学部法経論集』一六〇～一六四号（二〇〇二～〇四年））等が研究を深めている。公務員制度に関しては、岡田前掲『現代日本官僚制の成立』、川出摂『戦後日本の公務員制度史――「キャリア」システムの成立と展開』（岩波書店、二〇〇五年）等のほか、増田弘による一連の公職追放研究を挙げておく必要があろう。[90]

【第二部会：部会長北昤吉・民政局担当官スウォープ（G. J. Swope）、後にウィリアムズ（J. Williams）に交代】

まず、ＧＨＱ側の当事者による好個の概説として、ウィリアムズの回想録『マッカーサーの政治改革』（市雄貴・星健一訳、朝日新聞社、一九八九年（原著一九七九年））がある。[91]ウィリアムズが執筆に用いるために収集・保存していた文書はメリーランド大学に寄贈され、現在マイクロフィルムにより利用可能であるが、同史料と日本側原史料を博捜した成果として、赤坂幸一「戦後議会制度改革の経緯（1）」（『金沢法学』四七巻一号（二〇〇四年））や、岡崎加奈子「国会法の変遷と委員会制度の展開（1）～（6）」（『法学志林』一〇一巻三号～一〇六巻四号（二〇〇四～〇九年））、梶田秀「国会法の制定――ＧＨＱの合理的行動と議院自律権の後退」（『年報政治学』（二〇〇九年一号））が国会法の制定過程の全体像を明らかにしつつある。[92]政治史の立場からの関心が高い選挙制度改正に関しては、自治大学校編『戦後自治史Ⅲ（参議院議員選挙法の制定）・Ⅳ（衆議院議員選挙法の改正）』（自治大学校、一九六〇～六一年）、杣正夫『日本選挙制度史』（九州大学出版会、一九九二年）等が、主として日本側の史料に即して立法過程を追う。ＧＨＱ側の史料を用いた先駆的な研究としては、竹前栄治「政治改革――昭和二〇年衆議院議員選挙法改正と

ＧＨＱ」（同前掲『占領戦後史』〔初出一九八三年〕）があるが、福永文夫「戦後における中選挙区制の形成過程――ＧＨＱと国内諸政治勢力」（『神戸法学雑誌』第三六巻第三号〔一九八六年〕）、同「占領期における民政局の日本政党観――選挙法改正と公職追放をめぐるＧＳの政策を中心に」（『姫路法学』一号〔一九八八年〕）、同『占領下中道政権の形成と崩壊――ＧＨＱ民政局と日本社会党』（岩波書店、一九九七年）等の一連の業績は、「日米間のクロス・ナショナルな同盟関係」を跡づけることにより、成立を見なかった「政党法」等をも含めた詳細な検討を行っている。(93)

【第三部会：部会長有馬忠三郎・民政局担当官オプラー（A. C. Oppler）】

多岐にわたる法制改革に携わったこの部会については、やはりＧＨＱ側の当事者であったオプラーの回想録『日本占領と法制改革』（内藤頼博監修、納谷廣美・高地茂世訳、一九九〇年〔原著一九七六年〕）が網羅的な概観を与えてくれる。(94)オプラーの所蔵文書は現在、ニューヨーク州立大学オールバニー校に寄贈されているが、法制改革に直接関係するものは少ない。(95)なお、この部会は司法省に設けられた司法法制審議会と表裏一体となって活動しており、同審議会は三つの小委員会を設置して要綱作成にあたった。(96)以下便宜的に、各小委員会の分掌した法領域に即して研究動向を紹介しよう。

《第一小委員会：裁判所構成法・検察庁法・判事弾劾法等》

裁判所法及び関係法令については、最高裁判所事務総局に保管されていたものを中心に関係史資料を翻刻した、内藤頼博『終戦後の司法制度改革の経過（1）〜（4）』（信山社、一九九七〜九八年〔初出一九五九〜七一年〕）が基礎的な文献である。また、丁野暁春他『司法権独立運動の歴史』（法律新聞社、一九八五年〔初出一九七〇〜七二年〕）や「〈特集〉戦後の司法改革をふりかえる」（『自由と正義』三七巻八号、一九八六年）等の関係者による回顧の類も多い。(97)

ＧＨＱ側の史料を用いた研究としては、マッカーサー記念館の「日本占領」シンポジウム報告であるＤ・Ｊ・ダネルスキー／早川武夫訳「最高裁判所の生誕」（『法学セミナー増刊　今日の最高裁判所』（日本評論社、一九八八年〔原著一九七七年〕））が先駆的なものであるが、その利用はまだ本格化していない[98]。なお、近時の業績としては、大石眞「裁判所法成立過程の再検討――憲法上の論点を中心として」（同前掲『憲法秩序への展望』〔初出一九九九年〕）が、日本側史料に基づき実証レベルを高めたものとして注目されるほか、高地茂世他『戦後の司法制度改革――その軌跡と成果』（成文堂、二〇〇七年）が改革の全体を概観している。一方、検察制度については、最高検察庁中央広報部「新検察制度十年の回顧(1)～(3)」（『法曹時報』一〇巻一～三号（一九五八年））、刑事訴訟法制定過程研究会後掲「刑事訴訟法の制定過程(21)～(23)」、最高裁事務総局刑事局監修『検察審査会五〇年史』（法曹会、一九九八年）等があるが、史料的な制約からか業績は必ずしも多くはない[99]。また、裁判官弾劾法については、佐々木高雄『裁判官弾劾制度論』（成文堂、一九八八年）が内外の史料を用いた最も詳細な業績であろう。

《第二小委員会：民法・民事訴訟法・戸籍法等》

民法・戸籍法については、我妻榮編『戦後における民法改正の経過』（日本評論社、一九五六年）、堀内節『家事審判制度の研究』『続　家事審判制度の研究』（中央大学出版部、一九七〇～七六年）等が基礎的な史資料を翻刻している。GHQ側の史料を部分的に用いたものとして、GHQスタッフであったスタイナー（K. Steiner）／田中英夫訳「占領と民法典の改正」（坂本・ウォード編前掲『日本占領の研究』）等があるが、近時、和田幹彦『家制度の廃止――占領期の憲法・民法・戸籍法改正過程』（信山社、二〇一〇年）が、GHQ側の史料を本格的に利用し、また日本側の史料を精力的に発掘することによって、憲法制定過程にまで遡って、民法・戸籍法の改正過程をほぼ明らかにした[100]。また、民事訴訟法に関しては、松本博之編著『民事訴訟法〔戦後改正編〕(1)～(4)Ⅱ』（信山社、一九九七～二〇〇九年）、同『民事訴訟法の立法史と解釈学』（信山社、二〇一五年）が刊行されている[101]。

《第三小委員会：刑法・刑事訴訟法・陪審法等》

刑法の一部改正については、横山晃一郎「戦後改革と刑法改正――刑法改正問題における四七年改正の意義」(『法律時報』五〇巻一三号(一九七八年))が取り上げるほか、「皇室に関する罪」の廃止の経緯についての研究が見られる。[102]全面改正となった刑事訴訟法についての関心は比較的高く、折に触れて「〈特集〉刑事訴訟法二五年の軌跡と展望」(『ジュリスト』五五一号(一九七四年))等の企画が組まれているほか、刑事訴訟法制定過程研究会「刑事訴訟法の制定過程 (1)~(23)」(『法学協会雑誌』九一巻七号~九九巻一二号(一九七四~八二年〔未完〕))が、立法過程の中心的存在であった團藤重光の旧蔵史料を翻刻しており、その全体像は小田中聰樹『現代刑事訴訟法論』(勁草書房、一九七七年)によっておおよそ明らかにされている。GHQ側の史料についても、佐藤欣子「戦後刑事司法における「アメリカ法継受論」の再検討 上・下」(『警察学研究』三二巻一〇~一一号(一九七九年))のほか、拙稿「GHQの司法改革構想から見た占領期法継受――戦後日本法史におけるアメリカ法の影響に関連して」(『法学政治学論究』四九号(二〇〇〇年))が部分的に利用している〔本書第二章第一節〕。なお、井上正仁・田中開・渡辺咲子編『刑事訴訟法制定資料全集 昭和刑事訴訟法編 (1)~(14)』(信山社、二〇〇一~一六年)は、日本側の一次史料を網羅し、既に学界の財産として利用され始めている。[103]また、戦前に停止された陪審法に関する議論についても、利谷信義「戦後改革と国民の司法参加――陪審制・参審制を中心として」(東京大学社会科学研究所前掲『戦後改革(4)』)、拙稿「GHQの司法改革構想と国民の司法参加――占領期法継受における陪審制度復活論」(『法学政治学論究』四九号(二〇〇一年))等が分析を試みている〔本書第二章第二節〕。

(三)「戦後改革」と法制改革

【地方制度改革・警察改革】

これまでに取り上げたもののほか、民政局が所管した重要な改革として、地方制度改革が挙げられる。民政局内の意見対立や内務省の部局ごとの動き等が複雑に交錯するその過程については、既に一部言及した、自治大学校編『戦後自治史 Ⅰ〜ⅩⅢ』（自治大学校、一九六〇〜七五年）、及び、これを含めた史資料を収めた、天川晃・福永文夫編『戦後自治史関連資料集 (1)〜(5)』（丸善、二〇〇〇〜〇五年）が基礎文献であり、天川晃「占領初期の政治状況――内務省と民政局の対応」（『社会科学研究』二六巻二号（一九七五年））、同「占領と地方制度の改革」（坂本・ウォード編前掲『日本占領の研究』）、同「地方自治制度の再編成」（日本政治学会編『近代日本政治における中央地方関係』（岩波書店、一九八五年））、同「民政局と内務省」（同前掲『占領下の議会と官僚』（初出一九九一年））等の一連の業績が詳しい。地方制度改革と密接に関連する警察改革については、民政局と参謀第二部（General Staff-2, G-2）の鋭い意見対立が存在したことが知られているが、[104] 小倉裕児「一九四七年警察制度改革と内務省、司法省」「マッカーサーと四七年警察改革」「占領政策の転換と警察改革――マッカーサーの政治指導は変質したか」（『経済系』一八五、一八八、一九〇集（一九九五〜九七年））が、ＧＨＱ側・日本側の多様な動きを実証し、従来の単純な対立図式を相対化する。また、福沢真一「占領改革と警察権限の縮小――昭和二二年警察改革の政治過程を中心に」（『政治経済史学』三九九号（一九九九年））が衛生・福祉行政の他部局への移管過程を論じるほか、近時、小宮京「大阪市警視庁の興亡――占領期における権力とその「空間」」（『年報政治学』（二〇一三年Ⅰ号））、「組合警察制度に関する研究――警察と地方分権」（『社会安全・警察学』一号（二〇一四年））等が公表されている。[105]

【教育改革・宗教政策】

一般に「占領史研究」においては、教育分野及び経済分野について研究の蓄積が厚いことが指摘されている。[106]GHQ側では主として民間情報教育局（Civil Information and Education Section, CIE）が所管した教育改革については、大橋基博「戦後教育改革研究の動向と課題」（『日本教育史研究』一〇号（一九九一年））、明星大学戦後教育史研究センター編「戦後教育史関係文献目録（1）〜（6）」（『戦後教育史研究』一一〜一七号（一九九六〜二〇〇三年））等によって研究動向を知ることが出来るが、教育基本法を始めとする教育法制の形成過程については、鈴木英一『日本占領と教育改革』（勁草書房、一九八三年）や、久保義三『対日占領政策と戦後教育改革』（三省堂、一九八四年）、同『新版　昭和教育史——天皇制と教育の史的展開』（東信堂、二〇〇六年）等の実証研究によりほぼ明らかになってきていると言えよう。また、天皇制と密接に関連する宗教政策については、GHQ側の証言として、ウッダード（W. P. Woodard）／阿部美哉訳『天皇と神道——GHQの宗教政策』（サイマル出版会、一九八八年〔原著一九七二年〕）があるほか、井門富二夫編『占領と日本宗教』（未來社、一九九三年）が関連する既往の邦語文献目録を併載する。[107]

【経済改革・労働改革・農地改革】

主として経済科学局（Economic and Scientific Section, ESS）が所管した経済改革については、大蔵省財政史室編『昭和財政史　終戦から講和まで（1）〜（20）』（東洋経済新報社、一九七六〜八四年）、通商産業政策史編纂委員会編『通商産業政策史（1）〜（5）』（通商産業省、一九九〇〜九四年）が、日米双方の史料翻刻を含めた網羅的な検討を行っており、その研究動向については、三和良一「経済改革の研究史」（同『日本占領の経済政策史的研究』（日本経済評論社、二〇〇二年〔初出一九九二年、補記あり〕））が、経済史上の論点を踏まえて的確な整理・紹介を行っている。法制改革の観点からは、遠藤公嗣『日本占領と労使関係政策の成立』（東京大学出版会、一九八九年）、渡辺章他編『労働基準法〔昭和二二年〕（1）〜（4）下』（信山社、一九九六〜二〇一一年）、「〈特集〉立法史料からみた労働基準法」（『日本労働法学会誌』九五号（二〇〇〇年））、豊田真穂『占領下の女性労働改革――保護と平等をめぐって』（勁草書房、二〇〇七年）、「〈特集〉労働組合法立法史の意義と課題」（『日本労働法学会誌』一二五号（二〇一五年））、労働関係法令立法史料研究会編『労働関係法令立法史料研究（1）～（3）』（労働政策研究・研修機構、二〇一四～一六年）等の労働法制、中東正文「昭和二五年商法改正――GHQ文書から見た成立経緯の考察（1）～（4）」（『中京法学』三〇巻三号～三一巻三号（一九九五～九七年））、浜田道代編『日本会社立法の歴史的展開』（商事法務研究会、一九九九年）、高倉史人「昭和二五年（一九五〇）商法改正の意義と位置づけに関する一考察――株主の権利・地位を中心に」（『国際公共政策研究』六巻一号（二〇〇一年））、中東正文編著『商法改正〔昭和二五・二六年〕GHQ／SCAP文書』（信山社、二〇〇三年）等の会社法制、泉水文雄・西村暢史「一九四七年独占禁止法の形成と成立Ⅰ・Ⅱ（1）～（2）」（『神戸法学雑誌』五六巻二号～五九巻二～三号（二〇〇八～〇九年））、平林英勝『独占禁止法の歴史　上・下』（信山社、二〇一二～一六年）等の競争法制の他、位野木益雄編著『会社更生法〔昭和二七年〕（1）～（2）』（信山社、一九九四～九五年〔未完〕）等の成果が挙げられる。[108]天然資源局（Natural Resources Section, NRS）が所管した農地改革については研究が多く蓄積されているが、その政策決定過程に関しては、大和田啓氣『秘史・日本の農地改革』（日本経済新聞社、一九八一年）、農地改革資料編纂委員会編『農地改革資料集成（1）～（14）』（農政調査会、一九八二年）を始めとする研究によってほぼ明らかになっており、現在はその展開過程についての実証研究が進められている段階である。[109]

【「逆コース」・治安法制等】

所謂「逆コース」と関連する法制についても概観しておきたい。[110]既に一九四七（昭和二二）年一二月、民政局次長ケーディスは、現在進行中のものを除いて民政局が主導する立法は行わない旨を言明しており、一九四八（昭和二三）年半ばにはその組織は再編・縮小された。[111]民政局の縮小と並行する形で、アメリカ政府の対日占領政策も経済復興に重点を移していくことになる。政治史・外交史的観点に基づく研究としては、五十嵐武士『戦後日米関係の形成——講和・安保と冷戦後の視点に立って』（講談社、一九九五年）、豊下楢彦『安保条約の成立——吉田外交と天皇外交』（岩波書店、一九九六年）、古関彰一『「平和国家」日本の再検討』（岩波書店、二〇一三年〔初出二〇〇二年〕）等が政策決定過程を明らかにしている。占領後期の経済改革とその位置づけについては、大蔵省財政史室編前掲『昭和財政史』のほか、浅井良夫『戦後改革と民主主義——経済復興から高度成長へ』（吉川弘文館、二〇〇一年）等に詳しい。警察予備隊の設置を端緒とする再軍備の過程についての研究は極めて多いが、[112]「暴力行為等処罰ニ関スル法律」等の法令の運用、[113]公安条例や団体等規正令、破壊活動防止法等、この時期に整備・再編された「治安立法」についても批判的見地からの検討が進められている。[114]なお、マッカーサーの解任により連合国最高司令官となったリッジウェイ（M. Ridgway）は、一九五一（昭和二六）年五月に所謂「リッジウェイ声明」を発し、ポツダム命令を中心とする占領下の立法の再検討を認めた。これに基づいて設置された政令諮問委員会は、戦後改革について全般的な見直しを行い、八月に出されたその答申に基づいて行政委員会制度や警察制度について再検討が図られた。[115]しかし同時代的には、戦後占領期の法制改革は「行き過ぎ」とは言えない、という評価が一般的であったようである。[116]

（69）その他、天川晃・古川純「新憲法の成立——制定過程とさまざまな構想」袖井・竹前編前掲『戦後日本の原点　上』、大石眞「〈書評〉『日本国憲法成立史　全四巻』」『ジュリスト』一〇五八号（一九九四年）、若手占領史研究者の会前掲「占領史研究の動向」等を参照されたい。

（70）佐藤功『憲法改正の経過』（日本評論社、一九四七年）、及び、*Political reorientation of Japan: September 1945 to September 1948: Report of Government Section, Supreme Commander for the Allied Powers.*, 2 vols., U.S. Government Printing Office, 1949. 後者（所謂『民政局報告書』）のうち、ハッシーの手による第三章が憲法について取り扱っており、小島和司他訳「連合國最高司令部民政局・日本の新憲法」『國家学会雑誌』六五巻一号（一九五一年〔六五巻二・三号（一九五一年）により補正〕）が全訳を紹介している。

(71) 戦後の改憲の動きに関する分析は多いが、さしあたり渡辺治『日本国憲法「改正」史』（日本評論社、一九八七年）を参照。憲法調査会の活動に関しては、廣田直美『内閣憲法調査会の軌跡——渡米調査と二つの「報告書」に焦点をあてて』（日本評論社、二〇一七年）が、原史料を用いた詳細な分析を行っている。なお、占領終結直後の改憲をめぐる動きに関する史料として、赤坂幸一編『初期日本国憲法改正論議資料——萍憲法研究会速記録（参議院所蔵）1953-59』（柏書房、二〇一四年）がある。

(72) 関係者の著作としてはほかに、佐藤達夫『日本国憲法誕生記』（中央公論新社、一九九九年〔初出一九五七年〕）、金森徳次郎『憲法遺言』（学陽書房、一九五九年）等がある。高見勝利『宮沢俊義の憲法学史的研究』（有斐閣、二〇〇〇年）も参照されたい。

(73) その一方で、村川一郎・初谷良彦『日本国憲法制定秘史——ＧＨＱ秘密作業「エラマン・ノート」開封』（第一法規、一九九四年）のように、紹介方法にやや問題を孕むものもある（この点につき、笹川他後掲「エラマン手帳（Ｅ）メモ（1）」一五二頁以下を参照）。

(74) 国立国会図書館ホームページ上で閲覧できる（http://www.ndl.go.jp/constitution/index.html）。なお、「〈座談会〉電子展示会「日本国憲法の誕生」——憲法史研究者から見た意義」『国立国会図書館月報』五二〇号（二〇〇四年）を参照。

(75) なお正規の議事録公開以前にも、衆議院小委員会の審議については、占領中に英訳してＧＨＱに提出されたものがあり（森清監訳『憲法改正小委員会秘密議事録——米国公文書公開資料』（第一法規、一九八三年）、ただし英訳には削除箇所がある）、貴族院小委員会審議についてもある程度の内容は伝わっていた（尚友倶楽部編『貴族院における日本国憲法審議』（尚友倶楽部、一九七七年））。

(76) Theodore McNelly ed., *Framing the constitution of Japan*, Congressional Information Service, 1989 [microfiche]; Ray A. Moore, Donald L. Robinson ed., *The Constitution of Japan: A Documentary History of Its Framing and Adoption, 1945-1947*, Princeton University Press, 1998 [CD-ROM]; Theodore McNelly, *The origins of Japan's democratic constitution*, University Press of America, 2000; Dale M. Hellegers, *We, the Japanese people: World War II and the origins of the Japanese constitution*, 2 vols., Stanford University Press, 2001; Ray A. Moore, Donald L. Robinson. *Partners for democracy: crafting the new Japanese state under MacArthur*, Oxford University Press, 2002.

(77) 例えば、新正幸「憲法九八条第二項立案過程の分析　上・下」『行政社会論集（福島大）』一巻三・四号～二巻二号（一九八八九年）、笹川隆太郎「日本国憲法第八十九条の原案のモデルについて」・新正幸「憲法第一〇章「最高法規」の立案過程」・宇都宮純一「裁判所規則制定権の法理とその展開」新・鈴木編前掲『憲法制定と変動の法理』、布田勉「日本国憲法成立過程の研究——皇室典範事項を中心として」『比較憲法学研究』一〇号（一九九八年）、笹川隆太郎「憲法第八十九条とモ

デル州憲法」『石巻専修大学経営学研究』一一巻一・二号（二〇〇〇年）、同「憲法第八十九条の来歴再考」『石巻専修大学研究紀要』一四号（二〇〇三年）、佐々木高雄「「地方自治の本旨」条項の成立経緯」『青山法学論集』四六巻一・二号（二〇〇四年）、川田敬一「日本国憲法制定過程における皇室財産論議――「皇室経済法」制定前史（2）」『日本学研究』七号（二〇〇四年）、末澤国彦「憲法制定過程から見た国家賠償請求権規定について」『日本大学研究紀要　一般教育・外国語・保健体育』七二号（二〇一二年）等。

（78）大石眞「憲法制定過程と解釈問題」同前掲『憲法史と憲法解釈』、鈴木敦「憲法制定史研究と憲法解釈――第九条を素材として」『比較憲法学研究』二四号（二〇一二年）、同「憲法解釈における憲法制定史研究の意義」『青山法学論集』五三巻四号（二〇一二年）等。

（79）佐々木高雄「日本国憲法の「初稿」および「第二稿」について」「入江文書中の「第二稿」――特には第一章の規定について」「制憲史解明上の典拠」『青山学院法学』三〇巻一～四号（一九八八～八九年）、同前掲『戦争放棄条項の成立経緯』、笹川隆太郎・布田勉「憲法改正草案要綱の成立の経緯（1）～（5）」『石巻専修大学経営学研究』三巻一号～五巻二号（一九九一～九四年）、笹川隆太郎・布田勉・ヴィクター・カーペンター「エラマン手帳（E）メモ――「憲法改正草案要綱」の公表に先立つ徹宵審議の民政局側記録（1）～（4）」『石巻専修大学経営学研究』六巻一号～八巻一号（一九九四～九六年）、笹川隆太郎「憲政資料室収蔵の「ハッシー文書」と“Constitution File No.1”（前編）」『石巻専修大学経営学研究』一六巻二号（二〇〇五年）、笹川隆太郎・布田勉「大友一郎遺文中の憲法問題調査委員会議事要領筆記 上・中・下」『石巻専修大学経営学研究』一六巻二号～一八巻一号（二〇〇五～〇六年）、廣田直美「憲法研究会案とマッカーサー草案の関係――「ラウエル所見」の再検討をふまえて」「ラウエルの覚書「憲法研究会案に対する所見」再検討」「内大臣府の憲法調査――近衛要綱と佐々木草案をめぐって」『青山ローフォーラム』一巻一号～二巻一号（二〇一二～一三年）等を参照。

（80）大石前掲『日本憲法史』三六七頁以下。この補則は、四月初旬の憲法改正草案要綱の訂正交渉の際挿入された（佐藤前掲『日本国憲法成立史 (3)』二八六頁以下）。なお、一九三八（昭和一三）年一二月に改正された枢密院官制は（勅令第七七四号）、諮詢事項を定める第六条の第三号に「帝国憲法ニ附属スル法律及勅令」を掲げるが、その範囲については「枢密院諮詢事項ノ範囲ニ関スル件」によって、議院法、貴族院令、貴族院各種議員ノ選挙ニ関スル規則、衆議院議員選挙法及衆議院議員選挙法施行令、裁判所構成法、裁判所構成法施行条例及判事懲戒法、陪審法、行政裁判法及行政裁判所長官評定官懲戒令、会計法、会計検査院法及会計検査官懲戒法、内閣官制、公式令と勅定されている（深井英五『枢密院重要議事覚書』（岩波書店、一九五三年）四七四頁以下。なお、天川後掲「新憲法体制の整備」一八九頁以下を参照）。この改正の背景に関しては、池田順「戦時下の枢密院」由井正臣編『枢密院の研究』（吉川弘文館、二〇〇三年）二四五頁以下を参照されたい。

（81）当該条項の含意については、新前掲「憲法第一〇章「最高法規」の立案過程」二三三頁以下を参照。なお経過措置として、「日本国憲法の際現に効力を有する命令の規定の効力等に関する法律」（昭和二二年法律第七二号）が定められたが、憲法典の変遷が国法体系に及ぼす影響については精密な検討を必要としよう（この点につき、小嶋和司「法律・命令・条令」『ジュリスト』五〇〇号（一九七二年）、堀内健志『立憲理論の主要問題』（多賀出版、一九八七年）等を参照されたい〔なお、本書第六章を参照〕）。

(82)「法制調査委員会設置ニ関スル件試案（三、一一）」芦部・高見編後掲『皇室典範』四七頁以下。内閣は一二日に臨時法制調査会の設置を閣議決定し、更に一四日には「臨時法制調査会官制」が閣議決定され、翌日裁可を受けているが、この官制は総選挙とその後の政局の混乱により五月二八日に取り消された（赤坂後掲「戦後議会制度改革の経緯(1)」二四頁以下）。

(83) 七月一一日の第一回総会で配布された「憲法を施行するために制定又は改廃を必要とする法律案の件名概略」によると、「制定又は全部改正を要するもの」とされたのは、皇室典範、公式令、皇室財産法及び皇室会計法、国会法（議員法）（議院事務局法を含む）、参議院議員選挙法（参議院法）、内閣法（各省通則法を含む）、官吏法（任用、試験、給与、分限、服務、服制等の別に応じ数法律に分けることも考へ得る）、請願法、国民投票法、裁判所構成法（検察庁法）、判事弾劾法、最高裁判所判事国民審査法、恩赦法、教育法、地方学事法、勤労基準法、「一部改正を要するもの」とされたのは、衆議院議員選挙法、会計法、会計検査院法、東京都制、府県制、北海道地方費法、市制、町村制、国有財産法、昭和十四年法律第七十八号（寺院等ニ無償ニテ貸付シアル国有財産ノ処分ニ関スル法律）、国籍法、民法、民事訴訟法、人事訴訟法、戸籍法、刑法、刑事訴訟法、陪審法、弁護士法、監獄法、少年法、矯正院法、少年保護法、刑事訴訟費用法、「廃止を要するもの」とされたのは、皇室典範（現行）、行政裁判法であった（内藤後掲『終戦後の司法制度改革の経過(2)』八六頁以下）。

(84) 各部会がまとめた要綱案は、第一部会が皇室典範改正法案、皇室経済法案、内閣法案、行政官庁法案、官吏法案、第二部会が国会法案、参議院議員選挙法案、第三部会が裁判所法案、検察庁法案、行政訴訟に関する特則案、裁判官国民審査法案、裁判官弾劾法案、民法中改正法案、戸籍法中改正法案、刑法中改正法案、刑事訴訟法中改正法案、刑事補償訪中改正法案、基本的人権保護法案、第四部会が財政法案、訴願法中改正法案であった（内藤後掲『終戦後の司法制度改革の経過(3)』七一四頁以下。なお、審議経過と答申内容については、大石前掲「憲法制定史の現況と課題」一一四頁以下を参照）。

(85)「臨時法制調査会に対するGSの体制」古関編前掲『憲法・司法制度』一一四頁以下。なお、日本政府と民政局の接触は三月中から既に始まっていた（「臨時法制調査会に関する日本側との会談記録」（同前八五頁以下））。民政局の組織等については、天川晃・福永文夫「民政局の組織と機能」同編後掲『GHQ民政局資料「占領改革」別巻』に詳しい。また、占領期の立法に対するGHQの関与の手続きについては、福元健太郎『立法の制度と過程』（木鐸社、二〇〇八年）を参照されたい。

(86) なお第四部会（部会長平塚広義、民政局担当官リゾー（F. Rizzo））は、地方制度改革については内務省が先取り的に改革案を提示しており、また、教育法制、労働法制についても主務省に検討機関が設置されたことから、財政法及び訴願法以外はもっぱらそれらに委ねる方針を取った（古野博明「臨時法制調査会の発足と「教育法」」『北海道教育大学紀要第一部C』四二巻二号（一九九二年）七五頁）。この第四部会の活動が象徴するように、法制改革に関しても、日本側における戦前からの連続性を持つ改革構想が存在していたことを見逃すことは出来ない。この点につき五百旗頭真は、占領改革を「日本側先取り改革定着型」「混合型」「GHQ指令型」の三類型とし、「混合型」が全体の姿を代表していると指摘する（五百旗頭真「占領改革の三類型」『リヴァイアサン』六号（一九九〇年））。しかし、こと法制改革に関しては、日本国憲法に盛り込まれた「理念」の持つ影響力は極めて大きなものであったと筆者は評価する（岩谷十郎・出口雄一「大日本帝国憲法の制定と展開」山中編前掲『新・日本近代法論』八五頁）。

(87) 武田清子『天皇観の相克——一九四五年前後』（岩波書店、二〇〇一年〔初出一九七八年〕）、吉田裕『昭和天皇の終戦史』（岩波書店、一九九二年）、ハーバート・ビックス／吉田裕監修・岡部牧夫・川島高峰訳『昭和天皇　上・下』（講談社、二〇〇五年〔原著二〇〇〇年〕）、小倉裕児「新憲法制定と象徴天皇制の起源——マッカーサー草案の成立過程」『自然・人間・社会』三〇号（二〇〇一年）、古川隆久『昭和天皇——「理性の君主」の孤独な生涯』（中央公論新社、二〇一一年）、富永望『象徴天皇制の形成と定着』（思文閣出版、二〇一〇年）、同『昭和天皇退位論のゆくえ』（吉川弘文館、二〇一四年）、河西秀哉編『戦後史のなかの象徴天皇制』（吉田書店、二〇一三年）等。

(88) 半藤一利他『「昭和天皇実録」の謎を解く』（文藝春秋社、二〇一五年）、古川隆久・森暢平・茶谷誠一編『「昭和天皇実録」講義——生涯と時代を読み解く』（吉川弘文館、二〇一五年）、原武史『「昭和天皇実録」を読む』（岩波書店、二〇一五年）等。

(89) 神崎豊「一九四七年一〇月における一一宮家の皇籍離脱」「年報日本現代史」編集委員会編『歴史としての日本国憲法（年報日本現代史⑪）』（現代史料出版、二〇〇六年）、瀬畑源「昭和天皇「戦後巡幸」の再検討——一九四五年十一月「終戦奉告行幸」を中心として」『日本史研究』五七三号（二〇一〇年）等。所謂「情報公開法」の問題点等に関しては、さしあたり「〈小特集〉情報公開法と天皇・皇室研究」粟屋憲太郎他編『象徴天皇制と現代史（年報日本現代史⑨）』（現代史料出版、二〇〇四年）、瀬畑源『公文書をつかう——公文書管理制度と歴史研究公文書を使う』（青弓社、二〇一一年）を参照されたい。

(90) 増田弘『公職追放——三大政治パージの研究』（東京大学出版会、一九九六年）、『公職追放論』（岩波書店、一九九八年）、『政治家追放』（中央公論新社、二〇〇一年）等。後述する所謂「逆コース」期には追放解除措置がとられ（増田弘「朝鮮戦争と旧日本軍人のパージ解除」木村汎編『国際危機学』（世界思想社、二〇〇二年））、併せて所謂「レッド・パージ」が行われた（三宅明正『レッド・パージとは何か』（大月書店、一九九四年）、平田哲男『レッド・パージの史的究明』（新日本出版社、二〇〇二年））。

(91) Justin Williams, *Japan's political revolution under MacArthur: A Participant's Account*, the University of Georgia Press, 1979. ウィリアムズは、前掲民政局報告書『日本の政治的再編成』のうち「国会」の章を執筆している（赤坂幸一訳「占領期における議会制度改革 (1)～(2)」『議会政治研究』七七～七八号（二〇〇六年））。

(92) なお、日本側新史料の紹介として、赤坂幸一「占領下における国会法立案過程——新史料・『内藤文書』による解明」『議会政治研究』七四号（二〇〇五年）も参照されたい。

(93) 福永文夫「占領下における「政党法」をめぐる政治過程——民政局の一つの試みとその挫折」『姫路法学』一四・一五号（一九九四年）。なお、大石前掲「憲法制定過程と解釈問題」一七六頁以下を参照。

(94) Alfred C. Oppler, *Legal reform in occupied Japan: a participant looks back*, Princeton University Press, 1976. オプラーにはほかに以下の論文がある。The Legal Reform of Japan's Legal and Judicial System under Allied Occupation, *Washington Law Review*, vol.24, 1949（和田英夫・中里英夫訳「連合国占領下における日本の法制度および司法制度の改革」『法律時報』四五巻四号（一九七三年））, The Court and Law in Transition, *Contemporary Japan*, vol. 21, nos. 1-3, 1952. オプラーは、前掲民政局報告書『日本の政治的再編成』のうち「司法及び法制」の章を執筆している〔本書第四章第一節を参照〕。

(95) オプラー文書については以下のＵＲＬで目録が閲覧可能である（http://library.albany.edu/speccoll/findaids/ger016.htm）。また、オプラーの「最も価値ある助手兼助言者」（オプラー前掲『日本占領と法制改革』五八頁）となったブレークモア（T. L. Blakemore）にも以下の論文がある。Post-war Developments in Japanese Law, *Wisconsin Law Review*, 1947 July. ブレークモアの旧蔵史料はあきる野市の彼の元別荘に保管されており、現在整理が進められている〔本書第四章第二節を参照〕。

(96) 臨時法制調査会と司法法制審議会の関係については、内藤後掲『終戦後の司法制度改革の経過 (2)』七四頁以下を参照。

(97) なお、山本祐司『最高裁物語　上　秘密主義と謀略の時代』（講談社、一九九七年〔初出一九九四年〕）も参照されたい。

(98) D. J. Danelski, The Constitutional and Legislative Phases of the Creation of the Japanese Supreme Court, L. H. Redford (ed.), *The Occupation of Japan: Impact of Legal Reform, The Proceedings of a Symposium*, the MacArthur Memorial, 1977（邦訳は註及び質疑応答を欠く。なお、このシンポジウムにはオプラーも参加している）. また、以下の業績もＧＨＱ側の史料を用いる。John O. Haley, Toward a Reappraisal of the Occupation Legal Reforms: Administrative Accountability（藤原皓一郎編『英米法論集』（東京大学出版会、一九八七年）.

(99) 山本祐司『東京地検特捜部』（角川書店、一九八五年〔初出一九八五年〕）、魚住昭『特捜検察』（岩波書店、一九九七年）等も参照されたい。

(100) 家族法改正に関しては、ジェンダー史の観点からの業績が見られるようになってきている（土屋（森口）由香「アメリカの対日占領政策における民法改正——女性の法的地位をめぐって」『アメリカ研究』二九号（一九九五年）、早川紀代「家族法の改正――戦時および戦後」吉田編前掲『日本の時代史㉖』等）。思想史・社会史の観点から戦前・戦後を通史的に叙述する依田精一『家族思想と家族法の歴史』（吉川弘文館、二〇〇四年）もある。また、財産法分野の改正の意義については、高橋良彰「財産法制」山中編前掲『新・日本近代法論』が適切に指摘している。

(101) 概略については、鈴木正裕『近代民事訴訟法史・日本』（有斐閣、二〇〇四年）三〇五頁以下に紹介がある。

(102) 佐藤功「プラカード事件――戦後史における不敬罪の運命」田中二郎他編『戦後政治裁判史録（1）』（第一法規、一九七〇年）、ダネルスキー／早川武夫訳「プラカード事件をめぐる法と政治――不敬罪はいかにして廃止されたか　上・下」『法律時報』六〇巻八～九号（一九八八年）等を参照。戦後刑法改正は、一九七〇年代の法制審議会における改正刑法法案との関係で言及されることが多い（平場安治・平野龍一編『刑法改正の研究（1）～（2）』（東京大学出版会、一九七二～七三年）等を参照されたい）。

(103) 例えば、斎藤司『公正な刑事手続と証拠開示請求権』（法律文化社、二〇一五年）等。なお、同資料集の編者の一人である渡辺咲子の以下の業績も参照されたい。「現行刑事訴訟法制定時における公訴提起に必要な嫌疑の程度」廣瀬健二・多田辰也編『田宮裕博士追悼論集　上』（信山社、二〇〇一年）、「現行刑事訴訟法中の証拠法の制定過程と解釈」河上和雄先生古稀祝賀論文集刊行会編『河上和雄先生古稀祝賀論文集』（青林書院、二〇〇三年）、「現行刑事訴訟法の伝聞法則に関する規定の制定経緯について」『明治学院大学法律科学研究所年報』二〇号（二〇〇四年）等。

(104) 古川純「警察改革――民政局（GS）と公安課（PSD／CIS）の対立を中心に」『現代の警察（法学セミナー増刊）』（日本評論社、一九八〇年）、三浦陽一「占領下警察改革の一断面――一九四七年九月一六日付マッカーサー書簡の成立過程」『歴史学研究』四九八号（一九八一年）等。

(105) GHQでは公衆衛生福祉局（Public Health and Welfare Section, PHW）が管轄した福祉政策については、サムス（C. F. Sams）／竹前栄治編訳『DDT革命――占領期の医療福祉政策を回想する』（岩波書店、一九八六年）、菅沼隆『被占領期社会福祉分析』（ミネルヴァ書房、二〇〇五年）等を参照されたい。

(106) 若手占領史研究者の会前掲「占領史研究の動向」二一六頁。なお、それぞれの分野で、アメリカ側史料がマイクロフィッシュ化されている（Hideo Satow et al., ed., *The Occupation of Japan: educational reform in Japan, 1945-1952*, Congressional Information Service; Maruzen, 1990-1997 [microfiche]; Ryoichi Miwa ed., *The occupation of Japan: economic reform, 1945-1952*, Congressional Information Service; Maruzen, 1994-1995 [microfiche]）。

(107) ウッダード所蔵文書は現在オレゴン大学に寄贈されている。なお、社寺境内地処分問題について、大石眞「いわゆる国有境内地処分法の憲法史的考察――その合憲性の問題に寄せて」「再び国有境内地処分法について」同前掲『憲法史と憲法解釈』を参照されたい。

(108) なお、金官正「金融緊急措置をめぐる政策決定過程――金融緊急措置の政策構造が憲法制定過程に与えた影響を中心に」『横浜国際社会科学研究』七巻一号（二〇〇二年）は、制憲過程へのGHQ他部局の関与を指摘する興味深い業績である。

(109) 西田美昭『戦後改革期の農業問題――埼玉県を事例として』（日本経済評論社、一九九四年）、同「戦後改革と農村民主主義」東京大学社会科学研究所編『二〇世紀システム(5) 国家の多様性と市場』（東京大学出版会、一九九八年）、永江雅和『食糧供出制度の研究――食糧危機下の農地改革』（日本経済評論社、二〇一三年）、福田勇助『日本農地改革と農地委員会――「農民参加型」土地改革の構造と展開』（日本経済評論社、二〇一六年）等。

(110) 占領政策の転換、所謂「逆コース」が存在したかどうかということ自体、かつては「占領史研究」のポレミックなテーマの一つであった（中村政則「「逆コース」と占領研究」同前掲『明治維新と戦後改革』を参照）。

(111) 天川・福永前掲「民政局の組織と機能」二五頁以下。なお、オプラーが課長を務めていた司法法制課（Courts and Law Division）は同年五月に法務局（Legal Section, LS）に移されたため、それまで同課が取り扱った法制改革関連史料も、GHQ／SCAP文書においてはLS文書に含まれていることには注意を要する。

(112) 大嶽秀夫『再軍備とナショナリズム――戦後日本の防衛観』（講談社、二〇〇五年〔初出一九八八年〕）、植村秀樹『再軍備と五五年体制』（木鐸社、一九九五年）、増田弘『自衛隊の誕生――日本の再軍備とアメリカ』（中央公論新社、二〇〇四年）、中島信吾『戦後日本の防衛政策』（慶應義塾大学出版会、二〇〇六年）、柴山太『日本再軍備への道　一九四五～一九五四年』（ミネルヴァ書房、二〇一〇年）、吉田真吾『日米同盟の制度化――発展と深化の歴史過程』（名古屋大学出版会、二〇一二年）等。

(113) 中山研一「治安と防衛」『現代法学全集(53) 現代の国家権力と法』（筑摩書房、一九七八年）、宇佐美俊臣「「占領期」における暴力行為等処罰に関する法律の運用実態」馬屋原教授古稀記念論文集刊行会編『刑事法学の新課題――馬屋原成男教授古稀記念』（八千代出版、一九七九年）等。

(114) 広中俊雄『戦後日本の警察』（岩波書店、一九六八年）、尾崎治『公安条例制定秘史――戦後期大衆運動と占領軍政策』（柘植書房、一九七八年）、荻野富士夫『戦後治安体制の確立』（岩波書店、一九九九年）等。

(115) 晴山一穂「政令諮問委員会」『ジュリスト』九〇〇号（一九八八年）七〇頁以下。なお、「田中二郎先生に聞く――学問研究の歓びと厳しさ」田中二郎『日本の司法と行政――戦後改革の諸相』（有斐閣、一九八二年）三三九頁以下も参照。

(116) 「〈座談会〉占領政策は行き過ぎだつたか」『ジュリスト』三〇号（一九五三年）。

四　結びに代えて

戦後占領期の我が国における法制改革に関する研究は、基本的には実定法学者が現行法の沿革への関心から進めてきたものである。多くの法分野においては、日本側関係者の同時代的な研究と、その土台となった史料の翻刻が進み、ＧＨＱ側の史料の利用も本格化しつつある。[117] しかし、占領・戦後史研究においては「ＧＨＱ史料の利用を中心とした研究から、より広範な史料の導入、そして新たな視角が求められている」という方法論の分析が行われていることに比すと、戦後法制改革の研究はまだこのような方法論的自覚を備える段階には至っていないと評さざるを得ない。[118] 日本国憲法の制定過程についての研究はこの例外をなすが、これはとりもなおさず、「新憲法」が提示した理念が「戦後日本」において――憲法典、という存在形態を超えて――広く関心を集めてきたことの反映と解される。[119]

しかし、制憲過程についての研究が進んだことによって、アメリカの軍人が短期間で作った草案の「押し付け」、という図式が単純に過ぎることが明らかにされたことは、「戦後日本法史」あるいは「現代日本法史」の方向性について一定の示唆を与えてくれる。かつて野田良之は、第二次世界大戦後のアメリカ法継受について「敗戦による占領軍の外圧という条件が加わっていたにせよ、この場合でもその摂取の態度は本質的には比較法的自覚の上に立っていた」と述べたが、[120] 研究の進展によって集積されつつある日本側・アメリカ側の史資料は、この「摂取の態度」と「比較法的自覚」が占領期においてどのように具体化されたかを探る格好の素材となるはずである。[121] また、田中和夫「戦後英米法の影響」（一橋学会編『戦後法律体制の動向』（同文館、一九五七年））、Ａ・Ｔ・ヴォン・メーレン編『日本の法　上・中』（東京大学出版会、一九六五〜六六年〔原著一九六三年〕）、[122]「〈特集〉日本法と英米法の三十年」（『ジュリスト』六〇〇号（一九七五年））、「〈シンポジウム〉戦後半世紀におけるアメリカ法の継受とその日本的変容」（『アメリカ法』（一九九六年一号））等による、占領期における大規模なアメリカ法継受にもかかわらず、戦後の我が国において、各法領域で「日本化」の傾向が見られるとの指摘は、野田が「国家法のみならず生活規範の全体を包摂する意味」における「日本法」把握の必要性を強調したことと通底する。[123]占領・戦後史研究においては近年、占領政策の実施過程への関心が高まっており、自治体史編纂等の形で府県レベルの実証研究も進みつつあるが、[124]このような問題関心に法制史学は積極的に応答することが期待されよう。[125]

無論、「戦後日本法史」あるいは「現代日本法史」の構築には様々な困難が予想される。すなわち、「現在に最も密着し個々人の生命に直接に連なる過去を対象とする」ために「その方法を最も研ぎ澄ます必要がある」上、[126]「法や政治」を対象とするために「通常の方法よりも一段高度に洗練された」歴史学的作業が要求されるという、[127]いわば「二重の要請」が突きつけられることになるのである。しかし、この「二重の要請」を誠実に踏まえるならば、単に「戦後七〇年」という時間の経過だけを理由としない、より実りある法の歴史的叙述が可能になるのではないだろうか。[128]

(117) 例えば、法制改革研究においては、GHQ／SCAPの背後にあった様々な組織（アメリカ国務省・陸軍省、極東委員会・対日理事会等）を視野に入れた研究はほとんど見られないようである。
(118) 戸邉秀明「回顧と展望　日本（近現代）(5)政治・外交(3)」『史学雑誌』一一三編五号（二〇〇三年）一七三頁。
(119) 例えば、小熊英二『〈民主〉と〈愛国〉――戦後日本のナショナリズムと公共性』（新曜社、二〇〇二年）、道場親信『占領と平和――〈戦後〉という経験』（青土社、二〇〇五年）等を参照。憲法学者は、自らの学問対象の中核にある憲法典の沿革に対して、歴史的関心を強く抱いているわけではないようである（この点につき、佐々木高雄「〈書評〉『注釈憲法(1)』」『青山法学論集』四三巻一号（二〇〇一年）の指摘を参照されたい）。
(120) 野田良之「日本における外国法の摂取　総論」伊藤編前掲『外国法と日本法』一七六頁以下。

(121) もっとも、野田の言う「比較法的自覚」が示す内容は必ずしも自明ではない（この点につき、岩谷十郎「日本法の近代化と比較法」『比較法研究』六五号（二〇〇三年）を参照されたい）。

(122) なお、同書の下巻（第三部　法と経済）の邦訳は未刊行である。

(123) 野田前掲「日本における外国法の摂取　総論」一八一頁。

(124) 天川晃・増田弘編『地域から見直す占領改革――戦後地方政治の連続と非連続』（山川出版社、二〇〇一年）、大門正克他編『近現代日本の歴史――戦後経験を生きる』（吉川弘文館、二〇〇三年）、同時代史学会編『占領とデモクラシーの同時代史』（日本経済評論社、二〇〇四年）、マーク・カプリオ・杉田米行編著『アメリカの対日占領政策とその影響――日本の政治・社会の転換』（明石書店、二〇〇四年）、高木鉦作『町内会廃止と「新生活共同体の結成」』（東京大学出版会、二〇〇五年）等。

(125) 川口由彦「農地改革法の構造(1)～(2)」『法学志林』九〇巻四号・九一巻一号（一九九三年）、小柳春一郎「占領下における軍政部徴税督励」『独協法学』四七号（一九九八年）等は、このような要求に対する有益な応答であろう。

(126) 原朗「同時代史と現代史」同時代史学会編『戦争と平和の同時代史』（日本経済評論社、二〇〇三年）一六九頁。

(127) 木庭顕「歴史学の認識手続と法学的思考」同『現代日本法へのカタバシス』（羽鳥書店、二〇一一年）二九四頁。

(128) さしあたっては、戦時期の法のあり方、すなわち当該時期における「現代法化」を近代日本法史においてどのように評価し、戦後との関係をどのように定位するかを検討することが不可欠であろう（伊藤前掲『大正デモクラシーと法』四二六頁以下）。この点に関して、長尾龍一「帝国憲法と国家総動員法」同『思想としての日本憲法史』（信山社、一九九七年〔初出一九八二年〕）、本間重紀「ファシズム立法と国民支配組織」利谷信義他編『法における近代と現代』（日本評論社、一九九三年）等が示唆的である。なお、拙稿「戦時・戦後初期の日本の法学についての覚書(1)～(2)――「戦時法」研究の前提として」『桐蔭法学』一九巻二号～二〇巻一号（二〇一三年）、小野・出口・松本編前掲『戦時体制と法学者』を参照。

第二章　ＧＨＱの司法制度改革構想

第一節　ＧＨＱの司法制度改革構想から見た占領期法継受
——戦後日本法史におけるアメリカ法の影響に関連して

一　序

日本の近代法の歴史的展開について検討するにあたっては、明治期以降継受されたフランス法やドイツ法等の大陸法の影響の大きさが強調されることが多い(1)。だが、我が国の法秩序の現在に至るまでの形成過程を総体的に把握するためには、第二次世界大戦後の占領期におけるアメリカ法の継受の影響についても見逃すことは出来ない(2)。占領期においては、改革の主要な担い手の一つとなったＧＨＱ／ＳＣＡＰ（General Headquarters/ Supreme Commander for the Allied Powers, 連合国最高司令官総司令部、以下断りのない限り「ＧＨＱ」）(3)により持ち込まれたアメリカ法秩序が、それまで大陸法の強い影響の下で構築されてきた日本の既存の法秩序と接触したのであり、ここに、「戦後」の日本法史におけるアメリカ法の影響の契機を見て取ることが出来るのである。

ところで、現代の日本法秩序においてアメリカ法の影響が最も顕著に現れている領域の一つとされるのは、刑事司法の分野である。このことは、日本国憲法におけるアメリカ法的特色が、司法上の人権を含む基本的人権、及び、司法権に関する規定において特に顕著であったことにより、我が国の司法制度の骨格がドイツ型司法からアメリカ型司法へ転換したとされること、そしてとりわけ、憲法の規定に基づいて刑事訴訟法が全面的に改正されたことによっている。

そこで、本節における問題意識を析出する目的で、アメリカ法への対応という観点から戦後の刑事訴訟法学について概観すると、その動向はおおまかに四期に区分される。(4) このうち第一期である一九五〇年代は、戦前には馴染みの薄かったアメリカ型刑事司法概念の咀嚼の時期であり、(5) 一九六〇年代から一九七〇年代半ばにかけての第二期に至って、アメリカの判例動向を踏まえたより深い意味での「アメリカ法の受容」が行われるようになった。(6) ところが、一九七〇年代半ば以降の第三期になると「アメリカ離れ」と評される状況が生じ始めるという。その理由としては様々な要因が挙げられるが、(7) 占領終結から三〇年あまりを経過した我が国の刑事司法がほぼ定着したという実務家及び法学者の共通理解の上に、「アメリカ法化」には一定の限界があることが自覚されたという指摘があることは注目されよう。(8)

ここで本節の関心から興味深いのは、刑事司法の現状に対する評価につき、鋭く対立する二つの立場が存在しているとされることである。(9) 一つは現状を立法趣旨から離れたものとして批判する立場、(10) すなわち、現行刑事訴訟法の特徴に鑑み、現状をそこから乖離した「検察官司法」として批判を行うものであり、(11) そしてもう一つは、現状を肯定的に捉え、刑事司法実務において行われている手続きを、実体的真実発見に寄与する「精密司法」として積極的に評価する立場である。(12)

以上述べた二つの立場の違いは、現行刑事訴訟法の制定、大きく言えば占領期刑事司法制度改革に対する「歴史認識」の差異に起因するものとして捉えなおすことが可能である。(13) すなわちこの差異は、戦後改革に「断絶」

の局面を見るか、それとも「連続」の局面を強調するか、という、「占領史研究」の方法論において常に顧みられ続けて来た議論に接続され得る問題なのである。[14]しかし、先に結論めいたことを述べるならば、もとよりこれは「断絶」と「連続」の二者択一により解決され得る性質のものではなく、むしろ「連続と非連続がどのように結びついているのか」を明らかにすることによって判断されるべき問題である。[15]本節は、このような「歴史認識」の問題を視野に入れつつ、占領初期における刑事司法制度改革の推移を、[16]主にGHQ側の史料を用いて再構成することを試みるものである。[17]

（1）例えば、野田良之「日本における外国法の摂取　序説」伊藤正己編『岩波講座現代法⒁　外国法と日本法』（岩波書店、一九六六年）一五九頁以下を参照。
（2）例えば、滝沢正『比較法』（三省堂、二〇〇九年）一五三頁以下を参照。
（3）本節のGHQに関する表記は、主として竹前栄治『GHQ』（岩波書店、一九八三年）に従う。
（4）この区分は、三井誠「戦後刑事手続の軌跡」『岩波講座現代の法⑸　現代社会と司法システム』（岩波書店、一九九七年）七四頁以下による。なお、第四期は一九八〇年代後半以降とされている。
（5）例えば、松尾浩也「日本における刑事訴訟法学の発展──昭和から平成へ」同『刑事訴訟法講演集』（有斐閣、二〇〇四年）六九頁以下を参照。
（6）鈴木義男「外国法の影響──アメリカ法への対応をめぐって」『ジュリスト』九三〇号（一九八九年）四〇頁以下を参照。
（7）田宮裕「刑事訴訟法と外国法の影響」同『刑事手続とその運用（刑事訴訟法研究⑷）』（有斐閣、一九九〇年）一五三頁以下。
（8）三井前掲「戦後刑事手続の軌跡」八六頁以下。
（9）この対立が、法曹においては「検察・裁判対弁護」の構図となっているという指摘は重要である（三井誠他『刑事手続上』（筑摩書房、一九八八年）一頁以下）。
（10）例えば、小田中總樹「刑訴改革論議の基礎的視点──「精密司法」論の検討を手掛りとして」同『現代司法と刑事訴訟法の改革課題』（日本評論社、一九九五年）二九二頁以下を参照。

(11) 小田中はこれを「人権侵害的な捜査手続に依存する公判手続の形骸性」とも表現する（同前二九三頁）。
(12) 例えば、大谷實「戦後五〇年の犯罪と刑事司法」『罪と罰』三三巻二号（一九九六年）六頁以下。
(13) このことに関し、松尾浩也「刑事訴訟法史のなかの現行法——旧法との連続性と非連続性」同『刑事法学の地平』（有斐閣、二〇〇六年）二一〇頁以下が示唆に富む。
(14) この点につき、中村政則「日本占領の諸段階——その研究史的整理」油井大三郎・中村正則・豊下楢彦編『占領改革の国際比較——日本・アジア・ヨーロッパ』（三省堂、一九九四年）八八頁以下を参照。
(15) 中村政則「連続性と非連続性——「グルー文書」から見る」『書斎の窓』三七六号（一九八八年）三〇頁以下。
(16) なお、この分野については日本側立法関係者の手元に残っていた史料を元に、刑事訴訟法及び検察庁法に関しては刑事訴訟法制定過程研究会「刑事訴訟法の制定過程(1)〜(23)」『法学協会雑誌』九一巻七号〜九九巻一二号（一九七四〜八二年）〔井上正仁・渡辺咲子・田中開編『刑事訴訟法制定資料全集　昭和刑事訴訟法編(1)〜(14)』（信山社、二〇〇一〜一六年）〕、裁判所法及び関連法規に関しては内藤頼博『終戦後の司法制度改革の経過　(1)〜(4)』（信山社、一九九七〜九八年）が、それぞれ詳細に検討しており、本節もこれらの業績に多くを負っている。
(17) 本節は主として、「GHQ／SCAP文書」「ハッシー文書」（国立国会図書館憲政資料室所蔵、なお、二回目以降の引用については主題と日付のみを記し、初出注番号を付記した）に基づいている。なお、小川元「政治資料課所蔵日本占領関係資料の概要」『参考書誌研究』三八号（一九九〇年）二二頁以下、及び、和田幹彦「学会展望　日本近代法史　GHQ文書」『国家学会雑誌』一〇八巻一・二号（一九九五年）二五一頁以下などを参照。

二　占領初期における司法制度改革構想の諸相

（一）　日本側の司法制度改革構想

占領期に行われた種々の改革が「戦後日本の原点」を形作ったという評価に関しては、おそらく一定の了解のあるところであろう。[18]「戦後改革」の一方の推進者であったＧＨＱの活動は、「戦後」の日本の重要な構成要素の一つであり、これまで様々な角度から検討の対象とされてきた。[19] 連合国最高司令官マッカーサー（D. MacArthur）と、その下で「占領管理」を担ったＧＨＱの影響なくして戦後改革は実施され得なかったが、しかし、戦後改革は一方で「日本の改革」でもあった。間接占領という形態で行われたその過程においては、占領政策の実行にあたって日本政府及びその下部組織の介在が不可欠だったのであり、[20] ここに、戦後改革において、戦前から存在する日本側の論点が「連続」の局面として持ち込まれる余地が存在したのである。[21]

刑事司法制度改革においてもまた、戦前からの改革をめぐる議論が大きく影響していたが、[22] とりわけ占領初期にはその傾向は顕著であった。アメリカの初期対日占領政策は、軍事的脅威の除去と日本の民主化を主な目標としており、その一環として、早い段階から刑事司法制度改革の必要性が表明されていた。例えば、一九四五（昭和二〇）年九月二二日の「降伏後における米国の初期の対日方針」（ＳＷＮＣＣ一五〇／四／Ａ）は「個人ノ自由及人権ヲ保護スル為」に「司法制度、法律制度及警察制度」の速やかな改革を求め、[23] また、一〇月一一日の幣原首相に対する所謂「五大改革」の指示においては「秘密ノ審問ノ濫用ニ依リ絶エス恐怖ヲ與フル組織ヲ撤廃スル」ことが求められていた。[24] これらを受けて、日本側では刑事司法制度改革の構想が練られ始めていたのである。[25]

この時期の日本側の議論の戦前との連続性は、同年一一月一六日に発足した司法制度改正審議会における議論に端的に現れている。司法制度改正審議会は「終戦ニ伴フ新事態ニ即応スル司法制度ヲ確立スル為、従来ノ制度ニ再検討ヲ加ヘ之ヲ改正スルノ要アリ」として設置されたもので、終戦による「新情勢」に鑑み、「裁判並ニ検察ノ機構ニ付改正ヲ要スベキ具体的事項」、及び、「犯罪捜査ニ関シ人権ヲ擁護スベキ具体的方策」の二点の諮問事項に対応し、第一小委員会が司法組織、第二小委員会が司法運営についての審議を行った[26]。第一小委員会において提出された司法省試案は、裁判所と検事局の分離、判事・検事の任用資格、判事・検事の地位保障及び待遇の三点を議題とし[27]、第二小委員会の審議の原案となった司法省の方策案は、行政検束の犯罪捜査への利用禁止、検察権行使の適正化と共に、予審廃止、司法警察の検察直属、検察・司法警察への強制処分権の附与の提言をその内容としていたが[28]、これらの論点はおおむね、戦前から法学者・法律家の間で議論されてきたものの継承であった[29]。

上述の過程で常に議論の中心となったのは、検察制度改革をめぐるものであった[30]。すなわち、裁判所と検事局の分離問題は司法権独立の観点から、予審制度の改革並びに司法警察の取扱いは人権擁護の観点からその是非が問われたが[31]、これらはほぼすべてが検察制度と密接に関係する論点であり、そこで繰り広げられたのは、司法官僚による「捜査機関の合法的な強制機能をどの程度拡大すべきかという争いにほかならなかった」のである[32]。戦前におけるこれらの議論の存在は、「戦後の改革のために費やされるエネルギーの一部は、すでにその蓄積を増しつつあった」ことを示していよう[33]。しかしこのことは同時に、占領期の刑事司法制度改革における「連続」の局面が、戦前期において形作られていたことを端的に示すものでもあった。

司法制度改正審議会の各小委員会は、同年一二月一八日にそれぞれ司法省案に基づいた決議をまとめたが、その内容は、アメリカの初期対日占領政策に掲げられた要求を反映しつつも、おおむね司法省の司法制度改革構想に即した内容を持つものであった[34]。これらの決議を受けて、司法省において裁判所構成法改正案、検察庁法要綱案、及び、刑事訴訟法中改正要綱案が作成されたが[35]、以上の諸法案は「昭和二〇年一〇月以降、司法省で推進された改革作業の総決算」であり[36]、本節の関心に引きつけて言い換えるならば、戦前において我が国で蓄積されてきた大陸法型の刑事司法構造に則った改革案であったと言うことが出来よう。ごく抽象的な方針の表明にとどまっていたアメリカの初期占領政策における司法制度改革構想は、アメリカ型司法制度という「断絶」の局面を導入するには至らなかったのであり[37]、日本側においては、「自主的にアメリカ型の司法制度に移行しようとの志向は、戦前の五十余年のドイツ型制度の中からは、決して出てきてはいなかった」のである[38]。

(二)　ＧＨＱの司法制度改革構想――民間諜報局と民政局

占領期司法制度改革において直接的な「断絶」の契機となったのは、一九四六（昭和二一）年二月一三日に日本側に手交されたＧＨＱによる憲法草案、所謂「マッカーサー草案」の諸規定であった。周知のように、マッカーサー草案はその後、これを修正した三月二日の日本案、この案を土台とした同四日から五日にかけての徹夜交渉を経て[39]、同六日に「憲法改正草案要綱」として発表され、国民の目に触れることとなったが[40]、その規定は、司法省で進められていた改革構想とは「真向から対立する衝撃的内容をもつ」ものであったと評されている[41]。

ＧＨＱが自らの手による憲法草案の作成を企図したのがいつ頃のことか、という点は詳らかではないが[42]、早期にその予備作業は進められていた。このことを示す資料として、民政局（Government Section, GS）のラウエル（M. E. Rowell）が作成した「日本の憲法についての準備的研究と提案」、及び、「私的グループによる憲法改正草案に対する所見」がある[43]。民政局は一九四五（昭和二〇）年一〇月二日、ＧＨＱ／ＳＣＡＰの設置と共に「朝鮮における軍政および日本における民事政府の内部構成について連合国最高司令官に助言を行うため、本司令部の特別参謀部として」設けられた部局の一つであり[44]、ラウエルは同じく民政局のスタッフであったハッシー（A. R. Hussey Jr.）らと共に、民政局に割り当てられた任務に従い、憲法改正に関する研究を行っていた[45]。上述した二つの文書はその成果の報告書である。

まず、同年一二月六日付の「日本の憲法についての準備的研究と提案」は、大日本帝国憲法（明治憲法）の規定及びその運用の問題点を指摘した上で、改革の方向を示したものである[46]。この中でラウエルが司法組織に関して行っている、「裁判所が、天皇の意思の代表者としての裁判官によってではなく、同じく天皇の意思の代表者とされる検察官によって支配されている」という分析は[47]、戦前の日本の刑事司法の問題点に対する鋭い洞察であると言えよう。この分析は「強力で独立の司法部は国民の権利の防塁である」というマッカーサー草案の規定に象徴される[48]、強力な権限を持つ司法部の構想へと引き継がれたと推測される[49]。また、司法の運営に関しては、同報告書の附属文書Ａ「権利章典」において「権限のある裁判所の発した令状なしに、逮捕され、あるいは私宅の捜索を受けることがないこと」を定めた令状主義など[50]、いわゆる司法上の人権の保護を求める種々の提案が行われているが、これらもまた顕著な特色としてマッカーサー草案に引き継がれることとなった[51]。

次に、一九四六（昭和二一）年一月一一日付の「私的グループによる憲法改正草案に対する所見」は、前年一二月二六日に憲法研究会が発表した「憲法草案要綱」に対し[52]、前掲の「準備的研究と提案」を踏まえて検討を加えたものである[53]。憲法研究会の「憲法草案要綱」は、司法組織に関して比較的広範で進歩的な規定を設けており[54]、この点に関しラウエルの所見は概して好意的である[55]。しかし、司法の運営に関しては「権利章典中に通常置かれている広汎な事項が、おとされている」として、ラウエルは、上述した「準備的研究と提案」の附属文書Ａ「権利章典」を敷衍した、司法上の人権に関する七項目の提案を重ねて行っている[56]。ラウエルの提案は、日本における戦前の刑事司法制度の弊害を排除する手段として、アメリカ型の司法制度で採用されている人権保護手段の導入を企図したものであったと言えるであろう。

同年二月初頭から開始されたマッカーサー草案の起草においては、所謂「マッカーサー・ノート」[57]、及び、「日本の統治制度の改革」（ＳＷＮＣＣ二二八）がその指針とされたが[58]、ラウエルの予備研究は、特に司法権及び司法上の人権に関する条項の起草に関して、これらを補完する役割を果たしたと考えられる[59]。その意味では、占領期司法制度改革における「断絶」の局面であるアメリカ型司法制度の導入という点で、ラウエルを中心とした民政局の憲法改正準備作業は大きな意味を持つものであったと評価出来よう。

このように、民政局においては一九四五年一一月頃から憲法改正準備作業が進められていたが、そこに示された刑事司法制度改革構想を法律のレベルで具体化する作業が、ＧＨＱの別の部局で並行して進められていた。それが、民間諜報局（Civil Intelligence Section, CIS）で作成された、所謂「マニスカルコ提案」である[60]。

民間諜報局は、民政局と同じくＧＨＱ／ＳＣＡＰの設置と同時に置かれた部局であり、「日本および朝鮮における公安機関に関する政策について連合国最高司令官に助言し、日本政府宛命令および指令の履行に関して命じられる調査を行う」ことをその任務としていた[61]。その中で刑事司法制度改革に関与したのは、公安課（Public Safety Division, PSD）であり[62]、そこに設置された法律班（Legal Unit）主任のマニスカルコ（A. J. Maniscalco）がその中心人物であった。マニスカルコはテキサス州ヒューストンで地方検事をしていた前歴を持ち[63]、戦時中はマニラで司法審査委員会（Legal Board of Review）のメンバーとして活動していた[64]。そして日本本土の占領が開始された後は民間諜報局に所属し、職掌上定められた法律関係の職務に従事することとなったのである[65]。

マニスカルコの名前が司法省で進められていた司法制度改革作業に登場するのは、一九四六年二月半ば過ぎのことであり[66]、その際マニスカルコが示したのが、「刑事訴訟法に対する修正意見」である。その提示に至る過程につき、マニスカルコが公安課長プリアム（H. E. Pulliam）に当てた同年四月の覚書の中で述べている箇所があるので、以下に掲出する。

天賦の基本的人権をこれらの法律の中に据える、という考えが明確になったのは、日本法の調査が始められた一一月に遡る。このことは、民政局のラウエル中佐（当時は少佐）《ママ》及び、ハッシー中佐と非公式に討議され、我々は一致することが出来た。勿論、このような権利は新憲法において具体化される必要があったし、また、それらを効果あらしめ、利用可能にするために、刑事訴訟法の改正においても設けられるべきであったのである。大体この時点でこれらの権利の概略が描かれ——それは権利章典と呼ばれた——ラウエル少佐に渡された。それからその権利の概略は、若干の用語上の変更の上で新憲法に具体化されていったのである。(67)

マニスカルコのこの記述に従うならば、民政局のスタッフが進めていた憲法改正準備作業に彼はその比較的初期から関与しており、その過程で示された、特に司法上の人権の保護に関する憲法上の規定に関する構想を十分に知悉する機会があったということになろう。(68)

明けて一九四六年、マニスカルコは刑事訴訟法改正案の作成作業に取り掛かっている。

しばらく後に、刑事訴訟法の改正作業が開始されたが、進行中の部分の写しは、タイプされるとすぐに、ラウエル少佐、民間諜報局作戦部（Operations Section）のカルシ（Carusi）少佐、及び法務局（Legal Section, LS）のバッシン（Bassin）大尉とテンプル（Temple）中尉に配布され、彼らの検討と論評（study and comment）に付された。それは、これらのスタッフが何年間か弁護士実務に携わっており、彼らの助言と示唆が最大限に重要であったためである。彼らは、GHQにおいて、この改正に最も関わった三つの部局の職員でもあった。草案が完成するとすぐにこのスタッフによって会議が持たれた。彼らの考えと示唆は非常に大きな助けとなり、この改正に採り入れられた。

ここで注目すべき記述は、民間諜報局を中心として進められていた刑事訴訟法の改正作業にラウエルの関与があった、とされている点である。このことは、マニスカルコ提案はラウエルの「検討と論評」を経たものであり、なおかつ、ラウエルもその作業が民間諜報局で進められていることを承知していた、という重要な経緯を示すものである。

マニスカルコによると、刑事訴訟法の改正作業は一九四六年一月一日頃に開始され、二月一〇日頃完了している。[69]一方、ラウエルが民政局でマッカーサー草案の起草に直接関与したのは二月四日から一〇日の間であり、時系列としては、この二つの作業はほぼ同時に終了していることになる。すなわち、民政局における準備作業をも含めて考えるならば、マッカーサー草案における刑事司法関係の規定とマニスカルコ提案は、ほぼ並行して作成されたものであったと推測されるのである。マニスカルコ提案の内容が「マッカーサー憲法草案と類似の改革構想をより一層具体的に示し」たものと評価されているのも、[70]上記の経過を踏まえるならば当然であろう。

さて、マッカーサー草案は二月一三日に日本側政府委員に手交され、大きな衝撃を与えることとなるが、[71]マニスカルコ提案はそれに遅れること約一週間、二月二〇日頃に「司法省の法律改正委員会」[72]に非公式に提示された。[73]その後もマニスカルコは、四月一七日頃に陪審法及び少年法、[74]六月初頭に裁判所構成法の改正案を司法省に提示している。[75][76]

マニスカルコの改正案は、既存の法律を一条ずつ検討し、それぞれにつき存置、削除、修正の指示を付すという形のものであった。しかし、司法省刑事局の立法関係者は「日本の現実とかけ離れ過ぎていて、とてもあのようにいくものではない」として、[77]激しい拒否反応を示した。マッカーサー草案と同様、アメリカ型の刑事司法制度を志向するマニスカルコ提案は、[78]大陪審の導入[79]や検事の公選[80]などの内容を含んでおり、大きな衝撃をもって日本側に迎えられることとなったのである。マニスカルコ提案は、日本側の司法制度改革構想に対し、マッカーサー草案の規定に示された「断絶」の側面を、より具体的な形で直接導入することを企図するものであったと評することが出来よう。

しかし、一方の民政局では、それまでの司法制度改革構想が大きく転換されることになる契機が訪れていた。これは、憲法草案の起草を終えたラウエルが帰国し、新たなスタッフとしてオプラー（A. C. Oppler）が来日したことによるところが大きい[81]。

オプラーは、ワイマール共和国における行政裁判所判事の経歴を持つドイツ人で、ユダヤ系であったためにナチの迫害を受けてアメリカに亡命、大戦中には、ワシントンの対外経済局（Foreign Economic Administration, FEA）でドイツとフランスの民政に関する研究を行っていた[82]。オプラーの民政局への参加は、民政局のケーディス（C. L. Kades）の意向によるものであったという[83]。ケーディスは後年以下のように述べている。

私は、日本の法制はヨーロッパ大陸法系なのであるから、日本の法制改革のためにＧＨＱには大陸法の専門家が必要だと早い時期から意識していた。実際に大陸法の専門家を民政局に招聘するべきだ、と要請したのは私である。…民政局のホイットニー、ハッシー、ラウエル、ヘイズ、私は軍人出身で、他の者は民間人出身であるが、局内に大陸法、ローマ法をよく知っている者は誰もいなかった。そこで私は…大陸法に造詣の深い民間人を雇ってＧＨＱに赴任させて欲しいと要請した[84]。

この要請がいつのことかは定かではないが[85]、オプラーが民政局に着任したのは二月二三日のことであり[86]、従って、マッカーサー草案起草には参加していないことは指摘しておく必要がある。オプラーは民政局行政課

(Public Administration Division) の政務係 (Governmental Powers Branch) に配属され、政務係長ハッシーの下で法制改革の業務にあたることとなったが、ケーディスに宛てた四月一一日付の覚書において、「新憲法の諸原理を現実化するための仕事について注意を促し」ている。この覚書は、三月一二日に臨時法制調査会の設置が閣議決定されたことに対応して作成されたものであるが、刑事司法制度改革を含む法制改革全体に対するオプラーの態度が明瞭に示されており、極めて興味深い内容である。[87] オプラーはまず以下のように述べる。

法改正を新しい議会に任せ、草案作成を日本政府に任せることは、SCAP〔連合国最高司令官〕の一般的原則に一致している。このことが行われるならば、法体系の自由主義化のいかなる進展も、SCAPの指令によりなされ得るよりも一層価値のある、持続性の高いものとなるであろう。

その上で、オプラーは占領軍の改革対象を「非武装化、独占資本主義の排除、封建主義の撲滅」とそれ以外のものに分類し、後者については「その他の改革は、西洋人の眼から見て望ましいと思われようとも、SCAPにより強制されるべきではな」く、そのような改革は「強制によるよりは、むしろ示唆と助言によって、広範な目的に向けての漸進的な進歩を目指すべきである」とする。そして、以上のことを敷衍して、日本法の特質について以下のように述べるのである。

私達はアングロ・サクソン法の制度が、大陸法の制度よりも優れていると考えがちであるかもしれないが、性急に一方を他方と置換えるどんな誘惑にも抵抗すべきである。日本人は、今日に至るまで彼等が慣れ親しんできたものとは根本的に異なる制度を人為的に押し付けられても、この制度を利用することが出来ないであろう。実際問題として、ある法律集団、及び実業団の中には、過去二〇年間において、アメリカ型の法律を志向する傾向があったし、敗戦の結果生じた政治的・経済的状況が、この傾向を非常に強めるであろうことは、明白である。しかしながら、全法体系の転換は、徐々にしか行うことが出来ないのである。

また、オプラーがこの覚書においてマニスカルコ提案に言及した上で、「民政局、及び、その内部の政務係が、全体を認可する役割を果たすことが示唆される」と結論づけ、民政局が最終的な決断を行う権限を担保する必要があることを提案していることにも触れておく必要がある。

続いて同年五月には、オプラーの補佐として民政局にブレークモア（T. L. Blakemore）が着任する。ブレークモアは、日本法の研究を目的として日本に留学し、約半年の間東京帝国大学で学んだ経歴を持っていた。第二次世界大戦末期には占領後に用いられる日本の軍政ガイドの作成に携わり、[88]一九四六年一月からは、東京で政治顧問部（Political Adviser, POLAD）の法律助手を務めていたが、その後政治顧問部がＧＨＱの外交局（Diplomatic Section, DS）に改組されたことを受け、民政局に移ってきた。[89]日本語及び日本法に理解のあったブレークモアは、オプラーの「最も価値ある助手兼助言者」となったのである。[90]五月三一日付の民政局長ホイットニー（C. Whitney）に宛てた覚書において、マニスカルコ提案に対する直接の批判を行ったのもブレークモアであった。[91]彼はオプラーの構想を踏まえ、[92]マニスカルコ提案の手法について以下のように批判を加える。

自らの改革を促すあらゆる試みが失敗した時、及び、内容が占領の目的につき極めて重要な時に限り、ＳＣＡＰは、草案作成及び立法の提案をするべきである。…ＳＣＡＰの職員は限られており、外部から押しつけられた改革は、占領期間が終了した際に、その撤回を導くような敵愾心を煽る可能性がある。…現行の刑事訴訟法の欠点は、日本の占領によって、占領軍のスタッフが発見することで突然明るみに出るようなものではない。これらの欠点は何年もの間知られているのであり、日本の刑事法の権威たちは長い間、変革が為されるべきだと主張しているのである。…以上のことから、日本政府に、アメリカ人の刑事訴訟法の草稿を、少々修正しただけで施行することを求めて提示する火急の必要が、どこにあるというのであろうか。

ブレークモアは続いて、マニスカルコ提案の内容について、その性急さに疑問を呈する。

私はまた、この改正案に提示された、極めてアメリカ的色彩の濃い変革について、非常に懸念している。草案を一読して得られた印象は、多くの場合において、現行の日本法が、本質的な欠点や欠陥の故にというよりも、むしろそれが偶々アメリカ型刑事訴訟形態に符合しない、という理由で改変されている、というものである。…いかなる者も、日本の刑事訴訟及び刑事実務についての根本的な改革が必要であることを疑問視することは出来ない。しかし、将来の日本法が大陸法型から大きく逸脱する必要は認められない。…法の発展の歴史は、早急に過ぎる法概念の移植に内在する危険の例証で溢れている。そこには多くのものを獲得する可能性がある一方、有り得る全ての影響を注意深く検討することで、危険は減らされるべきなのである。

以上に挙げた若干の史料から読み取ることが出来るように、オプラーとブレークモアの法制改革に臨む姿勢は、立法に際してその草案の作成を日本側に委ねること、及び、急激な法体系の転換、すなわちアメリカ法化は避けるべきであること、という二点に集約することが出来よう。この観点からすれば、マニスカルコ提案は手法においても、また内容の面でも、彼らの容認出来るものではなかったのである。

(18) 袖井林二郎・竹前栄治編『戦後日本の原点――占領史の現在 上・下』(悠思社、一九九二年)が各方面にわたる考察を含んでおり、示唆的である。
(19) なお、近時の占領史研究の動向に関しては、若手占領史研究者の会「占領史研究の動向」粟屋憲太郎他編『戦後五〇年の史的検証(年報日本現代史創刊号)』(東出版、一九九五年)二六頁以下等を参照。
(20) 岡田彰「占領政策と日本官僚制――国家公務員法・国家行政組織法の制定過程におけるStaying Powerを中心として(1)」『季刊行政管理研究』四四号(一九八八年)二六頁以下を参照。
(21) この点につき、五百旗頭真「占領改革の三類型」『レヴァイアサン』六号(一九九〇年)九七頁以下が示唆的である。
(22) なお小田中總樹は、刑事裁判制度の戦後改革をもたらした直接的契機として、在野法曹を中心とする刑事裁判制度民主化の動き、それを一定程度先取りして「糺問主義的検察官司法」の再編、強化、完成を目指す権力側の動き、対日占領政策の一環としての刑事裁判改革策、の三つを挙げている(小田中總樹『現代刑事訴訟法論』(勁草書房、一九七七年)三六頁以下。なお、本節は同書に多くの示唆を受けている)。
(23) 外務省『日本占領重要文書 (1)』(日本図書センター、一九八九年)一〇〇頁。
(24) 江藤淳編『占領史録 下』(講談社、一九九五年)一二一頁以下。なお、この中の「秘密ノ審問」(検察と訳される場合もある)につき、松尾浩也は「おそらく捜査から予審にいたる公判前の段階全般、および行政執行法の運用状況などを含めて、漠然と糺問的な刑事司法のありかたを意味したものと思われる」としている(刑事訴訟法制定過程研究会前掲「刑事訴訟法の制定過程 (3)」六五頁)。
(25) 司法省では終戦直後からこの問題を検討し、「司法制度改正ノ要点」と題する一一項目からなる文書をまとめている(内藤前掲『終戦後の司法制度改革の経過 (3)』一頁以下)。
(26) 内藤前掲『終戦後の司法制度改革の経過 (2)』二頁以下〔井上・渡辺・田中編前掲『刑事訴訟法制定資料全集 (1)』三九頁以下〕。
(27) 内藤前掲『終戦後の司法制度改革の経過 (3)』五〇二頁以下〔井上・渡辺・田中編前掲『刑事訴訟法制定資料全集 (1)』八六頁以下〕。
(28) 正確な名称は「司法制度改正審議会諮問事項ニ関スル方策案(仮案)」である(刑事訴訟法制定過程研究会前掲「刑事訴訟法の制定過程 (3)」四九頁以下に全文が掲載されている〔井上・渡辺・田中編前掲『刑事訴訟法制定資料全集 (1)』三九頁以下〕)。これは、終戦直前に司法省において治安維持の観点から考えられていた検察機構改革案を引き継ぐ内容のものである(刑事訴訟法制定過程研究会前掲「刑事訴訟法の制定過程 (2)」一〇三頁以下に全文が掲載されている〔井上・渡辺・田中編前掲『刑事訴訟法制定資料全集 (1)』九頁以下〕)。なおこの点に関し、「〈座談会〉刑事訴訟法の制定過程」『ジュリス

ト』五五一号（一九七四年）三二頁以下を参照（勝田成治発言）。

(29) なお、戦前の日本の法曹を三つの類型に収斂させてその問題点を析出する、清水誠「日本法律家論——戦前の法律家」同『時代に挑む法律学——市民法学の試み』（日本評論社、一九九二年）六四頁以下は、戦前における司法制度改革の背景を考察する上で示唆的である。

(30) この点を緻密な実証に基づいて通史的に論証しているのは小田中總樹の各論考である（小田中聰樹『刑事訴訟法の歴史的分析』（日本評論社、一九七六年）、及び、同『刑事訴訟法の史的構造』（有斐閣、一九八六年））。

(31) なお、戦前期の司法改革論議につき、團藤重光「司法制度」『国家学会雑誌』五三巻一〇号（一九三九年）一〇〇頁以下を参照。また、司法部内の動向については、家永三郎『司法権独立の歴史的考察〔増補版〕』（日本評論社、一九六七年）が詳細である。

(32) 松尾浩也「司法と検察」同『刑事訴訟の理論』（有斐閣、二〇一二年）八二頁。

(33) 刑事訴訟法制定過程研究会前掲「刑事訴訟法の制定過程(2)」一〇二頁。

(34) ただし、司法警察の検察直属に関しては見送られた（刑事訴訟法制定過程研究会前掲「刑事訴訟法の制定過程(4)」九五頁以下〔井上・渡辺・田中編前掲『刑事訴訟法制定資料全集(1)』八〇頁以下〕）。なお、内藤前掲『終戦後の司法制度改革の経過(3)』五〇四頁以下、及び刑事訴訟法制定過程研究会前掲「刑事訴訟法の制定過程(4)」一〇四頁以下〔同前八四頁以下〕にそれぞれ全文が掲載されている。

(35) それぞれ内藤前掲『終戦後の司法制度改革の経過(3)』一三七頁以下、刑事訴訟法制定過程研究会前掲「刑事訴訟法の制定過程(10)」六九頁以下、及び刑事訴訟法制定過程研究会前掲「刑事訴訟法の制定過程(5)」四八頁以下〔井上・渡辺・田中編前掲『刑事訴訟法制定資料全集(1)』二二二頁以下〕に全文が掲載されている。

(36) 刑事訴訟法制定過程研究会前掲「刑事訴訟法の制定過程(5)」四八頁。

(37) 刑事訴訟法制定過程研究会前掲「刑事訴訟法の制定過程(3)」四七頁。

(38) 三ケ月章「司法制度の現状とその改革」同『民事訴訟法研究(6)』（有斐閣、一九七二年）二七七頁。

(39) この過程につき、さしあたり、古関彰一『日本国憲法の誕生』（岩波書店、二〇〇九年）一六八頁以下を参照。また、刑事司法関係の規定については、小田中前掲『現代刑事訴訟法論』四九頁以下、及び、同『現代司法の構造と思想』（日本評論社、一九七三年）九五頁以下を参照。

(40) 司法省立法関係者が「検察庁法立案のあと、憲法草案が示される前にGHQ案という憲法草案があったことを知りました」と述べているところからすると（前掲「刑事訴訟法の制定過程」三五頁〔勝田成治発言〕）、少なくともここではマッカーサー草案は参照され得なかったものと考えられる（なお、古関前掲『日本国憲法の誕生』一九〇頁以下を参照）。

(41) 小田中前掲『現代刑事訴訟法論』五六頁。
(42) この点につき、成田憲彦「日本国憲法と国会」内田健三・金原左門・古屋哲夫編『日本議会史録⑷』(第一法規出版、一九九〇年)三頁以下、及び、天川晃「民政局と憲法制定――三つ目の「偶然」」同『占領下の日本――国際環境と国内体制』(現代史料出版、二〇一四年)一〇五頁以下が示唆的である。
(43) 佐々木高雄はこれらを「これだけともいえそうなＧＨＱ側の予備調査資料」とする(佐々木高雄『裁判官弾劾制度論』(日本評論社、一九八八年)九二頁)。
(44) 竹前栄治・中村隆英監修『ＧＨＱ日本占領史⑵ 占領管理の体制』(日本図書センター、一九九六年)一六五頁以下。なお、民政局の組織に関しては、平野孝『内務省解体史論』(法律文化社、一九九〇年)八六頁以下が詳しい。
(45) 高柳賢三・大友一郎・田中英夫編著『日本国憲法制定の過程――連合国総司令部側の文書によるⅡ 解説』(有斐閣、一九七二年)一六頁以下。ＧＨＱの各部局の任務は「日本占領及び管理のための連合国最高司令官に対する降伏後における初期の基本的指令」(ＪＣＳ一三八〇／一五)を元に分配されていたが、民政局に分担された部分には「あらゆる形態の軍国主義及び超国家主義を排除すること」、「政治上の諸制度における民主主義的傾向及び過程を強化すること」が含まれていた(天川晃監修『ＧＨＱトップ・シークレット文書集成第二期 法律・行政関連文書⑴』(柏書房、一九九五年)一〇三頁以下)。
(46) 高柳賢三・大友一郎・田中英夫編著『日本国憲法制定の過程――連合国総司令部側の文書によるⅠ 原文と翻訳』(有斐閣、一九七二年)二頁以下に原文と翻訳が掲載されている。
(47) 同前三頁。
(48) ただし、この文言は三月四日から五日の交渉において削除された。なお、当該交渉に関しては、笹川隆太郎・布田勉「憲法改正草案要綱の成立の経緯――日本側携行案の英訳文を中心とする再検討――⑴～⑸」『石巻専修大学経営学論集』三巻一号～五巻二号(一九九一～九四年)、及び、笹川隆太郎・布田勉・ヴィクター・カーペンター「エラマン手帳(Ｅ)メモ――「憲法改正草案要綱」の公表に先立つ徹宵審議の民政局側記録――⑴～⑷」『石巻専修大学経営学論集』六巻一号～八巻一号(一九九四～九六年)がそれぞれ詳細な実証的検討を行っている。
(49) マッカーサー草案の起草は八つの小委員会により分担されたが、そのうち「司法権に関する小委員会」はラウエル、ハッシー及びストーン(M. Stone)の三人により構成されていた(高柳・大友・田中前掲『日本国憲法制定の過程 Ⅰ』一一〇頁以下)。
(50) 同前九頁。この提案を受けたマッカーサー草案第三〇条(現第三三条)の解釈は、占領期刑事司法改革において最も紛糾した議論の一つであった(刑事訴訟法制定過程研究会前掲「刑事訴訟法の制定過程 ⑿」九四頁以下、及び、同「刑事訴訟法の制定過程 ⒃」一一三頁以下を参照)。

(51) 司法上の人権についての条文は、ロウスト（P. K. Roest）、ワイルズ（H. E. Wildes）、シロタ（B. Sirota）の三人からなる「人権に関する小委員会」において起草された（高柳・大友・田中前掲『日本国憲法制定の過程Ⅰ』一一〇頁以下）。シロタは、この部分はおそらくワイルズが担当したと回顧しているが（鈴木昭典『日本国憲法を生んだ密室の九日間』（創元社、一九九五年）二一〇頁）、田中英夫はラウエルの関与があるのではないかと推測している（田中英夫『憲法制定過程覚え書』（有斐閣、一九七九年）一四九頁以下）。

(52) 憲法研究会及び「憲法草案要綱」については、佐藤達夫『日本国憲法成立史 (2)』（有斐閣、一九六四年）七八四頁以下を参照。

(53) 高柳・大友・田中前掲『日本国憲法制定の過程 Ⅰ』二六頁以下に原文と翻訳が掲載されている。

(54) 特に、大審院長、行政裁判所長、検事総長を公選としたことがその著しい特色である（小田中前掲『現代司法の構造と思想』八五頁以下を参照）。

(55) 高柳・大友・田中前掲『日本国憲法制定の過程 Ⅰ』三〇頁以下を参照。

(56) 同前三五頁。

(57) マッカーサー・ノートについては、佐々木高雄の緻密な実証作業が参考になる（佐々木高雄「戦後改革におけるマッカーサー・ノートの役割」同『戦争放棄条項の成立経緯』（成文堂、一九九七年）一頁以下）。

(58) ＳＷＮＣＣ二二八の成立に関しては、成田前掲「日本国憲法と国会」二八頁以下を参照。なお、高柳・大友・田中前掲『日本国憲法制定の過程 Ⅰ』四一二頁以下に全文が掲載されている。

(59) 古川純は、マッカーサー草案は、ＳＷＮＣＣ二二八、憲法研究会案、ラウエルの準備研究及び憲法研究会案に対するラウエルのコメントを「足し算したもの」としている（天川晃・古川純「新憲法の成立――制定過程とさまざまな構想」袖井・竹前前掲『戦後日本の原点 上』一六一頁以下）。

(60) この呼称は、後述のように、主として「刑事訴訟法に対する修正意見」に対して用いられることが多い。本節においても主としてその範囲で用いるが、刑事司法全般を視野に入れる趣旨から、ほかの提案（裁判所構成法改正など）も便宜上こう呼称することがある。

(61) 竹前・中村前掲『占領管理の体制』一七三頁。民間諜報局については、古川純・奥泉栄三郎「日本占領期の極東米軍情報収集活動と組織」『東京経大学会誌』一〇九・一一〇号（一九七八年）一一五頁以下が詳しい。

(62) 公安課が設置されたのは一九四六年三月であり（*The Intelligence Series, G-2, USAFFE-SWPA-AFPAC-FEC-SCAP, vol.9, Operations of the Civil Intelligence Section, SCAP*, Scholarly resources Inc., 1983, p.146）、その前身は公安部（Public Safety Section, PSS）であった（竹前前掲『ＧＨＱ』一〇二頁以下、及び、竹前・中村前掲『占領管理の体制』三〇頁以下参照）。

(63) 前掲「刑事訴訟法の制定過程」三五頁〔團藤重光発言〕。

(64)「ＧＨＱ／ＳＣＡＰ文書」〔以下「GHQ/SCAP」〕G2-03783, Recommendation for Award of the Legion of Merit, 15 June 1946.

(65) GHQ/SCAP, G2-04470, Office Memorandum No.7: The Mission and Objectives of the Public Safety Division, 9 March 1946.

(66) この時の様子を、横井大三「マニスカルコ大尉（講座の周辺）」日本刑法学会編『刑事訴訟法講座（2）』（有斐閣、一九六四年）一頁以下が伝えている。

(67) GHQ/SCAP, G2-01201, Memorandum for the Chief〔以下「M/C」〕, Public Safety Division, Resume of Activities to Date and Plans in the Future of the Legal Section, 18 April 1946〔古関彰一編『ＧＨＱ民政局資料「占領改革」（1）憲法・司法制度』（丸善、二〇〇一年）九五頁以下〕. 本節のマニスカルコの活動についての以下の記述は、この文書に拠る。

(68) なお、引用文中の「権利章典（Bill of Right）」が、前出のラウエル報告書の附属文書Ａのことであるかどうかは、史料上確定出来ない。

(69) 連合国最高司令部民政局／宮澤俊義解説／小島和司・久保田きぬ・芦部信喜訳「日本の新憲法」『国家学会雑誌』六五巻一号（一九五一年）三八頁以下。

(70) 刑事訴訟法制定過程研究会前掲「刑事訴訟法の制定過程（6）」九一頁。

(71) この日のことを、佐藤達夫は象徴的に「日本国憲法受胎の日」と述べる（佐藤達夫／佐藤功校訂『日本国憲法成立史（3）』（有斐閣、一九九四年）四七頁以下）。

(72) これはおそらく、刑事訴訟法の起草にあたった司法省刑事局別室のことであろう。なお、團藤重光の手元に「二一・二・二二（金）午前一〇―（マニスカルコ氏来ル予定ナリシモ来ズ）」と記したメモが残っており、遅くともこの時点までには日本側との交渉が始まっていたものと考えられる（刑事訴訟法制定過程研究会前掲「刑事訴訟法の制定過程（6）」一〇五頁）。

(73) なお、原文は GHQ/SCAP, G2-01180~01182、及び LS-16337~16339。なお、刑事訴訟法制定過程研究会前掲「刑事訴訟法の制定過程（6）」一〇八頁以下に、司法省刑事局別室が作成した翻訳「刑事訴訟法ニ関スル修正意見」が抜粋の形で掲載されている〔井上・渡辺・田中編前掲『刑事訴訟法制定資料全集（2）』一九頁以下〕。

(74) GHQ/SCAP, G2-04407, M/C, Public Safety Division, Weekly Progress Report, 6 April-19 April 1946, 20 April 1946.（原文は GHQ/SCAP, G2-02078~02079〔井上・渡辺・田中編前掲『刑事訴訟法制定資料全集（2）』二五七頁以下に、英文及び仮訳が掲載されている〕）。

(75) GHQ/SCAP, G2-04407, M/C, Public Safety Division, Weekly Report of Activities,1 June - 7 June 1946, 8 June 1946（原文は

GHQ/SCAP, G2-02078。なお、内藤前掲『終戦後の司法制度改革の経過⑶』五四一頁以下に、英文及び仮訳、その要領が掲載されている〔要領につき、井上・渡辺・田中編前掲『刑事訴訟法制定資料全集⑵』三九九頁以下〕)。

(76) 法案ではないが「最高裁判所が新しい証拠法則を作成するのを助けるため」に、マニスカルコは二月下旬から三月上旬にかけて、アメリカの法廷で用いられている証拠法を編集し、司法省関係者に配布している(GHQ/SCAP, G2-01201, M/C, Public Safety Division, Resume of Activities to Date and Plans in the Future of the Legal Section, 18 April 1946. 原文は GHQ/SCAP, G2-03309 ~ 03310)。

(77) 前掲「刑事訴訟法の制定過程」三六頁〔團藤重光発言〕。

(78) マニスカルコは刑事訴訟法の改正にあたって、その目的を「憲法の下で与えられた基本的人権を被告人に与えること」「予備審問及び公判を我々の手続に沿って行うこと」「日本の法律家の地位と威厳を拡大、向上すること」の三つであると述べ、「この法律は、被告人を防禦し、保護するものとなったが、しかし、日本の法的メンタリティの下でもなお実行可能かつ理解可能なものとなった」と述べている(Resume of Activities to Date and Plans in the Future of the Legal Section, 18 April 1946 [supra note 67].)。

(79) 刑事訴訟法制定過程研究会前掲「刑事訴訟法の制定過程⑹」一一八頁〔井上・渡辺・田中編前掲『刑事訴訟法制定資料全集⑵』四九頁〕。大陪審については、司法省関係者との交渉過程において「考慮の余地あり」とされた(一二五頁以下〔二四二頁以下〕)。なお、小陪審はマッカーサー草案においては起草過程で削除されたが(高柳・大友・田中前掲『日本国憲法制定の過程 I』二三三頁以下。なお、利谷信義「戦後改革と国民の司法参加——陪審制・参審制を中心として」東京大学社会科学研究所編『戦後改革⑷ 司法改革』(東京大学出版会、一九七五年)一一〇頁以下を参照)、マニスカルコはその導入を前提視していたようである〔本書第二章第二節を参照〕。

(80) 内藤前掲『終戦後の司法制度改革の経過⑶』五八五頁〔井上・渡辺・田中編前掲『刑事訴訟法制定資料全集⑵』三九九頁〕。この点が司法省立法関係者に最も衝撃を与えた部分のようであり、「原子爆弾」のようなことを言ってきた、と回顧する者もある(前掲「刑事訴訟法の制定過程」三六頁〔團藤重光発言〕)。

(81) 田中前掲『憲法制定過程覚え書』六八頁。なお、オプラーはラウエルには「一度も会ったことはなかった」と述べている(アルフレッド・オプラー/内藤頼博監修/納谷廣美・高地茂世訳『日本占領と法制改革』(日本評論社、一九九〇年)二二頁)〔本書第四章第一節を参照〕。

(82) オプラー前掲『日本占領と法制改革』四頁以下。

(83) ケーディスは、占領初期の民政局においては行政係(Public Administrative Branch)及び行政課(Public Administrative Division)の長であった。なお、ジャスティン・ウィリアムズ/市雄貴・星健一訳『マッカーサーの政治改革』(朝日新聞社、一九八九年）五〇頁以下を参照。

（84）和田幹彦「元ＧＨＱ民政局次長故Ｃ・Ｌ・ケーディス氏へのインタヴュー」同『家制度の廃止』（信山社、二〇一〇年）四三六頁（なお、文中の英文引用は省略した）。

（85）なお、ケーディスが作成した二月一日付の行政課改組案の附属人員割当表には、既にオプラーの名が記載されている（*Political Reorientation of Japan, Sept.1945 to Sept.1948, Report of Government Section, Supreme Commander for Allied Powers*, vol. I, Government Printing Office, 1949, p.804）。

（86）オプラー前掲『日本占領と法制改革』一五頁。

（87）同前六九頁以下においてオプラーはこの覚書について言及しており、以下の記述においては一部同書の翻訳を参考としている。なお、この覚書の原文は「ハッシー文書」〔以下「HP」〕58-A-4, M/C, Public Administration Division, Steps to be Taken by the Government Section in communication with Legal Reforms Planned by the Japanese Government, 11 April 1946（なお、GHQ/SCAP, GS(A)-02252 にも収められている〔古関前掲『憲法・司法制度』九一頁以下〕）。以下の引用もこの文書に拠る。

（88）竹前栄治『占領戦後史』（岩波書店、一九九二年）二八二頁。

（89）GHQ/SCAP, LS-09823, Memorandum to: Mr. Ormond Freille, 14 October 1949.

（90）オプラー前掲『日本占領と法制改革』五八頁。ブレークモアは占領終結後も日本で弁護士として活動していたが、一九八八年に帰国している（下嶋哲郎「日本を自立させたあるアメリカ人法律家の軌跡」『Esquire 日本版』七巻一〇号（一九九三年）一二四頁以下〔本書第四章第二節を参照〕）。

（91）GHQ/SCAP, GS(B)-01171, M/C, Government Section, Comments on the Proposed Revision of Code of Criminal Procedure Prepared by Legal Section of Public Safety Section of CIS, 31 May 1946. 以下の引用もこれに拠る。

（92）オプラーは、ブレークモアの覚書に「完全に同意する」とした上で、マニスカルコ提案を「実際、この草案はアメリカ法の教科書の典型である」と評価している（GHQ/SCAP, GS(B)-01171, M/C, Government Section, Additional comments on the Proposed Revision of Code of Criminal Procedure Prepared by Legal Section of Public Safety Section of CIS, 31 May 1946）。

三　占領期司法制度改革の方向性の確定

（一）　ＧＨＱの司法制度改革構想の確定経過

上述のように、一九四六（昭和二一）年春、ＧＨＱ内には手法、内容共に相容れない二つの司法改革構想が存在していた。これらは日本側の司法改革過程にどのように影響していったのであろうか。

マニスカルコは、二月二〇日頃に刑事訴訟法の改正案を提示した後も、各法律の改正案提示と併せて司法省立法関係者と折衝を重ねているが[93]、日本側はマニスカルコ提案を「全く話にならないもの」と見ていたようである[94]。しかしマニスカルコは五月二日付の報告書で「現在生じている本班の職務は、為された提示（charges）に〔日本側が〕従っているか否かを決定し、もし従っていないならば、従うように強制するということである」と述べており、提示した改正案を日本側に実施させるという方針を堅持していたものと思われる[95]。

一方、民政局側も独自に日本側立法関係者と接触している。五月二三日、オプラーはブレークモアと共に木村篤太郎司法大臣及び司法省関係者と非公式に会談を持った。その席上でのやりとりを、オプラーは以下のように報告している。

奥野〔健一司法省民事局長〕は…我々が何か必要な改革に関する提案を持っているかどうかということにも言及した。私は、…日本の識者が彼ら自身法制改革のイニシアティブを取るべきであり、その計画を我々に知らせて欲しいと述べ、我々の示唆や助言は次の段階のことであると述べた[96]。

また、オプラーがここで、民政局が「法制改革に関する立法調査委員会」[97]の動向に興味を持っており、継続的な接触を求めていると伝えていることにも注意すべきである。この発言からは、この時期にはGHQにおける法制改革の主導権は民政局に移り始めていたものと推測することが出来る[98]。

以上のような状況に鑑み、民政局長ホイットニーは六月二七日、公安課に回覧文書を送付する。この文書はその後のGHQの司法改革構想の動向に大きく影響したと思われる重要な記録である。ホイットニーはまず、マニスカルコ提案を「綿密かつ興味深い」ものと評価するが[99]、それに続いて以下のように批判を加える。

本局はしかし、この草案が、大陸法型の制度及び手続方法に基づいた法体系に導入しようとする試みとしては行きすぎていると感じている。大陸法型の制度や手続方法は、アングロ・サクソン国家がコモン・ローの下で徐々に発達させてきたものと同じように〔徐々に発展してきたものである〕。

このように重要な変更を指示、あるいは促すことは、占領目的の一つと考えられてきてはいない。

続いてホイットニーはマニスカルコ提案を「この草案は、基本的に安定しているがアメリカ法にとっては不案内な制度を廃絶することを目的としている」として、実例を挙げて問題点を検討し、こう結論づける。

SCAPの方針は、基本的な法制改革、特に日本の法典に関する指示を避け、それよりも、これらの目的が、彼ら自身が主導するよう日本人に奨励することで達成されるよう取り計らうというものである。

更に、刑事訴追に関する基本原則を列挙している新憲法が制定されていない限り、必要な改革の範囲は未だ判断され得ないのである。

これらの条件から、その目的がいかに立派なものであっても、提示された刑事訴訟法改正案のような様式に追従するよう日本政府に指示することは、まったく賢明さを欠くと考えられる。

この文書には、七月八日付の法務局局長カーペンター（A. C. Carpentar）のコメントが附されている。[100] カーペンターは「本局は…上記の民政局が採る立場に同意する」とし、陸軍省野戦便覧（Field Manual, FM27-10）を参照した上で、[101] 更にこう述べる。

現行の日本の刑事訴訟法に対する〔公安課の〕改正意見は、通常理解される意味での民主主義的思考方法を日本人の精神に徐々に教え込む、と言う目的を促進するものではないようだ、というのが本局の意見である。[102]

これらの文書が公安課でどのように扱われたのかは定かではない。[103] しかし、その帰結については、公安課側の文書によってもある程度裏づけることが可能である。すなわち、マニスカルコについての、六月一五日付で軍の勲功章（Award of the Legion of Merit）を申請する内容の文書には、彼の業績を略述した部分のうちＧＨＱにおける活動に関しては、以下のように述べられているのである。

マニスカルコ大尉は更に、日本の刑法及び刑事訴訟法につき、公安上の徹底的な研究を行った。これらの研究は、日本の立法を民主司法の線に沿って改正しつつあるＳＣＡＰのある部局により、示唆的なものとして用いられるであろう。[104]

このしばらく後にマニスカルコは日本を離れたものと思われ[105]、民間諜報局における司法制度改革構想は遂に採用されることはなかったのである[106]。

（二）　マニスカルコ提案排斥の要因

以上見てきたように、民間諜報局公安課でマニスカルコが描いていた司法制度改革構想は、「占領という条件のもとでも、外国法の継受に一定の限界のあることを示唆した一つのエピソード」として[107]、以降ほとんど影響力を持たなかったとされている。日本側からすると、このことはマニスカルコの提案が既存の法体系とはあまりに異質な内容を含んでいたことによる帰結として理解される。

マニスカルコの構想の中核をなしていた刑事訴訟法改正提案は、前述のように、一九四五（昭和二〇）年秋頃から民政局で進められていた憲法改正準備作業と並行する形で作成されたものである。そしてマニスカルコは、少なくとも翌年五月初頭までは、自らの構想を法案として日本側に受容させることを考えていたものと思われる。しかし、マッカーサー草案と異なり、結果としてマニスカルコ提案は排斥されることとなったのである。

もとより、日本国憲法の制定が戦後法制改革の中核をなすものであり、なおかつ、その過程に複雑な国際情勢が反映していたことを考え合わせるならば[108]、マッカーサー草案とマニスカルコ提案とは基本的に背景事情が異なっていたと言えよう。しかし、マニスカルコが結局、日本側の説得に応じて「決して押し付ける趣旨ではないのだと折れ」たことには[109]、むしろＧＨＱ側の事情が大きく反映していると考えられる。

まず、民政局のスタッフの変動の影響が挙げられよう。前述したように、おそらくマニスカルコ提案の作成過程に一定程度関わっていたと推測されるラウエルは、憲法草案の起草を終えてしばらく後に帰国している。また、憲法改正準備作業の段階でマニスカルコがその名を記しているハッシーはオプラーと折り合いが悪く、両者の意思疎通は必ずしも円滑ではなかったという[110]。この問題はブレークモアについては更に深刻であった[111]。

このような事情に鑑みると、オプラーとブレークモアの司法制度改革構想とマニスカルコ提案の間には、直接の関係が存在しなかったと推測することが出来る。そして同時に、同じ民政局内で作成されたにもかかわらず、憲法改正作業については、オプラーとブレークモアは、既に起草の済んだマッカーサー草案を通じての間接的な繋がりしか持たなかったということも指摘しておく必要がある。オプラーは、占領の最初の数カ月には「法体系及び司法行政の構造上の改革が考慮される時期は未だ来ていなかった」が、「一九四六年春に新憲法の草案が準備されたことで、占領の新たな局面が開始された」と述べている[112]。すなわちオプラーは、マッカーサー草案の存在を所与の条件として、刑事司法制度改革へのアプローチを開始することになったのである。

これに加えて、オプラーとブレークモアの経歴に基づく影響力を考慮に入れる必要があろう[113]。民政局に限らず、GHQの法律スタッフはほとんどがアメリカ型司法制度の下で経験を積んだ法律家であり、その意味で、オプラーとブレークモアの経歴は特異なものであった。もっとも、オプラーはいわゆる「知日家」ではなく、その点でブレークモアと対立することもあったが[114]、性急なアメリカ法化を懸念する、という点で彼らが一致した見解を持っていたことは、先に引用したいくつかの覚書からも理解されるところである。すなわち、オプラーとブレークモアの参画により、民政局の司法制度改革構想が「熱心のあまり、日本の大陸法にアングロ・サクソンの法制度の恩恵を押しつけるようなことにならないよう」にするという方向で進められたことは[115]、彼らの経歴に基づく帰結であったと言って良い[116]。

更に、法制改革を進めるにあたってオプラーが最初に採ったアプローチが、大審院長の細野長良との会談であったことは特徴的である。オプラーはこの会談につき「すぐに私は、私達が大変多くの点で意見が合うこと、この人物が私に非常に有益な情報を提供してくれるであろうし、また、将来の司法改革における協力者となるであろうということを悟った」と回顧している。[117] 司法制度改革に限らず、その後の法制改革過程の全般においてオプラーは、日本側の関係者と会談を重ね、合意点を見出すという手法を好んで用いた。[118] その理由について、オプラーはこう述べている。

アメリカの法律専門家たちは…新しい法律、あるいはその条項は真の進歩を意味するのであって、たんに外国の要素を日本の法律におり込む作業を意味するのではないことを日本人自身として納得できないかぎり、いかなる改革も占領後まで存続しないであろう、という深い確信を抱くようになった。[119]

オプラーの手法は、このような現実的な目的に導かれてのものであった。しかし同時に、細野を始めとする日本側関係者との会談を通じ、彼らの主張する改革内容に一定の理解を示したことも、彼らの改革の成果が占領終結後まで存続したことの大きな要因となったと考えられるのである。

(93) その時日及び簡単な内容は、マニスカルコが三月八日から六月一四日までの間残した週間報告により知ることが出来る(GHQ/SCAP, G2-04407)。
(94) 前掲「刑事訴訟法の制定過程」三六頁を参照。
(95) GHQ/SCAP, G2-01201, M/C, Public Safety Division, Phases I, II, III of Legal Section, 2 May 1946.
(96) HP58-A-9, M/C, Government Section, Meeting with the Japanese Minister of Justice, 28 May 1946 (GHQ/SCAP, GS(B)-01171 にも収められている〔古関前掲『憲法・司法制度』一〇一頁〕). 以下の引用もこれによる。
(97) これはおそらく、後述する司法法制審議会、及び、その準備のための臨時司法制度改正準備協議会のことであろうと思われる。なお、後者の第一回総会は六月一三日に開かれるが、その席上に参考資料としてマニスカルコの裁判所構成法改正案の要領が配布されている（内藤前掲『終戦後の司法制度改革の経過 ⑵』五五頁以下〔井上・渡辺・田中編前掲『刑事訴訟法制定資料全集 ⑵』三九七頁以下〕）。

(98) 川島武宜によると、新憲法に伴う法律改正作業に参加する関係者とGHQ担当者との「顔合わせの機会」として、司法省が六月頃にパーティを催し、オプラーはその席に招かれている（川島武宜・大野正男「民法改正当時の思い出を川島武宜先生に聞く」『自由と正義』三七巻八号（一九八六年）七〇頁以下を参照）。

(99) GHQ/SCAP, LS-16337, Govt Sect, Proposed Revision of Japanese Code of Criminal Procedure, 27 June 1946. なお、当該文書上部のイニシャルから、この文書がオプラー、ケーディスの手を経たものであることがわかる（GHQ文書の解読については、荒敬『日本占領史研究序説』（柏書房、一九九四年）三四七頁以下が有益である）。以下の引用もこの文書に拠る。

(100) 法務局は、占領当初は主として戦犯容疑者の捜査と訴追を管掌し、一九四六年以降は極東軍事裁判所に対する総括責任部局となったが（前掲『GHQ』一三三頁以下を参照）、その任務には「最高司令官が解決するべき一般的な性質の法律問題について助言すること」が含まれていた（竹前・中村前掲『占領管理の体制』一六七頁以下）。

(101) なお、陸軍省野戦便覧（FM27-10）は「米国軍隊が従うべき法律」とされていた（竹前栄治訳『米国陸海軍 軍政／民事マニュアル』（みすず書房、一九九八年）五頁）。

(102) GHQ/SCAP, LS-1637, Legal Sec., Proposed Revision of Japanese Code of Criminal Procedure, 8 July 1946.

(103) なお、本書第三章第一節を参照されたい。

(104) Recommendation for Award of the Legion of Merit, 15 June 1946 [supra note 64].

(105) マニスカルコの週間報告は、前述したように六月一四日のもので止まっており（提出は同一七日）、その次のものはマニスカルコの後任となったモラー（E. Moeller）の作成した八月一二日からのものとなっている（GHQ/SCAP, G2-04407）。また、マニスカルコが帰国したために余剰になった酒類の分配に関する覚書が残っている（GHQ/SCAP, G2-03283, Memorandum for: All PSD Civilian and Officer Personnel, Unclaimed Stateside Liquor, 8 August 1946）。ただし国立国会図書館憲政資料室所蔵「GHQ電話帳」においては、対応部局に記載がないにもかかわらず、九月以降のものについてもアルファベット順の索引にマニスカルコの名が記されている（Tokyo Telephone Directory, Sep. 1946-Feb. 1947）。

(106) その後マニスカルコ提案がどのように扱われたのかは定かではないが、ブレークモアは八月五日付の民政局長宛覚書において、日本側立法関係者にマニスカルコ提案がGHQの公式見解であるかという点を尋ねられた旨を記している（刑事訴訟法制定過程研究会前掲「刑事訴訟法の制定過程 ⑿」九七頁以下を参照。なお、同覚書内にある「一九四六年三月三一日付民政局長宛ブレークモアおよびオプラーの作成のメモ」は、おそらく五月三一日付の誤りではないかと思われる）。ブレークモアは前掲五月三一日付の覚書で、マニスカルコ提案を司法省のしかるべき筋に非公式に送付して、それがGHQの一致点でないことを明確にする旨を提案しているが（Comments on the Proposed Revision of Code of Criminal Procedure Prepared by Legal Section of Public Safety Section of CIS, 31 May 1946 [supra note 91]）、この案は法務局の反対にあっている（GHQ/SCAP, LS-16337, Legal Sec., Proposed Revision of Japanese Code of Criminal Procedure, 8 July 1946.）。

(107) 田宮前掲「刑事訴訟法と外国法の影響」一四九頁。

(108) このことにつき、さしあたり、古関前掲『日本国憲法の誕生』二二〇頁以下を参照。

(109) 前掲「刑事訴訟法の制定過程」三六頁〔勝田成治発言〕。なお、これがいつ頃の議論だったのかは明瞭ではないが、マニスカルコの裁判所構成法改正案の作成時期を考えると、一九四六年六月頃と思われる。

(110) このことに関し、ウィリアムズ前掲『マッカーサーの政治改革』九二頁以下を参照。

(111) ブレークモアは後になって、ハッシーによって辞めさせられそうになったと述べたという（伊佐千尋『司法の犯罪』（文藝春秋社、一九八五年）一八六頁）。

(112) GHQ/SCAP, LS-11653, Courts and Law Division, 24 May 1947.

(113) 戦後改革の過程においては、GHQスタッフのパーソナリティが持つ影響力は重要な要素の一つであった（この点につき、セオドア・コーエン／大前正臣訳『日本占領革命――GHQからの証言　上』（TBSブリタニカ、一九八三年）一六五頁以下を参照）。

(114) 特に民法改正問題に関して、土屋（森口）由香「アメリカの対日占領政策における民法改正――女性の法的地位をめぐって」『アメリカ研究』二九号（一九九五年）一六八頁以下を参照。

(115) A・C・オプラー／和田英夫・中里英夫訳「連合国占領下における日本の法制度および司法制度の改革」『法律時報』四五巻四号（一九七三年）四六頁。

(116) ここから生じる疑問は、オプラーを招聘したケーディスが、その時点においてマニスカルコの作業を知悉していたのか、という点、及び、オプラーをマッカーサー草案起草作業に参加させる意思があったのか、という点である。これらの疑問については更に検討を進めたい。

(117) オプラーは「これが日本の法曹界との最初の接触であった」と述べている（オプラー前掲『日本占領と法制改革』三三頁）。なお、この会談の記録がHP58-A-3、及びGHQ/SCAP, GS(A)-02252に残されている〔古関前掲『憲法・司法制度』八七頁以下〕）。

(118) このことに関し、同前一三四頁以下の、一九四六年七月から翌年二月までのオプラーの日記を参照。また、日本側立法関係者の回顧にもこれらの会談の記録が多く見出される。

(119) オプラー前掲「連合国占領下における日本の法制度および司法制度の改革」五一頁。

四　結びに代えて

かくして、刑事司法制度改革はＧＨＱ側においては民政局が管掌することとなり、一九四六（昭和二一）年七月三日に内閣総理大臣の諮問機関として設けられた臨時法制調査会、及び、司法省に司法大臣の諮問機関として同九日に設けられた司法法制審議会における協議によって、憲法附属法等と併せて、本格的な立案作業が始まることとなった。[120] オプラーを始めとする民政局スタッフは、[121] 日本側立法委員の提出する法案を審査し、承認を与えるという形で改革過程に関与し、まず裁判所法及び検察庁法が一九四七（昭和二二）年五月三日に日本国憲法と併せて施行され（法律第五九号、第六一号）、刑事訴訟法は「日本国憲法の施行に伴う刑事訴訟法の応急措置に関する法律」を経て（法律第七六号）、一九四八（昭和二三）年七月に成立（法律第一三一号）、翌年一月より施行された。[122]

前述したように、これらの法制改革の過程と、民政局において事前に進められていた憲法改正準備作業とは、ＧＨＱ側においては人的に断絶したものであったが、憲法草案及び日本国憲法の規定に従うという前提は当然存在しており、日本側立法関係者の司法制度改革構想も戦前のものと一定程度「断絶」したものとなった。従って、アメリカ型司法の理念は「憲法を通じて」受け入れられたとされているが、[123] この点につき、オプラーが後年、ドイツとの比較において以下のように述べていることは興味深い。

まず第一に言えることは、ドイツとしては、自ら求めてアングロ・サクソン法を採用して、刑事訴訟法を改正するなんらの理由も必然性もなかったのだと言って良いでしょう。…日本に関しては、新憲法の生い立ち、そして、占領国のそれと非常に良く似たその性格のゆえに、結局はそれを具体化してゆく法律、なかんずく刑事訴訟法が、アングロ・サクソン法の特徴を示すことになったのです。[124]

ここで本節の関心から指摘しておくべきは、実際の立法過程にはほとんど影響を及ぼさなかったと評価されているマニスカルコ提案が、本節の冒頭で取り上げた刑事司法の現状に関する議論において、その運用を厳しく批判する立場の論者によりしばしば取り上げられ、その「先駆性」を高く評価されているという点である。[125]このことは、上述のようなマニスカルコ提案の性質が、刑事司法における「憲法的思考」の復権を提唱する立場において、[126]一つのモデルとしての役割を果たし得るためと考えられる。[127]

最後に、本節の冒頭で述べた、占領改革における「断絶」と「連続」をめぐる歴史認識の問題に触れておきたい。マッカーサー草案に描出されたように、憲法のレベルでのGHQの司法制度改革構想は、アメリカ法に淵源を持つ極めて詳細な人権保障規定と司法部の独立の強固な保障を定めており、戦前の大陸法型司法制度との「断絶」の色彩の強いものであった。しかし、同じく「断絶」の色彩の強い民間諜報局の司法制度改革構想は排斥され、戦後法制改革における立法のイニシアティブを日本側立法関係者が握ることとなった結果、憲法に見られたような「断絶」の局面は法制改革においては後退し、そこに「連続」の局面が残存する余地が現れてきたのである。このことは、オプラーが、自らの関与した改革を「誘導された革命」と表現していることと合致する。[128]

以上のような経緯には、司法制度改革に参画したGHQ法律スタッフ、すなわち、民間諜報局のマニスカルコと、民政局のオプラー・ブレークモアの間に、GHQ側の憲法改正作業への関与の差が存在していたことが影響していると考えられる。それは同時に、戦後改革の動向がGHQという組織の「動態性」に大きく左右されていたことを意味しよう。[129]特に、GHQの所謂「二重構造」に起因する部局間の対立は、戦後法制改革の方向性を左右した極めて重要な要素であったと考えられる。[130]

しかしその結果として、占領期における刑事司法制度改革では、特にGHQ側において、アメリカ法の「移植」に際し、その対象国の既存の法体系、法文化に対する配慮の姿勢が看取されることとなったのである。[131]このことが、占領改革が「不徹底」であったとする評価をもたらす要因となっていることも確かである。[132]だが、そうしたGHQの戦後日本の法継受における「意識的」な改革者としての役割はまた、日本占領を「近代史上まれに見る成功した軍事占領」と評価する立場へと連なるとも考えられるのである。[133]

(120) この後の経過については、さしあたり、刑事訴訟法制定過程研究会前掲「刑事訴訟法の制定過程(8)～(23)」、小田中前掲『現代刑事訴訟法論』六二頁以下、及び、内藤前掲『終戦後の司法改革の経過 (2)』七四頁以下等を参照。なお、GHQ側の史料からの再構成については別稿にて試みたい（本書第三章を参照）。

(121) 民政局で法制改革に従事したのは当初オプラーとブレークモアの二人だけであったが、漸次スタッフが追加された（平野前掲『内務省解体史論』九五頁以下を参照。また、スタッフのプロフィールにつき、オプラー前掲『日本占領と法制改革』六〇頁以下）。

(122) 民政局の司法制度改革において、裁判所法・検察庁法等が優先されたことは、憲法附属法とそれ以外の主要法典の法的位置づけの差異の反映と理解することが出来る。オプラーは「この場合、司法的解釈によって空白を満たすことはできなかった」とする（オプラー前掲「連合国占領下における日本の法制度および司法制度の改革」五一頁）。

(123) この点に関し、松尾浩也「刑事訴訟の日本的特色――いわゆるモデル論とも関連して」同前掲『刑事訴訟の理論』二九七頁以下を参照。

(124) 山中俊夫「オプラー博士とのインタヴュー」『法律時報』四七巻四号（一九七五年）一〇三頁。

(125) 小田中前掲『現代刑事訴訟法論』六一頁。同「検察の民主化と検察官の良心」『法学セミナー増刊／現代の検察』（日本評論社、一九八一年）四四頁以下、及び、五十嵐二葉「二一世紀の刑事手続」東京弁護士会司法問題対策特別委員会編『二一世紀の司法の構造』（日本評論社、一九九六年）二七頁以下、青木英五郎『日本の刑事裁判――冤罪を生む構造』（岩波書店、一九七九年）五四頁以下などを参照。

(126) 小田中總樹「憲法的思考の後退と復権」『ジュリスト』一一四八号（一九九九年）一四頁以下を参照。

(127) なお、マニスカルコ提案は特に陪審制度導入推進論との関係で言及される頻度が高いようである（利谷前掲「戦後改革と国民の司法参加」一二四頁以下、伊佐前掲『司法の犯罪』一七四頁以下など）。この点については本節の問題意識とも関連するが、別稿にて改めて検討したい〔本書第二章第二節を参照〕。

(128) *Political Reorientation of Japan: September 1945 to September 1948: Report of Government Section, Supreme Commander for the Allied Powers*, vol. 1, U.S. Government Printing Office, 1949, p.186.

(129) この点につき、竹前栄治「対日占領政策の形成と展開」『岩波講座日本歴史(22) 現代(1)』（岩波書店、一九七七年）六二頁以下を参照。

(130) この問題については、紙幅の関係上本節では触れることが出来なかった。しかし、民政局と公安課は後の警察改革において鋭く対立したことが知られており（小倉裕児「一九四七年警察制度改革と内務省、司法省」『経済系』一八五集（一九九五年）六七頁以下）、その対立構造は占領初期から存在していたものと考えられる（特に憲法改正に関連して、天川前掲「民政局と憲法制定」一一五頁以下が示唆的である）。今後の検討課題としたい〔本書第三章を参照〕。

(131) それがマニスカルコへの反駁であることを考慮しても、オプラーやブレークモア、そしてケーディスの文章において、頻繁に大陸法とアングロ・サクソン法の対比が言及されることには注目すべきであろう。

(132) 森川金寿「刑事訴訟法制定当時の精神と現状」『自由と正義』三七巻八号（一九八六年）五頁以下を参照。

(133) 袖井林二郎「占領した者された者」『法学志林』九二巻二号（一九九四年）四八頁。

第二節　裁判所法の制定と国民の司法参加
――占領期法継受における陪審制度復活論

一　序

一九九九（平成一一）年七月に内閣に設置された司法制度改革審議会において、我が国の司法制度の再検討が広範に進められたが[1]、国民の司法参加に関する問題はその重要な課題のうちの一つであり[2]、識者の間でも極めて多くの議論が行われた[3]。その中で特に盛んだったのが、公判手続への国民参加、すなわち、陪審・参審制度の導入の是非をめぐるものであり、その結果、裁判員制度が導入されるに至ったことは周知の通りである[4]。

ここで興味深いのは、国民の司法参加については、国際的比較の観点と共に、我が国における制度導入に関する歴史的背景、及び、それに伴う議論への言及が多く見受けられたという点である[5]。このことはおそらく、戦前の我が国において刑事について陪審制度が存在しており、かつ、それが「施行停止」された状態にあることと関係している[6]。一九四三（昭和一八）年に施行停止された陪審法は「戦争終了後之が再施行を考慮」していたとされるが、[7]戦後の司法制度改革においては結局復活されなかったのである。

さて、占領期において行われた「戦後改革」については、その主要な担い手の一つとなったＧＨＱ／ＳＣＡＰ(General Headquarters/ Supreme Commander for the Allied Powers, 連合国最高司令官総司令部、以下断りのない限り「ＧＨＱ」)[8]の影響が大きかったことは良く知られているが、[9]これを法的側面から理解すると、戦後法制改革はＧＨＱを介した「アメリカ法継受」であったと捉えることが可能である。[10]しかし、この把握に基づくならば、占領期アメリカ法継受の過程において陪審制度が採り入れられなかったことはいささか不可解に思われる。[11]言うまでもなく、現在陪審制度が本来の姿に近い形で活用されているのは、アメリカにおいてであるとされているためである。[12]

このことは、「戦後」の日本法史におけるアメリカ法の影響について考察するにあたり、重要な視座を与えてくれるものと思われる。アメリカ法文化の主要な構成要素とされる陪審制度が、[13]アメリカ法の影響を最も強く受けたとされる刑事司法の分野において、[14]しかも戦前の日本において実施されていたにもかかわらず、結局採用されなかったのは何故か。本節ではこの問題を検討する。この作業を通じ、「戦後日本の原点」とも評される占領期における諸改革の中での法継受のあり方、[15]すなわち、大陸法型に構築されてきた我が国の近代法秩序と、ＧＨＱにより持ち込まれたアメリカ法との接触面において、二つの異なる法システムの間にいかなる関係が生じていたかを見出そうとするものである。[16]

このような関心に基づき、本節では以下、占領期における国民の司法参加についての議論の態様を、[17]主としてＧＨＱ側の史料に基づいて叙述することを試みる。[18][19]

（1）　司法制度改革審議会につき、さしあたり馬場健一「司法改革の動き（学界回顧）」『法律時報』七二巻一三号（二〇〇〇年）一七三頁以下の諸文献を参照。同審議会は二〇〇一（平成一三）年七月に設置期限が満了し、現在は首相官邸ホームページにおいて関連資料の閲覧が可能である（www.kantei.go.jp/jp/sihouseido/index.html)。

（2）司法制度改革審議会設置法第二条第一項は、審議会の調査審議の対象の一つに「国民の司法参加」を挙げる。

（3）国民の司法参加に関する文献は数多いが、審議会設置時のものとして、さしあたり「司法改革関連基本文献目録(4)陪審論」『月刊司法改革』五号（二〇〇〇年）五七頁以下を参照。

（4）例えば、「〈特集〉陪審・参審・職業裁判官」『刑法雑誌』三九巻一号（一九九九年）一四頁以下等。

（5）例えば、「〈特集〉陪審制をめぐる歴史・理念の検討」『法律時報』六四巻五号（一九九二年）二二頁以下等。なお、拙稿「日本近現代史における市民の刑事司法参加」後藤昭編『東アジアにおける市民の刑事司法参加』（国際書院、二〇一一年）を参照されたい。

（6）この点につき、陪審制度を復活する会編『陪審制の復興——市民による刑事裁判』（信山社、二〇〇〇年）を参照。

（7）岡原昌男「「陪審法ノ停止ニ関スル法律」に就て」『法曹会雑誌』二一巻四号（一九四三年）一一頁。

（8）GHQの全体像に関しては、竹前英治『GHQ』（岩波書店、一九八三年）を参照。

（9）その活動をGHQの側から叙述した資料として、竹前英治・中村隆英監修『GHQ日本占領史(1)～(55)』（日本図書センター、一九九六～二〇〇〇年）を参照。なお、本節におけるGHQの組織名称の訳語及びスタッフの表記はこれに拠っている。

（10）その概略につき、例えば、田中英夫「日本における外国法の摂取　アメリカ法」伊藤正己編『岩波講座現代法(14)外国法と日本法』（岩波書店、一九六六年）二八七頁以下。

（11）中原精一『陪審制復活の条件——憲法と日本文化論の視点から』（現代人文社、二〇〇〇年）六三頁。

（12）田中英夫『英米法総説　下』（東京大学出版会、一九八〇年）四四四頁以下。

（13）丸田隆『アメリカ陪審制度研究——ジュリー・ナリフィケーションを中心に』（法律文化社、一九八八年）五頁。

（14）三ケ月章「司法制度の現状とその改革」同『民事訴訟法研究(6)』（有斐閣、一九七二年）二七六頁以下。

（15）袖井林二郎・竹前英治編『戦後日本の原点——占領史の現在　上・下』（悠思社、一九九二年）。

（16）拙稿「GHQの司法改革構想から見た占領期法継受——戦後日本法史におけるアメリカ法の影響に関連して」『法学政治学論究』四四号（二〇〇〇年）三五一頁以下〔本書第二章第一節に収録〕。

（17）この時期の問題に関しては既に、利谷信義「戦後改革と国民の司法参加——陪審制・参審制を中心として」東京大学社会科学研究所編『戦後改革(4)司法改革』（東京大学出版会、一九七五年）七七頁以下、及び、佐伯千仭「陪審制度の復活はどのように阻止されてきたか」『立命館法学』二五五号（一九九七年）一頁以下が詳細な検討を行っており、本節もこれらに多くを負っている。

(18) 本節は主として、「GHQ/SCAP文書」「ハッシー文書」「FEC文書」(国立国会図書館憲政資料室所蔵、なお、二回目以降の引用については主題と日付のみを記し、初出注番号を付記した)に基づいている。また、帝国議会の会議録については、国立国会図書館の会議録検索システム(http://teikokugikai-i.ndl.go.jp/)を利用した。

(19) なお、日本側の史料としては、主として、内藤頼博『終戦後の司法制度改革の経過(1)〜(4)』(信山社、一九九七〜九八年)、及び、刑事訴訟法制定過程研究会「刑事訴訟法の制定過程(1)〜(23)」『法学協会雑誌』九一巻七号〜九九巻一二号(一九七四〜八二年)〔井上正仁・渡辺咲子・田中開編『刑事訴訟法制定資料全集 昭和刑事訴訟法編(1)〜(14)』(信山社、二〇〇一〜一六年)〕を利用した。

二 占領初期における国民の司法参加構想

(一) 陪審法の運用と占領初期における日本側の議論

明治初期から占領期に至るまでの経過を概観すると、我が国における国民の司法参加に関する議論は、主として陪審制度の導入についてのものであったと言えよう。[20] その一つの到達点が、一九二三(大正一二)年に公布され(法律第五〇号)、一九二八(昭和三)年から施行された陪審法である。[21] しかしその運用実績は徐々に低下し、[22] 前述したように、一九四三(昭和一八)年に施行が停止された。

陪審法の「不人気」[23]の理由については諸説あるが、その内在的・外在的要因が施行当初から指摘されており、[24] 施行停止に至る過程でもしばしば議論の対象となっていた。[25] 占領初期における日本側の議論は、[26] このような経過を踏まえて、主として陪審法の復活及び改正を検討するという文脈で行われた。

このことはまず、憲法問題調査委員会（所謂「松本委員会」）における議論に見ることが出来る。例えば、一九四五（昭和二〇）年一一月二四日の第四回総会においては「陪審制度について、この制度は日本には不適当であるから廃止を可とするとの意見、逆に復活すべきであるとの意見、もし復活するなら手続きを簡単にすべきであるが、むしろ参審制度の方を可とする意見等が表明され」ており[27]、また、一二月二六日の第六回総会でも「陪審制違憲論ノ起ラナイ様ニ、二四条「裁判官」ヲ「裁判所」トスベシ」といった意見が表明されている[28]。

一方、「終戦ニ伴フ新事態」に対応するために設置された司法制度改正審議会においても[29]、陪審制度についての言及が見られる。その端緒となったのは、司法の運営についての討議を行う第二諮問事項関係小委員会において、同年一二月五日に山岡萬之助委員から提示された、「裁判上ナラ陪審ノ如キモソノ方法デ、国民ノ司法参与ト云フコトヲ実行スレバ、若シ間違ツテモ刑罰ニ対シテ国民ハアキラメヲ持ツ事ニナル」という趣旨の意見であった[30]。山岡の意見は「国家権力を国民から守る」司法参加の形態を念頭に置いた意見と思われるが[31]、ここからは、同種の立論が陪審法の制定及び実施の過程において、天皇の権威を擁護する文脈で使用されていたことが容易に想起される[32]。

また、この意見と共に提示された軽微な事件についての参審制度の構想が、一二月一八日の「司法ノ民主化ニ関スル要綱試案」において、司法制度についての討議を行う第一諮問事項関係小委員会で検討されている点は興味深い[33]。これは、参審制度が「最モ穏健デアルト思ハレル」という理由に基づく提案であるが、同時に、陪審制度に対して「素人丈デ事実ヲ認定スルト云フ方法デハ被告ニ不安ヲ与ヘルノデハナイカ」といった、戦前から継続する消極論を提示したものと考えられる[34]。参審制度については、大日本帝国憲法（以下明治憲法）下では陪審制度以上に違憲の疑いがあるとされていたが[35]、一九四〇（昭和一五）年三月の第七五回帝国議会衆議院における裁判所構成法改正法律案の審議の途上において、木村尚達司法大臣は「獨逸アタリデ採用シテ居リマスヤウナ三審制度〔ママ、以下同じ〕…ナラバ、我ガ民族国情ニモ或ハ合致シハシナイカ」として「何カ憲法ニ抵触セズシテ、三審制度ノヤウナ妙ヲ発揮スル方法ハナイカト云フコトニ付テハ、司法省ト雖モ、目下サウ云フ点ニ付テモ、ヤハリ色色調査ヲ実ハ続ケテ居ル」旨答弁しているのである。[36]

以上のような議論の経過には、陪審制度に対する積極・消極の態度の違いはあるものの、その両者共に戦前との継続性が強く看取されると言えよう。確かに、ポツダム宣言等に現れたアメリカの初期占領政策は、日本側の自発的な司法改革を促す契機となった。しかし、陪審・参審制度の導入をめぐる上述の議論に象徴されるように、この段階では、実質的なアメリカ法の継受は検討されるには至らなかったのである。[37]

（二）占領初期におけるＧＨＱ側の議論

以上述べてきたような占領初期における日本側の司法制度改革構想に根本から修正を迫ることになったのが、一九四六（昭和二一）年二月一三日に手交された、所謂「マッカーサー草案」の規定であった。[38] 日本側との徹夜交渉を経て、三月六日の「憲法改正草案要綱」及び四月一七日の「憲法改正草案」として公表されることになったその内容は、政府関係者にとどまらず、民間の司法制度改革構想にも大きく影響を及ぼしている。占領期司法制度改革においてアメリカ法の継受を促進した直接の契機は、このマッカーサー草案であったと言えよう。[39]

マッカーサー草案を起草したのは、ＧＨＱの民政局（Government Section, GS）であったが、民政局の法律スタッフは憲法改正に関する準備研究を既に一九四五（昭和二〇）年一一月頃から始めていた。[40] その内容を窺わせる史料である、ラウエル（M. E. Rowell）の手による「日本の憲法についての準備的研究と提案」、及び、「私的グループによる憲法改正草案に対する所見」には、憲法のレベルでアメリカ型司法制度を導入する必要性が示唆されているが、国民の司法参加についての言及は特に見られない[41]。しかし、一九四六（昭和二一）年二月四日から始められたマッカーサー草案の起草作業において、「人権に関する小委員会」が作成した第二次試案の段階では、「司法上の人権」の節の第四項に以下のような規定が存在したことが明らかとなっている。

陪審審理は、死刑を科しうる罪について起訴された者にはすべてに、重罪（felony）について起訴された者にはその者の請求により、与えられる[42]。

この箇所は二月九日の運営委員会と人権に関する小委員会の第二回会合の席上で削除されたが、その経過報告書には該当する記録が見出されない[43]。また、会合に同席したエラマン（R. A. Ellerman）の作成したメモには、第四項における反対尋問の規定についての民政局長ホイットニー（C. Whitney）の疑義に対するラウエルの回答の記載に続いて「陪審制の項目を削除する（omit Article on trial by Jury）」という文言が見られるが[44]、特にこの規定の削除に関する議論は附されておらず、また、その提案者も明瞭ではない[45]。

このようにして、陪審制度に関する規定はマッカーサー草案から除かれることとなったが、上述のように、試案段階におけるその位置づけ、及び、運営委員会における削除の理由は史料の上からは必ずしも判然としない。しかし、マッカーサー草案の司法に関する諸規定におけるアメリカ法の明瞭な影響を勘案すると、そこに陪審制度についての明文上の言及が見られないことは注目すべき点であった[46]。例えば、当時司法事務官として司法改革に参与した横井大三は以下のように述べている。

われわれは、新憲法の政府草案が発表されたとき、いろいろな点においてアメリカ合衆国憲法に範をとった新憲法が、この陪審制度の採用について一言も触れていないのを極めて奇異に感じ、その理由について思いを巡らせたのであった。そして、まず、われわれは一度陪審制度を試み失敗したという事実があるため、その原因を充分探求しないで、再びその採用を新憲法に規定することは妥当でないとせられたためではないかと考えた。更に、陪審制度の元祖ともいうべき英国及びその伝統を受けついだアメリカにおいてすら、色々な批判の声があつて、次第に影が薄くなりつつあるということを聞いているので、それをいまさら、われわれが民主化の憲法上の条文として取り上げることは適当でないとされたためではないかとも考えたのである。(47)

そしてこのことは、後述するように、GHQの司法制度改革構想における国民の司法参加の位置づけに関して極めて重要な意味合いを持つことになったのである。

ところでGHQにおいては、民政局の憲法改正準備作業と平行して、そこに示された司法制度改革構想を法律のレベルで具体化する作業が別の部局で行われていた。(48) 民間諜報局(Civil Intelligence Section, CIS)のマニスカルコ(A. J. Maniscalco)によって主導されたその作業は、一九四六(昭和二一)年二月から六月にかけて日本側に提示された諸法律の改正提案、所謂「マニスカルコ提案」として知られている。(49)

マニスカルコは一九四五(昭和二〇)年一一月頃から日本法について調査を始め、まず刑事訴訟法の改正提案(50)を翌年二月二〇日頃に司法省関係者に非公式に提示したが、(51) その中では「制限を受けぬ自由な陪審制度が本法典の内に採り入れられて然るべきものと思はれる」として「通常陪審についての提案条文」を掲げており、また、予審制度に関連して大陪審の導入にも言及している。(52)

この過程において興味深いのは、マニスカルコの作業に民政局のラウエルらが関係していたと推測される点である。マニスカルコの同年四月の覚書によれば、マニスカルコは民政局における憲法改正準備作業においてラウエルと共に司法上の人権について討議し、また、刑事訴訟法改正提案の作成にあたってはラウエルの「検討と論評」を経たと述べている。このことは、ラウエルもまた民間諜報局の刑事訴訟法改正提案の内容を知悉していたことを意味しているが、(53)マッカーサー草案起草段階での陪審に関する規定の削除の理由を、仮に「急を要する草案起草過程では十分な検討および意見調整が困難であり、一応憲法から外して問題を将来にのばした」ためと推測するならば、(54)民間諜報局において法律レベルで陪審制度が構想されていたという事情が運営委員会の判断に影響を及ぼした可能性も、決して低いものではないように思われる。

刑事訴訟法の改正提案に続いて、マニスカルコは陪審法の改正提案の検討を始めている。彼はまず、日本の戦前の陪審法を以下のように評価する。

三月中に、日本の陪審法及び陪審システムの研究が行われた。この法律が約二〇年前に成立したことがわかったが、それが裁判において高く支持され、広く用いられたという事実は見出されなかった。検討の結果以下のことが明らかとなった。すなわち、裁判官が陪審の評決に拘束されず、彼が望んだ評決を受けるまで新しい陪審を選定できることで、陪審の真の目的が出し抜かれているということである。また、陪審が用いられた場合には第二審への上訴（控訴）が認められず、大審院への上訴（上告）のみが認められ得るに過ぎない。そしてそれは非常に限定されたもので、多額の費用を要するのである。(55)

これらの点はいずれも、陪審法の運用成績が芳しくなかった理由として現在でも指摘されるところであり、(56)マニスカルコの分析はかなり正確である。このような分析を踏まえて、マニスカルコは陪審法改正提案を作成した。その概略と目的につき、彼は以下のように述べる。

陪審法及び陪審システムの改正は四月四日に完了した。この改正では、上述した限定的な規定は削除された。陪審を公正に、公平に、買収されないように構成するための保障が取り入れられた。新しい陪審法は、陪審による裁判を我々が行っているやり方と同じように行わせることが出来るもので、それに含まれる規定は、陪審の利用を大多数の裁判に拡大するものと思われる。

そこで考えられている目的は、出来得る限り多くの市民に、司法運営及び裁判官や職員に親しんでもらうことであり、同時に、司法が与えられている保障の責任を引き受けさせることである。このような知識及び責任は、公正かつ公平な裁判所のみならず、裁判官、検察官及び弁護士の倫理水準、学識、能力の向上をも存続させることを確実にするはずである。(57)

ほかの法律の改正提案と同じく、マニスカルコの陪審法改正提案もまた、既存の法律を一条ずつ検討して、存置・修正・廃止の指示を附したものである。(58)その結果、条文数を八七条に整理した陪審法改正提案は、(59)四月一七日頃に少年法改正提案と共に非公式に司法省に提示された。(60)

マニスカルコ自身も述べているように、この陪審法改正提案は日本の戦前の陪審法の「重大な欠陥」とされた部分を取り除くと共に、(61)アメリカ型の陪審制度への転換を企図したものであった。以下、マニスカルコの問題意識に即して、その特徴を示す条文を掲出しよう。(62)

まず、最も問題とされたのは陪審の更新の規定である。マニスカルコはこの条文につき「本条は削除されねばならない。蓋し同条は全陪審制度を完全な偽物たらしむるものだからである」と厳しく批判し、代わりに以下の条文を提案する。

第七〇条（陪審法第九五条）　陪審ノ答申ハ裁判所ヲ羈束シ、改正刑事訴訟法ノ規定ニ依リ公判ニ於ケル重大ナル法律違反ヲ理由トスル上訴ニ基キ新タナル審理ノ許容セラレタルトキニ非ザレバ、之ヲ変更スルコトヲ得ズ。

次に、上訴に関する規定においては、控訴の禁止が問題とされた。マニスカルコはこの点につき「陪審が公判に用ひられたることに依り刑罰若くは妨害を之に加ふることは許されない」として、以下のように提案する。

第七五条[63]（陪審法第一〇一条）　陪審ノ公判ニ用ヒラレタリヤ否ヤニ依リ、上訴ノ権利、方法及手続ニ付何等ノ差異ヲモ来スコトナシ。

陪審ノ行ハレザル場合ト同ジク、管轄裁判所ニ上訴ヲ為スコトヲ得。

第七六条（陪審法第一〇三条）　上訴ハ改正刑事訴訟法ノ定ムル理由アル場合ニ於テ之ヲ為スコトヲ得。事実ノ誤認ヲ理由トスルトキ亦同ジ。

更に訴訟費用については、請求陪審では有罪となった被告人に課されることが問題視されていたが、マニスカルコは以下のように請求陪審の制度そのものを廃止している。

第三条（陪審法第三条）　刑事事件ハ如何ナル裁判所ノ管轄ニ属スルヲ問ハズ凡テ之ヲ陪審ノ評議ニ付ス　但シ被告人自己ノ事件カ陪審ノ評議ニ付サルヽコトヲ辞シタルトキハ此ノ限ニ在ラズ[64]。

しかしその一方で、陪審法第一〇六条及び第一〇七条については「より善き方法は刑の言渡を為すときに被告人の負担とする陪審費用として相当なる額を定めることであり、其の残余の費用は政府の負担と為すべきであらう」としながらも、第七九条及び第八〇条として存置している。このほか、陪審員の資格要件を女性にも認めている点、軽罪については陪審を六名で構成するという点、評決を全員一致主義にしている点などがその特徴とし

て指摘されよう。(65)

マニスカルコは以上のような提案に加えて、六月初頭に裁判所構成法の改正提案を日本側に示しているが、(66)その中にも「但し改正刑事訴訟法及改正陪審法が制定され陪審の使用が一般的になった暁」といった文言が見られることから理解されるように、(68)マニスカルコの司法制度改革構想においては、陪審法は刑事訴訟法と一体をなしており、その復活は当然視されていたものと推測される。(67)

一方、マッカーサー草案の起草を終えた民政局においても、それに続いて法律レベルでの司法制度改革構想が模索され始めていたが、その担い手が、アメリカに帰国したラウエルに代って来日したオプラー（A. C. Oppler）(69)と、(70)外交局（Diplomatic Section, DS）から移籍してきたブレークモア（T. L. Blakemore）であったことは、(71)戦後法制改革におけるアメリカ法継受について検討する上で非常に重要な意味を持つ。彼らは、民政局の既存のスタッフや民間諜報局のマニスカルコらと異なり、その経歴を通じて、オプラーは大陸法について、ブレークモアは日本法についての知見を備えていた。このことにより彼らは、性急なアメリカ法の導入に懸念を示すと共に、日本側関係者に理解を示して立法のイニシアティブを委ねるという方針を採ったのである。彼らの民政局への着任が、GHQにおけるそれまでの司法制度改革構想を転換する契機となったと言えよう。(72)

同年二月二三日に民政局に着任したオプラーは、まず「日本の裁判所の組織、機能及び人物並びに裁判官の地位と態度に私自身を精通させる」ために、大審院長の細野長良と三月二七日に会談を持った。(73)この席では司法の運用に関する広範な事項が議論されたが、その報告書の中には以下のような記述が見られる。

過去二〇年間の世論は、しばしばドイツの制度からアングロ・サクソンの制度への交代に好意的であった。しかし、かかる移行は漸進的であるべきである。細野の意見では、一夜にして現行制度を廃し、日本ではなお十分に理解されていないアングロ・サクソンの制度を全体として導入することは誤りである。大陪審による起訴の導入を彼が歓迎するかどうか尋ねたとき、彼は、日本人はまだその改革に対して準備ができていないかもしれないと述べた。[74]

このやりとりはマニスカルコの刑事訴訟法改正提案を前提にしたものと推測されるが[75]、ここに現れる「過去二〇年」における「アングロ・サクソンの制度への交代」には、陪審法も当然含まれているものと考えられよう。[76]更に注目すべきは、四月一一日に提出されたオプラーの覚書における次のような記述である。

実際問題として、ある法律団体及び実業団の中には、過去二〇年間においてアメリカ型の法律を志向する傾向があったし、敗戦の結果生じた政治的・経済的状況がこの傾向を非常に強めるであろうことは、明白である。しかしながら、全法体系の変換は、徐々にしか行うことが出来ないのである。[77]

この両者を比較すると、後者が前者の記述に基づいていることは明白である。オプラーは細野を「大変多くの点で意見が合」い「非常に貴重な情報を提供してくれるであろう」人物であると認識していた。[78]細野が陪審法を含む「アングロ・サクソンの制度」につき「日本ではなお十分に理解されていない」としたことは、オプラーにも影響を与えたと推測される。

更に、オプラーによるもう一通の報告書を掲出しよう。これは五月二九日に提出された、東京帝国大学教授の宮澤俊義との会談に関するものであるが、そこには宮澤の以下のような意見が記されている。

裁判所が組織的に司法大臣の下にあり、大臣は裁判官の任命と昇進を行う権限があったにもかかわらず、日本の司法は総じて、注目すべき機能的独立を示しており、人々の信頼を得ていた。一方、行政部の官僚にはこれと同じことは言われ得なかった(79)。

オプラーは宮澤につき「彼の非常に自由主義的な態度は、彼を私の一種の精神的な盟友にした」と回顧しているが(80)、ここで示された宮澤の戦前の司法部への高い評価は、同時に、職業裁判官への信頼が陪審法の不振の要因となったという理解と平仄の合うものである(81)。このような日本側関係者の意見もまた、民政局の陪審法への評価に大きく影響を与えたものと考えられる(82)。

ドイツにおける裁判官としての前歴を持っていたオプラーに関しては、日本側関係者の陪審法への低い評価に異論を持たなかったことはそれほど不自然なことではない(83)。しかし、五月二〇日頃民政局に着任したブレークモアに関しては(84)、事情は若干複雑であったものと思われる。彼は、五月三一日に提出した覚書において、マニスカルコの刑事訴訟法改正提案につき、その手法及び内容に直接の批判を加えているが(85)、この覚書には以下のような記述が含まれている。

あるいは日本人にとって、六〜七〇年前に彼らが法典を編纂したときであったならば、彼らの刑事法をアングロ・アメリカの様式を模して作り上げることはより望ましかったかもしれない。しかし、結果は反対だったのであり、現在の日本の法秩序は大陸法型に具体化されている。現時点でアメリカ法への一般的移行を行うことは、法思想の大幅な変革を要求するものであり、明治時代の空白が大陸法概念で補填されたのとは対照的である(86)。

ここからはブレークモアの、アメリカ型司法制度の優位を留保する姿勢を読み取ることが出来よう。しかし彼は、戦前の日本法体系に関する知識に照らし、刑事司法制度改革におけるアメリカ法の継受に慎重な態度を採ったのである。それはオプラーの「アングロ・サクソンの法制度が、たとえ本国では、いかに卓越したものであるかがわかっていたとしても、それを採用するにあたっては、日本の異なった制度に適合するかどうかを慎重に吟味する必要があった」という立場と、[87]結論において一致するものであったと言えよう。

民政局のオプラーとブレークモアによる司法制度改革構想は、このような過程を経て形作られていった。そこには、国民の司法参加についての明示的な言及こそ見られないものの、少なくとも、マニスカルコによる一連の法律改正提案に含まれるような大陪審・小陪審の採用には、手法と内容の両面において否定的な態度が看取されるのである。[88]

(20) この点につき、最高裁判所事務総局刑事局監修『我が国で行われた陪審裁判――昭和初期における陪審法の運用について』(司法協会、一九九五年)に多くの資料・文献が掲載されている。
(21) その成立過程については、利谷信義「司法に対する国民の参加――戦前の法律家と陪審法」潮見俊隆編『岩波講座現代法(6) 現代の法律家』(岩波書店、一九六六年)、及び、三谷太一郎『〔増補〕政治制度としての陪審制――近代日本の司法権と政治』(東京大学出版会、二〇一三年)を参照。
(22) 最高裁判所事務総局刑事局前掲『我が国で行われた陪審裁判』二一一頁以下を参照。
(23) 「大きな期待も外れ不人気な陪審制度」『法律新聞』三一三五号(一九三〇年六月二八日)一七頁。
(24) 市原靖久「旧陪審制の内容と運用実績――陪審制はなぜ定着しなかったか」陪審法制研究班『民衆の司法参加の可能性と限界(研究叢書(6))』(関西大学法学研究所、一九九一年)七〇頁以下を参照。
(25) 利谷前掲「戦後改革と国民の司法参加」八六頁以下を参照。
(26) 連合国による日本占領は七年近くに及んでいるが、種々の改革が行われたのは一九四八(昭和二三)年末頃までの「第一期」であった(中村政則「日本占領の諸段階」同『明治維新と戦後改革――近現代史論』(校倉書房、一九九九年)二一六頁以下)。本稿では「占領改革の初期」という意味でこの語を用いることとする。
(27) 内藤前掲『終戦後の司法制度改革の経過 (1)』一六頁。

(28) 同前一八頁。この点は陪審法について極めて大きな問題となった〔中原精一「明治憲法下の陪審制と憲法論」『法律論叢』六一巻四・五号（一九八九年）三七五頁以下〕。

(29) 内藤前掲『終戦後の司法制度改革の経過 (2)』二頁以下。

(30) 刑事訴訟法制定過程研究会前掲「刑事訴訟法の制定過程 (3)」五七頁〔井上・渡辺・田中編前掲『刑事訴訟法制定資料全集 (1)』五八頁〕。

(31) 利谷前掲「戦後改革と国民の司法参加」一二〇頁以下。

(32) 例えば当時の検事正は「採用論者の要旨」の一つにつきこう述べる。「吾国体上陪審制度を必要とす。即司法権は天皇の名に於て法律に依り裁判所之を行ふとあり。然るに、事実の認定を裁判官のみに為さしむるときは誤判の結果も亦責任の帰属を明にするを得ざるを以て其結果天皇の神聖を傷くるの虞なしとせず。…反之事実認定を国民の陪審員に為さしめ被告人も是認する陪審員の判断に待つ事となれば、其責任は自身に負担して諦め得る筋合なればなり」〔寺島久松『普選と陪審』（大道學館出版部、一九二七年）六二頁〕。なおこの点につき、三谷前掲『政治制度としての陪審制』一二五頁以下を参照。

(33) その全文は、内藤前掲『終戦後の司法制度改革の経過 (3)』五〇三頁以下に掲載されている。

(34) 内藤前掲『終戦後の司法制度改革の経過 (2)』四一頁〔奥野健一司法省民事局長、美濃部達吉委員長発言〕。

(35) 例えば、大森浩太「陪審法」末弘厳太郎編『現代法学全集 (24)』（日本評論社、一九二八年）二八三頁。

(36) 「第七五回帝国議会衆議院会計検査院法中改正法律案委員会議録（速記）（第七回）」一九四〇年三月一三日〔木村尚達発言〕。なお、ドイツにおける参審制度については、平良木登規男「参審制度——その成立と発展の経緯」『法学研究』六七巻七号（一九九四年）一五頁以下を参照。

(37) 前掲拙稿「GHQの司法改革構想から見た占領期法継受」三五三頁以下〔本書七一頁以下〕。

(38) 潮見俊隆「戦後の司法制度改革」同『司法の法社会学』（勁草書房、一九八二年）一八〇頁、小田中聰樹『現代刑事訴訟法論』（勁草書房、一九七七年）四九頁。

(39) 前掲拙稿「GHQの司法改革構想から見た占領期法継受」三五五頁以下〔本書七三頁以下〕。

(40) 「日本占領及び管理のための連合国最高司令官に対する降伏後における初期の基本的指令」（JCS一三八〇／一五）により民政局に割当てられた仕事の中には、憲法改正についての直接的な言及こそ見られなかったが、民政局のスタッフはその必要性を早くから認識していたものと思われる〔天川晃「民政局と憲法制定——三つの「偶然」」同『占領下の日本——国際環境と国内体制』（現代史料出版、二〇一四年）一〇五頁以下〕。

(41) 高柳賢三・大友一郎・田中英夫編著『日本国憲法制定の過程——連合国総司令部側の文書による I 原文と翻訳』（有斐閣、一九七二年）二頁以下。ただし、後者の文書の分析対象である憲法研究会の「憲法草案要綱」について、ラウエルは

「この憲法草案中に盛られている諸条項は、民主主義的で、賛成できるものである」と評価しているが、この「憲法草案要綱」が司法について「司法権ハ国民ノ名ニヨリ裁判所構成法及陪審法ノ定ムル所ニヨリ裁判所之ヲ行フ」と規定していることを指摘する必要があろう（内藤前掲『終戦後の司法制度改革の経過（1）』四一〇頁（傍点は省略した））。

(42) 高柳・大友・田中前掲『日本国憲法制定の過程 I』二三三頁。第一次試案にも同様の規定が見られる（犬丸秀雄監修『日本国憲法制定の経緯――連合国総司令部の憲法文書による』（第一法規、一九八九年）一四四頁）。しかし、この規定が誰の手によるものかは必ずしも明らかでない。シロタ（B. Sirota）は、司法上の人権についてはワイルズ（H. E. Wildes）が担当したと回顧しているが（B・シロタ・ゴードン／平岡磨紀子訳『一九四五年のクリスマス――日本国憲法に「男女平等」を書いた女性の自伝』（柏書房、一九九五年）一七〇頁）、ラウエルが関与した可能性も指摘される（田中英夫『憲法制定過程覚え書』（有斐閣、一九七九年）一四九頁以下）。

(43) 高柳・大友・田中前掲『日本国憲法制定の過程 I』二〇九頁以下。

(44) 村川一郎・初谷良彦『日本国憲法制定秘史――ＧＨＱ秘密作業「エラマン・ノート開封」』（第一法規、一九九四年）八〇頁以下（原史料は「ハッシー文書」〔以下「HP」19-C-49~51〕。エラマンはこのメモを二年程後にタイプ原稿に書き起こしているが、その中にはこの箇所は見出されない（「ＧＨＱ／ＳＣＡＰ文書」〔以下「GHQ/SCAP」〕LS-24488, SECRET Memorandum for Record〔以下「M/R」〕, (A) Preliminary Government Section Conferences on Preparation of Draft Constitution, held 5 and 6 February 1946, 16 December 1947.）。

(45) エラマン・ノートでは基本的に発言の前には発話者が記載される。このことからすると、これもラウエルの発言であろうか（この問題を含め、エラマン・ノートの解釈にあたっては笹川隆太郎教授に有益な示唆を頂いた。笹川隆太郎・布田勉・ヴィクター・カーペンター「エラマン手帳（Ｅ）メモ――「憲法改正草案要綱」の公表に先立つ徹宵審議の民政局側記録（1）~（4）」『石巻専修大学経営学研究』六巻一号~八巻一号（一九九四~九六年）を参照）。

(46) 田中英夫「日本の法制度と英米法：司法制度」同『英米法研究Ｉ　法形成過程』（東京大学出版会、一九八七年）二一八頁以下。

(47) 横井大三「陪審制の行方」『法律のひろば』二巻二号（一九四九年）一八頁。また、同じく陪審制度の採用を（請求陪審に限り）主張する、日本弁護士協会・東京弁護士会の「政府の憲法改正案に対する修正案とその理由」も「この改正案が陪審制度を採用しなかったのは不可解」とする（内藤前掲『終戦後の司法制度改革の経過（1）』四四八頁）。

(48) マニスカルコの略歴については、前掲拙稿「ＧＨＱの司法改革構想から見た占領期法継受」三五八頁を参照〔本書七五頁〕。

(49) 横井大三「マニスカルコ大尉（講座の周辺）」日本刑法学会編『刑事法講座（2）』（有斐閣、一九六四年）一頁以下。

(50) GHQ/SCAP, G2-01180~01182, Proposed Revision of Code of Criminal Procedure, Legal Unit, Public Safety Section, CIS, no date. LS-16337~16339にも同史料が収められている。なお、司法省刑事局別室が三月二二日に印刷した「仮訳」が、刑事訴訟法制定過程研究会前掲「刑事訴訟法の制定過程(6)」五九〇頁以下に抄録されている〔井上・渡辺・田中編前掲『刑事訴訟法制定資料全集(2)』一九頁以下にはすべてが収録される〕。

(51) 前掲拙稿「GHQの司法改革構想から見た占領期法継受」三五七頁以下〔本書七五頁以下〕。

(52) 刑事訴訟法制定過程研究会前掲「刑事訴訟法の制定過程(6)」一二四頁以下〔井上・渡辺・田中編前掲『刑事訴訟法制定資料全集(2)』五八頁以下〕。ただし、大陪審については修正意見によって「考慮の余地あり」とされている（一二五頁〔二四二頁以下〕）。

(53) 前掲拙稿「GHQの司法改革構想から見た占領期法継受」三五八頁以下〔本書七六頁以下〕。

(54) 利谷前掲「戦後改革と国民の司法参加」一〇九頁以下。

(55) GHQ/SCAP, G2-01201, Memorandum for: Chief〔以下「M/C」〕, Public Safety Division, Resume of Activities to Date and Plans in the Future of the Legal Section, 18 April 1946〔古関彰一編『GHQ民政局資料「占領改革」(1) 憲法・司法制度』（丸善、二〇〇一年）九五頁以下〕.

(56) 陪審法の問題点及び不振の原因については、制定当時から現在に至るまで様々な分析が試みられている（さしあたり、最高裁判所事務総局刑事局前掲『我が国で行われた陪審裁判』二三九頁以下の諸文献を参照）。なお、陪審法の運用に関与した法曹への聴取調査によれば、その問題点として「控訴できない」「裁判官の説示（誘導的である、異議申し立て権がない）」「陪審の更新」等の点が主に指摘されている（東京弁護士会編『陪審裁判――旧陪審の証言と今後の課題』（ぎょうせい、一九九二年）五八頁以下）。

(57) Resume of Activities to Date and Plans in the Future of the Legal Section, 18 April 1946 [supra note 55].

(58) 横井前掲「マニスカルコ大尉」二頁以下。

(59) ただし、第六章「補則」の部分には指示が附されておらず、どのような扱いであったか不明である（この部分を除くと総条文数は八五条である）。

(60) GHQ/SCAP, G2-04407, M/C, Public Safety Division, Weekly Progress Report, 6 April - 19 April 1946, 20 April 1946.

(61) 利谷信義「日本の陪審法」『自由と正義』三五巻一三号（一九八四年）一一頁。

(62) GHQ/SCAP, G2-02078, Proposed Revision of the Jury Act, Legal Branch, Public Safety Division, CIS, no date. GHQ/SCAP, LS-29881にも同史料が収められているが、こちらには手書きで意見が書き込まれている箇所が存在する〔古関前掲『憲法・司法制度』二三一頁以下〕。これに対して、日本側で作成された訳文が残されている〔井上・渡辺・田中編前掲『刑事訴訟法

制定資料全集 (2)』二五七頁以下)。以下の引用はこの文書に拠る。

(63) 原史料においては「第七四条」となっているが、これはおそらく誤記と思われる。以降一条ずつ、実際の条文とはずれがある(日本側の訳文も同様)。

(64) これに伴い、陪審法第四条の陪審不適事件の規定は削除された。

(65) 本節においては紙幅の関係から、本提案の内容の詳細な検討、及び、一九九〇年代以降発表されている陪審法案との比較等に踏み込むことが出来ない。他日を期したい。

(66) GHQ/SCAP, G2-02078, Proposed Revision of Law of Constitution of the Courts of Justice, CIS, G-2, no date. なお、同史料及び司法省調査課が作成した「仮訳」、六月一三日から開催された臨時司法制度改正準備協議会に資料として配付した「概要」「要領」が、内藤前掲『終戦後の司法制度改革の経過 (3)』五四一頁以下に掲載されている(ただし、原史料に添付されている序文は含まれていない〔井上・渡辺・田中編前掲『刑事訴訟法制定資料全集 (2)』三九七頁以下〕)。

(67) GHQ/SCAP, G2-04407, M/C, Public Safety Division, Weekly Report of Activities, 1 June - 7 June 1946, 8 June 1946.

(68) 内藤前掲『終戦後の司法制度改革の経過 (3)』五八九頁〔井上・渡辺・田中編前掲『刑事訴訟法制定資料全集 (2)』四〇四頁〕。

(69) その経緯については、田中前掲『憲法制定過程覚え書』六八頁以下を参照。

(70) オプラーの略歴については、アルフレッド・オプラー/内藤頼博監修/納谷廣美・高地茂世訳『日本占領と法制改革』(日本評論社、一九九〇年) 四頁以下を参照〔本書第四章第一節を参照〕。

(71) ブレークモアの略歴については、H. L. Smith, American Lawyer Admitted to Japanese Bar, American Bar Association Journal, vol.36, 1950, p.508 を参照〔本書第四章第二節を参照〕。

(72) 前掲拙稿「GHQの司法改革構想から見た占領期法継受」三六〇頁以下〔本書七八頁以下〕。

(73) オプラー前掲『日本占領と法制改革』三三頁。

(74) HP-58-A-3, M/C, Governmental Powers Branch, 28 March 1946. GHQ/SCAP, GS(A)-02252 にも収められている〔古関前掲『憲法・司法制度』八七頁以下〕(訳文は利谷前掲「戦後改革と国民の司法参加」一五五頁に拠った)。

(75) 同前一五五頁以下。

(76) 戦前の日本法に英米法が及ぼした影響としては、主として信託制度と陪審制度の二つが挙げられている(伊藤正己「日本における外国法の摂取 イギリス法」伊藤編前掲『外国法と日本法』二八二頁以下)。

(77) HP-58-A-4, M/C, Public Administration Division, Steps to be Taken by the Government Section in communication with Legal Reforms Planned by the Japanese Government, 11 April 1946. GHQ/SCAP, GS(A)-02252 にも収められている〔古関前掲『憲

法・司法制度』九一頁以下〕。訳文はオプラー前掲『日本占領と法制改革』七〇頁に拠った。

(78) オプラー前掲『日本占領と法制改革』三三頁。

(79) GHQ/SCAP, GS(B)-01171, M/C, Government Section, Opinions of Professor T. Miyazawa on Judicial administration, 29 May 1946〔古関前掲『憲法・司法制度』一〇二頁以下〕.

(80) オプラー前掲『日本占領と法制改革』六六頁。

(81) 宮澤は、陪審法の不振につき「我が国民性に適しないといふよりはむしろ陪審の必要が感じられぬくらいわが司法裁判所に対する被告人の信頼が強いといふことに原因する」と述べている（宮澤俊義「公法史」宮澤俊義・中川善之助『現代日本文明史(5) 法律史』（東洋経済新報社、一九四四年）二一二頁）。

(82) 作成者及び日付は不明だが（翻訳の可能性もある）、民政局のファイルには以下のような分析を行った文書が収められている。「陪審審理が法律により義務づけられている事件でさえも、被告人の請求によって審理される事件と同じように、その事件を陪審に附すか否かは被告人に委ねられている。それゆえ、過去に陪審システムが何故それほど利用されなかったかを考察するにあたっては、我々は、被告人が何故陪審審理より通常の審理を好んだか、その要因を調査すべきである。この点につき、多くの人々が各々の観点から様々な要因を指摘している。しかし、反対者の大多数により強く支持されている点は、陪審審理に附された事件については判決につきいかなる控訴も繰り返され得ないということである。被告人は、裁判官のみによって審理され、判決に対して控訴を申し立てることの方が、陪審により審理された後に裁判所によって裁かれることよりも彼にとってより有利だ、という意見なのである。これに加えて、他の要因も存在する。人々が素人の判決に不安を感じること、人々がその仲間のいるところで審査されるのを好まないこと、陪審の手続が通常の手続よりも複雑であり、費用もより高いこと、等である」（GHQ/SCAP, LS-10084, Reason Why Jury System was Not Much Used, no date.）。また、同じフォルダに陪審法施行から停止に至るまでの詳細な統計が含まれている）。

(83) ドイツにおいては、一九二四年に陪審裁判所は実質的に廃止されていた（平良木前掲「参審制度について」三九頁以下）。

(84) ブレークモアの民政局に移籍するための辞職願は五月二〇日に発効している（HP-2-A-39）。

(85) 前掲拙稿「GHQの司法改革構想から見た占領期法継受」三六二頁以下〔本書八〇頁以下〕。

(86) GHQ/SCAP, GS(B)-01171, M/C, Government Section, Comments on the Proposed Revision of Code of Criminal Procedure Prepared by Legal Section of Public Safety Section of CIS, 31 May 1946.

(87) A・C・オプラー／和田英夫・中里英夫訳「連合国占領下における日本の法制度および司法制度の改革」『法律時報』四五巻四号（一九七三年〔初出一九四九年〕）四六頁。

(88) 利谷前掲「戦後改革と国民の司法参加」一五五頁。

三　占領期司法制度改革の経過と陪審法の行方

（一）占領期司法制度改革の方向性の確定と国民の司法参加

前述のように、日本側の司法制度改革構想は、マッカーサー草案を契機として大きな転換を迫られることとなった。国民の司法参加についても、在野法曹等によって、特に陪審制度の本格的な採用がより強く主張されるようになったが[(89)]、司法省立法関係者により進められていた司法制度改革構想についても、この「転換」は当てはまる。まず一九四六（昭和二一）年三月五日に、司法省が閣議で陪審制度の復活に関する事項を決定したことが新聞上で報じられ[(90)]、続いて二三日には「陪審法ノ停止ニ関スル法律」（昭和一八年法律第八八号）のうち「大東亜戦争」の部分を「今次ノ戦争」とする旨定めた勅令第一六一号が公布されている。この両者は共に英訳されて民政局に届けられており、GHQ側の関心の高さが窺われよう[(91)]。

日本側のこのような動きにマニスカルコ提案は拍車をかけた。特に、四月一七日頃に提示された陪審法改正提案は、司法省の立法作業に直接的な影響を及ぼしたものと考えられる。司法省刑事局別室において四月三〇日に印刷された「刑事訴訟法改正方針試案」は、大陪審の導入を否定する一方、公判及び上訴の項で小陪審の採用について言及し、以下のような構想を示していた。

（イ）刑事事件はすべて陪審の評議に附するものとすること。但し被告人はこれを辞退することができるものとすること。〔簡易裁判所については略〕

（ロ）陪審の評議に附するのは事実点に限るものとすること。従つて被告人が公訴事実を認めたときには、通常手続により審理すること。
（ハ）陪審の評議に附した事件とその他の事件との間に上訴の方法につき差別を設けないやうにすること。
（一案として〔略〕）[92]
（ニ）証拠調終了後陪審員を退廷させ、当事者双方で弁論を行ひ、争点を明にした上、これを書面に作成し、再び陪審員を入廷させて、裁判長から説示をし、当事者双方がその争点に関し、陪審員に対し意見を述べる方法を参考として研究すること。
（ホ）陪審の答申には必ず拘束され、陪審の更新を許さないこととすること。[93]

前述のマニスカルコの陪審法改正提案の条文と比較すると、司法省の構想がその提案に大きく影響されたことが容易に推測される。また、同じく刑事局別室で五月二九日に印刷されている「新憲法に伴ひ司法に関し本省として態度を決すべき事項」においてもほぼ類似の構想が維持されていたが、ここでは「女子も陪審員となり得るものとすること」という項目が加えられていること、[94] また、上訴については二審制を前提として既存の陪審法の構造に戻されていることが注目されよう。[95] 司法省では六月に入ると、司法制度改革のための本格的な委員会を組織するための準備段階として、臨時司法制度改正準備協議会が設けられたが、そこでも下級裁判所における「陪審制度の採否」が検討されている。[96] この段階では、以上見てきたように、司法省の陪審制度に対する態度は「一応積極的」[97]であったと考えられるのである。[98]

一方ＧＨＱ側ではこの時期、前節において言及したように、二つの相容れない司法制度改革構想が存在していたが、作業の具体性という点からは、憲法改正準備作業の段階から着手されていた民間諜報局のマニスカルコ提案が先行しており、民政局のオプラーとブレークモアはその批判を行いながら別途の司法制度改革構想を模索していた。[99] マニスカルコはその法律改正提案につき、日本側がそれを検討した上で施行することを予定していたものと思われるが、[100] 陪審法についても五月二日付の覚書において以下のように記している。

改正された刑事訴訟法を即時に新憲法と同じ状態、すなわち、新しい国会による制定が準備されるということの重要性は、強調され過ぎるということはない。…非常に重要なのは、改正された陪審法とこの〔刑事訴訟法〕改正が、即時制定の準備をされる範疇に、今置かれるということである。[101]

しかしこの頃から、GHQにおける司法制度改革の主導権は民政局に移り始める。前節において詳述したように、マニスカルコの司法改革構想は、六月二七日付の民政局長ホイットニーによる回覧文書において「提示された刑事訴訟法改正提案のような様式に追従するよう日本政府に指示することは、まったく賢明さを欠くと考えられる」と厳しく批判され、[102] しばらく後にマニスカルコが帰国したことで遂に採用されることなく終わった。[103]

以上のようなGHQ内部の方針転換は、臨時司法制度改正準備協議会を引き継いで七月三日に設けられた臨時法制調査会の第三部会、及び、その委員・幹事を包摂する司法法制審議会[104]における国民の司法参加に関する議論にも影響を与えた。[105] 刑法、刑事訴訟法、陪審法等を分担した司法法制審議会の第三小委員会においては、その議論の土台となった「刑事訴訟法改正に付考慮すべき問題」の中に「陪審制度をどうするか」という項目が存在した。[106] この点について、七月一八日に二人の委員から提出された意見書に基づいて議論が行われた結果、委員の意見は陪審制度の復活よりもむしろ、刑事訴訟法の中に参審制度を規定するという方向に向かったとされる。[107] この問題は裁判所構成法、検察庁法、判事弾劾法などを分担した第一小委員会に持ち込まれて研究課題とされた。[108] 司法省刑事局は八月二日に「裁判所法中参審制採用方針試案」を提出しているが、[109] 翌三日に行われたこれに関する討議は、主として憲法の規定との整合性についてであった[111]。

このことは、憲法改正草案に明文の規定が存在しないことの当然の帰結であると言える。日本側立法関係者にとって、陪審・参審制度の採否及び選択は「政策論に属する」問題であったが[112]、マニスカルコの陪審法改正提案はそのレベルを超えた影響を日本側に与えたために、陪審制度に対する積極的な態度が日本側に生じたのである。しかし、GHQ内部の要因に基づいてマニスカルコ提案が排斥され、オプラーとブレークモアの方針に従って立法のイニシアティブが日本側に与えられることで、再びこの問題は「政策論」として日本側が検討する余地が蘇った。国民の司法参加については、特に刑事司法において顕著であったとされる「憲法を通じて」のアメリカ法の継受という側面は、明文規定が存在しない以上希薄にならざるを得ず[113]、従って、その議論も戦前からの「連続」の局面の強いものに回帰せざるを得なかったのである[114]。

(二) 裁判所法の制定と陪審制度

帝国議会における憲法草案の審議において見られるように、日本側立法関係者は陪審制度の日本国憲法下での合憲性を認め、その復活にも言及しているが、一方で戦前の陪審法の運用の不振と予算の困窮に触れ、必ずしも積極的ではなかった[115]。マニスカルコ提案の影響力がなくなってから、法律レベルでの司法制度改革構想において国民の司法参加についての議論がほとんど見られないことの要因も[116]、このことに求めることが出来るであろう[117]。

民政局のオプラーとブレークモアも、日本側との協議の過程で国民の司法参加については特に触れるところがなかった[118]。しかし、一九四七(昭和二二)年三月一〇日、特別法案改正委員会[119]の第五回委員会席上において、裁判所法第三条第三項に「本法の規定は、別に法律の定むるところにより刑事事件につき適用せらるべき陪審制度の設置を妨げず」という文言を挿入する旨が、「司令部側の命令」としてオプラーからいささか唐突な形で日本側立法関係者に伝えられた。(120)

この委員会においては、民政局側が「スキャップの正式の見解」として述べる事柄は、命令として日本側を拘束する旨があらかじめ表明されていた。(121) しかし、三月七日の第四回委員会において、民政局側が「これで裁判所法案は、完全に終了したから、日本文のチェックが出来次第、正式にアプルーブする」と述べていることからすると、この提案は時期的に不自然である。(122) 日本側関係者もこの点については「今頃になってそんなことを言い出すのは、他から言われたためと思われる」と推測しているが、(123) その可能性は否定出来ないように思われる。(124)

この点に関して注目すべき点は、オプラーがこの提案を行う際に以下のように述べていることである。

> あらゆる民主主義国家では、或る種の重大な刑事事件について人民が裁判に関与することが普通であるから、今度裁判所法に、先刻自分が言ったような条文を入れることにすれば、日本も、この世界的な輿論を無視しているのではないことが、世界にわかつて都合がよいと思う。(125)

オプラーとブレークモアは、二月一二日の裁判所法に関する日本側との会談において、日本側から一〇日に提出された草案の英訳文につき、(126) その不統一を指摘した上で「本法案は重要であるから華府の極東委員会（F・E・C）に提出されるが、単に日本国内のみならず、全世界の批判を受けるのであるから、その旨を銘記しておいて欲しい」と「従来の態度と違って強く出」てきたという。(127) 実際に、極東委員会（Far Eastern Commission, FEC）においては同年四月一四日と二八日の第三小委員会において、裁判所法案(128)の審査が行われているのである。(129) 極東委員会の存在がマッカーサー草案の起草に至る経緯に大きく影響を与えたという経緯は良く知られている。(130)

このことは、ＧＨＱの占領政策が、その内部における力関係にとどまらずに[131]、極東委員会や国務省等、様々な外部との関係の中にあることを改めて想起させよう[132]。裁判所法における刑事陪審制度に関する規定の挿入にも、このような関係が影響を与えた可能性も考えられるのである[133]。

上記の修正を経てＧＨＱの承認を得て四月一六日に公布された裁判所法（法律第五九号）は、五月三日に日本国憲法と同時に施行された。民政局は一九日に民間情報教育局（Civil Information and Education Section, CIE）と合同で「司法について」と題したステートメントを公表しているが、その中には「実際には使われなかった陪審法の全面的改正が、いま準備されつつある」という一文が含まれている[134]。ブレークモアもまた、この時期に執筆した論文で以下のように述べている。

現在準備されている立法が、起草された様に制定され、議会に提出されたならば、刑事手続において広範な影響を与えるであろう。…おそらく、新しい大陸法型の陪審システムが制定され、現行の陪審システムと置き換えられるであろう。この陪審システムには欠陥が明らかとなっており、数年の間停止されていたのである[135]。

おそらくＧＨＱ側では、裁判所法の規定に基づいて、日本側で陪審法の改正作業が行われることも想定していたものと思われる。しかしその後、陪審制度の復活に関する具体的な議論はほとんど行われなかった[136]。民政局からも、これ以降一連の立法作業が終わるまでの間に、陪審制度についての具体的な示唆は与えられなかったのである[137]。

（89）例えば、『法律時報』一八巻六号（一九四六年）に掲載されている司法制度改革に関する論文（中村宗雄「司法制度の民主化」、鈴木義男「司法制度の改革」、岡林辰雄「司法制度の民主化――とくにその政治的意義について」」はいずれも、陪審制度の広範な採用を主張している。

(90) 佐伯前掲「陪審裁判の復活はどのように阻止されてきたか」五頁。

(91) GHQ/SCAP, LS-10084, ATIS, 1690 (Political 420), Mar.7, 1946, ITEM 4. Restoration of The Jury System -Asahi Shimbun- 6 Mar 46, (Development) Amended by the Imperial Ordinance No.161 in March, 1946. なお、前者の文書の右上には「TLB」とタイプされているが、これはおそらくブレークモアのことを示している。あるいは翻訳を校訂したのであろうか。

(92) ここでは陪審制度を前提とした審級制度が検討され、「続審」が提案されている（この点に関し、後藤昭『刑事控訴立法史の研究』（成文堂、一九八七年）二六三頁以下を参照）。

(93) 刑事訴訟法制定過程研究会前掲「刑事訴訟法の制定過程(7)」一〇五頁以下〔井上・渡辺・田中編前掲『刑事訴訟法制定資料全集(2)』三五九頁以下〕。

(94) 同前一〇九頁〔三六八頁〕。

(95) 後藤前掲『刑事控訴立法史の研究』二六四頁。

(96) 内藤前掲『終戦後の司法制度改革の経過(2)』五五頁以下。なお、法曹関係者からこれについて提出された意見書が、内藤前掲『終戦後の司法制度改革の経過(3)』六二一頁以下に掲載されている。

(97) 利谷前掲「戦後改革と国民の司法参加」一三一頁。

(98) 刑事局別室で六月一八日に印刷されている「臨時司法制度改正準備協議会の議案に対する刑事局試案」においても、陪審制度は予定されていた（後藤前掲『刑事控訴立法史の研究』二六四頁以下）。

(99) オプラーは前掲の四月一一日付覚書で「既存の日本法の改革についての幾つかの提案が既に他の部局により準備されている。例えば、民間諜報局は、新しい刑事訴訟法の入念な草案を作り上げている」と述べている（Steps to be Taken by the Government Section in communication with Legal Reforms Planned by the Japanese Government, 11 April 1946 [supra note 77].）。

(100) 小田中前掲『現代刑事訴訟法論』六〇頁。

(101) GHQ/SCAP, G2-01201, M/C, Public Safety Division, Phases I, II, III of Legal Section, 2 May 1946.

(102) GHQ/SCAP, LS-16337, Govt Sect, Proposed Revision of Japanese Code of Criminal Procedure, 27 June 1946.

(103) その経過及び要因につき、詳しくは前掲拙稿「ＧＨＱの司法改革構想から見た占領期法継受」三六三頁以下を参照〔本書八九頁以下〕。

(104) 内藤前掲『終戦後の司法制度改革の経過(2)』七四頁以下。

(105) なお、民政局ではこれに対応して臨時法制調査会事務局を行政課（Public Administration Division）に設置し、オプラーは第三部会の担当として司法改革を審査することとなった（*Political Reorientation of Japan, Sept. 1945 to Sept. 1948, Report of Government Section, Supreme Commander for the Allied Powers*, vol. I, Government Printing Office, 1949, p.812)。

(106) その全文は刑事訴訟法制定過程研究会前掲「刑事訴訟法の制定過程(8)」一〇三頁以下に掲載されている〔井上・渡辺・田中編前掲『刑事訴訟法制定資料全集(3)』三三三頁以下〕。

(107) これらは弁護士の鈴木喜三郎が提出した「意見書（司法法制審議会）」及び、同じく弁護士の飛鳥田喜一が提出した「刑事訴訟法改正に付考慮すべき問題愚見（第一回小委員会にて既述の点を除く）」である（その全文は同前一〇五頁以下〔一二一頁以下〕に掲載されている）。

(108) 利谷前掲「戦後改革と国民の司法参加」一三四頁以下。

(109) 内藤前掲『終戦後の司法制度改革の経過(2)』一五四頁以下〔井上・渡辺・田中編前掲『刑事訴訟法制定資料全集(3)』九〇頁以下〕。

(110) このほかに「参審は違憲か」「参審に関する参考資料」の二点が附されていた（これらは内藤前掲『終戦後の司法制度改革の経過(3)』六九七頁以下に掲載されている〔井上・渡辺・田中編前掲『刑事訴訟法制定資料全集(3)』二七六頁以下〕）。なお、その内容の分析につき、佐伯前掲「陪審制度の復活はどのように阻止されてきたか」二八頁以下。

(111) 利谷前掲「戦後改革と国民の司法参加」一四一頁以下。

(112) 同前一一三頁。当時司法事務官であった勝田成治は「たとえば陪審のことなどは憲法草案に何も出ていませんから、さしあたって陪審法は考える必要がなくなった」と回顧している（「〈座談会〉刑事訴訟法の制定過程」『ジュリスト』五五一号（一九七四年）三六頁）。

(113) 松尾浩也「刑事訴訟法の日本的特色」同『刑事訴訟の理論』（有斐閣、二〇一二年）三一一頁以下。

(114) その意味では、日本国憲法下での陪審制度に関する憲法論が明治憲法下の構造を継承しているのも当然と言えよう（中原前掲『陪審制度復活の条件』九一頁以下）。

(115) 利谷前掲「戦後改革と国民の司法参加」一一一頁以下。

(116) ただし、司法委員制度について若干の議論は行われた（同前一四三頁以下）。

(117) 丸田隆『陪審裁判を考える——法廷にみる日米文化比較』（中央公論新社、一九九〇年）一五二頁以下を参照。

(118) なお、オプラーは一九四六（昭和二一）年一一月一五日付で、新設された法務課（Law Division）の課長となり、それまで所属していた行政課から独立している（GHQ/SCAP, LS-10590, Administrative Memorandum No. A-2/3, Chief Legal Officer, 15 November 1946)。

(119) 特別法案改正委員会は三月三日に設置されているが、オプラーは二月二八日に「先刻ホ将軍〔民政局長ホイットニー〕

より権限を与えられた」として「司令部側からは自分が最高司令官に代る権限を与えられる」と述べている（内藤前掲『終戦後の司法制度改革の経過(2)』六一四頁以下〔井上・渡辺・田中編前掲『刑事訴訟法制定資料全集(7)』五頁〕）。

(120) 内藤前掲『終戦後の司法制度改革の経過(2)』六五七頁以下〔井上・渡辺・田中編前掲『刑事訴訟法制定資料全集(7)』六七頁〕。

(121) 同前六二三頁〔一〇頁〕。

(122) 同前六五五頁〔五七頁〕。なお、法務課では、特別法案改正委員会に臨むにあたって「本質的な変更」と「望ましい変更」に分けて問題点を整理しているが、少なくともこの文書には当該内容は見あたらない（GHQ/SCAP, LS-10326, M/C, Government Section, Court Organization Law, no date. 上部には「DRAFT」とあり、オプラーによる書き込みが見られる）。また、第一回から第四回までの委員会では、民政局側が修正点を別紙で提示し、それに日本側が回答する、という形で議論が進められている（六二二頁以下）。なお、別紙は内藤前掲『終戦後の司法制度改革の経過(3)』四一九頁以下に掲載されている）。しかし、陪審制度についての規定の挿入の指示は口頭で行われたようであり、手続的にもそれまでの進め方とは若干の齟齬が認められよう。

(123) 当時民事局第三課長であった内藤頼博が三月九日にＧＨＱを訪問した際、オプラーからこの趣旨の規定の挿入の示唆があったという（内藤前掲『終戦後の司法制度改革の経過(2)』六五六頁）。

(124) しかし、この点を直接示したＧＨＱ側の記録が今のところ見出されないため、確言は出来ない。他日を期して検討したい。

(125) 内藤前掲『終戦後の司法制度改革の経過(2)』六五五頁〔井上・渡辺・田中編前掲『刑事訴訟法制定資料全集(7)』六八頁〕。

(126) これは、一月二八日に閣議決定を受けた第八次案をタイプしたものである（その全文は内藤前掲『終戦後の司法制度改革の経過(3)』三七四頁以下に掲載されている）。

(127) 内藤前掲『終戦後の司法制度改革の経過(2)』五八二頁以下〔井上・渡辺・田中編前掲『刑事訴訟法制定資料全集(5)』三三九頁〕。なお、このとき日本側に「ワシントンに送るため」に日本文の法律案一〇部の提出を求めている。

(128) 「ＦＥＣ文書」(以下「FEC」)(A)-0177~0178, Draft Law Implementing the Japanese Constitution: Court Bill（FEC-101/24), 28 March 1947, FEC(A)-0181, Draft Law Implementing the Japanese Constitution: Court Bill（Japanese Text）(FEC-101/54), 10 April 1947（以下、ＦＥＣ文書の日付は現地時間。なお、前者は三月一四日にワシントンに届けられたものだが、その条文からは第三条三項が脱落している。同じく三月一〇日に行われた第九条四項の修正は反映されていることと比すとこの点は興味深い）.

(129) FEC(A)-0324, Minutes (49th Mtg.-Com. No.3), 14 April 1947, FEC(A)-0324, Minutes (50th Mtg.-Com.No.3), 28 April 1947. 極東委員会における憲法附属法に関する議論については、G. H. Blakeslee, The Far Eastern Commission, 1945-52（山極晃監修『極東委員会 (1)』（東出版、一九九四年）六一頁以下を参照。

(130) 例えば、西修『日本国憲法はこうして生まれた』（中央公論新社、二〇〇〇年）二二一頁以下を参照。

(131) 特に、本節の問題関心からは、民間諜報局が一九四六（昭和二一）年五月三日付で参謀第二部（General Staff-2, G-2）に吸収され、以降その影響下にあったことに鑑み（竹前前掲『ＧＨＱ』一〇三頁以下）、民政局等の幕僚部（Special Staff Section）との対抗関係が検討されねばならない（この点につき、天川前掲「民政局と憲法制定」一二〇頁以下を参照）。

(132) 豊下楢彦『占領管理体制の成立』（岩波書店、一九九二年）三四五頁以下を参照。

(133) この点についても、別の機会に他稿にて検討することとしたい。

(134) 内藤前掲『終戦後の司法制度改革の経過 (3)』八八〇頁。

(135) T. L. Blakemore, Post-War Developments in Japanese Law, *Wisconsin Law Review*, July, 1947, p.652.

(136) 利谷前掲「戦後改革と国民の司法参加」一五八頁。

(137) オプラーは、自分の同僚が「陪審制度の採用を強く主張していた」と述べているが（山中俊夫「オプラー博士とのインタヴュー」『法律時報』四七巻四号（一九七五年）一〇〇頁）、これが誰のことを指すのかは明瞭でない。少なくとも一九四七（昭和二二）年三月初頭までは、民政局法務課の構成員はオプラーとブレークモアの二人だけであったが、三月半ばにマコーミック（A. McCormick）、マイヤース（H. Mayaers）、ノボトニー（F. Novotony）の三名が加わっている（GHQ/SCAP, LS-11653, Courts and Law Division, 24 May 1947）。その後四月になって法務課は司法法制課（Courts and Law Division）に改組され、一九四八（昭和二三）年五月に法務局（Legal Section, LS）に移管されるまでに更にモナガン（W. E. Monagan）、アップルトン（R. B. Appleton）が加わっている（民政局の人員及び組織については平野孝『内務省解体史論』（法律文化社、一九九〇年）八六頁以下を参照）。なお、刑事訴訟法の改正に携わったアップルトンは、陪審制度について「陪審システムを再び設置するいかなる法令も未だ制定されていない。このことの少なくとも一部の理由は、陪審システムに伴う費用であり、戦後の困難な経済状況の下での予算の帳尻合わせの問題と格闘する日本の政治家の支配的見解によっている」と述べている（R. B. Appleton, Reforms in Japanese Criminal Procedure under Allied Occupation, *Washington Law Review*, vol.24, Nov. 1949, p.404）。

四　結びに代えて

本節では、占領期司法制度改革の過程で行われた国民の司法参加に関する議論について、主としてＧＨＱ側の史料に依拠して叙述することを試みた。最後に、ＧＨＱの司法制度改革構想について、我が国における陪審制度復活論に対する影響という観点から今一度整理を行ってみたい。

民間諜報局のマニスカルコと、民政局のオプラー・ブレークモアの双方共に、戦前の日本の陪審法について、少なくともそれがあまり活発に利用されなかった、という認識においては一致していたものと思われる。[138] しかし、民間諜報局の司法制度改革構想においてはその復活が当然視されていたのに反し、[139] 民政局においてはこのことは必ずしも自明ではなかった。民政局の司法制度改革構想における陪審制度復活論の位置づけは、オプラーの以下の回顧に端的に見て取ることが出来る。

小陪審はアングロ・サクソンお気に入りの制度ではあるけれど、私達は大陪審・小陪審いずれの陪審制度も押しつけなかった。この点でも再びドイツの模範にならって、小陪審制度は、一九二三年から一九四三年の間日本に存在したが、そのわずかな生涯の間に、多くの国民の人気を得ることは決してなかった。…このような過去の経験に照らせば、私達の交渉相手である日本人が別の陪審制度の試みに賛成しなかったことは、理解できる。[140]

ここには、オプラー着任以降の民政局のアメリカ法継受に対する慎重な態度と同時に、その採否が基本的には日本側に委ねられていたという方針が読み取られよう。この二点は民政局の司法制度改革構想の底に流れていた基本理念であり、[141] 陪審制度をめぐる議論はその理念が忠実に実現された例であると考えられる。

本節で検討してきたように、これは結局、日本国憲法に陪審制度についての規定が存在しないことの帰結であると言えよう。民政局の司法制度改革構想においても「憲法の原理に従う」ことは「唯一の権威ある要求」とされており、[142] 従って、憲法の規定が示唆する範囲ではアメリカ法の大規模な継受が行われた。しかし、それ以外の部分では日本側のイニシアティブが強固に維持され得たのである。[143] その結果として、陪審制度が占領期の法制改革から「積み残された民主的制度」であると評価することもあるいは可能であるかも知れない。[144] しかし、オプラーとブレークモアの介在によって、我々は戦後における法秩序形成の主体性を担保されたのだとは言えないだろうか。[145] オプラーが占領終結直前に「日本人は、彼ら自身で自由に、彼らの司法運営の更なる向上のために、最良の方法の選択を決定するであろう」と述べていることは、このことを裏書きするように思われる。[146]

戦後法制改革は、確かに「敗戦の結果として、占領政策の一環として要請された」という性質を持っている。[147] しかしそこに、上述したようなアメリカ法継受についての日本側の「自覚的」判断の余地があったとするならば、[148] 陪審制度復活の採否は日本側の主体的判断に委ねられていたと言えよう。一九九〇年代以降進められてきた司法制度改革に関する議論は、占領期に行われたこの判断を、「戦後」法史の文脈において改めて問い直す機会であると考えられるのである。

(138) なおその要因について、オプラーの回顧では「職業裁判官の方が陪審員より寛大な判断を下した」ことに求められているが、これは阿部治夫「刑事被告人と社会——日本における刑事司法の治療的・予防的側面」A・T・ヴォン・メーレン編/日米法学会訳『日本の法　中』(東京大学出版会、一九六六年)一八六頁以下の記述に基づく後年の評価の影響と思われる(伊佐千尋『司法の犯罪』(文藝春秋社、一九八三年)一八三頁)。

(139) 前述したように、これが民政局のマッカーサー草案においても当然視されていたかどうかは判然としないが、この点について憲法の原文における用語法の解釈から肯定する意見がある（鯰越溢弘「刑事裁判にはなぜ陪審制が必要か」『季刊刑事弁護』二三号（二〇〇〇年）三三頁以下）。

(140) オプラー前掲『日本占領と法制改革』一二五頁。

(141) 前掲拙稿「GHQの司法改革構想から見た占領期法継受」三六〇頁以下を参照〔本書七八頁以下〕。

(142) オプラー前掲『日本占領と法制改革』六四頁。

(143) 刑事訴訟法の制定過程について、憲法の規定との関係から詳述したものとして、団藤重光「刑事裁判と人権」『公法研究』三五号（一九七三年）九二頁以下を参照。

(144) 中原精一「陪審制再論」同『裁判の公正と女性の権利』（成文堂、一九八七年）六三頁以下。

(145) しかし、この「主体性」が実際誰に担われていたかが問われる必要がある（戦後日本の立法に働いた諸力については、小林直樹『立法学研究——理論と動態』（三省堂、一九八四年）六八頁以下の分析が示唆的である）。法秩序の変革期においては、特に法律家の役割が重視されよう（三ケ月章「法の客体的側面と主体的側面」同『民事訴訟法研究(4)』（有斐閣、一九六六年）一頁以下）。

(146) A. C. Oppler, The Court and Law in Transition, *Contemporary Japan*, vol.21, no.1-3, 1952. p.53. これは、一九四九年から五一年にかけてアメリカに派遣された日本法曹使節団に関連して述べた文言である（この使節団につき、オプラー前掲『日本占領と法制改革』二二一頁以下を参照）。その際、オプラーらは「日本人が興味を示した様々な課題に全てにわたる質問書」を作成しているが、その中に大陪審・小陪審に関するものが含まれていることには注目すべきである（GHQ/SCAP, LS-26563）。

(147) 三ケ月前掲「司法制度の現状とその改革」二七七頁。

(148) 野田良之「日本における外国法の摂取　序説」伊藤前掲『外国法と日本法』一七四頁以下。

第三章　戦後刑事司法の形成

第一節　検察庁法の制定と検察審査会制度

一　序

一九四八（昭和二三）年七月一二日に公布され、即日施行された検察審査会法（法律第一四七号）の制定の経緯については、GHQ／SCAP（General Headquarters/ Supreme Commander for the Allied Powers, 連合国最高司令官総司令部、以下断りのない限り「GHQ」）が一九四七（昭和二二）年に司法省に対して検察の民主化のための立案を命じ、その際「検察官公選制及びいわゆる起訴陪審制の二つの制度の採用」が課題とされ、前者に代わるものとして検察官適格審査委員会（検察官適格審査会）制度が、後者に代わるものとして検察審査会制度が導入されたと説明されている。(1)この要約は決して誤っているわけではないが、立法過程を仔細に検証すると、その経緯は実際にはかなり複雑であったことが明らかとなる。本節では、検察審査会法の制定に至る経緯を時系列に沿っておよそ三つの時期に区分し、立法の背景との関係を視野に入れながら分析を試みることとする。(2)

本節の分析視角は以下の三点である。まず一点目は、戦後占領期において国民の司法参加に関してなされた議論の総体的把握である。一九二三（大正一二）年に公布（法律第五〇号）、約五年の周知期間を経て一九二八（昭和三）年から施行され、一五年の間運用された陪審法による刑事についての公判陪審は、一九四三（昭和一八）年に施行停止とされたままになっていた。また、戦後法制改革が実質的にはアメリカ軍による単独占領の下で行われたこと、かつ、起訴陪審・公判陪審が英米法と親和性の高い制度であることに鑑みれば、占領管理体制の下でその導入が唱えられるのは必然の帰結であるように思われる。しかし、起訴陪審については、これに代わるものとして検察審査会制度が導入されたのに対し、公判陪審については、裁判所法に刑事陪審を許容する旨が規定されたにとどまっている。そこでまず、この両者の導入をめぐる議論の対比を行う必要があろう。

二点目は、検察審査会制度を導いた「検察の民主化」の要請と、他の領域の「戦後改革」との関係である。一九四五（昭和二〇）年一〇月一一日に連合国最高司令官マッカーサー（D. MacArthur）が幣原喜重郎首相に対して示した所謂「五大改革指令」の第四項目には、「国民ヲ秘密ノ審問ノ濫用ニ依リ絶エス恐怖ヲ与フル組織ヲ撤廃」することが掲げられ(3)、刑事司法制度改革は早くから戦後改革の中核的な課題とされていたが、他の領域における改革、例えば、地方制度改革や警察の分権化、更に中央官庁の再編といった隣接領域における議論が、「検察の民主化」とも密接に関係していたことを見落とすことは出来ない。

そして三点目は、戦後法制改革の「アメリカ法継受」という観点からの把握である。戦前の我が国の刑事司法は、起訴便宜主義の広範な運用を始めとする「日本的特色」を備えつつあったものの、フランス及びドイツから継受された大陸型の法システムの強い影響下にあったことには疑いを容れる余地はない。一方、日本国憲法は明瞭にアメリカ型の刑事司法を志向する規定を備えている。すなわち、戦後法制改革には、大陸法と英米法という異なる法システムの接触と両者の調整という側面があったと言えよう。そして、この接触が現行の法システムへと帰着することとなった要因の一つは、GHQ側のスタッフに備わっていた大陸法と英米法の間に存する「比較法的差異」の認識であったと考えられるのである。

(1) 最高裁判所事務総局刑事局監修『検察審査会五〇年史』(法曹会、一九九八年)一三頁以下。
(2) 本節は主として、「GHQ/SCAP文書」「佐藤達夫文書」「芳賀四郎文書」(国立国会図書館憲政資料室所蔵)、及び、「連合国総司令部との会談報告関係文書」(法務図書館所蔵)に基づいている。
(3) 江藤淳編『占領史録　下』(講談社、一九九五年)一一七頁以下。

二　日本国憲法施行に至るまでの刑事司法制度改革

(一)　マッカーサー草案とマニスカルコ提案

まず、占領初期における日本側の司法制度改革構想と国民の司法参加の関係について簡単に言及しておきたい。この時期民間で明らかにされた憲法改正構想には、公判陪審の導入を規定するものが見られ、また、政府が設置した憲法問題調査委員会(所謂「松本委員会」)においても、東京帝国大学名誉教授の野村淳治が一九四五(昭和二〇)年一二月下旬に提出した意見書の中で、公判陪審の復活と一定の犯罪についての起訴陪審の導入が主張されていることが注目されよう。[4] 一方「終戦ニ伴フ新事態ニ対応スル」ために一一月に設置された司法制度改正審議会では、陪審制度の復活と併せて参審制度の導入についての議論が行われたほか、裁判所と検事局の分離、及び、司法警察の検事局直属構想等が提示されているが、これらはおおよそ戦前の司法制度改革に関する議論の延長線上にあるものであった。これらの立法を具体化する組織として、司法省刑事局に佐藤藤佐、[5]勝田成治、横井大三、團藤重光らを集めた「別室」が設けられており、この組織が、刑事司法に関する立法作業を実質的に担うこととなった。[6]

この頃ＧＨＱでは、民政局（Government Section, GS）において憲法改正に関する検討が行われていた。カリフォルニア州の弁護士であったラウエル（M. E. Rowell）は、大日本帝国憲法（明治憲法）に関する検討に基づいて一二月六日付でレポートを作成しているが、本節の問題関心からは「検察官の公選制をとるべきか否かについては、目下のところなんの提案も行わない」旨が述べられていることを指摘するにとどめたい。[7]一方、一九四六（昭和二一）年二月初旬に起草された所謂「マッカーサー草案」には、「人権に関する小委員会」において作成された第二次試案まで「陪審審理は、死刑を科しうる罪について起訴された者にはすべてに、重罪について起訴された者にはその者の請求により、与えられる」との規定が存在していたが、この規定は二月九日の民政局内の会合の際に削除されている。[8]

ＧＨＱ側の動きとして注目すべきは、民政局の憲法改正準備作業と併行して、民間諜報局（Civil Intelligence Section, CIS）の公安課（Public Safety Division）において、旧刑事訴訟法（大正刑事訴訟法）の逐条検討が行われていたことである。この作業は、テキサス州の地方検事であったマニスカルコ（A. J. Maniscalco）により行われたもので、二月一三日のマッカーサー草案手交の約一週間後の二月二〇日頃に日本側に提示された。「マニスカルコ提案」と通称されるこの構想では、「被告人ハ起訴陪審ニヨリ為サレタル起訴評決又ハ申告ニ基クニ非ザレバ一年以上ノ拘禁刑、終身若ハ不定期ノ拘禁刑又ハ死刑ニ付責ヲ問ハルル（公訴ヲ受クル）コトナシ」との条文を追加し、起訴陪審員の選定、開廷等を定める規定を制定公布すべきことを求め、また、公判陪審について「制限を受けぬ自由な陪審制度が本法典の内に採り入れられて然るべきものと思われる」として「通常陪審制度についての提案条文」を掲げている。マニスカルコはこれに続いて、陪審法、裁判所構成法等についての逐条検討を行い、それぞれの改正提案を四月から六月にかけて日本側に提示しているが、とりわけ裁判所構成法の改正提案の中では「検事は各都道府県及北海道の四地域毎に其の地域の住民によつて議会の制定した選挙法に準拠して選挙される」旨を示唆しており、日本側に大きな衝撃を与えた(9)。

しかし、マッカーサー草案の起草を終えた民政局では、その後の法制改革の方向性に大きな影響を与えるスタッフの変動が生じていた。まず、ドイツにおいて裁判官としての実務経験を持ち、一九三九年にアメリカに亡命していたオプラー（A. C. Oppler）が、ラウエルの帰国と入れ替わる形で二月二三日に民政局に着任し、行政課（Public Administration Division）のスタッフに加わっている(10)。オプラーは、ニューヨーク州の弁護士であった行政課長のケーディス（C. L. Kades）に対して、四月一一日付の覚書で、日本法は「コモンローではなく大陸法に基づいている」ことを指摘し、「全法体系の変換は、徐々にしか行うことが出来ない」として、性急なアメリカ法継受には慎重であるべきとの見解を表明している。更に五月には、オクラホマ大学ロースクール卒業後に一九三九年から一九四一年にかけて日本に留学し、半年間東京帝国大学に在籍した経験を持つブレークモア（T. L. Blakemore）が、政治顧問部（Political Advisor, POLAD）から外交局（Diplomatic Section）を経て民政局に移籍している。ブレークモアは民政局長ホイットニー（C. Whitney）に宛てて、マニスカルコ提案が「極めてアメリカ的色彩の濃い」ものであり、「現行の日本法が、本質的な欠点や欠陥の故にではなく、たまたまアメリカ型の刑事手続の形態に符合しない」という理由で改革されようとしていると述べ、「法の発展の歴史は、早急に過ぎる法概念の移植に内在する危険の例証に満ちている」ことへの注意を喚起する覚書を作成している。オプラーの「完全な同意」を添えて五月三一日付で提出されたこの覚書を受けて、ホイットニーは公安課に対して、マニスカルコ提案は「大陸法型の制度及び手続に基づいた法システムに導入する試みとしては行き過ぎている」と批判する文書を六月二七日付で送付した。マニスカルコ提案は結局ＧＨＱ内部で排斥されることとなり、マニスカルコ自身も八月にアメリカに帰国している。(11)

(二) 裁判所法及び検察庁法の制定

一九四六（昭和二一）年三月六日の憲法改正草案要綱の公表の直後から、日本政府は憲法附属法の整備等の法制改革に着手しており、総選挙に伴う政治的混乱を挟んで、同年七月三日には臨時法制調査会が設置された。「司法関係法律案の要綱の立案」を行うその第三部会（部会長・有馬忠三郎）は、臨時司法制度改正準備協議会における作業を引き継いで七月九日に司法省に設置された司法法制審議会と一体となって活動した。(12)またＧＨＱ側の民政局では、臨時法制調査会の各部会に対応してスタッフが配置され、第三部会はオプラーが担当者となったが、このことは、憲法草案の起草によって、法制改革についても民政局がＧＨＱ内で主導権を握ったことの反映である。(13)司法法制審議会では、裁判所構成法・検察庁法・判事弾劾法等を第一小委員会（主査・梶田年）、刑法・刑事訴訟法・陪審法等を第三小委員会（主査・佐藤祥樹）が担当して、前年の司法制度改正審議会の議論を引き継ぎ、裁判所と検事局の分離、司法警察の検察直属化等の事項が議論されているが、国民の司法参加を実現しようとする意見は必ずしも強いものではなかった。公判陪審については、第三小委員会における議論を受けて、第一小委員会の第三回会議において「陪審制度を復活するかどうかといふ問題」につき、復活するとすれば「内容も期待し難いから廃止して参審制を採用する意向が圧倒的」であるので、「改正憲法の上で参審制が認められるかどうか、又裁判所構成法の中へ規定することもどうか」等の問題提起があり、(14)司法省刑事局が作成した「裁判所法中参審制採用方針試案」等の資料を元に、八月三日の第一〇回会議において激しい議論が行われた。同日の会議では、「新憲法の精神からいつても、亦、国民の側からも民意を反映した裁判制度の実現を望んでゐるのではないかと思はれる」という意見があったものの、結局梶田主査の判断により、参審制は「違憲なりとする意見が多いので一時留保」とし「陪審制度については別途考慮していただく」として議論が打ち切られている。[15]また、起訴陪審については、第一小委員会における議論を踏まえて、司法省刑事局が七月二四日付で「検察庁設置に関する要綱案」を作成しているが、その中では「検察権行使殊に不起訴処分の公正を期する為民意を反映せる監察制度を設ける」としつつも「起訴陪審制度は之を認めない」とされていた。[16]その後もＧＨＱの民政局との調整を行いながら立案作業が進められ、一〇月二二日から二四日にかけて開催された臨時法制調査会第三回総会において、裁判所法・検察庁法を含む合計一九件の要綱がとりまとめられているが、基本的に日本側のイニシアティブによって進められたこれらの作業には、国民の司法参加についての積極的な言及は見られない。[17]

また、刑事司法制度改革と併行して、内務省警保局においても警察制度改革が本格的に検討され始め、同年七月二三日には閣議決定を経た「警察制度改革試案」が公表されている。[18]この警保局案は、内務省地方局が立案した地方制度改革構想を前提とするもので、憲法の規定が志向する地方分権の方向性を意識しながらも、基本的には現状維持的な性質のものであった。[19]しかし、五月二五日の閣議による要綱の決定を経て七月二日に第九〇回帝国議会に提出された地方制度改革に関する四法案（東京都制・府県制・市制・町村制の改正法案）に対して、民政局は様々な角度からの修正意見を寄せ、更に各党からの修正も加えられて、これらの法案は大幅な修正を受けて八月三〇日に可決された（いずれも九月二七日公布）。また同日、大村清一内務大臣は、警察等の国政を「原則として地方自治団体に委譲してその指揮監督下に置く」ことを含む第二次地方制度改革を行う旨の声明を公表したが、この声明は、内務省地方局の原案に民政局が直接手を加えて作成したものであった。[20]内務省警保局の構想もこの地方分権化の方針に従って見直しを迫られることとなり、地方制度審議会と相前後して一〇月一一日に設置された警察制度審議会において再検討が行われた。本節の問題関心からは、審議会の席上において司法省から、地方分権化の方針を踏まえて行政警察と司法警察を分離し、行政警察を地方自治体に移管することと併せて、警保局と共に内務省から司法省へと司法警察を移管するという構想が示されたことが注目される。しかし、一二月二三日の審議会の答申は、七月の「警察制度改革試案」から後退しつつも、やはり基本的には内務省の主張に即したものであった。(21)

さて、GHQにおいては、一九四六(昭和二一)年五月三日付で民間諜報局が参謀第二部(General Staff Section-2, G-2)に吸収されていたが、(22)その下の公安課でマニスカルコの後任となった、オハイオ州の地方検事であったモラー(E. Moeller)は、マニスカルコの作業を踏まえて、民政局の刑事司法制度改革への対応を厳しく非難している。モラーは、公安課長プリアム(H. E. Pulliam)に宛てた一〇月一八日付の活動報告の中で、民政局のホイットニーから寄せられた上述の六月二七日付の文書に言及し、そこで示された民政局の方針は「今や国家の基本法となった憲法を起草するという民政局の行動」と「完全に矛盾する」ことを指摘した上で、日本側からこれまでに提示された刑事司法制度改正案は「新憲法もしくは我々のデモクラシーの概念によって実現される改革を満たすものとは到底合致しない」と批判し、「アメリカ型の刑事法の知識を備えた者が、どこかで、民政局が新憲法を起草したのと同じやり方で、日本の新しい刑事法を起草する」ことで、初めて「大陸法型の制度及び手続に基づいた法システム」を「新憲法及びデモクラシーの制度と矛盾しないものへと変革する」ことが可能となると述べている。(23)更にモラーは、一二月二三日付の活動報告においても、日本側関係者の「ドイツ・ヨーロッパ型の検察システムから離脱しようとする」姿勢は「名目上(in name)」のものであり、彼らと連携する「オプラー氏は、ドイツ型の手続の下で訓練されてきたために、刑事捜査、及び、被疑者の起訴もしくは却下(dismissal)に関する

強い権限を検察官に与えるシステムを支持している」と、名指しで批判している。(24)

検察庁法の立案作業は、臨時法制調査会においてとりまとめられた要綱の作成と並行しながら行われたが、その過程で焦点となったのは、捜査段階における検察と司法警察の関係であった。同年一二月二一日に検察庁法案が一応の成案に至るまでの変遷は、司法省の「検察官を捜査の主宰者とし、検察官に司法警察官に対する指揮権・監督権を認めようとする基本姿勢が漸次に後退していく」過程であり、司法省の狙いは「総司令部との折衝を通して後退を余儀なくされた」と評される。(25)確かに、検察庁法が成案を得る直前の一二月一八日、日本側立法関係者の往訪を受けたオプラーとブレークモアは「勿論警察の制度は本法にはよらず、ただ本法にては検事の権限を明瞭にするにある」と述べた上で、「検事は如何なる犯罪についても自ら捜査をなし得ることが出来る」が、「警察に対し犯罪捜査についてその協力援助を要求し得る」ものの「警察に対する命令権はなく、この点において警察も亦独立して捜査を行ひ得べきものである」ことを伝え、それまでの草案に存在していた指揮監督権や命令服従義務に関する規定を削除し、司法警察官に対する捜査補助義務に関する規定へと修正して最終案を作成するよう指示している。(26)その背景には上述のように、刑事司法制度改革の方向性をめぐる民政局と公安課の対立が存在していたことには留意する必要がある。

加えて、民政局の内部でもすべての課が一致した意見を持っていたわけではなかった。一九四七（昭和二二）年二月初旬に行われた会談の際、佐藤藤佐刑事局長らが「閣議において現在どおり明瞭に直接的に検事の指揮命令権を規定すべしとの論が出た」旨を伝えたのに対し、オプラーは「警察の地方分権は確定した方針であり、たゞ日時の問題である」こと、また、その際検察官が「府県その他の地方団体の警察に対して現在の指揮命令の権限を持つということは、地方分権の精神に反するもので問題にならない」と切り捨てている。(27)オプラーは、二月一一日付の民政局長宛の覚書において、司法省側が、検察官の司法警察官に対する指揮命令権を認め、主要な司法警察部門を司法省の下に置くことを主張したのに対し「そのような政策は、政府の分権化を求める占領目的に反する」ことを強調した旨報告しているが(28)、一方で自身は、後年「警察の再編は、私達の課の責任事項ではない」と断った上で、警察の分権化は「イデオロギー的な響《（ママ）》を持っていたが、幾分非現実的であったかもしれない」と回顧している(29)。民政局においては「分権化」は発足当初からの主要任務の一つとして重視されていた課題であり(30)、オプラーとブレークモアの属する法務課（Legal Division、後に司法法制課（Courts and Law Division）に改組）は、性急なアメリカ法継受に対して慎重な立場を採りつつも、民政局内部で検討されている分権的な警察改革構想とも調整を行いながら、刑事司法制度改革を進める必要があったのである。

　検察庁法の制定は、警察制度改革に関する民政局と公安課の間の鋭い見解の対立により難航した。同年二月一〇日、民政局長ホイットニーは公安課に対して、日本国憲法施行までに終える必要がある法制改革の検討にあたって、その前提となる警察制度改革案の送付を求めているが、参謀第二部長のウィロビー（C. A. Willoughby）から、前年五月に公安課が「アメリカ型の実務に即して、刑事法、刑事訴訟法、陪審法、裁判所構成法、少年法の検討を提出していること」を思い起こすよう注意を喚起する内容を含む回答が民政局に寄せられたのは、三月四日のことであった(31)。特別法案改正委員会において三月五日に行われた検察庁法に関する議論では、日本側から、警察制度審議会の二月二二日付の再答申を踏まえて、二八日に「日本警察改革及び増員並びにその暫定措置に関する件」が閣議決定され、「警察制度の改革は当分やらないということにきま」ったことが伝えられているが、この閣議決定は上述のウィロビーからの回答に示された公安課の警察改革構想と軌を一にしていた(32)。また三月七日の委員会においては、今度は民政局側から、検察庁法に規定された「検察官と警察官との関係に関する規定」について「他の部課から、強い反対が出て」おり、「その反対は、自分が従前、主張していたものと、同じ方向のものであるが、より一層深い重大な反対であるから、こちらのGHQの内部で意見が一致するというようなことは、近々のうちには到底期待出来ない状態である」ことが日本側に伝えられ、結局検察庁法は「他の法令により捜査の職権を有する者」との関係は「刑事訴訟法の定めるところによる」旨を規定して成立した[33]（法律第六一号）。この「他の部課」とは、言うまでもなく公安課のことである。[34]

一方、裁判所法（法律第五九号）の成立に致る過程にも様々な論点が存在していたが、本節の問題関心からは、特別法案改正委員会において、三月七日に民政局側からその作業が「完全に終了したから、日本文のチェックが出来次第、正式にアプルーブする」旨が伝えられていたにもかかわらず、三月一〇日の委員会の席上で「司令部側の命令」として「本法の規定は、別に法律の定めるところにより刑事事件につき適用せらるべき陪審制度の設置を妨げず」との規定の挿入が要求されていることが重要である。その直接の理由は史料上明らかではないが、委員会の席上で民政局側が「世界的な輿論を無視しているのではないことが、世界にわかつて都合がよいと思う」と述べていることからは、裁判所法を含めた憲法附属法がワシントンの極東委員会（Far Eastern Commission, FEC）に提出され、その審査を受ける必要があったことへの配慮も推測されよう。[35]

（4） 佐藤達夫『日本国憲法成立史 (1)』（有斐閣、一九六二年）三二六頁以下、利谷信義「戦後改革と国民の司法参加――陪審制・参審制を中心として」東京大学社会科学研究所編『戦後改革(4) 司法改革』（東京大学出版会、一九七五年）一〇一頁以下。

（5） 検察審査会法の制定の中心となった佐藤藤佐は、一九四五年一〇月から司法省刑事局長、一九四七年六月から司法次官を務め、一九四八年二月の法務庁発足に伴い法務行政長官に転じた。その後、刑政長官を経て一九五〇年七月に検事総長となり、造船疑獄の際の所謂「指揮権発動」に関与した（野村正男『法窓風雲録 下』（朝日新聞社、一九六六年）二二一頁以下）。

（6） 「〈座談会〉刑事訴訟法の制定過程」『ジュリスト』五五一号（一九七四年）三三頁以下。

（7） 高柳賢三・大友一郎・田中英夫編著『日本国憲法制定の過程――連合国総司令部側の文書によるⅠ 原文と翻訳』（有斐

閣、一九七二年）二〇頁以下。

（8）拙稿「ＧＨＱの司法改革構想と国民の司法参加——占領期法継受における陪審制度復活論」『法学政治学論究』四九号（二〇〇一年）一五三頁以下〔本書第二章第二節に収録〕。

（9）井上正仁・渡辺咲子・田中開編『刑事訴訟法制定資料全集　昭和刑事訴訟法編(2)』（信山社、二〇〇七年）四九頁以下、四〇一頁。

（10）アルフレッド・オプラー／内藤頼博監修／納谷廣美・高地茂世訳『日本占領と法制改革』（日本評論社、一九九〇年）一五頁。

（11）拙稿「ＧＨＱの司法制度改革構想から見た占領期法継受——戦後日本法史におけるアメリカ法の影響に関連して」『法学政治学論究』四四号（二〇〇〇年）三六〇頁以下〔本書第二章第一節に収録〕。戦後法制改革の分析にあたっては、ＧＨＱ側の法律スタッフの法思想の検討が不可欠であるが、その背景事情を含めた実証は今後の課題となろう。なお、オプラーにおいては拙稿において若干の検討を行っているほか（拙稿「「亡命ドイツ法律家」アルフレッド・Ｃ・オプラー——異文化接触としての占領期法制改革」『法学研究』八二巻一号（二〇〇九年））、ブレークモアに関しては、筆者も報告者として参加した「トーマス・Ｌ・ブレークモア記念シンポジウム——戦後日本の法と実務：戦後の法改正とその影響」が開催された（二〇〇九年五月二八～二九日、於：国際文化会館）〔いずれも本書第四章に収録〕。なおブレークモアは後年、自身が検察審査会制度の導入に関わっていた旨を述べていることは注目されよう（John O. Haley, Toward a Reappraisal of Occupation Legal Reforms: Administrative Accountability, 藤倉皓一郎編『英米法論集』（東京大学出版会、一九八七年）五六〇頁）。

（12）大石眞『憲法秩序への展望』（有斐閣、二〇〇八年）二九七頁以下。

（13）天川晃・福永文夫「民政局の組織と機能」同編『ＧＨＱ民政局資料「占領改革」別巻　民政局資料総索引』（丸善、二〇〇二年）一七頁以下。

（14）井上正仁・渡辺咲子・田中開編『刑事訴訟法制定資料全集　昭和刑事訴訟法編(3)』（信山社、二〇〇八年）一三四頁以下。

（15）同前二九二頁以下。

（16）同前一六五頁以下。

（17）なお、簡易裁判所に「参審官に似た制度」として司法委員制度を導入することが検討された時期があったが、関連規定は裁判所法制定の中途で削除された（利谷前掲「戦後改革と国民の司法参加」一四三頁以下）。また一〇月頃には、公安課のモラーから起訴陪審もしくは「起訴もしくは却下を行う委員会」の設置について助言が行われ、ちょうど同じ頃、日本側の裁判官が民政局のブレークモアと会談を行い、その席上で、検察官の起訴猶予裁量への懸念と共に、起訴陪審の導入について「時期尚早」との見解を示しているのが興味深い（「ＧＨＱ／ＳＣＡＰ文書」（以下「GHQ/SCAP」）LS-26165, Conferences with Supreme Court Justices on Revision of code of Criminal Procedure, 16 October 1946)。

(18) 自治大学校編『戦後自治史Ⅸ（警察および消防制度の改革）』（自治大学校、一九六七年）四七頁以下。

(19) 小倉裕児「一九四七年警察制度改革と内務省、司法省」『経済系』一八五集（一九九五年）七二頁。

(20) 平野孝『内務省解体史論』（法律文化社、一九九〇年）一三四頁以下。

(21) 小倉前掲「一九四七年警察制度改革と内務省、司法省」七三頁以下。司法警察と行政警察の分離や検事直属の司法警察官の設置は、戦前から継続して提起されてきた問題であり、戦後の検察事務官制度へと接続する論点であった（刑事訴訟法制定過程研究会編「刑事訴訟法の制定過程⑵」『法学協会雑誌』九一巻八号（一九七四年）一〇二頁）。なお、検察事務官の設置の経緯に関しては、別稿にて若干の検討を行った（拙稿「検察事務官から検察補佐官へ」『研修』七三七号（二〇〇九年）三一頁以下〔本書第三章第一節補論として収録〕）。

(22) 竹前栄治『ＧＨＱ』（岩波書店、一九八三年）一〇三頁。

(23) GHQ/SCAP, G2-04407, Weekly Report of Activities, Legal Section, 14 to 18 October 46.

(24) GHQ/SCAP, G2-04406, Weekly Report of Legal Branch, 16 thru 20 December 1946.

(25) 刑事訴訟法制定過程研究会編「刑事訴訟法の制定過程㉓」『法学協会雑誌』九九巻二号（一九八二年）一三一頁以下。

(26) 「連合国総司令部との会談報告関係文書」A-4-1-(4)。

(27) 「連合国総司令部との会談報告関係文書」A-4-1-(5)。

(28) 「検察庁法と警察組織」古関彰一編『ＧＨＱ民政局資料「占領改革」⑴ 憲法・司法制度』丸善（二〇〇一年）三五一頁以下。

(29) オプラー前掲『日本占領と法制改革』一四九頁。

(30) 天川晃「民政局と内務省」同『占領下の議会と官僚』（現代史料出版、二〇一四年）二三九頁以下。

(31) 「Ｇ－２の警察改革案提出要請」天川晃編『ＧＨＱ民政局資料「占領改革」⑹ 中央省庁の再編』丸善（二〇〇一年）一九七頁以下（三月四日付のチェックシートはこの要請に対する返答である）。

(32) 三浦陽一「占領下警察改革の一段面――一九四七年九月一六日付マッカーサー書簡の成立過程」『歴史学研究』四九八号（一九八一年）三六頁。

(33) 刑事訴訟法制定過程研究会編前掲「刑事訴訟法の制定過程㉓」一四〇頁以下〔井上正仁・渡辺咲子・田中開編『刑事訴訟法制定資料全集 昭和刑事訴訟法編⑺』（信山社、二〇一四年）五八頁以下〕。

(34) 参謀第二部は三月七日、民政局から提示された検察庁法案のうち、司法警察に言及した条文に関する同意を拒否している（GHQ/SCAP, G2-01199, Informal Request by Government Section for Concurrence in Public Procurators Office Law, 7 March

1947）。

（35） 前掲拙稿「ＧＨＱの司法改革構想と国民の司法参加」一六四頁以下〔本書一二四頁以下〕。

三　検察審査会法の制定

（一）　司法省の改組と「検察の民主的コントロール」

日本国憲法施行直前の一九四七（昭和二二）年四月三〇日、民政局長ホイットニーは終戦連絡事務局長に宛てた覚書において内務省の「分権化」を指示し、政府はこれを受けて様々な改組案を作成したが、六月二〇日に閣議了解された内務省改組案が翌二一日に報道されると、民政局はその内容を不十分として方針を転換し、その結果として、六月二七日に内務省の「解体」構想が閣議決定されるに至った(36)。この閣議決定においては、内務省警保局は総理庁外局の「公安庁」として再編されることが予定されていたが、この点は公安課の警察制度改革に依拠する構想であったと推測されている(37)。この閣議決定の直後である七月一日に、ホイットニーが西尾末広内閣官房長官に宛てて覚書を発出し、遅くとも九月一日までに司法組織及び警察制度の再編計画を提出するように求めたことには、日本国憲法施行に間に合わなかった司法制度改革を貫徹するという目的のほかに、警察制度改革における民政局と公安課との対抗関係を読み込むことも出来るであろう(38)。総選挙を経て成立した片山哲内閣は、この覚書を受けて、七月一五日に司法警察制度改革委員会を設置し、具体的な検討作業を開始した。

さて、本節の問題関心からは、上述のホイットニーの覚書の中で、司法省の内部組織、司法省と内閣の他部局との関係、司法省と国家及び地方の法執行機関との関係、検察官と司法警察官等との関係に加えて、これらの機関の「司法手続の実施にあたっての国民との関係」として、国民の司法参加を視野に入れた検討が日本側に求められていることが注目されよう。この点について、七月一三日に鈴木義男司法大臣と民政局次長のケーディスが会談を持っているが、その際鈴木法相が「検察官が開始を拒否した訴訟を裁判所に提起する」という「困難な問題」を解決する方策として、第一案として、当該事件に関心を抱く市民が裁判官に訴訟開始の必要性を主張し、裁判官がこれを踏まえて検察官に起訴を命じることが出来るようにするという構想、第二案として、検察庁に設けられた市民の委員会が問題となっている訴訟の開始を検察官に勧告するという構想を提示したのに対し、ケーディスは「ある訴訟が開始されるべきだと考える市民が法廷に赴き、特別調査委員会の設置と、正当な理由が認められた場合に当該訴訟を取り扱う特別の検察官の任命を請求できる」という、ニューヨーク州の「モアランド法（Moreland Act）」を紹介して、「第三の選択肢」を示した。(39)

七月二九日、鈴木法相は民政局に対して「司法省と警察制度の再組織」と題する文書を提出している。この構想は、公安庁に代わって司法省の下に「警察庁」を設けて警察の司法省移管を実現し、かつ、大幅な地方分権と共に司法警察と行政警察を分離するという内容であり、おおよそ司法省が構想してきた警察制度改革の方向性に沿った内容であった。(40)また、国民の司法参加に関しては「起訴陪審制度の導入は我が国では時期尚早」とした上で、ケーディスの示唆を踏まえて「各市町村において選挙による検察委員会（Prosecutive Committees）を設け、明らかに起訴すべきであるにも拘わらず起訴されなかった訴訟についてコメントし、必要と思われるときには検察官に代わって起訴を行い、裁判所の審判を求める」という構想が示された。このような制度は「検察官に対する公の批判を喚起し、検事総長が検察官を昇進、選任、罷免する際に用いることの出来るデータとなる」というのが、その理由である。[41] この改革案に対して、民政局地方政府課（Local Government Division）のリード（R. W. Reid）は「賞賛に値する提案である」と賛同したが、[42] 中央政府課（National Government Division）のスウォープ（G. J. Swope）は「実に奇妙な提案」であると批判している。スウォープは、起訴陪審の時期尚早論には「精選された個人による選ばれた起訴陪審（select grand jury of picked individuals）の創設」で反駁出来るとし、「検察官の行動をチェックし、審査することが望ましいのであれば、国民による投票で検察官を選ぶこと」を規定すれば問題は解決するという意見を述べている。[43] 国民の司法参加に関して、どの程度アメリカ型の制度を導入するかという点については、民政局内部の見解も決して一様ではなかったのである。

この七月二九日付の文書をめぐっては、司法省と内務省、及び、民政局と公安課の間で激しい意見の対立が生じており、鈴木法相は結局八月二六日付で「日本警察改革案」と「司法省の改組と司法手続の改革」をＧＨＱ側に再提示することになったが、後者においては、先に提案された検察委員会の設置は「わが国民意識の現段階では弊害を免れない」として撤回され、「検事（procurator）が不起訴とした場合には、告訴人（prosecutor）から裁判所に抗告できるものとし、裁判所は審判の義務を負ふ」と修正されていた。[44] この改革案に対してオプラーが八月三〇日付でホイットニーに提出した覚書の中では、司法省案においては検察官公選制度の導入の是非、及び、検察官と地方自治体の首長との権限関係が検討されていないことが指摘され、国民の司法参加に関しては、検察委員会の設置の撤回は「先般の構想からの後退」であると批判がなされると共に、検察官の不起訴処分が恣意的または不法に行われた際に、一定の条件の下で市民に裁判所に対して訴える権利を与えるのは「良いアイデアだと思われる」とされている。[45] いずれにせよ、これらは警察制度改革に関するＧＨＱ内部の対立が解消されなければ結論を導くことが出来ない問題であった。片山首相は、九月三日付で所謂「片山書簡」をＧＨＱ側に提出し、この書簡への対応を協議するために、民政局長ホイットニー、参謀第二部長ウィロビー、公安課長プリアムらによる会合が九月五日に開催されたが、その席上でマッカーサーは、プリアムの「司法省の手のなかに、逮捕、取調、裁判、量刑、判決、収監に至るまでの、国民に対する権力の過度の集中がもたらされる」ため「国家警察は司法省の管轄下におくべきではない」との主張を支持し、「そのようなことはルイ一四世の統治に等しい」として民政局の構想を批判した。[46] その後なお調整が続けられ、九月一六日付の所謂「マッカーサー書簡」により、国家警察と自治体警察の二本立てによる警察制度改革と併せて、司法省と法制局の解体が指示されたのである。[47]

(二) 検察審査会法の制定

さて、マッカーサー書簡を受けて、司法省と法制局ではあわただしく改組案の作成が進められることとなったが、[48] その最中である一〇月六日、民政局のオプラーらから佐藤藤佐司法次官らに対して「現在司令部内において、検事も選挙によって任命す可しとする意見が強い」こと、これを避けるためには「何等かの形で検事に対する国民のコントロールを考える必要がある」ことが伝えられた。検察官公選制度については、スウォープのように民政局内部でも導入に肯定的な意見があり、オプラーは「個人的には佐藤次官と同意見であるが司令部内では少数派に属する」ため、「選挙を不可とする説を通すためには、何等かの形で検事に対するコントロールを考える事が必要となる」として、「国民の代表による委員会の如きもの」を作り、「検事が起訴す可き事件を起訴しなかった時、検事をして起訴せしめる強制力を与える」ことが必要である旨を示唆したのである。[49] この動きの背景には、警察法の立法作業が本格化する中で、ＧＨＱ側でペンディングになっていた刑事訴訟法改正作業が再開され、その過程で、警察官と検察官の関係が再び問題とされたという事情があったと推測される。すなわち、この問題について九月二九日に民政局と公安課の間で行われた会合の際、「検察官は、警察官に刑事に関する情報を通知すること、警察官に捜査を行うよう要請する（require）こと、及び、法律上裁判官の事前の令状発出なしに逮捕を行うことを認めている場合には、警察官に逮捕を行うことを文書で命令する（order）ことが出来る。検察官は、捜査をどのように行うかに関して警察官に助言する（advise）ことは出来るが、指揮する（direct）ことは出来ない。また検察官は、警察官に捜査を行わないことや中止することを指揮することも出来ない」との合意がなされたが、併せて、警察官がこれらを怠った場合には検察官が当該警察官を管轄する公安委員会に、検察官がこれらを怠った場合には警察官が当該検察官を管轄する上位の検察庁に公訴できること、更に、これらの行為は「警察官及び検察官が彼らの職務を迅速かつ適切に遂行することを市民もしくは市民代表が担保することを妨げるものではな」く、このことを規定する法律が近い将来起草される旨が言及されている。この会合は、直接検察官の起訴猶予裁量権を対象とするものではないが、検察の活動を市民がコントロールすべき、という意見がＧＨＱ側において強く存在したことが推測されよう[50]。

その後、検察官の任期制度導入の代替案としての定期適格審査の検討と並行して、検察官の起訴猶予裁量権の行使をコントロールするための委員会の設置が検討されたが、その議論においてはしばしば、起訴陪審（大陪審）の委員との対比がなされていることが注目される。佐藤次官は一〇月九日の会談において、「一般日本人をして委員会たらしめる事は、大陪審制度と同様、現在の日本においては無理であると思う」と述べ、ニューヨーク州の弁護士であった民政局のマイヤース（H. Mayers）も「英、米においてさへも陪審制度が巧く動いているとは言い切れぬ」とこれに賛同しているが、オプラーは「司令部として殆ど動かすことの出来ぬ政策」として、この委員会は「国民の代表により構成されること」を主張している[51]。一九四八（昭和二三）年一月一六日の会談において、委員の選定基準に関する議論がなされた際も、佐藤次官は、一般選挙人名簿を基準とすべきとしたマイヤースに対し「此のやうな実質上大陪審の如き制度を採用することは時期尚早」と反対し、会議に参加したブレークモアも「大陪審が時期尚早であることは認める」として、「調停委員の任命と同様に、法律的知識のある人の名簿を作り、その中から順次任命しては如何」と示唆している。また、委員会の決定の拘束力に関しても、日本側は同日の会談で、委員会の発意に基づく決定に拘束力を認めると「一応不起訴処分があつたために安心してゐる人々を不安な状態に置くから、その趣旨は憲法上の"double jeopardy"と同様に望ましくない」と主張したが、オプラーの承認は得られなかった。(52) しかしマイヤースはその翌日、「委員は選挙人より選ぶが、その資格の制限として小学校卒業たることを要する」ことと併せて、前日の会談の結論を覆して、委員会の「機能は諮問機関とする。すなわち拘束力なし」とする意向を伝えたのである。(53) なお、検察審査会法の立案にはケーディスも深く関わっており、かなり早い段階でその私案が日本側に提示されているほか、立案の最終段階である三月二五日に、天皇は検察審査員となることが出来ない旨の条項が追加されたのも、ケーディスの示唆によるものであった。(54)

(36) 平野前掲『内務省解体史論』一六一頁以下。
(37) 三浦前掲「占領下警察改革の一段面」三七頁以下。
(38) 小倉前掲「一九四七年警察制度改革と内務省、司法省」七八頁。
(39) 「司法・警察案作成に関するリードの日記：47年6月30日～8月5日」天川編前掲『中央省庁の再編』二八七頁以下。
(40) 小倉前掲「一九四七年警察制度改革と内務省、司法省」七八頁以下。
(41) 「司法省の司法・警察改革案：7月29日」天川編前掲『中央省庁の再編』三二四頁以下。
(42) 「司法省案に対するリードのコメント」同前三三〇頁以下。
(43) 「司法省案に対するスウォープのコメント」同前三四四頁。
(44) 「佐藤達夫文書」二二〇九。この経緯については、公安課が日本側に強い圧力をかけたという見解が有力だが、片山内閣の閣内対立の存在も指摘されている（小倉前掲「一九四七年警察制度改革と内務省、司法省」八頁）。
(45) 「司法省改革計画案に対する見解」古関編前掲『憲法・司法制度』一四二頁以下。
(46) 小倉裕児「マッカーサーと四七年警察改革」『経済系』一八八集（一九九六年）一七五頁。

(47) 袖井林二郎編『吉田茂＝マッカーサー往復書簡集1945-1951』（法政大学出版局、二〇〇〇年）二〇五頁以下。
(48) 拙稿「法務図書館貴重書室所蔵史料紹介(3) 法務庁設置法の制定過程」『司法法制部季報』一一七号（二〇〇八年）三一頁以下。
(49) 本史料、及び、本文で以下に引用した史料は、拙稿「法務図書館貴重書室所蔵史料紹介(1) 検察審査会法制定の経緯」『司法法制部季報』一一五号（二〇〇七年）四頁以下において翻刻を行った。なお、井上正仁・渡辺咲子・田中開編『刑事訴訟法制定資料全集 昭和刑事訴訟法編(8)』（信山社、二〇一四年）においては、本史料は七月六日付のものとされているが（二八三頁）、同史料には「配付、一〇、一〇」と書き込みがあること等から（小澤隆司・出口雄一・高山京子編『連合国総司令部との会談報告書関係文書目録』（法務省法務図書館、二〇〇九年）七〇頁）、上記翻刻の際には一〇月六日付のものと推定した。
(50) GHQ/SCAP, LS-26161, DRAFT, Relationship Between Procurators and police; Agreement Reached Between CIS/PSD and GS on 29 September 1947.
(51) 井上正仁・渡辺咲子・田中開編『刑事訴訟法制定資料全集 昭和刑事訴訟法編(9)』（信山社、二〇一五年）二九九頁以下。
(52) 同前四〇二頁以下。
(53) 同前四〇六頁。この意見の変化の理由については、史料上は明らかではない。
(54) 「芳賀四郎文書」二一五八。

四 結びに代えて

検察審査会法の制定において中心的な役割を果たした民政局のマイヤースは、一九四八（昭和二三）年四月一日付の覚書において「アングロ・アメリカの制度を、その歴史的文脈から分離して異質な土壌に移植する危険は避けられた」として、検察審査会は「起訴陪審ではなく、正式起訴状への答申を行わない（it does not render a true bill of indictment)」と述べている。[55] ここには、オプラーやブレークモアのものと同じく、大陸法とアメリカ法の間の「比較法的差異」の認識に基づく、性急な法継受への慎重な姿勢を看取することが出来よう。それにもかかわらず検察審査会制度が導入されるに至ったのは、起訴陪審制度や検察官公選制度の導入が、GHQ内で容易に決着を見なかった地方分権政策、とりわけ、警察制度改革と密接に結びついていたことに起因する。すなわち、「検察の民主化」は、隣接領域における戦後改革との高度な調整を要する課題であり、このことが、公判陪審制度に関する議論との温度差をもたらしたものと考えられるのである。

しかし、検察審査会制度が「決定的な影響を与えているとまではいえないにしろ、公訴権行使の適正化を図るために、刑事司法に国民が参加するユニークな制度として、わが国社会に根付き、一定の役割を演じている」[56] と評価出来るのであれば、その導入には、GHQの存在という外在的な要因だけではなく、公訴権の運用のあり方や国民の司法参加に関する戦前からの議論の影響があったことが指摘されるべきであろう。[57] 一九九〇年代の司法制度改革の結果、裁判員制度の導入と共に、検察審査会の議決に法的拘束力が附与されることとなったが、制度改革に至るまでの約六〇年に及ぶ検察審査会制度の運用の歴史は、裁判員制度の運用の「先駆け」として重要な意味を持つものと思われる。

(55) 「検査審査会法案の背景と骨子」古関編前掲『憲法・司法制度』三五七頁以下。
(56) 三井誠「検察審査会制度の今後」『現代刑事法』七巻一号(二〇〇八年)七九頁以下。
(57) 松尾浩也「検察審査会における日本的なもの」同『刑事訴訟法講演集』(有斐閣、二〇〇四年)三七九頁以下。

補論　検察補佐官から検察事務官へ

一　序

検察事務官制度は検察庁法の制定と併せて創設されたものであるが、その前身として、一九四六（昭和二一）年一二月一二日に公布され、即日施行された「検察補佐官の設置に関する件」（勅令第六〇〇号）により「検察補佐官」という制度が設けられていたことが知られている。(1) 同勅令は「刑事訴訟法第二百四十八条に規定する司法警察官」である「検察補佐官」を、地方裁判所検事局及び区裁判所検事局に合計六〇〇名の定員で配置する旨を規定しており、その進退に関する権限を司法大臣から委譲された各地検の検事正が「検事局の一般職員である裁判所書記から適任者を選び、その庁府県の警察官又は一般から希望者を選考し、検事局の一般職員とは別にこれをもうけた」ものである。(2) 本論は、検察事務官制度のいわば「前史」にあたる検察補佐官制度の導入の経緯について、若干の史料に基づいて検証しようとするものである。(3)

（1）　伊藤栄樹『新版　検察庁法逐条解説』（良書普及会、一九八六年）一七三頁。
（2）　最高検察庁中央広報部「新検察制度十年の回顧　(2)」『法曹時報』一〇巻二号（一九五八年）六四頁。なお、「〈座談会〉刑事訴訟法の応急措置法について」『法の支配』六三号（一九八五年）八〇頁以下も参照。
（3）　本論は主として、「ＧＨＱ／ＳＣＡＰ文書」（国立国会図書館憲政資料室所蔵）、「公文類聚」「内務省警保局文書」（国立公文書館所蔵（http://www.digital.archives.go.jp/））、「連合国総司令部との会談報告関係文書」（法務図書館所蔵）に基づいている。なお、国立公文書館所蔵史料は、上掲デジタルアーカイブで公開されているものを利用した。

二　検事直属の司法警察官設置構想

日本側における刑事司法制度改革構想は、終戦後の早い段階にかなり具体的なものが作成されているが、その作業は、戦前に行われていた議論を前提とするものである。検事直属の司法警察官の設置は、戦前の司法部において強く主張されてきた改革構想の一つであり、[4]一九二八（昭和三）年に作成されたものの成立を見なかった「検察庁法案」にも、既に「勅令ノ定ムル所ニ依リ検務官及検務吏ヲ置クコトヲ得」との規定が見られる。[5]一九四五（昭和二〇）年一〇月二二日付「検察機構ノ整備ニ関スル件」が、「検事補及検事局直属ノ司法警察官吏ヲ創設シ検事、検事補及司法警察官ニ捜査上必要ナル強制権ヲ与」えることで、行政検束を退けて「捜査機関ノ強制権行使ノ公正ヲ担保」する方針の下で、定員一一〇〇人の「検務官」と定員二八〇〇人の「検務吏」を置くこととし、また、同三〇日付の「検察制度改革案要綱」においても、「司法部ノ職員トシテ司法警視、司法警部、司法警吏ヲ設」け、前二者を司法警察官、司法警吏を司法警察吏とすると共に、それらの定員を「概ネ人口一万ニ付一人ノ割合程度ヲ考慮」するとしていることは、いずれも戦前の構想を踏まえたものであると言える。[6] 同年一一月一六日に「終戦ニ伴フ新事態ニ即応スル司法制度ヲ確立スル為」に司法制度改正審議会が司法省内に置かれ、その第二諮問「新情勢ニ鑑ミ犯罪捜査ニ関シ人権ヲ擁護スベキ具体的方策如何」に対応して設けられた小委員会では、司法省刑事局が作成した「司法制度改正審議会諮問事項ニ対スル方策（仮案）」を事実上の原案として検討が進められた。上述の議論を踏まえて、同方策の中には「司法警察ハ之ヲ内務省ヨリ司法省ニ移管シ司法警察官吏ヲ地方検察庁及区検察庁に直属セシムルコト」が掲げられていたが、この点は小委員会において激しい対立を招き、結局、一二月一八日の小委員会において確定された答申案では、現行制度を存置しつつ「検察庁ヲ独立セシメ其ノ際検事直属ノ必要且適切ナル員数ノ捜査官吏ヲ設ケ犯罪捜査ノ完遂ヲ期スルト共ニ人権蹂躙ノ根源ヲ絶ツベシ」とし、「庁府県ノ司法警察官ノ身分ニ関シテハ検察庁ト庁府県ト協議決定スベキモノトスルコト」とされた。[7] これを踏まえて、司法省刑事局別室において検察庁法案が複数作成されているが、これらはいずれも、検察庁に「検務官」と「検務吏」を置く旨の規定を含んでいる。なお、刑事局側で作成された法案に対する照会を受けた東京刑事地方裁判所検事局及び東京区裁判所検事局からは、「検察庁ニ直属セサル司法警察官吏ノ規定ヲ設クルコト」として、「警察署ノ捜査主任級程度ノ幹部ノ任免異動ニ就テハ所在地方検察庁ノ長ノ意向ヲ反影《ママ》シ得ルカ如キ規定ヲ設クルコト」が提案されている。[8]

ところが、一九四六（昭和二一年）二月一三日のGHQ／SCAP（General Headquarters/ Supreme Commander for the Allied Powers, 連合国最高司令官総司令部、以下断りのない限り「GHQ」）からの所謂「マッカーサー草案」の手交と、その直後に提示された刑事訴訟法改正提案、所謂「マニスカルコ提案」によって、刑事司法制度改革の方向性は大きく転換されることになった。このうち後者を作成した民間諜報局（Civil Intelligence Section, CIS）公安課（Public

Safety Division, PSD）のマニスカルコ（A. J. Maniscalco）は、その後も陪審法や裁判所構成法等の改正提案を行っているが、とりわけ六月に提示された裁判所構成法改正提案の中では検察官公選制度の導入が提唱されており、日本側立法関係者に大きな衝撃を与えた。しかしこの頃、マッカーサー草案の起草を終えたＧＨＱの民政局（Government Section, GS）にオプラー（A. C. Oppler）やブレークモア（T. L. Blakemore）ら新たなスタッフが加わったこと等の影響により、アメリカ型の刑事司法制度を大幅に導入しようとするマニスカルコの提案は、結局ＧＨＱ側で排斥されることとなった。一方日本政府は、三月六日の憲法改正草案要綱の公表の後、直ちに憲法附属法を中心とする法制改革の準備に着手し、七月三日には臨時法制調査会が設置されたが、「司法関係法律案の要綱の立案」を行う第三部会は、七月九日に司法省に設置された司法法制審議会と一体となって活動した。また民政局側では、臨時法制調査会の部会ごとに担当者が定められ、第三部会はオプラーが担当することとされた(9)。

さて、司法法制審議会の設置に先立って司法省刑事局では、憲法草案に示された改革の方向性を見据えながら関連する法制改革の構想が練られているが、同年四月三〇日付で刑事局別室において作成された「刑事訴訟法改正方針試案」では、「捜査機関の組織については、警察制度の改正とにらみあはせ慎重に研究をすること」とされ、警察制度のある程度の地方分権化がなされることを前提としながら「検事が全国的な統一組織と、警察官に対する指揮権を持つ現在の制度はそのまゝとし、検事の職権の行使の公正を保障するために必要な方法を別に考へるのがよいのではあるまいか」との意見が表明されている。また、五月二九日付で刑事局別室において作成された「新憲法に伴ひ司法に関し本省として態度を決すべき事項」においては、やはり「検事が司法警察官吏に対し指揮権を持つ現行制度をそのまゝとし、検事の職権の行使の公正を保障する方法を別に考へること」とし、その上で、検事局及び検事については、司法制度改正審議会の結論を引き継ぐ形で「直属捜査官を設けること」を掲げている(10)。司法法制審議会においては、第一小委員会が裁判所構成法・検察庁法・判事弾劾法等を担当したが、その第一回会合に提出された「裁判所構成法につき考慮すべき問題」においては、「司法警察と行政警察とを完全に分離し、司法警察を検事局の下に置くことはどうか」、及び、「検事と司法警察官との関係はどうか」との問題が提起され、小委員会における議論を踏まえて、刑事局別室では七月二四日付で「検察庁設置に関する要綱案（刑事局試案）」が作成された。その中では「完全に分離して司法警察を検察庁の下に置くことは望ましい、此の理想の下に差当たり現在の警察制度の外に急速に検察庁直属の司法警察官制度を設置すること」との文言が掲げられていたが、小委員会における審議の結果、行政警察と司法警察の分離とその移管に関する問題は保留とされ、八月七日に「現在の警察制度の外に検事局直属の司法警察官制度を設置すること」、及び、庁府県警察官吏は「現在通り検事の補佐としてその指揮を受け司法警察官として犯罪を捜査するものとすること」が決定された。またこれと並行して、刑事局別室では検察庁法要綱案（第一次案・第二次案）が作成されており、その中では「検察庁に検察補佐官を置くとすること」、及び、「検事又は副検事は司法警察官吏又はその職務を行ふ者を指揮するとすること」が規定されているが、八月九日の第一小委員会第一三回会合において、検察補佐官について「結局現在の書記のやつてゐる職務内容なのか」という質問があったのに対し、刑事局側は「左様、検察補佐官として全部一本にする考へである」と答えている。[11] 第一小委員会における審議を踏まえて、刑事局別室ではなお数次にわたる要綱案が作成され、一〇月二二日から二四日にかけて開催された第三回臨時法制調査会総会に検察庁法要綱案（第六次案）が提出され、可決された。[12]

（4）検察庁法の制定に深く関わった勝田成治（当時司法事務官）は、終戦直前に「いろいろ考えていたことの中には、戦後間もなく「検察補佐官」として実現しましたが、検察官直属の捜査機関を設けるといったような問題もあった」と述べている（「〈座談会〉刑事訴訟法の制定過程」『ジュリスト』五五一号（一九七四年）三三頁）。

（5）内藤頼博『終戦後の司法制度改革の経過（3）』（信山社、一九九七年）五〇六頁以下。

（6）井上正仁・渡辺咲子・田中開編著『刑事訴訟法制定資料全集　昭和刑事訴訟法編⑴』（信山社、二〇〇一年）九頁以下。なお、紙幅の関係上詳しく言及することが出来ないが、検察事務官制度の導入は、戦前における検事補制度に関する議論を踏まえて導入された副検事制度と密接に関係している（新屋達之「「副検事」制度の成立と課題」『大宮ローレビュー』一号（二〇〇五年）四一頁以下）。
（7）同前八一頁以下。
（8）同前九四頁以下、及び、刑事訴訟法制定過程研究会編「刑事訴訟法の制定過程　⑽」『法学協会雑誌』九二巻一一号（一九七四年）九一頁。
（9）詳しくは、拙稿「GHQの司法制度改革構想から見た占領期法継受――戦後日本法史におけるアメリカ法の影響に関連して」『法学政治学論究』四四号（二〇〇〇年）三五一頁以下を参照されたい〔本書第二章第一節に収録〕。
（10）井上正仁・渡辺咲子・田中開編著『刑事訴訟法制定資料全集　昭和刑事訴訟法編⑵』（信山社、二〇〇七年）三五六頁以下。
（11）井上正仁・渡辺咲子・田中開編著『刑事訴訟法制定資料全集　昭和刑事訴訟法編⑶』（信山社、二〇〇九年）四一頁以下。
（12）刑事訴訟法制定過程研究会編「刑事訴訟法の制定過程　⑾」『法学協会雑誌』九二巻一二号（一九七五年）一一八頁以下〔井上正仁・渡辺咲子・田中開編著『刑事訴訟法制定資料全集　昭和刑事訴訟法編⑸』（信山社、二〇一三年）五九頁以下〕。

三　昭和二一年勅令第六〇〇号をめぐって

上述のように、検察庁法の制定過程において大きな論点となったのは、行政警察と司法警察の分離、及び、司法警察の司法省への移管問題であったが、この問題は、憲法改正草案要綱に示された地方分権化の志向、とりわけ警察制度改革と密接に関係していた。内務省警保局では、憲法改正草案要綱の公表以降、警察制度改革への取組みを本格化させ、一九四六（昭和二一）年七月二三日に閣議決定を経た「警察制度改革試案」が公表されているが、その内容は、内務省地方局で作成された地方制度改革構想を前提とした現状維持的なものであった。しかし、地方局の地方制度改革構想は、民政局の批判と議会による修正により挫折し、一〇月一一日に閣議決定により設置された警察制度審議会において警察制度改革の再検討が行われることとなった。一一月九日から開始された同審議会においては、民政局の地方分権化の方針に対応する形で、行政警察を地方自治体に移管すると共に、司法警察を分離して警保局と共に司法省に移管するという構想が司法省側から打ち出されたが、一二月二三日付の答申は、七月の「警察制度改革試案」からは後退したものの、ほぼ内務省の主張を盛り込むものとなった。[13]

一方ＧＨＱ側では、民間諜報局公安課（同年五月三日付で参謀第二部（General Staff Section-2, G-2）に吸収された[14]）においてマニスカルコの後任となったモラー（E. Moeller）が、民政局のオプラーらの法制改革方針を厳しく批判していた。モラーは、公安課長に対する週間活動報告の中で、民政局が自らの手で憲法草案を起草したことを引き合いに出し、「アメリカ型の刑事法の知識を備えた者」が「日本の新しい刑事法を起草する必要がある」こと、また、日本側関係者の「ドイツ・ヨーロッパ型の検察システムから離脱しようとする」姿勢は「名目上」のものであり、彼らと連携するオプラーは「ドイツ型の手続の下で訓練されてきたために、刑事捜査、及び、被疑者の起訴もしくは却下に関する強い権限を検察官に与えるシステムを支持している」と述べている。[15]民政局と公安課が警察制度改革について鋭く対立したことは良く知られているが、検察庁法の制定過程においても、日本側立法関係者に、民政局と公安課の間には「基本的な考え方の違いがあるのではないか」と思わせるような場面がしばしば見られたようである。[16]

さて、司法省刑事局別室では、要綱の整備と共に検察庁法の立案作業を開始しており、九月四日付の第一次案を皮切りに、九月一九日付で第二次案、一〇月二三日付で第三次案が作成されているが[17]、これらはいずれも、検察庁法要綱案を踏まえて「検察庁に検察補佐官を置く」旨を規定していた。そして、これらの作業と並行して、一〇月一六日に司法大臣から「検事局に検察補佐官を設置するの件」についての閣議が請議され、「全国の地方裁判所検事局及び区裁判所検事局に急速に相当員数の検察補佐官（二級官及び三級官）を設置し、検事の補佐として、その指揮を受け捜査に従事せしむる」ことが、以下の理由を附して諮られたのである。

新憲法実施に伴ひ施行さるべき検察庁法によりて検事局は独立の官庁たる検察庁となり、その機能を十分に発揮せしむるために、その要員として検察補佐官の制度を設け、検事の補佐として、その指揮を受け、犯罪の捜査に従事せしむるの要あることは、司法法制審議会において既に決定されてゐるところであるが、検察庁法施行に先立ち、早急にかゝる検察補佐官の制度を設けて人員を整備し、予めこれに十分な教養訓練を施しておくことは、検察庁の発足に際しその機能の円滑な運用に資する所以であるのみならず、現下の政治情勢並に治安状況に鑑みるときは、検事自ら捜査すべき事案は益々激増し、又一般司法警察官の送致に拠る事件も累増の趨勢にあるので、この際検事に直属し、その指揮に従いて捜査に従事すべき相当多数の補佐官を設置することによつて、一層公正適切な検察の遂行を以て現下の治安の維持確保の要請に応へることができるものと謂はねばならぬ。仍て早急にかゝる検察補佐官の制度を実施することは極めて緊要である。[18]

「いはゞ検事直属の司法警察官」である検察補佐官の設置に関しては、当然、上述の議論において検討されていた「一般司法警察官の職分」との抵触が問題となり得るが、この点に関しては「備考」として、検察補佐官は「検事自ら捜査し、又は捜査するを相当と認められる事件及び一般司法警察官の送致に係る事件等について、検事の補佐官として、その指揮に従つて捜査に従事せしむる予定」であり、「犯罪捜査の指揮者たる検事が両者の職分を適宜調整することによつて、検察補佐官と一般司法警察官との職分上の摩擦は絶対に防止し得るものと考えられる」と述べられている。一〇月一八日に閣議決定を受け、司法省において起草されたこの件に関する勅令案は、一一月二九日に閣議に提出され、一二月九日に裁可を得た。こうして、「検察補佐官の設置に関する件」は、一二日に勅令第六〇〇号として公布、即日施行されたのである[19]。

この勅令については、司法省の代表者が一二月第一週に公安課のモラーを訪問して承認を求めており、モラーはこの際「もし検察補佐官の任命が必要であれば、日本の現行の統治の枠組みの中で行われ得るのであれば、異議はないであろう」と日本側に伝えた旨を、後日の公安課長宛活動報告に記している。その直後、一二月三日付の『読売新聞』が「日本『Gメン』登場　近く全国に六百名配置」と報じたため、モラーは説明を求めて司法省を訪問した。司法省側は、刑事訴訟法第二四八条第二項により司法警察官とされていた憲兵等がGHQの指令により公職追放にあったにもかかわらず、これに代替する人員の補充がなされなかったために未審理事件が蓄積されているとして、検察補佐官の設置の必要性を主張した[20]。一方、民政局のオプラーは、新聞報道によって検察補佐官制度の導入を知り、勅令公布当日の一二月一二日に「我々は何等の報告も受けてゐないから早速司法省の係官とともに出頭せよ」と終戦連絡中央事務局に電話連絡を入れ、翌一三日に会談を持って「本問題は検事の補佐をなす者にも関するものであり、現在まで殆ど連日の如く斯くの如き問題については司法省とは緊密なる連絡を遂げて来たにもかかわらず、このやうな重大なる問題につき、何等の相談もなく、突如としてこれが決定され、新聞紙に大大的《ママ》に報道されたのは洵に不可解である」として、司法省の説明を求め、席上において以下のようなやりとりが行われた。

司〔司法省〕　本件については最近犯罪の数が増加する一方であり、現在の検事の数では到底これを処理する余裕がないので、この制度を必要とするに到り、さきにC．I．S保安課《ママ》モーラー《ママ》氏を訪づれて《ママ》説明したところ、モーラー氏はこれを上司に取り次ぐことを約束し、後になって本件に関しては何等の反対なしといふ回答を得た次第であったから、我々としてはモーラー氏より当然政治部《ガヴァメントセクション》へも連絡があったことと確信して本手続をとり、昨日勅令が公布された次第である。

オ〔オプラー〕検察庁法案の審議中にも、本件に関して一言も触れるところがなかったのは洵に遺憾である。自分は元来素朴（ナイーヴ《〔ママ〕》）な人間であるがこのやうなことが起れば今後司法省を信用することは絶対に出来ないこととなる。昨日自分の長官であるケーディス大佐が右の新聞記事を自分に示してこの件を知ってゐるかと訊ねられたのに対して、自分は、何も知らず非常に苦しい立場に置かれてをり、しかも陛下の署名を終って既に勅令が公布されたのは非常な不幸である。なほ上司とも相談の上、司令部としての態度を決定するが、あるひは本勅令を取り消すといふ事態に立至るかも知れない。[21]

オプラーは後日、この件に関する民政局長宛の覚書を作成しているが、その覚書によると、オプラーはこの日の会談の際、民政局が決定を行うまで勅令を実行するための行動を行わないよう日本側に対して釘を刺し、一六日に公安課のモラーと会談を行って経緯を確認している。モラーはオプラーに対して、司法省側から検察補佐官設置についての承認を求められた際、自分には異議がないことを伝えたものの「民間諜報局は新規の機関を設置することについて正式な承認を与える立場にはないことを強調した」と述べたという。[22] この点に関しては、上述のモラーの活動報告においても、公安課は単に私見として検察補佐官の設置に反対しないことを伝えただけで、「もし公的な承認を求めるならば、司法省は民政局の意見を求めるべきであった」旨述べられており、オプラーの認識との間に特段の相違は見られない。[23] 翌一七日、司法省と民政局の間で検察庁法草案についての会談が持たれたが、司法省側が作成した草案には検察補佐官に代えて「検察事務官」に関する規定が置かれており、オプラーはこの規定につき「先日の所謂六〇〇人のヂーメン《〔ママ〕》が本条の検察事務官であるか」を尋ね、司法省側からは「右ヂドメン《〔ママ〕》は本事務官の一部の職務を行ふものであり、他の部分は現在裁判所書記がこれを行ってゐる旨」が説明されている。[24] 更に一八日の会談においては、検察の警察に対する命令権が否定されるべきであるという見解と対応する形で、「検事としては自巳《ママ》の命令に服すべき機関がないから司法省の中に連邦的の司法警察を設置することが考へられる」との民政局側の意見が伝えられている。[25]

同年一二月一九日、司法次官と刑事局長が民政局に正式に謝罪し、検察補佐官の設置に関する措置についての「誤り（mistake）」に遺憾の意が表明された。オプラーは日本側に対して、司法組織の変更や新制度の導入を行う際には民政局の事前の承認が必要であり、「将来この原則がこれ以上破られた場合は、極めて重大な結果（serious consequences）になる」ことを警告した。その上でオプラーはケーディス（C. L. Kades）と会談を行い、「日本側係官がモーラー《ママ》氏の発言をＳＣＡＰの正式な承認と解釈しなかったかどうか不確かである」ため、現時点では当該勅令の廃止を求めず、日本政府の取った行動を承認することを示唆している。オプラーは、日本においては検察官の数が少なく、その志望者が増加することも見込みにくい現在の状況下では「刑事訴追の極端な遅延もしくは個々の事件の軽視、あるいはその双方の発生が不可避である」とし、検察補佐官を設置することで「検察官は捜査業務の一部から解放され、彼らの最も重要な業務である公訴により注意を払うことが可能となる」と述べる。また、検察補佐官が「日本版ＦＢＩのようなものへと発展するのではないか」という、オプラー自身が当初抱いていた懸念についても、検察補佐官は独自の組織を構成せずにもっぱら検察官に従ってその補佐を行うものであり、その危険はないと判断している。しかしオプラーは一方で、検察補佐官の設置が「司法警察が一般的にどのように組織されるべきかというなお解決を見ていない問題に先手を打つものではない」ことを述べ、「さしあたり、日本政府がとった行動は、内務省の下で司法警察を拡充するよりは望ましいと思われる」と結論づけているのである。[26]

オプラーのこの覚書は一二月二六日付であるが、司法省刑事局別室では、これに先立つ一二月二一日に「一応の成案」である「検察庁法草案」が作成されている。その中では「各検察庁に検察事務官を置く」こと、「検察事務官は、上官の命を受けて検事又は副検事の取調又は処分に立会い、記録その他の書類を作成及び保管し、検察庁の庶務に従事し、並びに検事又は副検事の指揮を受けてその職務を補佐する」こと等が規定されていた[27]。検察庁法草案の確定作業は翌一九四七（昭和二二）年に入っても続けられ、規定の整理・削除を施した一月一三日付の「検察庁法案」において、検察事務官に関する規定は現行法の形となった。一方、刑事局別室で作成された一月二三日付の「検察庁法案立案の方針」と題する文書においては、「検察庁の職員として従来の裁判所書記に代えて検察書記官及び検察事務官を置き、検察庁の事務を掌らせる外、検察官の指揮を受けて犯罪の捜査を行わせること」とされている[28]。この史料が示すように、立法関係者の間では「検事の捜査の補佐をする補佐官と捜査以外の検察事務に従事する事務官とを二元的に設くべしという意見」もあったようであるが[29]、最終的には「検察事務官は、従来の裁判所書記と検察補佐官との行う事務を併せ行う権限を有」することとされたのである[30]。またこれらの動きと並行して、司法次官から内務次官に宛てて「検察補佐官の採用に関し援助方依頼について」と題する文書が発出されており、検察補佐官について「近く選考の上これを任命する予定」であり、「この制度の充実を図るためには、広く各方面より人材を募りたいと思うので、若し貴管下の庁府県警察官等で、これを希望する者がある場合には、その希望達成方につき格別の御配慮を賜わるよう貴省の懇篤な御援助を煩したい」旨が伝えられている[31]。

しかし、オプラーが述べるように、検察補佐官の設置は、検察と司法警察の関係についての一般的な解決を示すものではなかった。同年二月三日付で刑事局別室が作成した「司法警察制度に関する見解」と題する文書において、司法警察と行政警察の分離と司法警察の司法省への移管が「理論的には極めて正しい」ものの、その実現は困難であるため「妥協案として、検事の直接の部下として捜査を行う者を検事局に置くと言ふ方法が考えられた」と述べているのは、この事情を端的に示すものであろう。検察庁法の制定に関する議論は、この点をめぐって最後まで紛糾し、結局、特別法案改正委員会における折衝の結果、検察官と「他の法令により捜査の職権を有する者」との関係は「刑事訴訟法の定めるところによる」旨規定し、検察庁法はようやく成立を見ることになった(32)（法律第六一号）。そして、五月三日の検察庁法施行に際して「現に書記長若しくは裁判所書記の職に在つて検事局に属する者又は検察補佐官の職に在る者は、別に辞令を発せられないときは、現に受ける号俸を以て検察事務官に任ぜられ」ることとなり、「検察補佐官の設置に関する件」は同日施行された検察庁職員定員令（政令第三六号）により廃止されたのである。

（13）小倉裕児「一九四七年警察制度改革と内務省、司法省」『経済系』一八五集（一九九五年）七二頁以下。
（14）竹前栄治『ＧＨＱ』（岩波書店、一九八三年）一〇三頁。
（15）拙稿「検察審査会法制定の経緯――ＧＨＱにおける議論を中心に」『法律のひろば』六二巻六号（二〇〇九年）一四頁以下〔本書第三章第二節に収録〕。
（16）前掲「刑事訴訟法の制定過程」三五頁〔勝田成治発言〕。
（17）刑事訴訟法制定過程研究会編「刑事訴訟法の制定過程(21)」『法学協会雑誌』九九巻五号（一九八二年）九八頁以下。
（18）「検事局に検察補佐官を設置するの件」「公文類聚」第七〇編、昭和二一年七九巻、司法・裁判所・弁護士・公証人・戸籍寄留・登記・民事一。なお、司法省刑事局は一〇月一四日付で「検事局ニ司法警察官吏設置ト裁判所構成法改正ノ要否」と題する文書を作成している。
（19）同前。
（20）「ＧＨＱ／ＳＣＡＰ文書」〔以下「GHQ/SCAP」〕, G2-04407, Weekly Report of Legal Branch, 9 December 1946 to 13 December 1946, 16 December 1946. なお、一二月三日付の新聞報道では検察補佐官は「検察事務官」（仮称）とされているが、閣議等においても、一時期「検察事務官」の名称が用いられている（前掲注（18）を参照）。
（21）「所謂（ヂー《ママ》・メン）に関する件」（「連合国総司令部との会談報告関係文書」C-2-(10)）。なお、『読売新聞』は同日「「Ｇメン」採用本決り」と報じている。

(22) GHQ/SCAP, GS(B)-01177, Establishment of the Office of Assistant in the Public Procurator's Office, 26 December 1946.
(23) Weekly Report of Legal Branch, 9 December 1946 to 13 December 1946 [supra note 20].
(24) 「検察庁草案」「連合国総司令部との会談報告関係文書」A-4-1-(3)。
(25) 「検察庁法案に関する件」「連合国総司令部との会談報告関係文書」A-4-1-(4)。
(26) Establishment of the Office of Assistant in the Public Procurator's Office [supra note 22].
(27) 刑事訴訟法制定過程研究会編前掲「刑事訴訟法の制定過程 (21)」一〇四頁以下〔井上正仁・渡辺咲子・田中開編著『刑事訴訟法制定資料全集　昭和刑事訴訟法編(5)』(信山社、二〇一三年) 二一七頁以下〕。
(28) 刑事訴訟法制定過程研究会編「刑事訴訟法の制定過程 (22)」『法学協会雑誌』九九巻六号（一九八二年）一一五頁以下〔同前二一七〇頁〕。
(29) 最高検察庁中央広報部前掲「新検察制度十年の回顧 (2)」六四頁以下。
(30) 刑事訴訟法制定過程研究会編前掲「刑事訴訟法の制定過程 (22)」一三一頁〔井上正仁・渡辺咲子・田中開編著『刑事訴訟法制定資料全集　昭和刑事訴訟法編(7)』(信山社、二〇一三年) 九六頁〕。
(31) 「検察補佐官の採用について」「内務省警保局文書」警保局決裁書類、昭和二二年下。
(32) 刑事訴訟法制定過程研究会編「刑事訴訟法の制定過程 (23)」『法学協会雑誌』九九巻一二号（一九八二年）一三九頁〔井上・渡辺・田中編前掲『刑事訴訟法制定資料全集 (5)』二九八頁以下〕。

四　結びに代えて

検察補佐官制度の導入に関して民政局と司法省の間で行われた一九四六（昭和二一）年一二月一三日の会談につき、日本側は「備考」として、「本日の会議の空気は本件の本質そのものに司令部側が反対の意見を持ってゐるといふよりも、寧ろ、政治部《ガヴァメントセクション》に対して何等の相談もなく勅令を公布して了ったという面子の点に、司令部側の不満がある如く思われた」と記録している。(33) オプラーが述べているように、日本側関係者がモラーの発言をGHQ側の正式な承認と解釈しなかった、すなわち、本来であれば民政局の承認を求めるべきであることを諒解していながら、敢えてその手続を踏まなかったのかどうかは史料上明らかではない。モラーは報告書の中で「〔公安課〕法律班が民政局と共に行う業務はある程度妨げられてきた」として、その理由について「おそらく、民主主義的な日本の再建という壮大な（colossal）作業を、そのデモクラシーの概念が曖昧かつ不明瞭（vague and nebulous）であり、少しばかり狡猾な傾向のある（inclined to be a little tricky）人々と共に行っている」ことによるとかなり含みのある表現で批判を行っている。(34) いずれにせよ、この経緯は、戦前の議論を踏まえて占領管理体制下で行われた検察と司法警察の関係についての調整が、日本側・GHQ側双方に存在した意見対立を踏まえた、極めて解決困難な問題であったことの反映であると言うことが出来るであろう。(35)

（33）前掲「所謂（ヂー・メン《ママ》）に関する件」。
（34）Weekly Report of Legal Branch, 9 December 1946 to 13 December 1946 [supra note 20].
（35）近時の業績として、福井厚「戦後日本の検察と警察」村井敏邦・川崎英明・白取祐司編『刑事司法改革と刑事訴訟法 上』（日本評論社、二〇〇七年）五九頁以下を参照。

第二節　刑事訴訟法の制定と運用――検察官・警察官の関係を中心に

一　序

本章においてこれまで述べてきたように、戦後法制改革のうち、臨時法制調査会の各部会において検討され、GHQ／SCAP（General Headquarters/ Supreme Commander for the Allied Powers, 連合国最高司令官総司令部、以下断りのない限り「GHQ」）[1]の民政局（Government Section, GS）の各担当者が部会ごとに対応して助言を行った、憲法附属法を始めとする諸法典の改廃・制定、とりわけ、同第三部会と表裏一体の関係をなしていた司法法制審議会と、民政局司法法制課（Courts and Law Division）が連携して行われたものに関しては、[2]基本的に日本側立法関係者が起草のイニシアティブを握っており、アメリカ型の法システムの性急な導入は抑制されていた。[3]しかし、GHQの他部局が主導した領域においては、例えば、経済科学局（Economic and Scientific Section, ESS）が主導した諸改革のように、GHQ側の意向が強く反映した領域もあり、[4]そのあり方は一様ではない。

「戦後改革」全般について考えるならば、民政局内部においても意見の違いが見られる。その差異が顕著に看取される領域が「分権化」政策であった。民政局において「分権化」政策を担当していた政務課（Governmental Powers Division）のハッシー（A. R. Hussey Jr.）と地方政府課（Local Government Division）のティルトン（C. Tilton）は、「日本占領及び管理のための連合国最高司令官に対する降伏後における初期の基本的指令」（ＪＣＳ一三八〇／一五）において民政局の任務とされた「分権化」について、戦前に強力な地方支配を行っていた内務省を解体するという方向性では一致していたが、ハッシーは「分権化」の原則を明確化して中央・地方の機能分離を行うという方針であったのに対し、ティルトンは内務省の監督を排除して地方政府を強化する方針であり、両者は必ずしも一致していなかった。(5) 更に「分権化」政策に関しては、中央政府課（National Government Division）のスウォープ（G. J. Swope）も管轄しており、民政局内の業務は複雑な重なり合いを見せていた。(6)

一九四七（昭和二二）年二月頃から表面化した、警察制度改革についての参謀第二部民間諜報局（General Staff-2, Civil Intelligence Section, CIS）の公安課（Public Safety Division）(7)との間の激しい対立において、民政局の「分権化」についての方針は、公安課の意見に批判的であるという点では一致を見ているものの、決して同じ内容のものではなかった。(8) この問題は、内務省解体・警察制度改革と並行して民政局において進められていた刑事訴訟法の改正作業の過程で、「分権化」された警察官と、中央集権的な組織を維持した検察官との関係をどのように考えるかという論点と結びついて、翌年春の同法案の最終案確定の直前まで紛糾することとなった。(9) すなわち、刑事訴訟法の制定過程は、民政局において法制改革を担当していた司法法制課と警察改革の中核となった民間諜報局公安課との間の対立と同時に、民政局内の各課の間の意見対立にも関連を持っていたのである。本節では、日本国憲法施行から刑事訴訟法成立に至るまでの過程を、この論点を中心に検討することとしたい。(10)

（1）民政局の部局名及びスタッフの表記は、天川晃・福永文夫「民政局の組織と機能」同編『GHQ民政局資料　別巻　民政局資料総索引』（丸善、二〇〇二年）に拠る。
（2）一九四六年一一月に設置された当初は法務課（Legal Division）であったが、一九四七年四月に司法法制課に改称された。
（3）その概要に関しては、本書第一章を参照。
（4）例えば、会社法や独占禁止法等が挙げられる。前者に関しては、中東正文『商法改正〔昭和二五・二六年〕GHQ／SCAP文書』（信山社、二〇〇三年）、同「戦後占領下でのアメリカ会社法の継受」早稲田大学比較法研究所編『日本法の国際的文脈――西欧・アジアとの連鎖』（成文堂、二〇〇五年）、後者に関しては、泉水文雄・西村暢史「一九四七年独占禁止法の形成と成立　Ⅰ・Ⅱ⑴～⑵」『神戸法学雑誌』五六巻二号～五九巻二・三号（二〇〇八～〇九年）、平林英勝『独占禁止法の歴史　上・下』（信山社、二〇一二～一六年）等を参照。
（5）天川晃「民政局と内務省」同『占領下の議会と官僚』（現代史料出版、二〇一四年）二三九頁以下、平野孝『内務省解体史論』（法律文化社、一九九〇年）一一三頁以下。内務省解体に関しては、自治大学校編『戦後自治史Ⅷ（内務省の解体）』（自治大学校、一九六六年）を参照。
（6）ジャスティン・ウィリアムズ／市雄貴・星健一訳『マッカーサーの政治改革』（朝日新聞社、一九八九年）七九頁以下。
（7）GHQ／SCAPの特別参謀部として設置された民間諜報局は、一九四六年五月三日付で参謀第二部に吸収された（竹前栄治『GHQ』（岩波書店、一九八三年）一〇三頁、竹前栄治・中村隆英監修『GHQ日本占領史⑵　占領管理の体制』（日本図書センター、一九九六年）三〇頁）。この点は後述する。
（8）天川晃「民政局と官僚制改革――主要資料の解説」同前掲『占領下の議会と官僚』二七一頁以下。
（9）刑事訴訟法の制定過程に関しては、井上正仁・渡辺咲子・田中開編『刑事訴訟法制定資料全集　昭和刑事訴訟法編⑴～⒁』（信山社、二〇〇一～一六年）によって、日本側の関連史資料は網羅的に翻刻されている。なお、その概要に関しては、小田中總樹『現代刑事訴訟法論』（勁草書房、一九七七年）二五頁以下、「〈座談会〉刑事訴訟法の制定過程」『ジュリスト』五五一号（一九七四年）三〇頁以下を参照されたい。
（10）本節は主として、「GHQ／SCAP文書」（国立国会図書館憲政資料室所蔵）、及び、アメリカ国立公文書館（NARA）所蔵史料に基づいている。国会の会議録に関しては、国立国会図書館の会議録検索システム（http://kokkai.ndl.go.jp/）を利用した。

臨時法制調査会における議論を踏まえて、司法省刑事局では刑事訴訟法改正案の起草が続けられており、一九四七（昭和二二）年三月には第一次政府案である第六次案が成立しているが[11]、憲法附属法として同年五月三日の日本国憲法施行までの制定を求められていた裁判所法及び検察庁法が優先されたこともあり[12]、刑事訴訟法に関しては「日本国憲法の施行に伴う刑事訴訟法の応急措置に関する法律」（法律第七六号、以下「応急措置法」）が制定され、憲法の規定と刑事司法の整合性がかろうじて図られた[13]。日本側ではその後も同法の起草作業が続けられ、同年一〇月には日本側の最終案である第九次案が成立しているが[14]、同案を元にしたＧＨＱ側と日本側の逐条審議の開始は翌年三月下旬にずれ込んでいる[15]。

日本側立法関係者が回顧しているように、刑事訴訟法の起草作業が遅れた主な要因は「検事と警察との関係を先にきめなければならないのにそれが決まらないといった事情」があったからであった[16]。すなわち、検察庁法においても、検察と警察の関係に関しては、別途定めるところ、すなわち、刑事訴訟法の条文に譲られており、このことを規定するためには、警察制度改革の過程でこの両者の関係がどのように定められるかを待つ必要があったのである[17]。

二　警察改革と検察制度

（一）警察改革と地方分権

良く知られているように、警察制度改革に関しては、ＧＨＱ側では民政局と公安課との間で路線対立が存在していた。その対立は、戦前の「警察国家」を否定するために国家警察を認めず、徹底的な地方分権化を志向する民政局と、占領下における治安維持のために国家警察を維持し、漸進的な分権化を図る公安課との対立という形で一応は整理することが出来る。[18] しかしこの対立は、日本側における内務省と司法省の間の警察制度改革構想の差異とも結びついていた。日本国憲法が施行された後、民政局は司法省に働きかけ、大都市を含む都道府県レベルでの徹底した警察分権化と併せて、戦前からの司法警察と行政警察との分離案を背景に、司法警察を司法省に移管する内容を持つ計画を司法省案として七月二九日付で立案させたが、内務省もまた、公安課の漸進的な計画を基礎として警察改革案を立案し、八月二六日付で提出している。[19] 民政局と司法省、公安課と内務省による二つの対立する警察改組案については、片山哲首相からの連合国最高司令官マッカーサー（D. MacArthur）宛書簡により調整が求められ、同年九月五日のＧＨＱ側の会合によってマッカーサーが警察の司法省移管を否定したことにより決着し、九月一六日付の所謂「マッカーサー書簡」が発出された。[20] ここに至って、国家地方警察と自治体警察の二本立てによる警察制度改革が具体化されたのである。[21]

（二）警察法の制定

マッカーサー書簡によって警察制度改革の基本方針が固まったことを踏まえて、公安課は同年九月一九日に課内覚書第三号「日本の警察制度改革」を定め、具体的な警察制度改革構想の検討を開始した。[22] 公安課警察班（Police Branch）の週間活動報告によると、二二日に行われた公安課内の会合において、上記覚書に基づいて定められた分担に従い、警察班のイートン（H. S. Eaton）、バティー（B. T. Battey）、法律班（Legal Rrabch）のモラー（E. Moeller）らにより作業が開始され、二六日には民政局のオプラー（A. C. Oppler）、ヘイズ（F. E. Hays）、ティルトン、スウォープ、マイヤース（H. Mayers）との間で行われた会合により、日本側が起草する必要のある法案とそれに盛られるべき内容についての概要、及び、立法に至るまでの手続きが合意されている。[23] この会合の内容は翌二七日付の覚書によって日本側に伝えられているが、[24] その下敷きとなったと思われる二五日付の公安課長プリアム（H. E. Pulliam）の覚書には「刑事訴訟法は警察立法が完了する、もしくは、日本側の起草作業が進行中の間は延期されるべきである」旨が明記されている。[25] 更に三〇日には、プリアムから「既に確定された根本原則は動かすべからざすもの」であり「速やかに実行可能な最終案を決定」することを求める覚書が日本側に手交され、公安課の案に依拠した警察法案の決定が強く命じられた。[26] 日本側は、一〇月七日に「警察再組織案に関する日本政府の希望条項」を提出する等の形で折衝を続けたが、ＧＨＱ側の譲歩を引き出すことは出来ず、公安課の作成した方針に従って起草作業が行われた結果、一一月一〇日に警察法の政府案が閣議決定され、衆議院に提出されたのである。[27]

さて、警察法の政府提出案においては、上述の九月二七日付覚書において、国家地方警察及び自治体警察と検察官の関係について規定することが求められていたにもかかわらず、[28]「都道府県公安委員会、市町村公安委員会及び警察官又は警察吏員と検察官との関係は、別に法律の定める所による。国家公安委員会は、検事総長と常に緊密な連絡を保つものとする」と規定するにとどまっている（第六七条）。この点は国会においても議論となっているが、政府委員であった久山秀雄内務事務官は「検察官と警察官との関係につきまして、相当根本的にいろいろの問題がある」が、「犯罪の捜査ということは警察本来の仕事でもあり、それに対しては検察官というものは、公訴を提起するかどうかということを決定するだけの任務をもつものであるというふうな考え方と、現在日本の刑事訴訟法がとつておりますように、やはり犯罪の捜査に関しましては、検察官が指揮命令ができるというふうにいたしまするか、あるいは警察官に協力を求める。警察が本来そういう権限をもつておるのであつて、検事は公訴を維持する建前上、さらに詳細な点について調べる場合に、警察の協力を求めることができるというふうな関係におくのか」は、刑事訴訟法において解決される予定であるが「大体現在の訴訟法がとつておりますような建前に落ち着くように聞いております」と答弁している。[29]

一方、応急措置法施行後、前述のように、刑事訴訟法案の第七次案から第九次案に至るまでの改正案が司法省刑事局別室で作成されているが、検察官と警察官の関係についての条文は、この間にかなりの変更が加えられている。[30] すなわち、応急措置法の前に作成された第六次案では、「司法警察官は、犯罪があると思料するときは、犯人及び証拠を捜査しなければならない」(第二四八条)、「検察官は、必要と認めるときは、自ら犯罪を捜査することができる。この場合には、検察事務官を指揮して捜査をさせ、又は司法警察官吏に対し捜査の補助を請求することができる」(第二五一条)とされていたが、[31] 八月一六日から九月一二日にかけて作成された第七次案では、後者は「検察官は、必要と認めるときは、自ら犯罪を捜査することができる。この場合には、検察事務官を指揮して捜査をさせ、又は司法警察官吏に対し協力を求めることができる」(第二五一条)とされ、検察官と警察官の関係は「協力」であると規定された。[32] その後、九月一五日付で内務次官から司法次官に対して、応急措置法施行後の司法警察運営の実情に鑑み、刑事訴訟法の改正の際「特に考慮相成りた」い点が意見として送付され、その中では「司法警察官を警察官に改めこれを捜査の主体となし、検察官の捜査指揮権を捜査請求権に改めること」が挙げられていたが、[33] 司法省刑事局においては、九月一九日付の修正により「検察官は、犯罪があると思料するときは、犯人及び証拠を捜査しなければならない」(第二四八条)、「警察官は、検察官の補佐として、その指揮を受け、司法警察官として犯罪を捜査しなければならない」(第二五〇条)として、内務省の意見とは逆に、捜査の担い手を第一義的に検察官とし、検察官が警察官を「指揮」する形での修正が加えられた。[34] 九月二五日付で作成された第八次案は上記の修正を反映した規定を置いているが(第一六四条、第一六六条)、[35] 一〇月一五日付で作成されて日本側最終案となり、英訳がＧＨＱ側に提出された第九次案では、「司法警察官は、犯罪があると思料するときは、犯人及び証拠を捜査しなければならない」（第一六四条）として、捜査の担い手は第一義的には警察官である旨が規定され、併せて、「検察官は、必要と認めるときは、自ら犯罪を捜査することができる。この場合には、検察事務官又は司法警察官吏を指揮して捜査の補助をさせることができる。検察官は、必要と認めるときは、司法警察官吏の捜査に関し指揮をすることができる」（第一六七条）とされ、検察官が警察官を「指揮」する権限を認めることとされたのである。[36]

ＧＨＱ側でも、上述のように同年九月二七日に警察法の概要についての覚書が日本側に発出された後、公安課と民政局の関係者が、日本政府により起草される刑事訴訟法の概要を準備するために、二九日に会合を持っている。公安課長プリアムが作成した覚書によると、公安課のバティー、モラー、イートン、アングル（B. Engle）等、民政局のティルトン、マイヤース、オプラー等が参加したこの会合では、刑事訴訟法の全体について検討が行われたものの、概要の検討を行うだけでもなお数回の会合が必要である旨が記録されているが、[37]この席上では、検察官と警察官の関係についても協議が行われ、公安課と民政局の合意点について以下のような文書（草案）が作成された。

検察官は、警察官に刑事に関する情報を通知すること、警察官に捜査を行うよう要請する（require）こと、及び、法律上裁判官の事前の令状発出なしに逮捕を行うことを認めている場合には、警察官に逮捕を行うことを文書で命令する（order）ことが出来る。検察官は、捜査をどのように行うかに関して警察官に助言する（advise）ことは出来るが、指揮する（direct）ことは出来ない。また検察官は、警察官に捜査を行わないことや中止することを指揮することも出来ない。[38]

この会合において「検察官には、警察官に対して捜査を行うよう命じる何らかの権限が必要である」と提案したのは民政局のオプラーであったが[39]、一方で、会合には参加していない公安課長プリアムが同二七日付で作成した覚書における刑事訴訟法についての見解は、これまで日本側立法関係者と民政局の司法法制課によって構想されてきたものとはかなり距離のある内容であった[40]。公安課の刑事訴訟法改正についての関心は第二義的なものであり、第一義的な関心は日本の警察官の教育であると述べるプリアムは、「刑事訴訟法が、熱心に過ぎる警察と星室裁判所のような〔専制的〕手続から被疑者を守るための要点を含む目的で念入りに改正されたならば、日本国民の将来の自由は、憲法の意義の範囲内で、不適切な侵害から守られるであろう」とした上で、このことを推進するために、公安課法律班が作成した刑事訴訟法改正提案の草案、すなわち、一九四六（昭和二一）年に民間諜報局公安課において作成され日本側に提示されたものの、民政局のオプラーらがそのアメリカ法的な色彩の強さに対して反対したことによりＧＨＱ側で否定されるに至った所謂「マニスカルコ提案」について、「指針として用いられることが示唆される」として、特に注意を喚起している[41]。すなわちプリアムは、既に現実の立法過程からは排除されていたマニスカルコ提案について「この改正案は、私の意見に沿わない内容も多いが、検討に値するものである」と述べ、刑事訴訟法に即して具体的に展開する要点の前提としているのである。

この覚書でプリアムが挙げる要点は多岐にわたるが、アメリカの刑事訴訟法概説書、ペンシルバニア州の刑法及び刑事訴訟法、更に、フィリピンの刑事訴訟法ハンドブックを明示的に参照して作成されたその内容は、アメリカの刑事手続実務を強く反映した内容となっている。とりわけ本節にとって注目すべきは「捜査」に関する以下の文章である。

私の意見では、犯罪の捜査システムは警察にとって第一義的な関心事であるべきである。検察官にも捜査についての権限が存するべきだが、民主主義国家においては、犯罪捜査と犯罪者の捜索は第一義的には警察官の責任であるべきである。警察官の責任は、検察官及び裁判官の責任が発生した段階で終了する。

内務省警保局の加藤陽三が当時自らを規定するように、「従来の日本の警察は、欧州大陸の警察を範として作られた結果、強力な中央集権的政府の政策遂行上の便宜から、警察を国家の強力な権力機関とする大陸の警察理論と軌を一にした」ものであったとするならば[42]、占領開始以前から構想され[43]、ヴァレンタイン使節団及びオランダー使節団による二つの報告書を踏まえて、一九四七（昭和二二）年二月頃に公安課で作成された警察改革構想は[44]、民政局地方政府課等が提起した即時の徹底的な「分権化」の構想と比べると確かに漸進的かつ穏健な性質のものではあったが、それでも、既存の警察組織に対する大幅な「分権化」措置を含むものであった[45]。警察改革に関与した日本側関係者が回顧するように、公安課は「よく実情がわかる」ので「比較的私どもを擁護して」いた一方、民政局は「非常な理想主義者でして、われわれに対してきびしく」対応し「日本の徹底的な民主化を期し、その見地から全体に対して非常な圧力を持っていた」というコントラストが存在したが、同時に、公安課のスタッフは「善意ではあるけれども、日本の警察に対してそう知識は」なかったとの評価もされている[46]。公安課においては、警察法案の起草と並行して、警察に必要な法律として、軽犯罪法、予備審問、逮捕と令状の有無、即時追跡等についての詳細な覚書が一〇月一一日付で作成されているが、その前提となっているのは「日本における民主主義」のための変化の背景にある「アメリカ合衆国憲法を模範とした新憲法の採用」の認識であり、覚書の作成にあたっては、ここでも、アメリカの連邦及び各州の刑法及び刑事訴訟法、アメリカ刑事法の概説書及び法律辞典が明示的に参照されている[47]。公安課が導入しようとしていたアメリカ型の警察システムは、並行して進められていた刑事司法制度改革において、アメリカ型の法システムの性急な導入を避けようとする民政局司法法制課の構想と緊張を孕むものであり、検察官と警察官の関係は、それが最も先鋭に現れる局面であった。

司法法制課の司法制度改革構想はまた、前節において検討を行ったように、民政局内部における地方分権構想とも緊張関係にあった。オプラーは後年、警察制度改革について「私達の課の責任事項ではない」が、警察法に反映された民政局の地方分権構想は「イデオロギー的な響（ママ）を持っていたが、幾分非現実的であったかもしれない」と回顧している。[48] また、九月一六日付のマッカーサー書簡は、「行政権と共に裁判機能に対する権限を併せ持っていた司法省を廃止」することと併せて「法制局はこれを廃することが出来る」旨も指示していたが、[49] この書簡を受けて司法省と法制局で進められた改組作業に関しても、オプラーは「私の課では取り扱わなかったが、法律及び司法の改革と不可分と思われたので、私の課で議論されるべき筋合のもの」であり、「占領軍が主導した法律・司法改革の非常に稀な例の一つ」であると回顧しているのである。[50] 早期対日講和を念頭に置いて民政局によって強力に推進された側面のある「分権化」構想は、占領政策の転換の影響をも受けながら、政治的な色彩を帯びて実施されたのである。[51]

一方で、公安課の警察制度改革構想が、占領下における治安維持と関連していたことも確かである。上述の同年二月頃に作成された警察改革案について、公安課は三月二四日にＧＨＱ部局間会議に提出して意見を求めているが、この会議には、ＧＨＱ／ＳＣＡＰ幕僚部の民政局、経済科学局（Economic and Scientific Section, ESS）、公衆衛生局（Public Health and Welfare Section, PHW）、民間通信局（Civil Communication Section, CCS）、外交局（Diplomatic Section, DS）のほか、参謀部から参謀第一部（General Staff-1, G-1）、参謀第三部（General Staff-3, G-3）、参謀第四部（General Staff-4, G-4）、ＧＨＱ／ＦＥＣ（General Headquarters/ Far Eastern Command、極東軍総司令部）幕僚部の憲兵部（Provost Marshal Section）、更に、東京憲兵隊（Provost Marshal's Office Metropolitan Tokyo Area, PMO）、第八軍憲兵隊（Provost Marshal's Office, 8th Army）が参加している。[52] 警察制度改革は、軍事占領としての占領管理体制を担保するＧＨＱ／ＦＥＣや、[53] その実施に関わっていた第八軍等の軍組織にも影響する問題であった。日本の警察とＧＨＱ

の各部局の関係について定めた同年八月一九日付のスタッフ覚書第六三号は、日本政府に警察の組織・訓練・機能について助言を行い、日本の警察の機能の監視・観察を行うことを参謀第二部（民間諜報局）の責任であると定めると共に、日本の警察の活動に関しては第八軍憲兵隊が管轄し、ＧＨＱ／ＦＥＣ憲兵部は、日本の警察の活動に影響する事柄について、連合国最高司令官及びＧＨＱ／ＦＥＣ各部局と接触することとし、併せて、ＧＨＱ／ＳＣＡＰ及びＧＨＱ／ＦＥＣの上記以外のいかなる部局も、日本の警察活動に影響を与える権限がないことを規定している[54]。これに先立って、参謀第二部は七月七日に、同年二月に作成したものとほぼ同様の警察改革案を提示して各局の同意を求め、民政局はこれに強く反対したが[55]、憲兵部は七月一一日付で賛同の回答を送り「日本は法律を執行するにあたって、陸軍・海軍・沿岸警備隊のいずれも持たないのであるから、強力な国家警察力（national police force）がない場合は、中央政府の命令の重要性が高まることになる」として、国家警察の数を原案の三万人よりも増やすことを推奨している[56]。また参謀第二部は、一〇月二七日に憲兵部に警察再編成について情報提供を行い、警察分権化の結果「日本政府のいかなる部局も、非常事態を除いて警察に命令を行う権限を有していないという事実」に特に注意を喚起し、憲兵部はこのことを第八軍憲兵隊へと伝達している[57]。日本側関係者は、公安課のプリアムが「治安の維持について、お前たちが心配することはない。アメリカが全部最後は引き受けてやるのだから、今のうちに民主主義の練習をしたらいいだろう」と述べた旨を回顧しているが[58]、一九四八（昭和二三）年四月には所謂「神戸朝鮮人教育擁護闘争事件」に際して、占領開始後初の「非常事態」が宣言され[59]、分権化された戦後の警察制度の見直しには「警備公安警察」の再編の要素も含まれることとなった[60]。

（11）井上・渡辺・田中編前掲『刑事訴訟法制定資料全集(6)』四九〇頁以下。

（12）オプラーは応急措置法のような「暫定法」という手法は、司法組織に関する憲法条項の実行には、明らかに有効でなかった」と述べている（アルフレッド・オプラー／内藤頼博監修、納谷廣美・高地茂世訳『日本占領と法制改革』（日本評論社、一九九〇年）六六頁）。

(13) 井上・渡辺・田中編前掲『刑事訴訟法制定資料全集(7)』を参照。なお、松尾浩也「応急措置法の制定過程」同『刑事法学の地平』（有斐閣、二〇〇六年）一四四頁以下を参照。

(14) 井上・渡辺・田中編前掲『刑事訴訟法制定資料全集(10)』一五〇頁以下。

(15) 井上・渡辺・田中編前掲『刑事訴訟法制定資料全集(11)』一一頁以下。

(16) 前掲「刑事訴訟法の制定過程」四八頁〔横井大三発言〕。

(17) 戦後警察改革の概要に関しては、自治大学校編『戦後自治史Ⅸ（警察および消防制度の改革）』（自治大学校、一九六七年）、警察庁警察史編さん委員会編『戦後警察史』（警察協会、一九七七年）、星野安三郎「警察制度の改革」東京大学社会科学研究所編『戦後改革(3) 政治過程』（東京大学出版会、一九七四年）等を参照。

(18) 古川純「警察改革――民政局（GS）と公安課（PSD／CIS）の対立を中心に」『現代の警察（法学セミナー増刊）』（日本評論社、一九八〇年）一九二頁以下、三浦陽一「占領下警察改革の一断面――一九四七年九月一六日付マッカーサー書簡の成立過程」『歴史学研究』四九八号（一九八一年）三五頁以下、天川前掲「民政局と官僚制改革」二七一頁以下。なお、この間のGHQ側における警察制度改革に関する主要な文書は、天川晃編『GHQ民政局資料「占領改革」(6) 中央省庁の再編』（丸善、二〇〇一年）に収められている。

(19) 小倉裕児「一九四七年警察制度改革と内務省、司法省」『経済系』一八五集（一九九五年）六七頁以下。なお、本書第三章第一節を参照。

(20) 小倉裕児「マッカーサーと四七年警察改革」『経済系』一八八号（一九九六年）一七四頁以下。

(21) 袖井林二郎編『吉田茂＝マッカーサー往復書簡集 1945-1951』（法政大学出版局、二〇〇〇年）二〇五頁以下。

(22) 「GHQ／SCAP文書」〔以下「GHQ/SCAP」〕, G2-02749, Office Memorandum No.3, Japanese Civil Police Reorganization, 19 September 1947.

(23) GHQ/SCAP, G2-0291, Weekly Report of Activities for 22 September thru 27 September, 1947, 3 Oct 1947.

(24) 自治大学校編前掲『日本自治史　Ⅸ』一三四頁以下。

(25) GHQ/SCAP, LS-26161, Police Legislation and Salient Points for Conference, 26 September 1947 at 1400 hours, 25 September 1947. この点は、二七日付の日本側に手交された覚書には記載されていない。

(26) 自治大学校編前掲『日本自治史　Ⅸ』一三七頁以下。

(27) 同前一四六頁以下。

(28) 同前一三六頁以下。

(29) 「第一回国会衆議院治安及び地方制度委員会会議録第三六号」一九四七年一一月一九日〔久山秀雄発言〕。

(30) その概要については、小田中前掲『現代刑事訴訟法論』一〇一頁以下を参照。なお、本節との関係では、応急措置法の制定過程において、民政局の側から「将来警察官に対する指揮権がなくなる」という発言があることは注目されよう〔井上・渡辺・田中編前掲『刑事訴訟法制定資料全集(7)』一四一頁〕。

(31) 井上・渡辺・田中編前掲『刑事訴訟法制定資料全集(6)』五二四頁。

(32) 井上・渡辺・田中編前掲『刑事訴訟法制定資料全集(10)』三一頁以下。

(33) 井上・渡辺・田中編前掲『刑事訴訟法制定資料全集(9)』二六九頁。

(34) 同前八八頁以下。

(35) 同前一一五頁。

(36) 同前一七四頁以下。

(37) GHQ/SCAP, G2-01199, Memorandum for Record, Conference, 29 September 1947.

(38) GHQ/SCAP, LS-26161, DRAFT, Relationship Between Procurators and police; Agreement Reached Between CIS/PSD and GS on 29 September 1947. この文書においては、自治体警察・国家地方警察の警察官が本文に示した行為を怠った場合には検察官が当該警察官を管轄する公安委員会に公訴できること、逆に、検察官が本文に示した行為を怠った場合には警察官が当該検察官を管轄する上位の検察庁に公訴できることと併せて、これらの行為は「警察官及び検察官が彼らの職務を迅速かつ適切に遂行することを市民もしくは市民代表が担保することを妨げるものではない」として、このことを規定する法律が近い将来起草されると述べている。このことが、検察審査会法の制定の背景となっている可能性もある〔本書第三章第一節を参照〕。

(39) GHQ/SCAP, LS-26161, no title, 29 Sept. この文書は、同日の会議についての手書きの議事録であるが、誰が作成したものかは不明である。なお、この文書に記録されている参加者は、公安課のバティー、モラー、アングル、キンバーリング(Kimberling)、イートン、民政局のオプラー、ティルトン、ケント、マイヤースである。

(40) GHQ/SCAP, LS-26162, Notes, Code Criminal Procedure, 29 September 1947. 以下の記述も、この文書に拠る。

(41) マニスカルコ提案に関しては、本書第二章を参照。

(42) 加藤陽三「警察制度の改革について(2)」『警察研究』一九巻一号（一九四八年）二五頁。当時の肩書は警保局企画課長であるが、内務省解体後に執筆された連載第三回では内事局総務部長となっている。

(43) 竹前栄治「戦後警察改革構想——「民政ガイド」を中心に」同『占領戦後史』（岩波書店、二〇〇二年）二八五頁以下。

(44)「公安課の警察分権化案」天川編前掲『中央省庁の再編』二〇二頁以下。その部分訳は、自治大学校編前掲『日本自治史Ⅸ』一〇一頁以下に収められている。

(45) 平野前掲『内務省解体史論』一三八頁以下。

(46)「〈座談会〉現行警察法制定二十年の回顧と展望」『警察研究』四五巻七号（一九七四年）八頁以下〔加藤陽三、新井裕発言〕。

(47) GHQ/SCAP, LS-26161, Laws Necessary for Police, 11 October 1947.

(48) オプラー前掲『日本占領と法制改革』一四九頁。

(49) 袖井編前掲『吉田茂＝マッカーサー往復書簡集』二〇八頁以下。

(50) オプラー前掲『日本占領と法制改革』九四頁。法務庁設置法に関しては、岡田彰『現代日本官僚制の成立——戦後占領期における行政制度の再編成』（法政大学出版会、一九九四年）一八三頁以下、及び、拙稿「法務図書館貴重書室所蔵史料紹介(3) 法務庁設置法の制定過程」『司法法制部季報』一一七号（二〇〇八年）三一頁以下を参照されたい。

(51) 小倉裕児「占領政策の転換と警察改革」『経済系』一九〇集（一九九七年）七四頁以下。

(52) National Archives and Records Administration, Archives II〔以下「NARAII」〕, RG554, GHQ/FEC, Provost Marshal Section, General Correspondence 1946-1947, Box.3, Police Conference, 24 March 1947, 25 March 1947.

(53) 一九四七年一月、アメリカ太平洋陸軍（United States Army Forces, Pacific）は極東軍に再編された。

(54) NARAII, RG554, GHQ/FEC, Provost Marshal Section, General Correspondence 1946-1947, Box.3, Staff Memorandum No.63, Relation of General Headquarters agencies with the Japanese Police, 19 August 1947. 三浦前掲「占領下警察改革の一断面」三七頁以下も参照。

(55)「G－2の警察改革案と民政局の回答」天川編前掲『中央省庁の再編』三〇九頁以下。

(56) NARAII, RG554, GHQ/FEC, Provost Marshal Section, General Correspondence 1946-1947, Box.3, Police Reorganization Plan, 11 July 1947.

(57) NARAII, RG554, GHQ/FEC, Provost Marshal Section, General Correspondence 1946-1947, Box.3, Police Reorganization Plan, 27 October 1947, 8 November 1947.

(58) 自治大学校編前掲『日本自治史Ⅸ』一六〇頁〔久山秀雄発言〕。

(59) 荒敬「占領下の治安対策と「非常事態」——神戸朝鮮人教育擁護闘争を事例に」同『日本占領史研究序説』（柏書房、一九九四年）六七頁以下。

(60) 広中俊雄『警備公安警察の研究』（岩波書店、一九七三年）、荻野富士夫『戦後治安体制の確立』（岩波書店、一九九九年）等を参照。

三　現行刑事訴訟法の成立

（一）警察法の制定と刑事訴訟法改正作業

警察法案は、国会において両院の治安及び地方制度委員会において審議され、各派による修正案を反映して一九四七（昭和二二）年一二月八日に成立、一七日に公布された（法律第一九六号）[61]。法律成立の日から九〇日を超えない期間内において施行されることとなった警察法に関しては、その権限の縮小に伴う行政事務の他省庁への移管等の法的措置が施行までに慌ただしく行われている[62]。また、警察法案と併せて作成されて衆議院に提出された、内務省及び内務省の機構に関する勅令等を廃止する法律案、最高法務庁設置法案等も相次いで成立し、内務省は同年一二月三一日限りで解体されることとなった[63]。

刑事訴訟法案に関しては、警察法の制定に伴って、第九次案に対して一〇月二七日から一一月八日にかけて四回にわたって修正案が作成され、検察官と警察官の関係についても、警察法の条文に即した修正が加えられている。この修正案も英訳され、第九次案に編綴されてＧＨＱ側に提出されており、後述する逐条審議の際の日本案となった。本節に関係のある条文案は、以下の通りである。

第百六十四条　巡査部長以上の警察官及びこれに準ずる警察吏員は、犯罪があると思料するときは、司法警察員として、犯人及び証拠を捜査しなければならない。

巡査たる警察官及びこれに準ずる警察吏員は、上司たる司法警察員の命令を受け、司法巡査として、捜査の補助をしなければならない。

前二項の警察吏員の範囲は、政令でこれを定める。

警察長たる司法警察員は、特に必要と認めるときは、司法巡査に司法警察員の職務を行わせることができる。

第百六十六条　検察官は、その管轄区域により、都道府県公安委員会、市町村公安委員会、特別区公安委員会又は司法警察職員に対し、その捜査に関し、必要な指揮をする（give necessary directions）ことができる。

検察官は、自ら犯罪を捜査する場合において必要があるときは、司法警察職員を指揮して（direct）捜査の補助をさせる（cause them to assist）ことができる。

前二項の場合において、都道府県公安委員会、市町村公安委員会、特別区公安委員会又は司法警察職員は、検察官の指揮に従わなければならない（shall follow the direction of Procurator）[64]。

上述のように、警察法においては、検察官と警察官の関係については「別に法律の定める所」として、刑事訴訟法に譲られていた。しかし一方で、例えば内務事務官の秦野章は、警察法、及び、これに先立って制定された検察庁法が、警察を捜査の第一義的な担い手として規定していると解釈して「警察概念の変革を、当然に、予定するもので」あり、「警察官が、従来、司法警察官と云う別個の特別の地位において、且つ、検事の補佐として、裁判の捜査に従つていた制度」は否定されるとして[65]、旧刑事訴訟法（大正刑事訴訟法）下における通説と異なる理解を示していた[66]。検察官と警察官の関係についても、従来のように警察捜査を検察官の指揮下に置くことは「警察法の精神に反する」として、「権力機関の分立とその相互抑制の原則と云う民主的原理」を前提にすると、両者の関係は「協力関係として認める程度で、検察官は、必要と認めるときは警察官に捜査について補助の請求ができ、警察官はこれに応じる義務がある」というのが理想であるとして、上述の司法省刑事局による刑事訴訟法改正案とは異なる見解が示されているのである(67)。

（二）刑事訴訟法最終案の確定

さて、刑事訴訟法改正案に関しては、一九四八（昭和二三）年二月一五日の法務庁開庁の後、三月初旬に法務庁検務局の説明員と民政局司法法制課の担当官が定められ(68)、三月二三日から四月五日まで「刑事訴訟法改正小審議会」が開かれて検討すべき問題を明確にし、その結果作成された後述する「プロブレム・シート」に基づき、四月一三日から五月五日まで「刑事訴訟法改正協議会」が開かれている(69)。本節が対象としている検察官と警察官の関係を含む第二編は、民政局側ではマイヤースが担当し、法務庁側では野木新一検務局総務課長と鹽野宜慶事務官が担当している(70)。マイヤースは、刑事訴訟法改正小審議会における審議が開始されるに先立って、日本側から提出された刑事訴訟法改正案の最終案を元に意見書を作成しているが、その第二号において、第一六六条及び第一六七条に関しては「既に司法省とC・I・S／P・S・P（ママ）・G・Sとの間に成立してゐる検察官と司法警察官との関係についての合意に反する」として、以下のように述べていることが注目されよう。

> 検察官は、一、警察官に通知し捜査を要請する（request）（ママ、以下同じ）ことはできる。
> 二、警察官に対し、刑事訴訟法上裁判官の令状なくして犯人を逮捕し得る定ある場合には、その逮捕を要求する（demand）ことができる。

三、捜査をどのように行うかを警察官に勧告する（suggest）ことはできるが指揮する（instruct）ことはできない。

四、警察官に捜査を行わぬことを指揮する（instruct）こともできない。[71]

この意見に関しては、三月三一日のマイヤース担当部分に関する刑事訴訟法改正小審議会第五回の審議の際に、「私共は従来、上司より、検察官の捜査指揮権は残すという了解が成立しているように聞いているので、その線に従つて原案を作った次第である」と説明し、「当時、國宗〔榮検務〕局長も指揮権はあると了解していたし、警察法に関係した曾禰〔益内閣〕官房次長も同様に了解している。鈴木〔義男法務〕総裁にも確かめたがこれも同様である」と述べる野木に対して、マイヤースは「それは誤解である」として、「警察法制定の際、検察官と警察官の関係についてG．S．及びC．I．Sのモラー、イートン、バディー、マイヤース、オプラ〔ママ〕、ティトル〔ママ〕、スウォープ等が集つて会議をした結果、私の示唆のようにきまつた。私の示唆はその時の会議そのままと云つても良い」と述べ、「このことは当時司法省にも通じてある筈である」が「仮令司法省に通知がなかつたとしても、自分には現在どうにもならない」としつつも「尚、ケーヂス〔ママ〕、ヘインズ〔ママ〕に確めて見る」と述べ、この問題は後日の会談に持ち越されている。[72] マイヤースがここで言及している会議は、用語に若干の差異があるが、[73] 内容としては、上述の前年九月二九日の会合、あるいは、その内容を受けて開かれた会合のことを指すものと思われる。マイヤースはこの点に関して、四月二日のマイヤース担当部分に関する第七回の審議の際に「其の後調べたところ、先日申した会議の結論は自分が昨日〔ママ〕云った通り」であったが、「その際出席していた國宗局長、曾禰次長は、その意見に賛成はしなかつた」ため「アグリーメントがあつたという点は自分の間違いである」と訂正し、「この問題は上司の方で改めて決定することにしよう」と述べ、野木は「この点は占領政策に影響するし、又国内問題

としても重要であり、刑訴案の再重要問題の一つであるから宜しく審議ありたい」と応じている。(74)

刑事訴訟法改正小審議会により、検討を要する問題が明らかにされたことを受けて、民政局側では「プロブレム・シート」と呼ばれる論点をまとめた文書が担当者ごとに作成され、これに基づいて四月一三日から刑事訴訟法改正協議会が開かれた。(75)そのうち、マイヤースにより作成され、四月一七日付で日本語訳が印刷された「第七四」が、「検察官と警察官との関係はこれを如何に定むべきであるか」を内容とするものであった。ここでは、「一人の検察官が各種の公安委員会に対して指図を為し得ねばならぬという理由は少しもない。これらの委員会は警察活動に従事するものである。検察官達は、警察の捜査の上に或程度の監督権と対等権（捜査に協力を求むる権利の如し――訳者）とを必要とするか、警察政策の上にはそのような権力は必要としない。その監督権及び対等権とは警察の捜査に関して一般的勧告及び指図を為すことと検察官が自ら捜査を為す事件の必要に応じて個々的に勧告及び指図を為すことの両方を包含せねばならない」ことを理由として、第一六六条を以下のように変更することが「勧告」されている。

司法警察職員側と検察官側との間には相互的協力と共同（mutual cooperation and coordination）がなければならない。

検察官はその土地管轄に従い司法警察員に対し司法警察員の行う捜査につき必要な一般的勧告と指図をすること（give necessary general advice and instructions）ができる。

検察官は自ら犯罪を捜査するに当り必要な場合には司法警察職員に勧告及び指図を為し彼等をして捜査の補助をさせること（cause them to assist）ができる。

前二項の場合において司法警察員及び司法警察職員は、検察官の勧告及び指図に従はねばならない。(76)

この問題が議論されたのは、四月二六日の第一〇回協議会の席上であった。オプラーは「我々は検察官と警察官との関係について此の様な提案を為し得ることを極めて喜ぶものである」と述べる一方で[77]、検察官の指揮権が公安委員会に及ばないことについて、東京高等検察庁の馬場義続と早稲田大学の斉藤金作より、警察法の規定によると公安委員会が行う「運営管理」には「犯罪の捜査及び被疑者の逮捕」が含まれているため（第二条）、問題が生じる可能性がある旨の指摘がなされると、「我々の提案はG．Sとして譲歩し得る最大のものである。公安委員制度は、ディセントラリゼイションの立前に基く。公安委員を指揮することは我々としては認めることができない。此の程度で満足して貰いたい」と強調し、最高検察庁の橋本乾三が魚の闇取引を例に出し、検察官が検挙を命じる一方で公安委員が検挙すると魚が入ってこなくなることを危惧して検挙の中止を命じるような場合は、「日本全体の利益と日本の一部の利益とが衝突し一部の利益によって公安委員が中止命令を出してゐる」のであるから「全体的な立場にある検事の命令が優先しないと困る」と具体例を挙げて説明しても、「それは警察法の問題だ。警察法をかへぬ限り問題は解決しない」と強硬な立場を維持している[78]。民政局側の議事録において、オプラーが「このことは、実際には、警察分権化法（Police Decentralization Act）の改正を含むことになるので、ここで検討することは出来ない」旨を言明したと記録されているように[79]、刑事訴訟法改正協議会においては、既に決定済みの「分権化」政策に抵触するような変更は行うことが出来なかったのである[80]。この点は結局、協力関係の対象となる警察に公安委員も含むという形で修正が行われ[81]、現行法の条文が確定された。

刑事訴訟法改正協議会は、五月五日まで計一六回開催されたが、その最後にオプラーは「私は同僚三人と共にこの会議が東京にいる中の一番感激的なものであつたといふ事を諸君に感謝したい。我々の案は決して完全なものとは思はないが、色々の立場の人が意見を述べ日本と米国とがこの法律を協議した事が、非常に特色ある法律を生むものと考える」と参加者に謝意を表している[82]。その後、なお決着を見なかった諸点について刑事訴訟法小委員会により修正を行い、五月二五日に閣議に付された刑事訴訟法案は、翌二六日に衆議院に「刑事訴訟法を改正する法律案」として提出された。国会における審議を経て七月五日に成立した新刑事訴訟法は、一〇日に公布され（法律第一三一号）、翌一九四九（昭和二四）年一月一日より施行された。一方、オプラーは同年『ワシントン・ロー・レビュー』誌に「連合国占領下における日本の法制度及び司法制度の改革」と題する論文を公表しているが、[83]上記の感慨は、オプラーが同論文で「複雑な、かつ、市民的自由の見地からは、非常に重要な法改革の一例証としてあげるのに適当」であるとして、刑事訴訟法改正小審議会及び刑事訴訟法改正協議会における日本側との協議を念頭に置いて「その進捗と最終的な成功とは、民主的な手続きは、軍事的占領のわく内でも実施できる」という民政局スタッフの信念を強め、「占領者と被占領者という関係は、法の改善に対する熱心な関心を共有する法律家たちのあいだの国際的な友好感情によって、遂に忘れ去られたように思われた」と述べていることと接続するものであろう。[84]

しかし、本節で検討を行ってきたように、刑事訴訟法の制定過程の最終段階にあたるこの小審議会及び協議会は、並行して進められてきた隣接分野における改革、とりわけ、警察に関わる「分権化」が、部局間の激しい意見対立を経て決着を見た後で実施されたものであった。この点は、司法省刑事局時代から制定過程に関わっていた横井大三が、刑事訴訟法改正協議会は「みんながいろいろ意見を出す中で、司令部の意見に近い意見があるとそれを採用する」というような形で、「すべてがすべて向こうの力で押されたというわけでは」なく「刑訴の場合は、わりあいにこちらの意見も入れてくれた」と述べたのに対し、團藤重光が「初めから向こうと接触しながら立案をしていましたからね。ここはもうセレモニーだったといういいすぎだけれど…」と応じていることと符合する。[85]オプラーは後年、自らが関わった法制改革においては、「亡命ドイツ法律家」としての自らの大陸法に関する経験と、戦前に東京帝国大学への留学経験があるブレークモアの日本法に関する知見の意義と共に、法制改革の方法論として「協調的努力」が選択されたことの重要性を強調するが、[86]このことは、かなり限定された状況の下でのみ実現可能な営為であり、民政局が主導した法制改革全般に一般化することが難しいものであったことも、同時に確認しておく必要があるであろう。

(61) その地方におけるあり方として、水昭仁「地方分権下における警察行政——戦後改革期における市町村自治体警察を題材として (1)〜(6)」『地方財務』二〇〇五年四月〜九月号、小宮京「大阪市警視庁の興亡——占領期における権力とその「空間」」『年報政治学』二〇一三年I号、同「組合警察制度に関する研究——警察と地方分権」『社会安全・警察学』一号(二〇一四年)等を参照。

(62) 福沢真一「占領改革と警察権限の縮小——昭和二十二年警察改革の政治過程を中心に」『政治経済史学』三九九号(一九九九年)二六頁以下。なお、警察分権化の過程で日本側が強く懸念したのは、経済警察が機能しなくなることによる混乱についての危惧であった。一九四六年一〇月七日付で作成された日本政府側の希望事項においても「警察が経済取締を担当しないこと、なる場合は勿論、担当するとしても地方自治体警察に対しては非常事態の場合を除き中央政府より何らの指揮をもなし得ないのでは、もはやこの点に関して中央政府の意図を十分に実現する機関はなく、経済統制を有効に維持することは事実望み得ない」旨が述べられている(自治大学校編前掲『日本自治史 IX』一六二頁)。占領管理体制下における経済統制法令違反取締の重要性に関しては、改めて論じることとしたい。

(63) 自治大学校編前掲『戦後自治史 VIII』一六一頁以下。

(64) 井上・渡辺・田中編前掲『刑事訴訟法制定資料全集 (10)』二九九頁以下。なお、同前掲『刑事訴訟法制定資料全集 (9)』三二七頁以下にも一一月八日案が掲載される。

(65) 秦野章「警察捜査の独立と検察官との関係」『警察研究』一九巻一号(一九四七年)三三頁。

(66) 團藤重光『刑事訴訟法綱要』(弘文堂書房、一九四三年)四九一頁以下。

(67) 秦野前掲「警察捜査の独立と検察官との関係」三六頁以下。

(68) 井上・渡辺・田中編前掲『刑事訴訟法制定資料全集 (9)』四九九頁以下。民政局側の担当官は三月五日に割り振られている(GHQ/SCAP, LS-26298, Revision of Code of Criminal Procedure, 5 March 1948)。

(69) 井上正仁「刑事訴訟法(昭和二三年法律第一三一号)制定過程年表」『ジュリスト』五五一号(一九七四年)六一頁以下。

(70) 井上・渡辺・田中編前掲『刑事訴訟法制定資料全集 (9)』五〇〇頁。ただし、実際には、途中から「組合せが入り乱れてしまって、私は野木さんのお供をして行った記憶もありますし、宮下さんのお供をして行った記憶もあるのですが、そのうちにアメリカ側も入り乱れてしまって、最後は呼びつけられた人のところにこっちで準備をした組合せの連中が行くというようなこと」であったという（前掲「刑事訴訟法の制定過程」五二頁〔羽山忠弘発言〕）。

(71) 井上・渡辺・田中編前掲『刑事訴訟法制定資料全集 ⑾』八一頁以下。この意見書は法務庁側で翻訳された上で、三月三一日付で印刷されたものである。なお、小田中前掲『現代刑事訴訟法論』一一〇頁以下を参照。

(72) 同前九四頁以下。

(73) マイヤースは、後述の四月二日の会合の際に「会議の際 direct と云う言葉があつたのを通訳者が妙な訳をした処、曾禰氏が「指揮である」と訂正したことがある。然し英語では、order が最も強く、direct, request, require, demand, と色々な段階がある。要するに言葉の問題ではないのである」と述べている（同前一一四頁）。

(74) 同前一一三頁以下。

(75) プロブレム・シートについては、同前一四七頁に一覧がある。

(76) 同前二八二頁以下。同時に、第一六七条についても変更するよう勧告された。

(77) 公安課側の記録によると、四月一二日から一五日の間に、民政局のオプラー、ブレークモア、マイヤース、アップルトンと公安課のアングル、バティーが刑事訴訟法改正について会合を行い、一般人の現行犯逮捕権限と共に、検察官が警察官に勧告及び指揮を行うこととなったとされている（GHQ/SCAP, G2-02694, Weekly Report of Police Branch Activities for 12 April thru 17 April 1948, 20 April 1948）。

(78) 井上・渡辺・田中編前掲『刑事訴訟法制定資料全集 ⑾』四〇〇頁以下。

(79) GHQ/SCAP, LS-26170, Code of Criminal Procedure, Problem 74, Conference Discussion, 26 April 1948.

(80) 警察法の解釈についての馬場の説明に対して、日本側の議事録は「通訳が十分には通訳せず、オプラ《ママ》多少面倒くさくなつた様な感じである」と記録しているのも、あるいは、このようなことが背景にあるのかもしれない（井上・渡辺・田中編前掲『刑事訴訟法制定資料全集 ⑾』四〇一頁）。

(81) 同前四〇二頁。現行法は「検察官と都道府県公安委員会及び司法警察職員とは、捜査に関し、互に協力しなければならない」と規定する（第一九二条）。

(82) 同前五一九頁。

(83) The Legal Reform of Japan's Legal and Judicial System under Allied Occupation, *Washington Law Review*, vol.24, 1949, pp.290-324（A・C・オプラー／和田英夫・中里英夫訳「連合国占領下における日本の法制度および司法制度の改革」『法律時報』四五巻四号（一九七三年）四四頁以下）.

(84) 同前五一頁以下。

(85) 前掲「刑事訴訟法の制定過程」四九頁。
(86) オプラー前掲『日本占領と法制改革』六三頁以下。なお、オプラーとブレークモアの有していた「比較法的自覚」とその背景に関しては、本書第四章を参照。

四　結びに代えて

一九四七(昭和二二)年一二月一五日に、民政局次長のケーディス(C. L. Kades)は、刑事訴訟法・検察審査会法等の進行中のもののほか、民政局が主導する法改正はこれ以上行わない旨を各課の課長に伝達し、一九四八(昭和二三)年には、民政局の各部局は次々と縮小されていった。[87] その一環として民政局長ホイットニー(C. Whitney)は、民政局の政務課と司法法制課を法務局に移管する提案を三月一六日付で参謀長宛に提出した。上述のようにこの時司法法制課は、刑事訴訟法案の本格的な審議に向けての準備を進めていたが、ホイットニーは、同年一月一日のマッカーサーの演説を引用し、「憲法の規定を実施するための法律を制定し、ポツダム宣言及び降伏条項と矛盾する法令等を廃止する」という司法法制課の任務は、憲法の解釈と権力分立制度を実現するという政務課の任務と共に、その目標を達成したと説明している。[88] この覚書は刑事訴訟法改正小審議会の開催中である三月二九日に参謀長に承認され、[89] 五月三一日に政務課と司法法制課は廃止、司法法制課は法務局(Legal Section, LS)に移管されている。また、「分権化」に関わっていた中央政府課は五月四日に廃止、地方政府課は六月三〇日に第八軍に移管された。[90] 法務局において立法及び司法課(Legislation and Justice Division)として独立した課となった元民政局司法法制課のスタッフは、立法に対する監督等の業務を行う一方で、地方への視察を行って新たな刑事訴訟法の理念を「啓蒙」した。[91]

日本側立法関係者も、その過程に深く関わった團藤重光が同年九月にいち早く『新刑事訴訟法綱要』（弘文堂書房）を刊行したことに象徴されるように、新刑事訴訟法によって持ち込まれたアメリカ型の刑事司法手続の検討を行いながら、その理念の「啓蒙」に努めた。[92] しかし、応急措置法によって一新された刑事司法手続への対応に追われていた地方の警察にとって、[93] 新刑事訴訟法によって具体化されたその理念を実施に移すのは容易なことではなく、[94] 自治体警察と国家地方警察の管轄が明確でない場合には摩擦が生じることも多かったため、[95] 法制上は協力関係と定められていたにもかかわらず、「国警と自治警とが協調してそれで捜査が迅速に責任をもって着手されるように適切に指導すると、そういう方向に地方におりますと検事が介在する場合がございまして、そういう捜査事件の処理のために現場に臨むというようなことも間々ございました」というような状況も見られたという。[96] 一九五〇（昭和二五）年に東京地方検察庁の検事達によって行われた座談会における以下のような発言は、検察側からの意見であるということを割り引いて考えても、新刑事訴訟法の下での刑事司法実務の戦前との「連続性」を良く示しているものであろう。

八木〔胖〕　警察法や新刑事訴訟法が変つて警察と検察との関係が大部前と違つて来たと思うが、これは捜査の面にどんな影響があつたろうか。

川口〔光太郎〕　いま丶では警察官が検事の指揮の下に捜査をするという建前だつたが、ところがこんどの新らしい立場では検事の指揮によるのではなくなつて警察が第一の捜査の責任者ということになつた。そういうことのためにいろいろ〔繰り返し記号、以下同じ〕な点で捜査にも影響が出る。〔中略〕

大島〔功〕　僕は実質的にはあまり変わっていないと思う、いまゝでの窃盗とか詐欺のようなものは、いちいち検察庁の指揮を受けずにやつているが、重要な事件についてはいまでも検察庁と連絡をとつてやらないと、法律上の判断ということは警察はやはり不得手だから、折角事件を検察庁に送つて来てもそれが起訴されなかつたというようなことになると面白くないもんだから、新刑訴になつてからも相当に連絡しているので、あんまり変つたという気持ちはしない。
八木　警察の方の気分は変つていないかね。
大島　それは独立の権限をもつその権限を大いに活用して検察庁のお世話にならないで済むようにやろうという気持ちは非常に強いね。
川口　警察でも実際に捜査の仕事をしていない上の方にいる連中にはそういう気持があるかもしれぬが、下の方の第一線で働いている連中は非常にわれわれと協力しているね。
大島　現場の連中は大体いまゝで通りだがね、机の上だけで仕事をしている連中は独自の捜査権をもつたということで鬼の首でもとつたような気持ちになつている、そういうことでは本当に事件を早く適切に解決するということはできない、やつぱり文字通り協力しなければだめだと思う。現場の捜査は非常に緊密にやつているようだがね。[97]
川口　結局捜査ということは公訴の前提だということがよく理解されるようになれば問題なくなると思う。[97]

警察法は、占領終結直前の一九五一（昭和二六）年の改正によって自治体警察を住民投票により任意で廃止出来るとされ、[98]一九五二年、及び、翌五三年の改正の後、一九五四（昭和二九）年に全面改正された。[99]オプラーは後年、「これが後に時計が過去に逆回りした最初の分野の一つになったことを知っても、驚かなかった」と冷ややかに振り返っている。[100]一方刑事訴訟法については、法制審議会が包括的な諮問を行い、合計二九項目の問題点が提示されたにもかかわらず、[101]一九五三（昭和二八）年の同法一部改正に至ったのはそのうちごく僅かな点であり「かえって新刑訴の定着を示す結果となった」と評される。検察と警察の関係の不安定さは、同法施行当初には問題とされたが、高い有罪率の維持が明らかになることで、この「現象的な不満」は解消に向かった。[102]しかしこのことは、戦後改革が行われたにもかかわらず、戦前から戦後にかけて「糺問主義的検察官司法」が維持された、という批判を招くことにも繋がることになるのである。[103]

(87) 天川・福永前掲「民政局の組織と機能」二五頁以下。
(88) GHQ/SCAP, LS-26298, Memorandum for Chief of Staff, Transfer of Governmental Powers Division and Courts and Law Division, 16 March 1948.
(89) GHQ/SCAP, LS-26298, Check Sheet, Transfer of Governmental Powers Division and Courts and Law Division, 29 March 1948.
(90) 天川・福永前掲「民政局の組織と機能」二七頁、竹前・中村前掲『占領管理の体制』三六頁以下。
(91) オプラー前掲『日本占領と法制改革』一九一頁以下。
(92) 松尾浩也「日本における刑事訴訟法学の発展――昭和から平成へ」同『刑事訴訟法講演集』(有斐閣、二〇〇四年)七七頁以下。
(93) 例えば兵庫県警察では、一九四七年六月三〇日に「直接法を運用する警察官の一人一人が法の成文のみでなく、その意義と精神にまで完全欠くるところなき理解と会得が必要」であるとして、「応急措置法の条文(二一ヶ条)を、即座に応答できる程度にまで暗記させること」などの措置が採られた(兵庫県警察史編さん委員会編『兵庫県警察史 昭和編』(兵庫県警察本部、一九七五年)六一三頁以下)。
(94) このことを担保するために、大正刑事訴訟法下において作成された司法警察職務規範に代わるものとして、一九四九年四月三〇日に国家地方警察訓令第九号として「犯罪捜査規範」が定められた(翌年四月に国家公安委員会規則第四号により改正が加えられている)。
(95) 水前掲「地方分権下における警察行政(3)」三四五頁以下。
(96) 「〈座談会〉刑事訴訟法の応急措置法について」『法の支配』六三号(一九八五年)七六頁(沢井勉発言)。
(97) 「〈座談会〉転換期に立つ検事」『法律のひろば』三巻二号(一九五〇年)二八頁。
(98) 小倉前掲「占領政策の転換と警察改革」八一頁以下、小宮前掲「組合警察制度に関する研究」二七頁以下。
(99) なお、一九五三年改正に関する近時の研究として、小宮京「総務会に関する一考察――一九五三(昭和二八)年の警察法改正を中心に」奥健太郎・河野康子編『自民党政治の源流――事前審査制の史的検証』(吉田書店、二〇一五年)一一七頁以下を参照。
(100) オプラー前掲『日本占領と法制改革』一四九頁。
(101) 法務省刑事局編『諮問第七号に関する法制審議会議事録』(法務省刑事局、一九五三年)。
(102) 松尾浩也「日本における刑事手続の過去、現在、そして未来」同『刑事訴訟の理論』(有斐閣、二〇一二年)四二四頁以下。
(103) 小田中前掲『現代刑事訴訟法論』一三六頁以下。

第四章　ＧＨＱの法律家たち

第一節　「亡命ドイツ法律家」アルフレッド・C・オプラー
――異文化接触としての戦後法制改革

一　序

アルフレッド・C・オプラー（Alfred Christian Oppler, 1893-1982）は、第二次世界大戦後の占領下の我が国において、GHQ／SCAP（General Headquarters/ Supreme Commander for the Allied Powers, 連合国最高司令官総司令部、以下断りのない限り「GHQ」）の民政局（Government Section, GS）及び法務局（Legal Section, LS）の一員として、広範な法制改革に深く携わった人物である(1)。オプラーの戦後法制改革への関与については、その回顧録『日本占領と法制改革』（内藤頼博監修／納谷廣美・高地茂世訳、日本評論社、一九九〇年（原著一九七六年））において概括的に記述され(2)、また、各領域において進められている「戦後改革」研究の中でもしばしば言及されるところである(3)。

戦後法制改革においてオプラーが果たした重要な役割は、「占領管理体制」という極めて特異な権力状況下であった(4)にもかかわらず、占領者であるGHQ側と被占領者である日本側の「十分かつ自由な討論」による「協調的努力」によって「改革」を実施しようとしたことに求められよう。[5] このようなオプラーの姿勢は、無論、合意によらない「改革」は占領終結後まで持続し得ない、という現実的な目的に導かれたものではある。[6] しかしオプラーが、戦後法制改革に臨むにあたって、かなり早い段階で「日本の法体系がコモン・ローではなく大陸法に基づいている」という認識を示し、「アングロ・サクソンの法体系が大陸法のものよりも優れていると考えがちな傾向」を戒め、「全法体系の変換は、徐々にしか行うことが出来ない」と注意を喚起していることには、やはり注目すべきであろう。[7] 戦後法制改革における「アメリカ法の大量継受」につき「その摂取の態度は本質的には比較法的自覚の上に立っていた」という分析が可能であるならば、[8] オプラーが示した優れて比較法的な認識は、この「自覚」を占領者と被占領者が共有する上で、極めて有効な回路として機能したものと考えられる。[9]

このことはおそらく、戦後法制改革においては、占領者と被占領者の双方にとって幸運なことであった。[10] しかし、オプラーのこのような「比較法的差異」の認識は、彼自身の言葉を借りるならば「地球の三つの部分、すなわちドイツ、アメリカそして日本において奇妙な浮き沈みを伴った私の波瀾に満ちた人生」そのものによって形成されたものであった。[11] 本節は、オプラーの所蔵文書を用いながら、その「波瀾に満ちた人生」について、主として比較法的観点から興味深いトピックを取り上げ、素描を試みるものである。[12]

(1) ＧＨＱの全体像に関しては、竹前英治『ＧＨＱ』(岩波書店、一九八三年)を参照。
(2) Alfred C. Oppler, *Legal reform in occupied Japan: a participant looks back*, Princeton University Press, 1976. 以下、オプラーの著作からの引用は、邦訳がある場合はそれに拠るが、適宜訳文の変更や原文の附記等の処理を行っている。
(3) 近時の研究動向については、さしあたり拙稿「戦後占領期日本の法制改革研究の現況と課題」『法制史研究』五六号(二〇〇七年)一四八頁以下を参照されたい〔本書第一章に収録〕。
(4) その構造に関しては、拙稿「「占領目的に有害な行為」と検察官の起訴猶予裁量――占領下における刑事司法の管理と法制改革の交錯」『桐蔭法学』一二巻一号（二〇〇五年）、及び、「憲法秩序の変動と占領管理体制――「日本国憲法施行の際現に効力を有する命令の規定の効力等に関する法律」（昭和二二年法律第七二号）の制定及び改正過程を中心として」『桐蔭法学』一四巻二号（二〇〇八年）を参照されたい〔本書第六章・第七章第一節及び第二節に収録〕。

（5）オプラー前掲『日本占領と法制改革』六四頁。なお、この点については、拙稿「ＧＨＱの司法改革構想から見た占領期法継受――戦後日本法史におけるアメリカ法の影響に関連して」『法学政治学論究』四九号（二〇〇〇年）において若干の検討を試みた〔本書第二章第一節に収録〕。

（6）Ａ・Ｃ・オプラー／和田英夫・中里英夫訳「連合国占領下における日本の法制度および司法制度の改革」『法律時報』四五巻四号（一九七三年）五一頁。なお、後掲注（54）を参照。

（7）「日本政府による司法改革計画に関連して、民政局がとるべき措置」古関彰一編『ＧＨＱ民政局資料「占領改革」(1) 憲法・司法制度』（丸善、二〇〇一年）九一頁以下。この覚書は、オプラー前掲『日本占領と法制改革』六九頁以下にも引用されている。

（8）野田良之「日本における外国法の摂取　総論」伊藤正己編『岩波講座現代法⒁　外国法と日本法』（岩波書店、一九六六年）一七六頁。なお、この「比較法的自覚」の内実については、岩谷十郎「日本法の近代化と比較法」『比較法研究』六五号（二〇〇三年）の分析が有益である。

（9）勿論、後述するように、ＧＨＱ側においてこのような比較法的視角を携えていたのは、オプラーに限られない。とりわけ、オプラーの「最も価値ある助手兼助言者」（オプラー前掲『日本占領と法制改革』五八頁）であった、トーマス・ブレークモア（T. L. Blakemore）の果たした役割は非常に大きいものであった。ブレークモアに関しては、日米双方に残された史料を現在収集しており、その成果は別稿において明らかにしたいと考えている〔本書第四章第二節を参照〕。

（10）*Political Reorientation of Japan, Sept.1945 to Sept.1948, Report of Government Section, Supreme Commander for Allied Powers,* vol. I, Government Printing Office, 1949, p.187. この報告書の第六章「司法及び法制」は、オプラーが執筆した箇所である。なお、團藤重光も、ＧＨＱ側にオプラーがいたことは「双方にとって仕合わせなことだった」と回顧している（団藤重光「刑事訴訟法の四〇年」『ジュリスト』九三〇号（一九八九年）三頁）。

（11）オプラー前掲『日本占領と法制改革』三頁。

（12）本節では主として、ニューヨーク州立大学オールバニー校所蔵、M.E. Grenander Department of Special Collections and Archives, German and Jewish Intellectual Émigré Collection に含まれている ALFRED C. OPLER PAPERS（GER-016）を利用した（以下のＵＲＬにおいて、オプラーの略歴と共に、詳細な目録が閲覧可能である。http://library.albany.edu/speccoll/findaids/ger016.htm）。以下の引用に際しては、同コレクションにおける整理番号を附して典拠を示した。なお、史料収集において懇切なご協力をいただいたMary Osielski氏(Special Collections Librarian)、Sandy Hawrylchak氏(Émigré Archivist)、及び、史料について有益なご教示をいただいたJohn M. Spalek博士に、この場を借りて深く御礼申し上げたい。

二　オプラーの来日に至る経緯

(一)　ドイツからアメリカへ

アメリカ亡命に至るまでの期間のオプラーについては、回顧録においても簡単に触れられているが、[13]亡命直後に執筆されたものと思われる「一九三三年一月三〇日以前と以後のドイツにおける私の人生」と題する文章において、より詳細に語られている。[14]言うまでもなく、一九三三年一月三〇日はドイツにおいてヒトラー政権が成立した象徴的な日付であり、この日を境に、ユダヤ系の祖父母を持つオプラーの人生は「波瀾に満ちた」ものにならざるを得なかったのである。[15]

オプラーは一八九三年、当時はドイツ領であったエルザス・ロートリンゲン(アルザス・ロレーヌ)の小都市ディーデンホーフェン(Diedenhofen)(現在のティオンヴィル(Thionville))に生まれているが、このことは、その後のオプラーの人生に少なからぬ影響を与えている。オプラーは、少年時代の同級生の大部分は、フランスとドイツの文化を一体化させた「生粋のアルザス人(Alsaciens pur sang)」であり、そのことが彼らの人格を魅力的なものにしていたこと、また、この西部国境地域は「ドイツの他の地域と異なり、快い民主主義的精神が支配して」いたため、若い世代は「ドイツとフランスの間の差異」について、「ほとんど敵の言葉と感じていなかった」と述べている。(16) 第一次世界大戦の後、同地域がフランス領となった際に、オプラー一家はベルリンへと移ることを選択したが、後にユダヤ人弾圧が激しくなり、移住先について検討するのが不可避となった際、オプラーは「フランス語及びフランス文化へのこだわり」から、フランスへと逃れることをまず検討した。(17) しかし、フランスへの移住、すなわち故郷への帰還が叶わなかったオプラーは、アメリカが定めていた「出身国別移民割当」において、アルザス・ロレーヌ出身であるとしてフランス国籍として扱われ、からくもドイツ国外へ逃れることが出来たのである。(18)

さて、ミュンヘン・フライブルク・ベルリン・シュトラースブルクの各大学で法学を学び、一九二二年に判事補資格を得たオプラーは、一九二三年一月からプロイセン州大蔵省の臨時職としてワイマール共和国とホーエンツォレルン家の間の財務処理を担当し、一九二七年からのプロイセン州上級行政裁判所の臨時職及び参事官職を経て、一九三一年一〇月にその「職業上の経歴の最上位」であるベルリン上級行政裁判所の陪席判事となり、翌年には上級懲戒裁判所の副長官に任命された。(19) しかし、一九三三年にヒトラー政権が成立する前後から、医師や商人に加えてユダヤ系法律家への迫害が始まり、四月に制定された「職業官吏再建法」により、裁判官を含む公務員の排除が本格的に開始された。(20) オプラーはこのような状況下でも「気持ちの上では常に、赤い法服を着用して臨む会議を真実のものと考えていた」が、上級行政裁判所において懲戒裁判所の会合が持たれ、その会合に長官代理として臨んだ際に、裁判所の建物に「ユダヤ人立ち入り禁止」という「友好的」な言葉が書き留められているのを目にするに至って、六月に懲戒裁判所の職を辞することを願い出、結局その後、裁判官としての職そのものを辞して、同年のうちにケルンに移ることを選ばざるを得なかった。(21) オプラーはこの時の様子を、以下のように述べている。

私自身、裁判官の職を辞すことで極めて心が重くなった。私の異動が公にされた日、朴訥な裁判所補助員が善意の提案を行った。私の法服を、別の誰か、あるいは私の後任に売却してはどうかというのである。「否」と私は叫んだ。「私は法服と離れることはしない。私は、将来いつかこれを身につけることを確信している」からであった。実際には、この良き時代の記念品は、私の妻が私を追ってアメリカにやって来た際携えてきた、ごくわずかの品物の一部となった。[22]

同年一〇月にベルリンを離れたオプラーは、ケルンの地方公務員となったが、一九三五年九月に制定された所謂「ニュルンベルク法」の影響で、一九三六年四月にはケルンを離れている。[23] そして一九三八年一一月の「水晶の夜」事件の衝撃によって、亡命を決断することとなったのである。[24]

(二)「亡命ドイツ法律家」として

いよいよ亡命が避けられない状況となり、また上述したように、当初希望していたフランスへの移住が叶わないと知ったオプラーは、伯母にあたるヒューゴー・ミュンスターベルグ(H. Munsterberg)の未亡人が住んでいるアメリカへの移住の可能性を考え始める。しかし、その際オプラーの念頭に浮かんだのは、以下のような疑問であった。

しかし、私は学校で英語を学んでいなかったため、以下のことを何度も自問自答しなければならなかった。すなわち、その国の言葉に熟練してさえいないドイツ人の法律家が、合衆国において何をなすべきなのだろうかと。…これらの、優柔不断と絶え間ない葛藤の月が、最もひどい時期であった。[25]

アメリカへの亡命を決断し、一九三九年三月にニューヨークに到着した時、オプラーは四六歳であった。マサチューセッツ州ブルックリンのミュンスターベルグ宅に身を寄せたオプラーは、亡命者に対して無料で開講されていた英語のレッスンを受けながら、店員、飲食店、そして大学での職を探したが、すべて無駄に終わった。[26]しかしオプラーは、偶然ジュスティーヌ・カーショウ（J. F. Kershaw）夫人の知己を得、半年間、その庇護を受けることが出来た。この「奇跡」について、オプラーは晩年になって、幾分感傷的に回顧している。オプラーが、亡命者のための活動に携わっていた女性から雑役夫の口を紹介され、戸惑いながらも二人の老婦人の下を訪れた際、以下のようなやりとりが行われたのである。

私は、彼女達と共に過ごせることを嬉しく思うが、自分が仕事に向いていないのではないかと正直に話した。「私は不器用で、私の妻はいつも、植えた花と雑草の区別がつかないと私のことをからかったものです」と私は説明した。老婦人達は、この不可思議な求職者に困惑したように見え、若い方の婦人が私にこう問いかけた。「それでは、あなたはドイツで何をなさっていたのですか？」「私はベルリンで、上級行政裁判所の裁判官をしていました。」

長い沈黙が続いた。私は、彼女達の目に同情の涙があふれるのを見た。最後に、私に質問した婦人が述べた。「ええ、私達はちゃんとした庭師を探した方が良いと思いますし、あなたは、ご自身の経歴に合ったお仕事を見つけるべきでしょう。」その後、彼女はこう付け加えた。「でもおそらく、私達はお役に立てます！」彼女は電話に向かい、私が理解できない話をした。電話の相手（カーショウ夫人）が後に思い返したところによると、それは以下のような内容だった。

「庭師の少年のあてはある？　ニューハンプシャーで一人、探しているのだけれど。」

「ええ、一人いるわ。私に出来ることを教えてちょうだい。」

「庭師の代わりに、ドイツの裁判官が一人入用ではない？」

「ええ、その方と会わせて頂戴！」[27]

その日の内にカーショウ夫人宅に招かれたオプラーは、オーストリア系のマサチューセッツ大学教授からドイツ語で学歴及び職歴を、続いてハーバード大学教授からフランス語で同様のことを尋ねられた後、請われるままにピアノを演奏して「試験に合格した」旨を告げられたという。[28] こうして、ニューハンプシャー州マールボロのメリーウッドにあるカーショウ夫人の別荘に招かれたオプラーは、夏頃には彼女の蔵書の整理と手紙の口述を月六〇ドルで任されるに至り、同年一二月にはドイツから妻と娘をアメリカに迎えることが出来た。[29]

さて、その後オプラーは、ボストンのベルリッツスクールでのドイツ語教師を経て、一九四〇年にハーバードのリッタウアー行政学校（Littauer School of Public Administration）に住み込みでコンサルタントの職を得、以降、ハーバード大学で様々な仕事に就いたが、[30] オプラーが同大学に設置された民政訓練学校（Civil Affairs Training School, CATS）、及び、陸軍特別訓練プログラム（Army Special Teaching Program, ASTP）において「ドイツの政治的・法的・文化的諸制度」についての教鞭を執った際の「最初の講義のためのノート」を、以下のようなフレーズで始めていることは注目されよう。[31]

皆さんは、一時間以内でドイツ法を包括的に取り扱うという私のテーマが、全く問題外であることを理解されるでしょう。私が試みようとするのは、ドイツ法のいくつかの重要な側面を極めて大まかな線に沿って素描することであり、とりわけ、アングロ・アメリカ法と異なるその特徴を指摘することです。[32]

ここには、大陸法文化圏からやって来たオプラーが、英米法文化圏であるアメリカにおいて構築していった「比較法的差異」の認識を明瞭に見て取ることが出来よう。オプラーのこの認識は、本節の冒頭において言及したように、戦後法制改革におけるアメリカ法継受を「自覚的」たらしめる、極めて重要な要素であった。

ところで、この時期ヨーロッパからアメリカに渡ってきた人々の中からは、マックス・ラインシュタイン（M. Rheinstein）やルドルフ・シュレージンガー（R. B. Sclesinger）、更に、後に言及するアルベルト・エーレンツヴァイク（A. A. Ehrenzweig）等、後の比較法学の発展に大きく寄与することになる著名な「亡命ドイツ法学者」が数多く輩出されている。彼らの知見もまた、大陸法と英米法の間の「比較法的差異」の認識によって育まれたものと理解することが出来よう。(33) しかし、この「比較法的差異」は、多くの「亡命ドイツ法律家」にとっては、必ずしもプラスに働く要因になるとは限らなかったことには、注意すべきである。

一九三〇～四〇年代において、ヨーロッパ大陸からアメリカへと多くの人々が逃れたが、その中には、その後のアメリカ文化に大きな影響を与えることとなる「知識人移民」がかなりの割合で含まれていたことは、良く知られている。(34) 一九四四年に組織された「近時のヨーロッパからの移民」について調査を行った委員会の報告によると、一九三三年から四四年の間に、少なく見積もっても一八〇〇名から二〇〇〇名程度の法律家がアメリカに亡命したとされている。(35) 様々な要因でこの時期アメリカにやって来た「亡命ドイツ法律家」のその後の経歴は極めて多様であるが、(36) その際に問題となったのは、言語の違いは勿論のこと、何よりも法が「音楽や数学とは異なり、国際的な語彙を備え」ていないということであった。すなわち、「比較法及び国際法を専門にしている少数の例外」を除き「実際に外国で法律家を続けることの出来る可能性は排除される」のである。(37) アメリカでは、亡命法律家に対する支援機関が一九三八年に設置され、弁護士資格試験の訓練の援助を行ったが、「その年齢を超えると、再訓練後のチャンスは僅かである」という理由で、援助の対象を三五歳以下の男女に限っており、訓練を受けたのは計二八名にとどまった。[38] なお、報告書の作成にあたって委員会が行った調査に回答を寄せた三一一名の亡命法律家の職業の内訳は、アメリカ国内で法律家を続けている者が一九名、同じく一九名が教授や教員となっているに過ぎず、最も多くの割合を占めていたのは「簿記係、販売員、その他の事務職員」の計一二二名であったという。[39] 後に見るように、オプラーの「比較法的差異」の認識も、亡命先であるアメリカにおいてはほとんど生かされなかったのである。[40]

（13） オプラー前掲『日本占領と法制改革』四頁以下。
（14） Mein Leben in Deutschland vor und nach dem 30. Januar 1933（GER-016-1-9）〔以下、Oppler, Mein Leben として引用〕. なお、九〇頁に及ぶこの文章は、一九四〇年にハーバード大学が主催したエッセイ・コンテストに応募するために書かれたものである（この点、Spalek 博士のご教示による）。
（15） ebenda., S.2. 言うまでもなく、ナチス・ドイツのユダヤ政策については膨大な業績が蓄積されている。本節においては、行論において必要な範囲で参照するにとどめざるを得なかった。
（16） ebenda., S.3.
（17） ebenda., S.56. 後述するように、オプラーがフランス語に精通していたことは、アメリカ及び日本において生かされることとなる。
（18） アメリカでは、一年に受け入れる移民数の上限を定めた上で、その割当を出身国別に定められていたが、一九三八年以降ドイツからの移民希望者が急増し、一九三九年には割当数を超過することとなった（ラウル・ヒルバーグ／望田幸男他訳『ヨーロッパ・ユダヤ人の絶滅　下』（柏書房、一九九七年）三三八頁以下）。
（19） Oppler, Mein Leben, S.3-12.
（20） H－J・デッシャー／小岸昭訳『水晶の夜――ナチ第三帝国におけるユダヤ人迫害』（人文書院、一九九〇年）二〇頁以下。
（21） Oppler, Mein Leben, S.18-23.
（22） ebenda., S.23.
（23） ebenda., S.50. ニュルンベルク法については、栗原優『ナチズムとユダヤ人絶滅政策――ホロコーストの起源と実態』（ミネルヴァ書房、一九九七年）二八頁以下を参照。

(24) オプラー前掲『日本占領と法制改革』六頁。

(25) Oppler, Mein Leben, S.61. 回顧録には次のように記されている。「英語を話すことができず、手先の不器用なドイツの一法律家にとって、アメリカでの生活は希望の多いものではなかった。私は学生時代、ラテン語、ギリシャ語、フランス語を学んだが、英語は随意選択科目だったので、学んでいなかった」（オプラー前掲『日本占領と法制改革』六頁）。

(26) The Duchess of Stone Pond（GER-016-8-10), p.2. オプラーが最晩年（一九七八〜七九年頃）に記したものと思われるが、正確な年代は不明である。なお、欄外に「Historical New Hampshire における公刊を希望する」旨の一九八二年六月付の書き込みがある。これはおそらくオプラーの死去後に娘のエレンにより書き込まれたものと思われ、翌年同誌に掲載された（*Historical New Hampshire*, Summer/Fall 1983, vol.38, Issue 2/3, pp.89-116）。

(27) ibid., pp.3-4.

(28) ibid., pp.5-6.

(29) ibid., pp.16-19.

(30) German Civil Service Before Hitler and After, I-II, *Personnel Administration*, vol.4., no.3-4, 1941 Nov-Dec（GER-016-2-2), p.8.

(31) Recommmendation for the Award of Meritorious Civilian Service, 31 May 1948（GER-016-3-17). オプラー前掲『日本占領と法制改革』八頁。なお、民政訓練学校を含むスタッフの訓練組織については、天川晃「占領軍政要員の訓練」同『占領下の日本——国際環境と国内体制』（現代史料出版、二〇一四年）二七頁以下を参照されたい。

(32) Notes for First Lecture, School for Overseas Administration（GER-016-2-13).

(33) 五十嵐清「亡命ドイツ法学者のアメリカ法への影響」同『現代比較法学の諸相』（信山社、二〇〇二年）一四一頁以下。

(34) ローラ・フェルミ／掛川トミ子・野水瑞穂訳『亡命の現代史Ⅰ・Ⅱ——二十世紀の民族移動(1)〜(2)』（みすず書房、一九七二年）、前川玲子『亡命知識人たちのアメリカ』（世界思想社、二〇一四年）等を参照。

(35) Maurice R. Davie, *Refugees in America, Report of the Committee for the Study of recent Immigration from Europe*, Harper & Bros. pub., New York, London, 1947, p.287. フェルミによると、これらの人々には「移民」「亡命」「流浪」「追放」等の様々な態様があり、一様には言い尽くせないという（フェルミ前掲『亡命の現代史Ⅰ』一八頁）。本節では、上掲の五十嵐論文で用いられた訳語と平仄を合わせ、「亡命ドイツ法律家／法学者」と表記した。なおフェルミは、「知的職業人」は彼女の定義する「知識人」ではないとした上で「誰を法律家と呼ぶか」の定義があいまいであり、国によっても異なるので、法律家を「知識人移民」に参入するかどうかの判断を留保しているようである（九六頁）。

（36） この点は、近時ドイツにおいて研究が進んでいる（Horst Göppinger, *Juristen Judischer abstammung im "Dritten Reich", Entrechtung und Verfolgung*, 2., vollig neubearbeitete Auflage, Beck, München, 1990; Erunst C. Stiefel, Frank Mecklenburg, *Deutsche Juristen im amerikanischen Exil (1933-1950)*, Mohr, Tübingen, 1991; Marcus Lutter, Ernst C. Stiefel, Michael H. Hoeflich (hrsg.), *Der Einfluß deutscher Emigranten auf die Rechtsentwicklung in den USA und in Deutschland*, Mohr, Tübingen, 1993）。本節において意識的に区別して取り扱っている「亡命ドイツ法律家」と「亡命ドイツ法学者」の差異の分析は、これらの文献を踏まえて別の機会に行うこととしたい。

（37） Davie, op. cit., p.287.

（38） ibid., pp.290-291.

（39） ibid., p.299.

（40） オプラーは日本において、敬意を持って「オプラー博士」や「ドクター・オプラー」と呼ばれることが多かったが（例えば、内藤頼博「ドクター・オプラーを訪ねて」『法曹』三六九号（一九八一年）二頁以下等）、博士号を有してはいなかった。

三　戦後法制改革と比較法

（一）大陸法と英米法

オプラーは一九四四年四月に対外経済局（Foreign Economic Administration, FEA）に入り、ドイツ及びフランスに関する研究等を行っていたが、(41)日本がポツダム宣言を受諾して第二次世界大戦が終結したのを受けて、対外経済局は一九四五（昭和二〇）年九月二七日に廃止され、国務省へと移管された。(42)オプラーに日本への配属が打診されたのはそのしばらく後であったと考えられるが、その赴任に大きく関わったのは、当時民政局行政係（Public Administration Branch）の係長であった、チャールズ・ケーディス（C. L. Kades）であった。(43) ケーディスは後年のインタビューにおいて、「日本の法制はヨーロッパ大陸法系なのであるから、日本の法制改革のためにGHQには大陸法の専門家が必要だと早い時期から意識して」おり、「実際に大陸法の専門家を民政局に招聘すべきだ」と要請したのは自分であり、「ワシントンDCの陸軍省に電報を書いて、民間人の人事部局で、大陸法に造詣の深い民間人を雇ってGHQに赴任させて欲しいと要請した」と述べている。(44) 同年一二月二六日の民政局の機構改革案を示す文書において、「長期の計画」を行う計画グループ（Planning Group）のスタッフに既にオプラーの名前が見えていることから、(45) この時期までには上記の「大陸法に造詣の深い民間人」の派遣要請が行われていたことになるが、(46) 日本占領開始直後に、既にこのような「比較法的差異」の認識が示されていたことは、注目すべきであろう。(47)

オプラーは一九四六（昭和二一）年一月末にアメリカを離れ、GHQの民政局に同年二月二三日に配属された。この時民政局は、所謂「マッカーサー草案」の起草という「最も劇的な仕事をなしとげたところ」であり、オプラーは「この冒険的で驚くべき仕事には参加しなかった」(48) ものの、その直後から開始された広範な法制改革において、中心的な役割を果たすことになる。このことは、憲法草案の起草を担ったことにより、民政局がGHQにおいて「改革」を主導する極めて強い地位を確立したことの反映でもあった。(49) 日本政府は、三月六日の憲法改正草案要綱の発表後、直ちに憲法附属法等の整備のための組織作りに着手し、七月に臨時法制調査会が設置されるに至っているが、(50) オプラーはこの間、三月二八日の細野長良大審院長との会談を皮切りに、積極的に日本側関係者と接触を図っている。その対話の中で、例えば細野が「日本における民事及び刑事手続は、全般的にドイツの制度に基礎を置いている」と述べ、「日本ではまだ十分に理解されていないアングロ・サクソンの制度をそのまま導入することは誤っている」との見解を表明し、[51] オプラーが「私達が大変多くの点で意見が合う」との認識を直ちに示したことは、[52] ケーディスが「大陸法の専門家」を日本に招聘した意図からすれば、いわば必然の結果であった。臨時法制調査会の設置に併せて、民政局側で司法関係を管轄する同調査会第三部会の担当となったオプラーは、同年一一月に民政局に新設された法務課（Legal Division）の課長に任ぜられ、その後、翌年四月の法務課の司法法制課（Courts and Law Division）への改組を経て、一九四八（昭和二三）年五月に司法法制課が法務局に移管されるまで、法制改革の中核的役割を果たすこととなる。オプラーは、その大陸法の知見に基づいた「比較法的差異」の認識を活用して、占領下におけるアメリカ法継受に対して、主として抑制的な観点から関与する役割を果たすこととなったのである。[53]

ところでオプラーは、日本における法制改革に関して「連合国占領下における日本の法制度及び司法制度の改革」と題する論文を、一九四九（昭和二四）年八月号の『ワシントン・ロー・レビュー』誌に発表している。[54] この論文は、オプラーが関与した戦後法制改革に対しての簡潔な要約であると共に、オプラー自身の改革に臨むスタンスをも示したものであるが、この論文の公表は、本節の問題関心にとって興味深い、二つの反応を引き起こしている。

その第一は、前述した「亡命ドイツ法学者」の一人である、アルベルト・エーレンツヴァイク[55]からの反応である。エーレンツヴァイクは、オプラーの論文が公表された直後、同年九月二〇日付で、以下のような書簡をオプラーに送っている。

私は最近、カリフォルニア大学バークレー校教授に任命され、幾つかの講義の一つとして、比較法の講義を担当することになりました。私はいつも、我々の法学教育が極東法（the laws of the Far East）を無視しているということに、大変なギャップを感じております。ワシントン・ロー・レビュー最新号の、日本の法制改革に関するあなたの論文は、このギャップを見事に埋めるものであります。私は、大いなる期待とともに、民事手続においても進められているであろう――と私は理解しているのですが――法制改革の結果を楽しみにしております。この領域が、アメリカ法がモデルとして用いられるのが難しい領域であることには、あなたも必ず同意して下さることと存じます。この国に来る前、私はオーストリアにおいて民事裁判官を務めておりましたが、この国の民事手続とオーストリアの民事手続を比較すると、この場合については、大陸法はアメリカ法よりも極めて優れていると言わざるを得ません。そのため私は、あなたがどのように改革における問題を解決したのかという点に、大変関心があるのです。

私は、次学期に比較法学についての講義を行うことになっており、是非、あなたの論文を、私のクラスの必読文献にしたいと思います。我々の〔大学の〕書店において、学生に有償で配布するために、二〇部ないし三〇部の抜刷を入手することは出来ますでしょうか？ ご助言をいただけましたら幸いです[56]。

この書簡に明瞭に看取されるのは、大陸法国における実務経験[57]を素地としたアメリカ法との「比較法的差異」の認識である。オプラーがその論文において示している、戦後法制改革についての以下のような基本方針も、まさにこのような「比較法的差異」の認識に基づいたものであった。

この改革作業に対する監督を委ねられていた占領側の法律家は、熱心のあまり、日本の大陸法（the continental law of Japan）にアングロ・サクソンの法制度の恩恵（the blessings of Angro-Saxon legal institutions）を押し付けないよう、用心しなければならなかった。これらの〔アングロ・サクソンの〕法制度が、本国においていかにその卓越性が証明されていたとしても、それらを採用するにあたっては、それらがこの〔日本の〕異なったシステムに適合するかどうかを慎重に吟味する必要があった[58]。

ところで、エーレンツヴァイクが関心を表明している民事手続法は「いわゆる六法の中で、占領中にアメリカ法の影響の一番少なかった」領域であり、そこで生じたのは「手続法プロパーの面における非常に微弱かつ表見的な摂取」であったとされる。[59] しかし、オプラーは後年「ドイツでの経験に感謝しており、かつ、審理において真実を発見するための裁判所の努力に対してある種の共感を抱いていたにもかかわらず、厳格に糾問的な日本の制度、とりわけ民事訴訟手続に対しては批判的であった」と回顧している。[60] この点は、アメリカ法の「一番影響の大きかった領域」である刑事手続法に関して、[61] オプラーが「刑事訴訟に関してではあるが、確かに私はこの大陸型に賛成する傾向を持っている」と回顧していることと好対照をなしている。[62] このコントラストは、上述のような「比較法的差異」の認識に導かれるべき戦後法制改革が、当然のことではあるが、そもそも「諸法律を新憲法の諸原理と調和させる（bring the laws into harmony with the new constitutional principles）」ことを大前提としていたことを示していよう。[63] 民事手続法の改革がなされなかったのは、エーレンツヴァイクが記していたような、民事手続法に関する大陸法のアメリカ法に対する優越の認識をオプラーが共有していたためではなく、[64] オプラー自身が述べているように、刑事手続法と異なり、その改革が端的に「新憲法によって直接的に要求されなかった」ためであった。[65]

さて、エーレンツヴァイクの書簡に接したオプラーは、直ちにワシントン大学に対して、カリフォルニア大学に自分の論文の抜刷三〇部を送付するよう依頼している。[66] 以下は、エーレンツヴァイクからの礼状を兼ねた、同年一〇月一一日付のオプラーへの返信である。

ワシントン大学から受け取りました抜刷につきまして、そして、あなたからいただいた一九四九年一〇月七日付の親切なご書信につきまして、[67] 感謝申し上げます。あなたの計画と、あなたの同僚の方々のお仕事は、私がもう少し日本法について知ってさえいたならば、自分の比較法の講義を完全に組み替えて、日本法についての講義に変更したくなる〔程に興味深い〕ものです。私は、日本法の大部分は、表面的に大陸法に基づいているだけであり（only seemingly based on the Civil Law）、その理解のためには、大陸法の知見以上に多くのものが必要となるのではないかと思っております。そのため私は、テーマに関する文献をより完全に学ぶまで、少し待たなくてはならないと感じております。

あなたの魅力的な計画に関して、私に何か出来ることはあるでしょうか？　この国には、実務家及び教師として、アメリカ法とヨーロッパ法（European Law）の双方の訓練を受けた者はそれほど多いわけではありません。そのため私は、それが役立つように思われるのであれば、どのような稀な状況（rare situations）においても、貢献を行わなければならないようなある種の義務を感じるのです。そのため、私が何かのお役に立てそうな時は、いつでもお知らせくださるようお願い致します。[68]

民政局においてオプラーとその同僚たちが行った法制改革は、確かに、エーレンツヴァイクの知見が役立つような「稀な状況」であったと思われる。しかし、オプラーの課が民政局から法務局に移管された段階で、このような認識を必要とするような立法作業はほとんど残っていなかった。[69]むしろここで際立つのは、「アメリカ法とヨーロッパ法」、すなわち、大陸法と英米法の双方において「実務家及び教師として（as practioners and teachers）」の訓練を受けた「亡命ドイツ法学者」であり、アメリカにおいて「比較法、国際私法の第一人者」となったエーレンツヴァイク[70]と、大陸法の下での実務の訓練を受けたにとどまる「亡命ドイツ法律家」のオプラーの間の差異である。この点については、本節の最後に再論することとしたい。

(二) 西洋法と「極東法」

さて、上掲のエーレンツヴァイクの二通目の書簡においては、日本法と大陸法の関係について、その影響は「表面的」なものなのではないか、という理解が示されていた。この点と関連して、オプラーの論文に対する注目すべき二つ目の反応として、比較法学者のルネ・ダヴィド(R. David)[71]からのものを取り上げることとしたい。すなわちダヴィドは、一九五一(昭和二六)年二月一八日付でオプラーに以下のような仏文の書簡を送り、日本において行われている法制改革についての資料の提供を求めているのである。


『比較法国際雑誌』のために私が書いたあなたの論文の書評を、あなたにお送りします。私は、この書評が読者の関心を強く喚起することを確信致しております。

もしあなたが、英語にせよ日本語にせよ、近い将来の日本法に関する資料を私にお送りいただくことをお考えいただければ、大変有難く存じます。以下の住所にお送りいただくのが最も便宜でありましょう。パリ第五区パンテオン広場一二番、比較法研究所です。私は、明日にでもあなたご自身がパリにいらっしゃって、あなたが私とパリでお話しすることができればと期待しております。

あなたとニューヨークでお目にかかる機会があれば、大変嬉しく存じます。[72]

オプラーはダヴィドのこの照会に対して、オプラーは三月二三日付の返信において、ダヴィドの関心について感謝を述べ、書評の掲載が極めて光栄であることを伝えた上で、資料について以下のように述べている。

日本における法制改革についての資料に関するあなたのご希望に応じる前に、私はあなたの計画についてもう少し知りたく思います。というのは、勿論、資料の多さという問題があるからです。あなたが特に関心を抱いているのは、民法や刑法、刑事訴訟法、裁判所法等の新法典のテキストでしょうか、あるいは、犯罪に関する月毎の統計、日本法に関して論評を行っている論文、もしくは、これら全てについてでしょうか？[73]

オプラーは、自分の課が作成している文書や、自らの講演記録が掲載されている英文紙などに言及し、次いで、以下のように述べる。

あなたにお会い出来るならば大変嬉しく思いますが、しばらくの間はあなたとお話しする機会がないことは大変残念です。私の比較法的な経験を豊かにするだけでなく、「光の都（"la ville de lumiere"）」を楽しむにも、パリに赴く以上のことは無いと思うのですが。

〔書簡において〕英語を用いたことをどうぞお許しください。一五年前には、私はあなた方の美しい言葉にもっと堪能だったのですが、不運なことに、訓練を行わなかったためにフランス語をほとんど忘れてしまいました。パリに赴く今一つの理由です！[74]

オプラーへの書簡で言及され、おそらくその原稿も同封されていたダヴィドの書評は、『比較法国際雑誌』の一九五一年四〜六月号に掲載された。[75] ダヴィドは、英文三〇頁強のオプラーの論文を仏文四頁に手際よく要約しているが、その要約におけるウェイトの置き方には、ダヴィド自身の比較法的関心が色濃く反映している。例えばダヴィドは以下のように述べる。

オプラー氏はまず、その論稿において、その仕事を導いた考え方を明らかにしている。それは、法制改革によって、民主主義と国際協力の精神を日本に創出する仕事であったが、それは常に日本の伝統の道徳的価値（valeur morale la tradition japonaise）を尊重したものであった。(76)

確かにオプラーも「日本では、慣習と伝統（convention and tradition）が主要な役割を演じるという事実をわれわれは念頭におかなければならない」旨を述べている。(77) しかし、本節において再三強調しているように、オプラーが示しているのは、まず何よりも、以下に引用するような大陸法と英米法との間の「比較法的差異」の認識であり、受容された大陸法が、歴史的に変容を被りながら日本法を形成してきたという理解であった。

占領下における法制度の改革は、日本の法制度が基礎づけられている次の二つの要素を考慮に入れなければならなかった。すなわち、（1）その大陸法的性格（continental character）、（2）慣習と伝統の力（the strength of customs and traditons）である。…改革を計画した人々は、この〔日本法の〕システムが、実際に適用されるうちに、固有の慣習（native custom）の影響によって、母法国〔大陸法国〕において発達してきたものから見ても、相当な変容を被っているという事実を見失ってはならなかった。(78)

更に興味深いのは、刑事訴訟法の制定過程におけるＧＨＱ側と日本側の交渉において採られた手法について、ダヴィドがかなりの分量を割いて紹介していることである。

話し合いは暖かい雰囲気の中で行われ、後には少しずつ衝突が解消されるようになった。交渉の過程では、極東の和解と妥協の精神（l'esprit de concliation et de compromis extrême-oriental）が大きな助けとなった。オプラー氏は、極めて興味深い考察を行っている。すなわち、対立が生じた際、日本人に対して、投票を実施するという民主主義的規範を仕向けることは出来なかった。投票では、少数派は多数派に屈服することになる。日本人は本質的に、少数派が面子を失う恐れがあるこの手続に反対したのである。(79)

周知のように、ダヴィドは一九五〇年の『比較民法入門（Traité élémentaire de droit civil comparé）』において世界の五大法系を分類したが、日本法については中国法に付随する形で簡単に言及するにとどまっていた。しかし、一九六四年の『現代の大法系（Les grands systèmes de droit contemporains）』においては、世界の法を四つの法族に分類し、そのうちの「哲学的・宗教的制度」に「極東法」を位置づけ、その中で中国法と並んで日本法を取り上げている。(80)ダヴィドはこの中で戦後法制改革についても言及し、「一九四五年以降、アングロ・アメリカの影響がローマ法の影響に加わり、これと競い合うようになった」が、「この西欧的な外面（façade）の裏で、日本がどの程度根本的な変容を被り、西欧において知られているような正義と法／権利の観念（l'idée de justice et de droit）を受け入れているのかという疑問は、手付かずのまま残っている」としているのである。(81)

ところで、ダヴィドの「極東法」の叙述は、一九六二年度から六三年度にかけてパリ大学で行われた、野田良之による日本法入門講義に大きく依拠しているが、(82)その野田自身は後に、ダヴィドの『現代の大法系』の記述を引用しながら、「わが国の国家法は、明治維新を境として、構造的には伝統的な固有法とは全く異なる西欧法、特にそのうちで、ルネ・ダヴィド教授が“systeme romano-germanique”と規定される法系に系譜的に連なっていることについて疑いをさしはさむものはあるまい」が、「国家法のみならず生活規範の全体を包摂する意味」での「生きて働いている日本法」は、「機能面においてみるかぎり、それは西欧法とはかなり違った性格のものである」と述べている。(83)この「生きて働いている日本法」への関心は、無論「自覚的摂取」の時代の始まりと共に胚胎していたが、[84] その「性格を科学的に解明し、それに対して明確な立場をとることがわが国の法学者の課題として自覚された」のは、「にわかにクローズ・アップされた英米法を前にして、わが国におけるいわば第二次外国法継受が遂行されていた頃」、すなわち、第二次世界大戦後のことであったのである。[85]

オプラーは「日本は、長い間ドイツ民法の娘法であったであろうが、今や、コモン・ロォ（ママ）の法圏に嫁がせる段階に立ち至っているのであろうか」といった西洋の比較法学者による理解には、その「比較法的差異」の認識から有効に反駁し得たであろう。[86] しかし、ダヴィドからの法制改革に関する素材の照会に対して「新法典のテキスト」や「犯罪に関する月毎の統計」「日本法に関して論評を行っている論文」を挙げていることが端的に示しているように、オプラーの関心はもっぱら国家法に向いており、エーレンツヴァイクがその書簡において示し、また後にダヴィドが野田と共有することになるような「生きて働いている日本法」にまでその「比較法的差異」の認識を拡張することは、おそらく困難であった。オプラーは一九七五（昭和五〇）年のインタビューで「現在でも、日本の刑事訴訟法が、糺問主義に向かうか、弾劾主義に向かうかは、開かれたままに残されているのです」と述べているが、[87] まさにこの時期、日本の刑事訴訟法学界において議論されていたのが、刑事司法の運用に明らかに看取される「日本的特色」についてであったのは、極めて象徴的である。[88]

（41） オプラー前掲『日本占領と法制改革』八頁。オプラーは「民政ガイドブックやハンドブックその他の文書」の作成に携わり、その中には「近づきつつあったドイツの軍事占領に備えて公刊された」と述べている。この点を含め、対外経済局を含む部局における「亡命ドイツ法律家」の活動については、別稿において検討することとしたい（さしあたっては、注（36）に掲げた諸文献、及び、Paul Y. Hammond, Directives for the Occupation of Germany: The Washington Controversy, Harold Stein (ed.), *American Civil-Military Decisions, A Book of Case Studies*, Univ. of Alabama press, 1963 を参照されたい）。対外経済局におけるオプラーの同僚の中で著名なのは、政治学者であり、南朝鮮占領軍のスタッフであったエルンスト・フランケル（E. Fraenkel）であろう（フェルミ前掲『亡命の現代史　Ⅱ』一六五頁以下）。

（42）Graham H. Stuart, *The Department of State; A History of its Organization, Procedure, and Personnel*, The Macmillian Commany, NewYork, 1949, p.431.

（43）天川晃・福永文夫「民政局の組織と機能」同編『GHQ民政局資料「占領改革」別巻』（丸善、二〇〇二年）九頁。以下、本節における民政局の組織及び人員の表記は、基本的にこれに従う。

（44）和田幹彦「元GHQ民政局次長故C・L・ケーディス氏へのインタヴュー」同『家制度の廃止』（信山社、二〇一〇年）四三六頁（聞き取りは一九九三年に行われた）。ケーディスは「私がオプラーという人選をしたのではない」が、「大陸法専門家の赴任を要請し、結果としてオプラーを招聘したことになるのが私であること」を「オプラー自身は亡くなるまで知らなかったかもしれない」とも述べている。

（45）国立国会図書館憲政資料室所蔵「GHQ／SCAP文書」〔以下「GHQ/SCAP」〕GS(B)-01167, Memorandum for the Chief, Public Administration Division, Organization of Public Administration Branch, 26 December 1945. 民政局からは既に一一月初旬、民政局が担当する業務の遂行にあたっては、二〇名の民間人の専門家が新たに必要である旨を記した覚書が副参謀長宛に出されている（GHQ/SCAP, AG(B)-00439, Memorandum for the Deputy Chief of Staff, no title, 1 November 1945）。

（46）この点について、團藤重光が以下のように回顧しているのは興味深い。「一九五〇年にアメリカに行ったときに、フィラデルフィアでオーフィールド（Orfield）教授に会ったのです。そして彼と話をしていたら、かれは日本に来るはずだったのだってね。日本の刑訴を担当して欲しいという注文を受けて、どうしょうかと思ったのだけれども、ちょうどかれはスカンジナビアの出身で、スカンジナビアの法制史か何かの大きな書物を執筆中で、とても時間がないから、残念ながら断わったというのです」（「〈座談会〉刑事訴訟法の制定過程」『ジュリスト』五五一号（一九七四年）三六頁）。

（47）この点に関連して、同年一一月頃にGHQ側で交わされた興味深いやりとりが残されている。すなわち、対敵諜報局長室（Office of the Chief of the Counter Intelligence Officer, OCCIO）から民政局に対する「陪審制度の復活」に関する命令を発することに関する質問に対し、民政局側からは一一月一日付で、陪審制度は一九二八年に「大陸法型に倣った日本の既存の裁判手続」に導入されたが、証拠法の改正や裁判官・弁護士の役割についてのルールについての議論を伴わなかったこと、また、日本の法律家は「大陸法型の実務に慣れすぎて」いたことが指摘され、従って「裁判手続の改正を伴わずに、SCAPの指令によって陪審制度を復活させる試みは望ましくない」こと、また、日本市民の再教育と「コモン・ローの概念による弁護士の再訓練」も必要である旨が述べられている（GHQ/SCAP, GS(B)-02883, Restoration of Trial by Jury, 1 Nov. 45. この文書は、バイヤード（D. S. Byard）が作成し、ケーディスの承認を経て、初代民政局長クリスト（W. E. Crist）から民間諜報局長室に送られたものである）。なお、言うまでもなく、陪審制度の復活の是非は、司法制度改革において最も端的な形で大陸法と英米法の間の「比較法的差異」の認識が示された場であった（詳しくは拙稿「ＧＨＱの司法改革構想と国民の司法参加——占領期法継受における陪審制度復活論」『法学政治学論究』四九号（二〇〇一年）を参照されたい〔本書第二章第二節に収録〕）。

(48) オプラー前掲『日本占領と法制改革』一五頁。オプラーは、三月五日付でマッカーサー草案に対する意見を述べるにとどまっている（犬丸秀雄監修『日本国憲法制定の経緯——連合国総司令部の資料による』（第一法規出版、一九八七年）一五八頁以下）。

(49) 天川・福永前掲「民政局の組織と機能」一八頁。なお、この点に関しては、天川晃「民政局と憲法制定——三つ目の「偶然」」同前掲『占領下の日本』一〇五頁以下の分析が極めて説得的である。

(50) この経緯に関しては、赤坂幸一「戦後議会制度改革の経緯（1）」『金沢法学』四七巻一号（二〇〇四年）二四頁以下に詳しい。

(51) 「細野大審院長の見解」古関編前掲『憲法・司法制度』八七頁以下。この史料は、利谷信義「戦後改革と国民の司法参加——陪審制・参審制を中心として」東京大学社会科学研究所編『戦後改革(4) 司法改革』（東京大学出版会、一九七五年）一五五頁でもいち早く紹介されている。

(52) オプラー前掲『日本占領と法制改革』三三頁。

(53) その役割についての詳しい検討は別稿に譲ることとするが、法制改革についての実証的アプローチは、他の領域の占領史研究よりも遅れていると言わざるを得ない（前掲拙稿「戦後占領期日本の法制改革研究の現況と課題」一五六頁〔本書六一頁以下〕）。

(54) The Legal Reform of Japan's Legal and Judicial System under Allied Occupation, *Washington Law Review*, vol.24, 1949（オプラー前掲「連合国占領下における日本の法制度および司法制度の改革」）.

(55) エーレンツヴァイクについては、さしあたり、五十嵐前掲「亡命ドイツ法学者のアメリカ法への影響」一五五頁以下、及び、同「ドイツにおける比較法の発展」同『比較法学の歴史と理論』（一粒社、一九七七年）八三頁を参照されたい。

(56) Letter from Albert A. Ehrenzweig to Alfred C. Oppler, 20 September 1949（GER-016-3-11）.

(57) エーレンツヴァイクは一九三二年にオーストリアにおいて裁判官に任ぜられ、その後、一九三七年にウィーン大学講師となっている（Stiefel und Mecklenburg, *Deutsche Juristen im amerikanischen Exil*, S.58）。

(58) オプラー前掲「連合国占領下における日本の法制度および司法制度の改革」五一頁。

(59) 「〈座談会〉日本法と英米法の三〇年」『ジュリスト』六〇〇号（一九七五年）三四頁〔三ケ月章発言〕。

(60) オプラー前掲『日本占領と法制改革』一一四頁。

(61) 前掲「日本法と英米法の三〇年」三五頁〔平野龍一発言〕。
(62) オプラー前掲『日本占領と法制改革』一二一頁。
(63) オプラー前掲「連合国占領下における日本の法制度および司法制度の改革」五一頁。
(64) もっともオプラーは、民事訴訟法の改正の背後にあった考慮は「第一に、裁判所の負担軽減であり、第二に、裁判所の父権的干渉主義を弱めることによって、訴訟手続を民主化することであった」とする（オプラー前掲『日本占領と法制改革』一一三頁）。
(65) オプラー前掲「連合国占領下における日本の法制度および司法制度の改革」六一頁。
(66) Letter from Alfred C. Oppler to Milton D. Green, 7 October 1949（GER-016-3-11）.
(67) この書簡は、オプラー文書の中には見出されない。
(68) Letter from Albert A. Ehrenzweig to Alfred C. Oppler, 11 October 1949（GER-016-3-11）.
(69) 天川・福永前掲「民政局の組織と機能」二七頁。オプラー前掲『日本占領と法制改革』一九一頁以下。なお、その経緯については、前掲拙稿「憲法秩序の変動と占領管理体制」五六頁以下を参照されたい〔本書三三四頁以下〕。
(70) 五十嵐前掲「ドイツにおける比較法の発展」八三頁。
(71) ダヴィドについては、René David, *Les avatars d'un comparatiste*, Economica, Paris, 1982を参照されたい。なお、その一部は邦訳されている（ルネ・ダヴィッド《ママ》／小島武司・山口龍之訳「ある比較法学者の軌跡(1)〜(6)」『比較法雑誌』第二三巻第二号〜第二五巻第四号（一九八九〜九二年））。
(72) Letter from René David to Alfred C. Oppler, 18 February 1951（GER-016-3-12）. 次注で引用するオプラーの返信の本文では、ダヴィドからの書簡は二月一四日付とされている。なお、当時ダヴィドはニューヨークのコロンビア大学に所属していた。
(73) Letter from Alfred C. Oppler to René David, 23 March 1951（GER-016-3-12）.
(74) ibid.
(75) *Revue Internationale de Droit Comparé*, Avril-Juin, 1951, pp.362-365. 署名は「R.D.」となっている〔以下、David, compte-rendu として引用〕。
(76) David, compte-rendu, p.362.
(77) オプラー前掲「連合国占領下における日本の法制度および司法制度の改革」四六頁。
(78) 同前。ただし、訳文をかなり変更した。
(79) David, compte-rendu, p.364. オプラー前掲「連合国占領下における日本の法制度および司法制度の改革」五二頁。

(80)五十嵐清「法系論における東アジア法の位置づけ」同前掲『現代比較法学の諸相』二四五頁以下。第五版以降は、「哲学的・宗教的制度」に代えて「社会秩序と法についての他の概念」というカテゴリになっている。
(81)なお、『現代の大法系』は第七版に拠った(7.ed, Dalloz, Paris, 1978, pp.547-551)。
(82)五十嵐清「西欧法学者が見た日本法――「日本人は裁判嫌い」は神話か?」同前掲『現代比較法学の諸相』二七五頁。
(83)野田前掲「日本における外国法の摂取　総論」一八〇頁以下。野田とダヴィドの間の言説の相互参照のあり方は、「日本法」の自己言及的な「同一性」の語りのあり方として興味深い(この点、岩谷前掲「日本法の近代化と比較法」三三一頁以下を参照されたい)。
(84)周知のように、この関心を早い段階で極めて鋭く表明したのは、末弘厳太郎である(六本佳平・吉田勇編『末弘厳太郎と日本の法社会学』(東京大学出版会、二〇〇七年)を参照)。
(85)大木雅夫『日本人の法観念――西洋的法観念との比較』(東京大学出版会、一九八三年)一七頁以下。同書が指摘するように、野田と共にこの問題意識を自覚的に取り扱ったのは、一九六一年にハーヴァード・ロースクールで行われた日本法に関する国際会議において日本法の特色を紹介した川島武宜である(川島武宜「現代日本における紛争解決」A・T・ヴォン・メーレン編/日米法学会訳『日本の法　上』(東京大学出版会、一九六五年))。
(86)コンラート・ツヴァイゲルト「法圏論について」ディーター・ヘーンリッヒ編/桑田三郎編訳『西ドイツ比較法学の諸問題』(中央大学出版部、一九八八年(原著一九六一年))七八頁。なお、大木雅夫『比較法講義』(東京大学出版会、一九九二年)一二三頁も参照されたい。
(87)山中俊夫「オプラー博士とのインタヴュー」『法律時報』四七巻四号(一九七五年)一〇一頁。
(88)三井誠「戦後刑事手続の軌跡」『岩波講座現代の法(5)　現代社会と司法システム』(岩波書店、一九九七年)八一頁以下。

四　結びに代えて――再びアメリカへ

オプラーの「比較法的差異」の認識は、戦後法制改革において、既存の日本法を「新憲法の諸原理と調和させる」ために必要とされたものであり、その過程においては極めて有用であった。しかし、エーレンツヴァイクやダヴィドと書簡を交わしていた頃、オプラーの日本での役割は終わろうとしていた。占領の終結を目前に控え、オプラーは再び「亡命ドイツ法律家」としての困難に直面することになった。

一九五〇（昭和二五）年九月二七日から一一月一八日の約七週間にわたって、田中耕太郎最高裁判所長官、真野毅同判事、穂積重遠同判事、石坂修一東京高等裁判所判事、樋口勝同判事、岸盛一同判事の六名からなる使節団がアメリカを訪問した。[89] オプラーはこの使節団に随行したことを「自分の役人生活で最も感銘的な行事の一つ」と回顧しているが、この使節団の訪米計画の策定には、アメリカで弁護士として活動していたケーディスを始め、既に帰国していた元GHQスタッフが大きく関わっていた。[90] その準備にあたって、オプラーはケーディスに対して以下のように書き送っている。

私は、GHQにおいて極めて本質的な力の減少が生じると考えています。軍事及び安全保障の目的が優勢になっており、改革と民主化の側面は後景に退かざるを得ないのです。私は、なんとかして別の仕事を探す時だと感じています。私は、私のような変化に富んだ経験を持つ人材は、経済協力局（Economic Cooperation Administration, ECA）と同じく、国務省においても何らかの役に立つと考えています。…勿論、私は合衆国における仕事に特に関心を抱いていますが、それが難しいことは知っています。経済協力局について考えるならば、私はフランス語を話し、理解することが出来ますので、私にとって都合が良い土地はフランスです。私はまた、ドイツを除いて、ヨーロッパの他の国も視野に入れています。もし、何らかの機会に、私向きの欠員があることを知った際、あなたが出来ることをしていただければ、大変有難く思います。これらのことは純粋に個人的なもので、内密に願います。[91]

ワシントンD.C.における約二週間の滞在の間、一〇月一九日にケーディスはオプラーを国務省法律顧問のエイドリアン・フィッシャー（A. Fisher）に紹介している。オプラーはフィッシャーと何度か昼食を共にし、二七日には国務省副法律顧問のコンラッド・スノー（C. E. Snow）と知り合った。オプラーは回顧録に、フィッシャーが「使節団に大きな関心を持っていた」と記しているが(92)、日本に帰った後、ケーディスに書き送った以下の書簡に、オプラーの意図を明瞭に読み取ることが出来る。

あなたが彼〔フィッシャー〕に私を紹介して下さったことを、本当に感謝しています。他にも何人かの重要な人物と——特にペンタゴンにおいて——会いましたが、会談によって、私は、良い仕事を見つけることが不可能ではないとしても、極めて難しいことを感じました。他方、ほかの仕事についての確実な見込みを得ること無く、今の地位を離れて合衆国に戻ることは、大変な決断となりましょう。私たちには家も家具も無く、私たちを助けてくれる人もいないのですから、私たちが日本で稼ぐことの出来た数千ドルは、無職のまま過ごす数ヶ月で無くなってしまうでしょう。いずれにせよ、私は遅かれ早かれ〔GHQを〕離れなければならないことを理解していますが、全ての状況を勘案して、今それを行うべきかどうか考えています。しかしながら、私はまだ心を決めかねています(93)。

「亡命ドイツ法律家」のオプラーにとって、占領が終わってからの仕事を見つける材料は、ここでもその「波瀾に満ちた人生」そのものであった。オプラーはワシントンで知り合ったフィッシャーとスノーに対して、合衆国における仕事がないかどうか照会を行っているが、そこで述べられている自らの「有用性」は、「ヨーロッパ、アメリカ、そしてアジアの三つの異なった大陸における私の特異な経験（my unusual experience）」であったのである(94)。オプラーは、国務省関係者に限らず、様々な人物に職の斡旋を依頼しているが、本節の関心から興味深いのは、一九五一（昭和二六）年一一月に、オハイオ大学において「極東研究のための大学院（Graduate School for Far Eastern studies）」の設置が検討されているとの報を、かつてGHQにおいて天然資源局（Natural Resources Section,

NRS）の局長であった人物から聞き、同学の学長に対して行った依頼である。オプラーは、四枚にわたって自分の経歴――そこには勿論、GHQにおける法制改革への「比較法的差異」の認識が示されている――を記した上で、このように述べるのである。

私のこの簡単な経歴の要点からお分かりになるかと存じますが、私の専門とする活動は、決して純粋な法的問題には限られないのであります。私は、私自身のことを、法律家であるのと同じように、社会科学者であり、多様な国々やその文明についての観察者であると思っております。ここ日本において、私の任務は、広範な政策決定の性質（a broad policy-making nature）を帯びているのです。(95)

戦後法制改革は、大陸法と英米法、更に、西洋法と「極東法」という異文化法の重層的な接触の場であった。しかし、「亡命ドイツ法律家」のオプラーは、GHQにおいてその過程で中核的な役割を果たしたにもかかわらず、ここでは、自らの優れて比較法的な営為を「純粋な法的問題」の領域へと敢えて限局しているのである。「亡命ドイツ法学者」としての地位を得ていたエーレンツヴァイク、あるいは、『比較民法入門』を公刊していたダヴィドが、異文化接触において「比較法学」の立場から「日本法」を語り得たことに比すと、彼らとオプラーとの懸隔は、もはや明らかであろう。(96)結局、オプラーが亡命先であるアメリカに戻るのは、占領が終わってから七年余りが経過した頃に「研究職に就きうるという幻想を捨て」、定年を待たずに自ら引退を決めた一九五九（昭和三四）年であった。(97)アメリカに戻ってからも日本に深い関心を持ち続けたオプラーは、その知見を加えながら回顧録を執筆し、(98)一九八二（昭和五七）年四月に八九歳で死去した。その死を悼んで、五月八日にプリンストンのトリニティ・チャーチで行われた礼拝には、四人の聖職者に混じって、ケーディスの姿があったという。(99)

（89）なお、オプラーは使節団に随行してアメリカに滞在している期間、比較的詳細な日記を残している（GER-016-3-23）.

（90）オプラー前掲『日本占領と法制改革』二二一頁以下。

（91）Letter from Alfred C. Oppler to Charles L. Kades, 11 July 1950（GER-016-3-11）.

（92）オプラー前掲『日本占領と法制改革』二三四頁。日付の確定は、注（89）のオプラーの日記に拠った。

（93）Letter from Alfred C. Oppler to Charles L. Kades, 15 January 1951（GER-016-3-12. なお、書簡には「一九五〇年」とあるが、これは誤記であろう）.

（94）Letter from Alfred C. Oppler to Conrad E. Snow, 29 January 1951（GER-016-3-12）.

（95）Letter from Alfred C. Oppler to Howard L. Davis, 29 November 1951（GER-016-3-12）.

（96）無論、ここで用いられる「極東法」や「日本法」という概念をどのように語り得るかという問題は、とりわけ「アジア法」の総体的な把握の試みとも密接に関連する、今後に開かれた課題である（このテーマにつき、さしあたり、今井弘道他編『変容するアジアの法と哲学』（有斐閣、一九九九年）、アジア法学会編『アジア法研究の新たな地平』（成文堂、二〇〇六年）等を参照されたい）。

（97）オプラー前掲『日本占領と法制改革』二四八頁以下。占領終結後のオプラーについては、別稿にて改めて取り上げることとしたい。なおオプラーは、日本の大学からの名誉博士号授与の期待を抱いていたという（八頁。内藤前掲「ドクター・オプラーを訪ねて」六頁以下も参照）。

（98）田中英夫「〈紹介〉Alfred C. Oppler, Legal reform in occupied Japan: a participant looks back」『法学協会雑誌』九四巻二号（一九七七年）二六四頁。田中が適切に指摘しているように、オプラーのこの回顧録はもっぱら記憶に基づいて執筆されたものであり、オプラーの所蔵文書には、占領期のものはほとんど含まれていない。ただし、その執筆にあたっては、謝辞に記されているように、法務局の同僚であったスタンフォード大学のカート・スタイナー（K. Steiner）と頻繁に書簡のやりとりを行っている（GER-016-6-1）。スタイナーに関しては、拙稿「人権擁護委員法の制定過程とカート・スタイナー」『人権のひろば』七六号（二〇一〇年）を参照。また、序論に記されている、回顧録の私家版についても、確認することが出来なかった。他日を期したい。

（99）A Service of Thanksgiving for the Life of Alfred C. Oppler, February 19, 1893- April 24, 1982（GER-016-1-5）.

第二節　トーマス・L・ブレークモアと日本法
——東京帝国大学の学生として、GHQの法律スタッフとして(1)

一　序

トーマス・L・ブレークモア（Thomas Lester Blakemore, 1915-1994）に関する史料は、その活動に応じる形で様々な機関に所蔵されている(2)。まず、ブレークモアの来日の契機を作ることになった現代国際事情財団（International Current World Affairs, 以下「ＩＣＷＡ」）のオフィスには、ブレークモアが滞在先から同財団理事のウォルター・ロジャース（W. S. Rogers）に宛てて送付した計七二通のレポートを含む書簡類が所蔵されている(3)。このレポートは、ブレークモア財団（Blakemore Foundation）にも副本が所蔵されているほか、ノースウェスタン大学のウィグモア文書（J. H. Wigmore Papers）にもその一部が含まれている(4)。一方、ブレークモアの個人文書は、帰国の際にアメリカに持ち帰ったものがブレークモア財団に所蔵されているほか(5)、日本に残していったものが東京都あきる野市の「協同村ひだまりファーム」に所蔵されている(6)。勿論、第二次世界大戦中にブレークモアが所属していた情報調整局（Coordinator of Information, COI）、及び、それが改組された戦略諜報局（Office of Strategic Service, OSS）に関する史料、更に、後述するように、終戦後にブレークモアが再来日する際に所属することになった国務省の史料の中にも、その活動の記録を見出すことが出来る。また、ブレークモアが極めて大きな役割を果たすことになった戦後法制改革に関しては、ＧＨＱ／ＳＣＡＰ（General Headquarters/ Supreme Commander for the Allied Powers, 連合国最高司令官総司令部、以下断りのない限り「ＧＨＱ」）、とりわけ、民政局（Government Section, GS）及び法務局（Legal Section, LS）の史料に多くの文書が含まれている。これに対して、戦後法制改革に関する日本側の史料は、既存の研究においては主に学識経験者の個人文書に依拠することが多かったが、近時、司法省・法務庁・法務府の史料も公開されつつあり、ブレークモアが果たした役割をより実証的に追うことが可能となりつつあると言えよう。(7)

本節においては、上述の史料を用いながら、ブレークモアと日本法の関係について、法制史的な分析視角に比較法の観点を加え、若干の検討を行うこととする。具体的にはまず、一九三八（昭和一三）年から一九四一（昭和一六）年までのブレークモアの留学の期間における比較法学者たちの関わりと、東京帝国大学におけるブレークモアの活動について概観する。次に、一九四六（昭和二一）年の再来日と民政局への移籍の経緯を明らかにした上で、民政局及び法務局における法制改革へのブレークモアの寄与の枠組みについて、立法関係者に見られる「比較法的差異」の認識という側面から把握することを試みたい。(8)

（1）　本節は、二〇〇九年五月二八～二九日にブレークモア財団及び国際文化会館の共催により開催されたトーマス・Ｌ・ブレークモア記念シンポジウム「戦後日本の法と実務：戦後の法改正とその影響」において行った報告を元にしている。報告の機会を与えて下さったジョン・ヘイリー教授に、改めて深く御礼申し上げたい（同シンポジウムの記録は、John O. Haley and International House of Japan eds., Proceedings of The Symposium Honoring the Contributions and Career of Thomas L. Blakemore entitled Law and Practice in Postwar Japan: The Postwar Legal Reforms and Their Influence, The International House of Japan and The Blakemore Foundation, 2010として公刊されている）。本書に収録するにあたっては、報告において用いたものの、分量の関係で上記記録集には収めることの出来なかった史料を用いて改稿を行った。

（2）ブレークモアに関する本格的な評伝は管見の限り未だ公刊されていないが、インタビューに依拠したものとして、下嶋哲朗「日本を自立させたあるアメリカ人法律家の軌跡」『Esquire日本版』七巻一〇号（一九九三年）一二四頁以下、及び、ロバート・ホワイティング／松井みどり訳『東京アウトサイダーズ』（角川書店、二〇〇四年）二八八頁以下がある（なお、後掲注（5）を参照）。夫人のフランシスについては、詳細な評伝が公刊されている（Michiyo Morioka, *An American Artist in Tokyo: Frances Blakemore 1906-1997*, The Blakemore Foundation, Seattle, 2008）。

（3）以下「ICWA Blakemore files」として引用する。ＩＣＷＡの沿革と活動に関する詳細は、同財団のホームページを参照されたい（http://www.icwa.org/index.asp）。なお、史料収集において懇切なご協力をいただいたSteven Butler氏（Executive Director）に、この場を借りて深く御礼申し上げたい。

（4）ノースウェスタン大学のウィグモア文書に関しては、岩谷十郎「ジョン・ヘンリー・ウィグモアの残した二つの契約書――「日本関連文書」の構造とその研究」『近代日本研究』一三巻（一九九六年）二五頁以下を参照。同文書内のブレークモアのレポートに関しては、岩谷十郎教授にその存在についてご教示をいただいた。ここに記して感謝を申し上げたい。

（5）ブレークモア財団の沿革、及び、その活動に関する詳細については、同財団のホームページを参照されたい（http://www.blakemorefoundation.org/）。なお、財団理事のグリフィス・ウェイ（G. Way）氏は、ブレークモアによる回顧録の草稿と推定される断片的なメモを含んだ財団所蔵史料を用い、比較的詳細な評伝を執筆している（Griffith Way, "Thomas L. Blakemore — From Beginning up to Occupation（1946）", unpublished）。

（6）以下「あきる野市ブレークモア文書」として引用する。「協同村ひだまりファーム」は、ブレークモアが使用していた別荘及び農園をその敷地に含んでおり、「あきる野市ブレークモア文書」は現在、別荘及び農園と共に、生活クラブ生活協同組合（http://www.seikatsu-club.jp/index2.htm）が管理している。なお、史料の整理及び収集において懇切なご指導、ご協力をいただいた天川晃教授、中武香奈美氏（横浜開港資料館）、飯嶋誠一郎氏（あきる野市役所）、及び、「書の杜サークル」の皆様に、この場を借りて深く御礼を申し上げたい。

（7）なお、近時公開された法務図書館の所蔵史料に関しては、さしあたり拙稿「法務図書館所蔵「未整理図書」の整理作業について」『刑政』一二〇巻八号（二〇〇九年）、同「法務図書館所蔵「未整理図書」について――刑事法関係史料を中心に⑴～⑵」『研修』七三三～七三四号（二〇〇九年）を参照されたい。

（8）この「比較法的差異」という視角は、野田良之の用いた分析枠組みに負うものである（野田良之「日本における外国法の摂取　序説」伊藤正己編『岩波講座現代法⒁　外国法と日本法』（岩波書店、一九六六年）一六一頁以下）。なお、岩谷十

郎「日本法の近代化と比較法」『比較法研究』六五号（二〇〇四年）三二頁以下を参照。

二　東京帝国大学の学生として

ブレークモアとＩＣＷＡとの関わりは、一九三八年に同財団理事のロジャースがまったくの偶然によってオクラホマに滞在したことから始まったようである。ＩＣＷＡは当時、極東法研究のための海外派遣候補者を選定しており、ロジャースはオクラホマ滞在時にこの計画をオクラホマ大学に伝えた[9]。これに対してオクラホマ大学からは、同年二月二八日付で、当時ロースクールの最上級生として在籍していたブレークモアを「活動的で卓越した知性の持ち主」として推薦するにふさわしい人物であるとの書簡がＩＣＷＡに送られ、ブレークモアとＩＣＷＡとの接触が始まることとなった[10]。ところで、本節の観点から興味深いのは、ロジャースがブレークモアに対して、同年四月一九日付の書簡において、財団の負担でシカゴに赴き、マックス・ラインシュタイン（M. Rheinstein）とジョン・ウィグモアに会うよう示唆していることである[11]。ドイツ出身の法学者で、一九三三年にアメリカに渡り、一九三五年にシカゴ大学からの招聘を受けていたラインシュタインは、戦後の比較法学研究の中核を担うことになる人物であり[12]、後にノースウェスタン大学ロースクール名誉学長となったウィグモアは、明治中期に慶應義塾大学部法律科開設にあたって約三年の間日本に滞在し、江戸時代の裁判史料の英訳をも試みた、日本法研究のパイオニア的存在であった[13]。ラインシュタインとウィグモアに面会してその適性を評価されたブレークモアは、六月一日に正式にＩＣＷＡのメンバーとなり、まずイギリスのケンブリッジ大学に派遣されること[14]

となった[15]。このことの意図については、やはり当時の指導的な比較法学者であったハロルド・ガッタリッジ（H. C. Gutteridge）に宛てたラインシュタインの一九三八年九月一四日付の書簡の以下のような文章に示されている。

幾人かの若いアメリカ人法律家を近東及び極東においてトレーニングするというロジャース氏の計画について、既にお聞き及びのことと存じます。このアイデアの背景には、アジアの国々における多くの法律のエキスパートを得たいという希望だけではなく、これらの地域において、彼らの精神と向上心によってこれらの国々の文明（civilizations）に徹底的に精通した人物を得たいという希望に依拠しています。ロジャース氏は、外国について学ぶ方法を知るための最も良い方法の一つはその国の法を学ぶことであるという確信を持っています。ロジャース氏の計画は、将来における比較法の発展にとって重要なものであると思われます。我々は取決めを作成しており、比較法学者による会合をこの間に持ちたいと希望しています。

しかしながら、ロジャース氏と私は、上述のような成果を得るためには、ロースクールを卒業したばかりのアメリカ人をすぐに東方に送り込むことでは不十分だと理解しています。我々は、このような場合には、上記の若者が、比較法学者としてではなく、日本もしくは中国、あるいは他の諸国の法の単なる技術的な専門家としてアメリカに帰ってくることになることを危惧しています。…ブレークモアは西洋の田舎出身で、ロジャース氏が日本プロジェクトに彼を選び出すまで、アメリカ国内ですら旅行をしたことがありません。日本で成果を得る前提として、彼には更なる教育が必要です。私は意図的に「教育」という言葉を用いました。勿論、彼には多くの情報も必要ですが、彼にまず必要なのは、更なる知的教育なのです。彼は、成功を収めた新聞記者と学者を区別するような何ものかを身につけなければなりません。彼には、異なる二つの法システムを比較するための第三の視座を得るための知識が必要なのです。私が言わんとしているのは、メイトランド（Maitland）やヴィノグラドフ（Vinogradoff）、ブライス（Bryce）、そして貴方自身のような精神的態度のことであり、私は、彼がこのような精神を身につけることの出来る場所としてケンブリッジ以上の場所を知りませんし、貴方以上に彼に良い助言を行うことの出来る人物を知りません[16]。

ラインシュタインの方針に基づき、ブレークモアは一九三八年九月から翌三九年六月までケンブリッジ大学のガッタリッジの下で主として比較法を学び、また、「日本語学習の端緒として」ドイツ語の習得を試みた。「日本の裁判所及び法学者がドイツ法の解釈を頻繁に参照するため、近代日本法を完全に理解するためにはドイツ語の読解能力がほとんど不可欠なものである」というのが、ドイツ語学習についてのラインシュタイン及びガッタリッジの助言であった。[17]ドイツ語及びドイツ法の知識の習得は、ヨーロッパの緊迫した情勢の影響もあり、必ずしも満足なものとはならなかったものの、ブレークモアはともかくもヨーロッパにおける留学を終え、アメリカへの一時帰国を経て、九月二六日にサンフランシスコから日本に向けて出発したのである。[18]

ブレークモアは一九三九（昭和一四）年一〇月に横浜に到着したが、ブレークモアが乗船した龍田丸には駐日大使のジョセフ・グルー（J. C. Grew）も乗船しており、ブレークモアは、同じくＩＣＷＡからの援助を受けてインドに渡る途中であったフィリップス・タルボット（P. Talbot）と共に、船上でグルーと幾度か面会する機会を持ち、語学教育に関する助言を受ける約束を取り付けている。[19]グルーからの紹介に基づき、ブレークモアは来日直後から、アメリカ大使館の日本語担当官の下で語学の習得に励むことになる。[20]

ところで、上述のアメリカへの一時帰国の際、ウィグモアが当時の慶應義塾塾長小泉信三への紹介状をブレークモアに与え、同学に入学するよう強く勧めていることは、特筆すべき点であろう。[21]ブレークモアが日本に到着し、現地で日本語の学習を行っている際にも、ウィグモアは、ブレークモアはもっと早く日本語や日本文化に取り組むべきであったと述べ、日本語の習得にあたっては会話を重視すべきであることを強調し、その上で、「国家からの命令を受けず、また、学部及び学生の間の交流が妨げられることのないという意味で自由」な「慶應義塾のロースクール」が有効な場であることを、ロジャース及びブレークモアへの書簡を通じて繰り返し伝えている。[22]しかしブレークモアは、「個人的な会話において、ウィグモアが慶應義塾に強い愛着を抱いていることは明らかであり、その感情を傷つけたくはない」とためらいを見せながらも、「可能な限り慎重に評価しても、慶應義塾の法学部は三流（3rd rate）であり、東京帝国大学が随一のロースクールである」として、最終的には東京帝国大学を留学先に選ぶ意思をICWAのロジャースに伝えている。[23]

ブレークモアの東京帝国大学へのアプローチは来日直後から始められており、同年一二月には同大学のキャンパスで、高柳賢三、高木八尺、我妻榮、田中耕太郎と面会している。彼らはブレークモアに「これまで幾人かのドイツ人法律家は来たことがあるが、英語圏からの留学生はおそらく初めてではないか」と述べたという。[24]ジョセフ・デ・ベッカー（J. E. de Becker）など少数の実務家を除き、英語圏における日本法への本格的な取り組みは、この時期にはごく限定されたものであった。[25]ブレークモアは精力的に日本語の習得に励み、一九四一（昭和一六）年一月には「三年近い希望と絶望の日々の結果、ついに私は日本語で法律を素材にした勉強を開始する段階に至った」として、穂積重遠の『民法読本』を素材としたレクチャーを受けるまでに上達した。[26]

同年四月に高柳賢三の仲介によって東京帝国大学大学院への入学を許可され、ブレークモアは同大学大学院において「日米両法ノ比較研究」を行うこととなったが、[27]最初に選んだ穂積重遠の親族法の講義は「楽観的な気分が消えていく」ほどに難解で「二時間の講義のうち、私が完全に理解することの出来たセンテンスはほんの僅かであった」という。[28]しかしブレークモアは、後に受講した穂積の講義について、「純粋かつ単純な法学教育と、社会制度としての家族の様々な角度からの講義との折衷」という特色があり、その講義では「日本と西欧双方を対象とした歴史的説明と、それ以上に、基礎的な社会状況や動向への熟考」が伴っていたと述べ、更に、外国法との関係では、以下のように興味深いコメントを残している。

通常の回では、親族法の講義の出席者は六百人を超えることになる。そのため穂積学部長は、法律家を目指す者と官僚を目指す者の双方に対して講義を行うにあたって、重要な論点を絞り込み、技術的でない素材を提示している。

このことと類似している点は、彼の日本の法規範と外国との比較の多用である。しかし、これはおそらく、講義が専ら法律家のために開講される場合でも行なわれるものと思われる。日本の法典が相当に広範囲な外国の制定法の混合物であることから、この国で現在の家族法の真の姿を描くためには、このことが必要なのだと思われる。同様に、直接かつ実践的な配慮もなされている。おそらく日本の裁判所は、制定法に関する外国の解釈を、アメリカにおいて他の州における判決を用いるのと同じように迅速に、説得力のある権威として受容している。いずれにしても穂積学部長は、外国法を頻繁に参照し、ドイツ語・英語・フランス語・ラテン語の引用と述語を常に板書していた。(29)

ブレークモアの東京帝国大学大学院生としての在籍は、しかし、日米関係の悪化に伴ってわずか半年程度にとどまった。同年七月、アメリカの在米日本資産凍結に対抗する形で発出された「外国人関係取引取締規則」により、日本に滞在している外国人は退去を余儀なくされ、(30) ＩＣＷＡのロジャースは、帰国についてアメリカ大使館の助言を仰ぐよう八月一二日付でブレークモアに電信を送ったが、(31) ちょうど野尻湖に滞在していたブレークモアには連絡がつかず、無事に帰国できるかどうかが危ぶまれた。(32) 厳しくなった検閲の影響で一週間遅れでロジャースの電信を受け取ったブレークモアは、二〇日に野尻湖から東京に戻り、グルーの助言に従って直ちにアメリカへの帰国の手段を探し、その結果「大使館による働きかけによるものか、あるいは穂積学部長が自分のためにコンタクトをとってくれたためかは分からない」が、当初空きのなかった日本郵船の船舶になんとか乗船して、上海及びハワイ経由で九月にアメリカに戻ることが出来たのである。(33)

アメリカに帰国した後、戦時下の情報調整局及び戦略諜報局における活動の期間にも、ブレークモアは日本法への関心を持ち続けており、(34) 戦後占領下の日本において、ＧＨＱのスタッフとして戦前に知己を得た法学者たちとの再会を果たすこととなるのである。

（9） Way, op. cit., p.1.

（10） Letter from Maurice H. Merrill to Walter S. Rogers, 28 February 1938（ICWA Blakemore files, 2）.

（11） Letter from Max Rheinstein to Walter S. Rogers, 27 May 1938（ICWA Blakemore files, 6）. この面会を仲介したのは、ICWAの支援を受けて一九三四年よりソヴィエトに渡り、アメリカにおけるソヴィエト法研究の先駆者となったジョン・ハザード（J. N. Hazard）であった。ハザードはブレークモアについて「彼が退屈で骨の折れる日本語の学習と格闘するに十分な忍耐強い決意と静かな力の持ち主であることを認めるに値する」と評した上で、「要約すると、彼はこの仕事をこなすことが出来ると考えるが、オクラホマ大学のロースクールに戻ることは、もし彼がより知名度の高いロースクールの一つでトレーニングを受けた場合よりも、日本からアメリカに帰国した際のキャリアを継続することをより難しくするかどうかについて、自分は何もコメントしなかった」とロジャースに書き送っている（Letter from John N. Hazard to Walter S. Rogers, 21 May 1938（ICWA Blakemore files, 4））。

（12） ラインシュタインに関しては、五十嵐清『現代比較法学の諸相』（信山社、二〇〇二年）一四八頁以下を参照。

（13） ウィグモアに関しては、岩谷十郎「ウィグモアの法律学校――明治中期一アメリカ人法律家の試み」『法学研究』六九巻一号（一九九六年）一七五頁以下を参照。

（14） Letter from Max Rheinstein to Walter S. Rogers, 27 May 1938（ICWA Blakemore files, 6）, Letter from John H. Wigmore to Walter S. Rogers, 27 May 1938（ICWA Blakemore files, 7）.

（15） Letter from Walter S. Rogers to Thomas L. Blakemore, 3 June 1938（ICWA Blakemore files, 11）.

（16） Letter from Max Rheinstein to Harold C. Gutteridge, 14 September 1938（ICWA Blakemore files, 25）.

（17） Annual Report of Thomas L. Blakemore, 30 September 1939（ICWA Blakemore files, 90）.

（18） Telegram, 19 September 1939（ICWA Blakemore files, 86）.

（19） Letter from Thomas L. Blakemore to Walter S. Rogers, 1 October 1939（ICWA Blakemore files, 91）.

（20） ブレークモアに日本語教育を施したのは、アメリカ大使館の日本語教育主任教官であった長沼直兄であった。長沼及びその日本語教育に関しては、河路由佳「長沼直兄の戦前・戦中・戦後――激動の時代を貫いた言語教育者としての信念を考える」『日本語教育研究』五八号（二〇一二年）を参照。

（21） Letter from John H. Wigmore to Walter S. Rogers, 28 September 1939（ICWA Blakemore files, 89）. ウィグモアは、一九三五

（昭和一〇）年に四三年ぶりに日本を訪れ、二カ月にわたって滞在している（慶應義塾編『慶應義塾百年史　別巻（大学編）』（慶應義塾、一九六二年）三三頁）。

（22）　Letter from John H. Wigmore to Walter S. Rogers, 30 September 1940; letter from John H. Wigmore to Thomas L. Blakemore, 29 January 1941（ICWA Blakemore files 154, 183）.

（23）　Letter from Thomas L. Blakemore to Walter S. Rogers, 11 April 1941（ICWA Blakemore files, 193）.

（24）　Report No. 30 from Thomas L. Blakemore to Walter S. Rogers, 10 December 1939（ICWA Blakemore files, 107）.

（25）　田中英夫「日本におけるアメリカ法研究・アメリカにおける日本法研究」同『英米法研究⑶　英米法と日本法』（東京大学出版会、一九八八年）四二八頁以下。デ・ベッカーの息子エリック（Eric. V. A. de Becker）もまた、日本で弁護士として活躍した（John O. Haley, American Lawyers and the Transformation of Japanese Law and the Legal Profession, John O. Haley and International House of Japan, op. cit., p.89）。

（26）　Report No. 57 from Thomas L. Blakemore to Walter S. Rogers, 13 January 1941（ICWA Blakemore files 176）. ブレークモアは、同書の著者名を「美濃部」としているが、これは単純な誤りと思われる。

（27）　東京大学百年史編集委員会編『東京大学百年史　部局史⑴』（東京大学出版会、一九八六年）二三八頁。なお、『東京帝国大学一覧　昭和一六、一七年』には「トウマス・レスター・ブラッモア」の名が見られる（五〇五頁、五五六頁）。

（28）　Report No. 64 from Thomas L. Blakemore to Walter S. Rogers, 20 April 1941（ICWA Blakemore files, 194）.

（29）　Report No. 68 from Thomas L. Blakemore to Walter S. Rogers, 16 June 1941（ICWA Blakemore files, 198）.

（30）　大蔵省編『第二次大戦における連合国財産処理　戦時編』（大蔵省、一九六五年）五七頁以下。

（31）　Cable from Walter S. Rogers to Thomas L. Blakemore, 12 August 1941（ICWA Blakemore files, 212）.

（32）　東京でブレークモアの親しい友人となったカラマズー大学のトンプソン（L. L. Tompson）は「日本人はアメリカの新聞が書き立てているような怪物ではないので安心して欲しい」として、「トムはアメリカ大使及び大使館高官に知悉されており、彼の退避は保証されている」とブレークモアの両親に宛てて書き送っている（Letter from Lamont L. Tompson to Thomas L. Blakemore, 25 August 1941（ICWA Blakemore files, 218））。

（33）　Report No. 72 from Thomas L. Blakemore to Walter S. Rogers, 16 September 1941（ICWA Blakemore files, 227）.

（34）　Way, op. cit., p.9. なお、竹前栄治『占領戦後史』（岩波書店、二〇〇二年）二九二頁を参照。

三　ＧＨＱの法律スタッフとして

戦後にブレークモアが再来日する直接の契機となったのは、連合国最高司令官ダグラス・マッカーサー（D. MacArthur）から陸軍省に宛てた一九四五（昭和二〇）年九月二三日付の電信において、日本における「政策形成レベル（policy making level）」の法律助手の派遣が要請されたことによる。これに対応する形で、国務省から政治顧問部（Political Advisor, POLAD）に宛てた一〇月一二日付の電信において、ウィリアム・シーボルト（W. J. Sebald）と共に、ブレークモアがその候補者として推薦された[35]。しかし、「経済科学局の法律顧問」として、産業・財政の改革について助言する者を求めるマッカーサーと、「日本の憲法、法律、命令」の改革についての政治的局面からの提案を行う「一般的な法律専門家」を求める政治顧問部のジョージ・アチソン（G. Atcheson Jr.）の間にはかなりの意見の相違があったようであり[36]、ブレークモアには、一〇月二二日付の国務省からの書簡で「アチソンのスタッフに加わって欲しい」との暫定的な要請がなされていたにもかかわらず、その発効は一二月二八日にずれ込み、ブレークモアの来日は翌年一月になった[37]。この期間に何が生じたのかは史料上明らかでないが、この頃、憲法改正を始めとする諸問題をめぐってマッカーサーとアチソンの対立が深まっていたことの影響があったとも推測される[38]。

国務省外交助手として来日し、政治顧問部に着任したブレークモアの任務は、履歴書の記載によると「日米の法的問題に関する一般的助言、現在日本において生じている法的事態に関する研究と分析、日米の国籍法の多様な問題に関する意見の準備」とされているが[39]、ブレークモア自身は、ＩＣＷＡのロジャースに宛てた一九四六（昭和二一）年二月二八日付の書簡の中で、以下のように、やや含みのある内容を書き送っている。

私自身の仕事は確定していません。私は、いくつかのレポートに関連した日本語のレビューに参加しましたが、その際、私がいくつかの法的なプロジェクト（a few legal project）に参加することになるかもしれないという徴候がありました。しかし、（私の最善の外交スタイルによると）日本におけるアメリカ人グループの間には「極めて慎み深い状況（"a situation of considerable delicacy"）」が存在しています。ある法領域の状況は、仕事を必要とするほどに深刻であるにもかかわらず、有益な人材を用いることは必ずしも合理的ではないかもしれません。[40]

政治顧問部は同年四月に改組されて外交局（Diplomatic Section, DS）となったが、[41]この改組に伴って外交局に移籍したブレークモアは、五月初旬には「自分が関心を持っている日本法に関する業務」が外交局の管轄ではないことを理由に民政局への再移籍を願い出ており、五月二〇日付で移籍願が受理された。[42]

民政局におけるブレークモアの法制改革への寄与を検証するためには、法領域ごとの詳細な検討が必要であるが、[43]本節の問題関心からは、ブレークモアが、上司となった「亡命ドイツ法律家」であるアルフレッド・オプラー（A. C. Oppler）と共に、アメリカ法の性急な導入を抑制したことが指摘されるべきであろう。オプラーとブレークモアは、戦前の日本法が基本的にはドイツ法やフランス法に強く影響された大陸型の法システムであり、GHQが導入しようとしている英米型のアメリカ法とは異なるという、西洋の二大法圏の間に存在する「比較法的差異」の認識を共有していたのである。[44]

オプラーとブレークモアの「協働」の具体的な例として、刑事司法制度改革をめぐるGHQ内部の意見対立への対応を挙げることが出来る。民政局において憲法改正の準備が行われ、所謂「マッカーサー草案」が起草されていた頃、GHQ内部ではこれと並行して、民間諜報局（Civil Intelligence Section, CIS）において旧刑事訴訟法（大正刑事訴訟法）の逐条的な検討が行われ、マッカーサー草案手交の約一週間後の一九四六（昭和二一）年二月二〇日頃、日本側に提示されている。テキサスの地方検事であったアントニー・マニスカルコ（A. J. Maniscalco）によるこの提案は、起訴陪審や公判陪審の導入など、明瞭にアメリカ型の刑事司法を志向したものであったが、ブレークモアは同年五月三一日付の覚書によりこれに厳しい批判を加えた。すなわちブレークモアは「この改正案に提示された、極めてアメリカ的色彩の濃い変革について、非常に懸念している」として、「草案を一読して得られた印象は、多くの場合において、現行の日本法が、本質的な欠点や欠陥の故にというよりも、むしろそれが偶々アメリカ型刑事訴訟形態に符合しない、という理由で改変されている、というものである」とマニスカルコの提案を批判し、併せて、「法の発展の歴史は、早急に過ぎる法概念の移植に内在する危険の例証で溢れている。そこには多くのものを獲得する可能性がある一方、有り得る全ての影響を注意深く検討することで、危険は減らされるべきなのである」と、性急なアメリカ法の継受に対して慎重なスタンスを示したのである。[45] オプラーは同日「完全に同意する」旨の覚書を添付して、民政局長のコートニー・ホイットニー（C. Whitney）にブレークモアの覚書を提出し、その結果、マニスカルコの提案はGHQ内部で排斥されることとなったのである。[46]

オプラーとブレークモアは、基本的には日本側に立法のイニシアティブをとらせる方針で戦後法制改革に臨み、同年七月に設置された臨時法制調査会、及び、その第三部会と表裏一体の関係となっていた司法省の司法法制審議会の議論を踏まえつつ、不断に日本側立法関係者と連携を図りながら、GHQの部局間、更に、民政局内部との調整を行いつつ、膨大な量の立法作業に加わった。オプラーはブレークモアを「最も価値ある助手兼助言者」であったと回顧しているが、一方で「私達の大部分の者よりも日本人の考え方をより良く知っており、かつより深く理解していた」ため、その意見が穏健となる傾向があり、「最も熱狂的な改革者からは批判された」とも記している。[47] オプラーとブレークモアが完全に「協働」していたわけではないことを示すのは、憲法の規定を踏まえて全面改正が行われることになった家族法改正におけるそのスタンスであろう。[48] すなわちブレークモアは、一九四七（昭和二二）年六月四日付でホイットニーに提出した覚書において、急進的に家族制度を改革しようとする川島武宜らに同調する傾向のあるオプラーを念頭に置き、以下のような批判を行っているのである。

司法法制課には、臨時法制調査会の少数派の見解、あるいは、改正作業に加わっていない個人やグループの見解に賛成する者がいるが、いかなる場合においても、多数派の提案が完全に非合理的である、あるいは、憲法に反する、もしくは、占領目的に本質的に反するといったような信念を持つほどに強い感情を持つべきではない。…もし明白に違憲であるか、根本的にかつ間違いなく忌避されるべき条文がこの草案に見いだされるならば、その削除は躊躇なく要請されるであろうが、こうした問題は存在しないようである。もし変更が命令されるならば、結果として、外国人の観察者よりも日本の法と社会実態について知悉していることが明らかな法学者百人余りを委員に選んで公正に構成された委員会の答申に代えて、民政局スタッフ個人の見解を採用することになる。(49)

ブレークモアのこのような態度は、民政局内部においても「改革」に対する温度差や、介入の度合いについての温度差が存在することの反映であるが、その背景には、オプラーとブレークモアが持つ「比較法的差異」の認識が、日本側立法関係者との「クロス・ナショナル」な関係との複雑な結びつきが存在していたことを示しているであろう。(50)

（35） Telegram from Department of State to USPOLAD, 12 October 1945（国立国会図書館憲政資料室所蔵「国務省一〇進分類ファイル」〔以下「SDDF」〕(A)-00448). シーボルトは、前述したデ・ベッカーの義理の息子にあたり、戦前は神戸で法律実務に従事していた（ウィリアム・J・シーボルト／野末賢三訳『日本占領外交の回想』（朝日新聞社、一九六六年））。
（36） Telegram from Atcheson to Secretary of State, 16 October 1945（SDDF(A)-00448).
（37） Letter from Findley Burns, Jr. to Thomas L. Blakemore, 22 October 1945; letter from Thomas L. Blakemore to the Secretary

of State, 6 May 1946（「あきる野市ブレークモア文書」4-21, 4-23. シーボルトへの着任要請及び来日も、ブレークモアとほぼ同時期である（シーボルト前掲『日本占領外交の回想』二三頁以下）.

(38) 成田憲彦「日本国憲法と国会」内田健三・金原左門・古屋哲夫編『日本議会史録 ⑷』（第一法規、一九九〇年）二三頁以下。天川晃「民政局と憲法制定——三つ目の「偶然」」同『占領下の日本——国際環境と国内体制』（現代史料出版、二〇一四年）一〇五頁以下も参照されたい。

(39) 国立国会図書館憲政資料室所蔵「ハッシー文書」〔以下「HP」〕2-A-37.

(40) Letter from Thomas L. Blakemore to Walter S. Rogers, 28 February 1946（「あきる野市ブレークモア文書」4-29）.

(41) 政治顧問部の改組は四月一八日付で行われている（竹前栄治『GHQ』（岩波書店、一九八三年）一四三頁以下）。

(42) HP-2-A-38, 39.

(43) その概要については、さしあたり拙稿「戦後占領期日本の法制改革研究の現況と課題」『法制史研究』五六号（二〇〇七年）を参照されたい〔本書第一章に収録〕。

(44) アルフレッド・オプラー／内藤頼博監修、納谷廣美・高地茂世訳『日本占領と法制改革』（日本評論社、一九九〇年）。なお、拙稿「「亡命ドイツ法律家」アルフレッド・C・オプラー——異文化接触としての占領期法制改革」『法学研究』八二巻一号（二〇〇九年）も参照されたい〔本書第四章第一節に収録〕。

(45) 国立国会図書館憲政資料室所蔵「GHQ／SCAP文書」〔以下「GHQ/SCAP」〕GS(B)-01171, Memorandum for the Chief, Government Section, Comments on the Proposed Revision of Code of Criminal Procedure Prepared by Legal Section of Public Safety Section of CIS, 31 May 1946. なお、ブレークモアのこの覚書は、おそらく、J・O・ヘイリーによっていち早く紹介されていた草稿を踏まえたものである（John O. Haley, "Toward a Reappraisal of the Occupational Legal Reforms: Administrative Accountability", 藤倉皓一郎編『英米法論集』（東京大学出版会、一九八七年）五五二頁以下）。

(46) 以上の経過につき、詳しくは、拙稿「GHQの司法制度改革構想から見た占領期法継受——戦後日本法史におけるアメリカ法の影響に関連して」『法学政治学論究』四四号（二〇〇〇年）を参照されたい〔本書第二章第一節に収録〕。

(47) オプラー前掲『日本占領と法制改革』五八頁。

(48) 戦後家族法改正の経過については、和田幹彦『家制度の廃止——占領期の憲法・民法・戸籍法改正過程』（信山社、二〇一〇年）が、日本側・GHQ側双方の史料を網羅的に用いて、その全容を明らかにしている。

(49) GHQ/SCAP, LS-26295 Memorandum for the Chief, Government Section, Revision of the Japanese Civil Code, 4 June 1947.

(50) カート・スタイナー「占領と民法典の改正」坂本義和・R・E・ウォード編『日本占領の研究』（東京大学出版会、一九八七年）四四六頁以下、土屋（森口）由香「アメリカの対日占領政策における民法改正——女性の法的地位をめぐって」『アメリカ研究』二九号(一九九五年)一六八頁以下、和田前掲『家制度の廃止』一五五頁以下を参照。

四　結びに代えて

部分的に意見を異にしながらも、基本的には「協働」したオプラーとブレークモアの占領期法制改革への寄与は、しかし、民政局が「改革」の担い手から後退していくにつれて、徐々にその性質を変化させていった。[51] 司法法制課が一九四八(昭和二三)年五月に民政局から法務局へ移管された数カ月後、既に民政局を離れて帰国していたジョン・マキ(J. M. Maki)からブレークモアに届いた書簡には、かつて「改革」を担ったスタッフが民政局を離れていくことによる人的な変化が映しだされているが、[52] ブレークモアもまた占領終結を待たずに、翌四九年一一月にGHQを去ることを決断した。マキに宛てた同年一〇月三一日付の書簡では、以下のようにブレークモアの率直な心情が吐露されている。

占領に伴う真に興味深い法的業務は終わりました。法制改革は終わり、残っている課題はおしなべて不平処理の類で、忙しないものです。もし日本で法律実務につくことが出来なかったとしても、私はGHQを去っていたと思います。[53]

GHQを去ったブレークモアは、一九五〇(昭和二五)年三月に弁護士法第七条第一項に基づき最高裁判所から承認を受け、同年八月に準会員として第一東京弁護士会に入会し、ブレークモア法律事務所を開設した。その後、一九八八（昭和六三）年に離日するまでの長期にわたるブレークモアの渉外弁護士としての活躍は良く知られている。[54]帰国したブレークモアは、ブレークモア財団を設置してアメリカにおける日本・アジア研究の支援に尽力し、一九九四（平成六）年に七八歳でこの世を去った。

ブレークモアが戦後法制改革において果たした役割は、まず、大陸法と英米法の間の「比較法的差異」の認識をオプラーと共有したことにより、アメリカ法の性急な受容を抑制したことにある。しかし「亡命ドイツ法律家」のオプラーが、自らの経験を媒介として、ドイツ法と戦前の日本法を「大陸法」という共通性の下で静態的に把握していたのに対し、ブレークモアは日本法を、外国法を継受して歴史的に形成された制定法と、それを取り巻く社会的・文化的な文脈によって構成される、より動態的なものとして把握していたものと思われる。おそらく「知日家」と表現するのが妥当だと考えられる、ブレークモアのこのようなスタンスは、ラインシュタインやガッタリッジ、ウィグモア、更には、高柳賢三や穂積重遠らから受けた、重層的な影響の下に形成されたものと言うことが出来るであろう。[55]

（51） 天川晃・福永文夫「民政局の組織と機能」同編『ＧＨＱ民政局資料「占領改革」別巻』（丸善、二〇〇二年）二五頁以下。

（52） Letter from John Maki to Thomas L. Blakemore, 13 September 1948（「あきる野市ブレークモア文書」4-10）. マキに関しては、天川晃「ドン・ブラウンとジョン・マキ――ＧＨＱ文官の戦中と戦後」横浜国際関係史研究会・横浜開港資料館編『ＧＨＱ情報課長ドン・ブラウンとその時代』（日本経済評論社、二〇〇九年）一九九頁以下を参照されたい。

（53） Letter from Thomas L. Blakemore to John Maki, 31 October 1949（「あきる野市ブレークモア文書」4-4）.

（54） ブレークモアの弁護士としての活躍については、別の機会に検討を行うこととしたい。なおブレークモアは、日本にフライフィッシングを紹介した人物としても知られている（ホワイティング前掲『東京アウトサイダーズ』二九八頁）。

（55） 新堀通也編『知日家の誕生』（東信堂、一九八六年）。

第二部

占領管理体制と憲法秩序

第五章　占領管理体制の法的特質

一　序

キャロル・グラックは、第二次世界大戦後の自国史が語られる際、日本においては五〇年以上にわたって「戦後」という形容が用いられ続けていることを指摘し、その理由の一つとして「一九四五年の再出発」という「新しい日本の建国神話」の存在を挙げている。(1) その一方で、この「長い戦後」の理念と強く結びついて語られてきた日本国憲法は、その「成立の法理」や「正当性」を問われ続ける対象でもあった。連合国による占領管理の下での「強いられた「憲法革命」」とも称され得るような出自に基づく「法的な瑕疵」(2) がそこに存在するのだとすれば、それが（比喩的な意味で）治癒するためには、「占領終結後五〇年を超えて、日本国憲法を頂点とする法秩序が全体として持続的に実効的に妥当している」という時間の経過が必要であったと言うことが出来るであろう。(3)

この「長い戦後」において、「占領管理体制」と憲法秩序の変動との関係についての検討に困難が伴ってきたことは容易に想像可能である。具体的な事例として、別冊ジュリスト『判例百選』に継続的に取り上げられてきた最高裁判所の判決を二件見てみよう。一つ目は、「占領法規」として『憲法判例百選』に取り上げられる、一九五三（昭和二八）年七月二二日の大法廷判決である。この判決は「「ポツダム」宣言ノ受諾ニ伴ヒ発スル命令ニ関スル件」（昭和二〇年勅令第五四二号、以下「ポツダム緊急勅令」）、及び、この勅令に基づいて発出された「占領目的阻害行為処罰令」（昭和二五年政令第三二五号、以下「政令第三二五号」）について、「連合国の管理下にあつた当時にあつては、日本国の統治の権限は、一般には憲法によつて行われているが、連合国最高司令官が降伏条項を実施するため適当と認める措置をとる関係においては、その権力によつて制限を受ける法律状態におかれて」おり、いずれも「連合国最高司令官の為す要求に係る事項を実施する必要上制定されたもの」であるから、占領下におい

ては「憲法外において法的効力を有するものと認めなければならない」とした。(4)

二つ目は、「朝鮮人男と婚姻した元内地人女の国籍」として『渉外私法判例百選』に取り上げられる、一九六一（昭和三六）年四月五日の大法廷判決である。この判決は、日韓併合後の植民地時代に朝鮮人と婚姻し、日本国との平和条約（サンフランシスコ講和条約）発効後に離婚した元内地人の国籍について、「平和条約によって、日本は朝鮮に属すべき人に対する主権を放棄したことに」なり、このことは「朝鮮に属すべき人について、日本の国籍を喪失させることを意味する」とした上で、「朝鮮に属すべき人」の基準は「日本と朝鮮との併合後において、日本の国内法上で、朝鮮人としての法的地位をもつた人と解するのが相当で」あるとした。(5) 占領管理体制下において「連合国総司令部の覚書は、あるいは朝鮮人を外国人と同様に取扱い、あるいは「非日本人」という言葉のうちに朝鮮人を含ませ、あるいは「外国人」という言葉のうちに朝鮮人を含ませて」おり、「連合国総司令部の覚書に基づいて発せられた日本政府の「外国人登録令」は、朝鮮人を当分の間外国人とみなし、これに登録を強制した」が、この際の朝鮮人とは「法律上で朝鮮人としての法的地位をもつ人のこと」であり、彼らが「実際において「非日本人」または「外国人」として取扱われ、外国人として登録もした」ことに鑑みれば、「この区別は、日本と韓国の併合のときから一貫して維持され、占領時代にも変らなかつた」ということが、この解釈の前提である。(6)

鵜飼信成は「明治以来の憲法的変革」として、大日本帝国憲法（以下明治憲法）・日本国憲法の施行に加え、ポツダム宣言の受諾・日本国との平和条約の発効の計四つを挙げているが、(7) 本章の問題関心から注目すべきなのは、上述の二つの最高裁判所における解釈の前提に深く関わる法的措置が、いずれも一九四七（昭和二二）年五月三日の日本国憲法の施行による「憲法的変革」に先立って生じたにもかかわらず、占領管理体制の終結まで維持され、占領終結後にもそのまま引き継がれているという点である。本章は、この二つの事案の背景について若干の史料を用いて明らかにし、占領管理体制の法的特質を摘示することを通じて、我が国の「戦後」法史を語る意味について考察することを試みる。[8]

(1) キャロル・グラック「現在のなかの過去」同『歴史で考える』（岩波書店、二〇〇七年）三一六頁以下。

(2) 大石眞『日本憲法史〔第二版〕』（有斐閣、二〇〇五年）三五六頁。

(3) 日比野勤「現行憲法成立の法理」『新・法律学の争点シリーズ(3)　憲法の争点』（有斐閣、二〇〇八年）一三頁。

(4) 刑集七巻七号一五六二頁以下。

(5) 「朝鮮人」等の表記は原史料に従った。

(6) 民集一五巻四号六五七頁以下。なお、『国際私法判例百選』（有斐閣、二〇〇四年）には採られていない。

(7) 鵜飼信成「憲法秩序の変遷」同『司法審査と人権の法理』（有斐閣、一九八四年）三〇四頁。

(8) 本章は主として、「在本邦占領軍々事裁判関係雑件」（外交史料館所蔵）、「入江俊郎文書」「GHQ／SCAP文書」（国立国会図書館憲政資料室所蔵）、「公文類聚」「公文雑纂」「枢密院会議筆記」「井手成三文書」（国立公文書館所蔵（http://www.digital.archives.go.jp/））、「小澤文雄関係文書」（法務図書館所蔵）、及び、アメリカ国立公文書館（NARA）所蔵史料に基づいている。なお、国立公文書館所蔵史料の一部は上掲デジタルアーカイブで公開されているものを利用した。また、帝国議会の会議録については、国立国会図書館の会議録検索システム（http://teikokugikai-i.ndl.go.jp/）を利用した。

二　ポツダム緊急勅令と戦時緊急措置法

（一）　ポツダム命令と憲法秩序

明治憲法第八条第一項に基づく緊急勅令として一九四五（昭和二〇）年九月二〇日に公布され、即日施行されたポツダム緊急勅令は、「政府ハ「ポツダム」宣言ノ受諾ニ伴ヒ連合国最高司令官ノ為ス要求ニ係ル事項ヲ実施スル為特ニ必要アル場合ニ於テハ命令ヲ以テ所要ノ定ヲ為シ及必要アル罰則ヲ設クルコトヲ得」と規定しており、この緊急勅令を根拠法令として、占領終結までに実に五二六本もの所謂「ポツダム命令」が発出された[9]。

元法制局長官の佐藤達夫によると、ポツダム緊急勅令の制定に至る経緯はおおよそ以下の通りである[10]。すなわち、同年八月二〇日にマニラで日本側に手交された指令第一号により「一般命令第一号　陸、海軍」の履行が求められたが、その中には、例えば一二項において「日本国ノ及日本国ノ支配下ニ在ル軍及行政官憲並ニ私人(private person) ハ本命令及爾後連合国最高司令官又ハ他ノ連合国軍官憲ノ発スル一切ノ指示ニ厳格且迅速ニ服スル[11]」とあるように、その履行には立法措置を要すると考えられる内容が含まれていた。そこで、政府内で早速対応が検討されることとなったが、九月一日には「特別ノ法律制定」は行わず、「今後ノ事態ニ依リ特ニ必要ヲ生ジタル場合ニ於テハ其ノ際ニ緊急勅令ノ制定等所要ノ立法措置ヲ講ズル」旨が閣議決定された[12]。しかしその後、占領軍による軍票の使用をめぐる交渉において法的な対応が強く求められたため、急ぎポツダム緊急勅令を発することとなったのである。

明治憲法下では緊急勅令は枢密院の諮詢事項であったが、吉田茂外務大臣が九月一九日の枢密院審査委員会の席上で述べたように、「応機敏速ニ「ポツダム」宣言ノ誠実ナル履行ニ万全ヲ期スル」ことを目的に掲げるポツダム緊急勅令は、何よりもまず「帝国領土内ニ於テ帝国臣民ニ対シ連合国ノ直接強権力ノ行使ヲ防止セントスルモノ」[13]、すなわち、連合国最高司令官に行使の権限が留保されていた「直接行動」につき、指令等を速やかに国内法化する回路を構築することでその行使の枠を可能な限り狭め、「間接統治」に近づけるための措置であった。枢密院の諮詢を経て成立したポツダム緊急勅令は、第八九回帝国議会において、明治憲法第八条第二項の規定に基づき承諾が求められたが、このような「異例ノ立法」[14]である以上、既存の憲法秩序との整合性が厳しく追究されたのは当然であろう。とりわけ繰り返し問題とされたのは、ポツダム緊急勅令が極めて広範な一般的委任を行う授権立法であり、立法権の侵害であるという点であった[15]。しかし政府側は「此ノ緊急勅令ニ於キマシテハ、「ポツダム」宣言ノ受諾ニ伴ヒ連合国最高司令官ノ為ス要求ニ係ル事項ヲ実施スル為特ニ必要アル場合ト云フコトデ、此ノ場合ヲ限定シテ居ル」という解釈を堅持し、「是ハモウ已ムヲ得ヌコト」であるとの説明に終始した[16]。

結局、帝国議会はポツダム緊急勅令に承諾を与えたが、明治憲法下では、緊急勅令は帝国議会の承諾により法律と同一の効力を有すると解されていた。そうである以上は、それを根拠としたポツダム命令も「憲法の予定する通常の委任命令である」と解釈することも可能であり、立法関係者はこの立場を取っていた[17]。しかし問題は、日本国憲法の施行という「憲法的変革」が生じたとしても、この解釈を維持出来るか否かである。すなわち、最後の帝国議会となった第九二回帝国議会において「日本国憲法施行の際現に効力を有する命令の規定の効力等に関する法律」（昭和二二年法律第七二号、以下「法律第七二号」）が制定され、「日本国憲法施行の際現に効力を有する命令の規定で、法律を以て規定すべき事項を規定するもの」の効力は、一九四七（昭和二二）年の一二月三一日に失効する旨が定められたが（第一条）、その際、ポツダム命令がこれに該当するかどうかが問題となったのである。この点について法制局は、日本国憲法施行直後の同年五月には、局内の検討の結果として、帝国議会の承諾を得たポツダム緊急勅令は「新憲法の下に於てもその効力を持続することは他の法律と同様」であり、それ故、その委任に基づくポツダム命令もまた「法律に基く命令と同一視すべきもの」であることとし、ポツダム緊急勅令の委任のあり方については、日本国憲法下で「議論の余地は大きくなつた」ものの、結局帝国議会における旧憲法下の解釈を維持して「新憲法の規定にも違反するものではない《〔ママ〕》」としていた。しかし、ＧＨＱ／ＳＣＡＰ（General Headquarters/ Supreme Commander for the Allied Powers, 連合国最高司令官総司令部、以下断りのない限り「ＧＨＱ」）[18]の民政局（Government Section, GS）は、法制局の立場をそのままの形では容認しなかった。すなわち、民政局の強力な示唆によって、法律第七二号には同年の第一回国会において改正が加えられ（法律第二四四号）、同法の規定はポツダム命令の効力に影響を及ぼすものではないことが明示されることとなったのである。この改正について日本側に示唆を与えた民政局のオプラー（A. C. Oppler）は、上司に宛てた覚書の中で、ポツダム命令は「明白に占領法規（occupation law）を構成し、それらを改正したり、あるいは無効になることを決定したりする国会の権限を超越する（beyond the power of the Diet）」と端的に述べている。[19]

ところで、第八九回帝国議会においては「連合軍最高司令官ノ命令アル場合ニ於テハ、憲法ハ一切之ヲ無視サレテモ致シ方ナイト云フコトニ解釈シテ宜シイ」かどうかという質問も出されていた。[20]佐藤達夫が直裁に認めているように、たとえポツダム命令が形式的には通常の委任命令と認められると解釈したとしても、「最高司令官が超憲法的な権力をもっている以上、その要求如何によっては憲法と抵触するような事項が盛り込まれる可能性」は否定できない。[21]この点に関して極めて大きな問題となったのは、「昭和二十年勅令第五百四十二号ポツダム宣言の受諾に伴ひ発する命令に関する件に基く連合国占領軍の占領目的に有害な行為に対する処罰等に関する勅令」（昭和二一年勅令第三一一号、以下「勅令第三一一号」）である。[22]この勅令が処罰の対象とした「占領目的に有害な行為」とは、「連合国最高司令官の日本帝国政府に対する指令の趣旨に反する行為」を始めとする指令・命令等に対する違反行為と定義されていた。すなわち、ポツダム命令を介して国内法化されていない指令等に対する違反行為が、直接日本の裁判所における特別刑法犯として処罰され得ることとなったのである。当時この勅令第三一一号は「我法制上は空前且絶後と云われるような白地刑罰法規」[23]と評されたが、明治憲法下はもとより、日本国憲法施行後もそのまま運用された。そして、この勅令第三一一号の構造を引き継ぐ形で制定されたのが、冒頭に掲げた一つ目の最高裁判所判決において言及されたポツダム命令である政令第三二五号であった。この事案においては、一九五〇（昭和二五）年の六月と七月に連合国最高司令官マッカーサー（D. MacArthur）から吉田茂内閣総理大臣に宛てて発出された、アカハタ及びその後継紙、同類紙と認められた出版物の発行等を禁止する「書簡」の内容に対する違反行為が「占領目的阻害行為」とされたのである。ポツダム緊急勅令も、また、これを根拠法令として発出されたポツダム命令である勅令第三一一号及び政令第三二五号も、特にそのほぼ無制限な委任のあり方について、新旧の憲法秩序と鋭く矛盾することは明らかであった。占領終結後の最高裁判所が、その法的効力を「憲法外」において認めるとの解釈をせざるを得なかったことは、占領管理体制と憲法秩序との矛盾の克服がいかに困難であったかを、端的に示していると言えよう。

（二）「憲法的変革」と委任立法の位相

広範な委任立法を是認することになるポツダム緊急勅令と明治憲法秩序との齟齬は、無論、立法関係者も十分に認識していた問題である。この点について、第八九回帝国議会に備えて法制局が作成した想定問答が「今回ノ緊急勅令ハ特殊ノ事態ニ基ク已ムヲ得ザル措置」であることに加え、「斯カル委任」について「戦時緊急措置法ノ先例」があることに言及していることには注意すべきであろう。[24]一九四五（昭和二〇）年六月二二日に公布、二三日に施行された戦時緊急措置法（法律第三八号）は、「大東亜戦争ニ際シ国家ノ危急ヲ克服スル為緊急ノ必要アルトキハ政府ハ他ノ法令ノ規定ニ拘ラズ左ノ各号ニ掲グル事項ニ関シ応機ノ措置ヲ講ズル為必要ナル命令ヲ発シ又ハ処分ヲ為スコトヲ得」（第一条）と定め、その対象に「軍需生産ノ維持及増強」「食糧其ノ他生活必需物資ノ確保」「運輸通信ノ維持及増強」「防衛ノ強化及秩序ノ維持」「税制ノ適正化」「戦災ノ善後措置」「其ノ他戦力ノ集中発揮ニ必要ナル事項ニシテ勅令ヲ以テ指定スルモノ」を掲げるもので、国家総動員法（昭和一三年法律第五五号）よりも「はるかにウワ手」の「全権委任法」とされるものである。[25]同法の成立過程については既にその大要が明らかになっているため、以下では、行論に必要な範囲で史料を補充しながら上述したポツダム緊急勅令との対比を行い、ポツダム宣言の受諾という「憲法的変革」の意味について検討してみたい。[26]

戦時緊急措置法の必要性については、第八七回帝国議会において「戦力ノ集中発揮ニ必要ナル各種事項」に関して「政府ニ於テ応機ノ措置ヲ迅速果敢ニ講ズル」必要があるが、「今日各種ノ法制ハ極メテ複雑」であり「戦時下行政ノ機動的ナル運営」が滞る可能性があること、また、「法律ヲ以テ規定スルヲ要スル事項」であっても、「事情ノ急進ニ依ツテ事実上帝国議会ヲ召集シ得ヌコトモアル」ことが挙げられている。[27]法案の準備段階及び帝国議会での審議においては、明治憲法の様々な国家緊急権規定のうち、特に戒厳令（第一四条）及び非常大権（第三一条）の発動の可能性が検討されたことが明らかになっているが、本章で検討すべきは、後にポツダム緊急勅令の根拠となった明治憲法第八条との関係である。同年六月七日付で法制局が準備した想定問答においては、「今日ニ於テ予想シ得ベキ戦時緊急措置ニ関スル統治権発動ノ大綱ヲ法律ヲ以テ予メ議会ノ協賛ヲ経テ定メ置キ現実具体ノ必要ノ生ジタル都度果敢迅速ニ応機ノ措置ヲ講ジ得ルコトト為スコトガ寧ロ憲法ノ精神ニ合致スルモノ」との見解が示され、帝国議会において委任立法を制定することが積極的に是認されている。一方、緊急勅令については「あくまで「臨時緊急ノ必要ガ現実ニ発生スルニ及ンデ始メテ之ヲ発布スルコトヲ得ル」もので、「立法ニ関スル非常例外ノ手段」と位置づけられており、更に、実際に「緊急ノ必要ヲ現実ニ生タル毎」に緊急勅令を制定するのでは「戦時緊急ノ要請」を迅速に満たせないことが、併せて指摘されているのである[28]。

それでは、戦時緊急措置法の広範な授権は本当に明治憲法秩序と矛盾しないのか。この点について法制局の用意した説明は以下の通りである。

本法ハ憲法上法律ヲ要スルトセラレタル事項ヲ一般無制限ニ命令又ハ処分ニ委任セルモノニハ非ズシテ、大東亜戦争ニ際シ国家ノ危急ヲ克服スル為緊急ノ必要アル場合ニ於テ本法第一条ニ掲グル戦力ノ集中発揮ニ必要ナル各種事項ニ関シ応機ノ措置ヲ講ズル為必要ナル限度ニ於テ委任スルモノニシテ即チ時期、目的及事項ヲ限定シ委任ヲ為スモノナルヲ以テ所謂委任命令ノ可能ナル範囲ニ属スルモノト考フ[29]

ポツダム宣言の受諾を挟んで約半年後に用意された、ポツダム緊急勅令に関する法制局の説明と併記してみよう。

本件ハ「ポツダム」宣言ノ受諾ニ伴ヒ、連合国最高司令官ノ為ス要求ニ係ル事項ヲ実施スル為、特ニ必要ナル限度ニ於テ委任ヲシテヰルノデアッテ、目的ノ方カラハッキリシタ制限ヲ加ヘテヰル。従テ委任ノ内容トナル事項モ自ラ限定サレテヰルコトト為ルノデアッテ此ノ程度ノ委任ハ憲法ノ許容スル所デアルト考ヘル[30]。

両者の構造的な類似は、一見して明らかである。とりわけ、ポツダム緊急勅令が起案時には「「ポツダム」宣言ノ受諾ニ伴」うものではなく「大東亜戦争終結ニ関」する措置とされていたことに照らせば、その連続性はより明瞭となろう。[31]

しかし一方、戦時緊急措置法の制定の際に強調された「議会ノ協賛」のあり方については、ポツダム緊急勅令に関する法制局の説明では「憲法ノ条項ニ従ツテ之ヲ議会ニ提出シ其ノ承諾ヲ得レバ法律案ニ付協賛ヲ得タト同様ニ充分立憲的ナル措置ヲ果シタモノト考フベキ」であり「従来ノ例ニ於キマシテモ大体同様ノ扱トナッテ」いる旨が述べられており、[32]この点は当然のように第八九回帝国議会において激しい反発を招くことになった。帝国議会における戦時緊急措置法の審議に際しては、議会側の主張により戦時緊急措置委員会の役割の強化が図られたことが指摘されているが、[33]ポツダム緊急勅令の承諾に関する帝国議会の審議に際して、「法律又ハ緊急勅令ヲ以テ広汎ナル委任立法ヲ行ヒマスル際、必ズ伴フ所ノ機関」である「審議会乃至ハ諮問委員会」として、「「ポツダム」宣言受諾ニ伴フ緊急措置委員会トモ申スベキ審議機関ヲ設ケラレンコト」の希望が述べられていることは、この動きと連続するものと解することが出来よう。しかし、ポツダム緊急勅令に関して、この提言に基づくような「審議会乃至ハ諮問委員会」が設置されることはなかった。[34]ポツダム緊急勅令は、その委任範囲の正当化については戦時緊急措置法の論理を借りながら、委任立法の議会による抑制という点では、ポツダム宣言の受諾という「憲法的変革」の前よりも後退したと言わざるを得ない。その理由は、ポツダム緊急勅令を法律の形で出し直すべきだという主張に接した際の「詰リ已ムヲ得ズシテヤル、此ノ承諾トカ法律トカ已ムヲ得ザルコトヲ捏ネ返スト云フコトハ、避ケル方ガ宜シカラウ」といった政府の答弁に明瞭である。[35]大戦末期の「超非常時」に制定された戦時緊急措置法は、委任の広範さにおいて憲法秩序と鋭く矛盾するものであったが、戦時緊急措置委員会の活動などを介して、議会側は「ぎりぎりのところで実質的に法治主義を維持した」との評価を行う余地が認められよう。[36]これに比して、占領管理体制下に制定されたポツダム緊急勅令は、連合国最高司令官という「超憲法的」存在によって要請されたものであり、そもそものあり方は帝国議会の権限の及ぶところではなかったのである。

（９）法務大臣官房司法法制調査部司法法制課「ポツダム命令について」『J＆R』八〇号（一九九五年）五頁以下。
（10）佐藤達夫「ポツダム命令についての私録（1）」『自治研究』二八巻二号（一九五二年）五頁以下。
（11）外務省編『日本占領及び管理重要文書集（1）』（日本図書センター、一九八九年）四三頁以下。
（12）江藤淳編『占領史録　上』（講談社、一九九五年）二四三頁以下。
（13）「「ポツダム」宣言ノ受諾ニ伴ヒ発スル命令ニ関スル件」「枢密院会議筆記」昭和二〇年九月一九日。
（14）「「「ポツダム」宣言受諾ニ伴ヒ発スル命令ニ関スル件」ニ関スル外務大臣説明案」「公文類聚」六九編・昭和二〇年・一巻。
（15）明治憲法下での違憲論については、田中二郎「ポツダム緊急勅令をめぐる違憲論」『公法研究』一号（一九四九年）七四頁を参照。
（16）「第八九回帝国議会衆議院昭和二十年勅令五百四十二号（「ポツダム」宣言ノ受諾ニ伴ヒ発スル命令ニ関スル件）（承諾ヲ求ムル件）委員会議録（速記）第二回」一九四五年一二月一三日〔松本烝治発言〕。
（17）佐藤前掲「ポツダム命令についての私録（1）」一四頁以下。
（18）GHQの全体像に関しては、竹前栄治『GHQ』（岩波書店、一九八三年）を参照。
（19）拙稿「憲法秩序の変動と占領管理体制――「日本国憲法施行の際現に効力を有する命令の規定の効力等に関する法律」（昭和二二年法律第七二号）の制定及び改正過程を中心として」『桐蔭法学』一四巻二号（二〇〇八年）一頁以下〔本書第六章第一節及び第二節に収録〕。
（20）「第八九回帝国議会衆議院昭和二十年勅令五百四十二号（「ポツダム」宣言ノ受諾ニ伴ヒ発スル命令ニ関スル件）（承諾ヲ求ムル件）委員会議録（速記）第二回」一九四五年一二月一三日〔木下信発言〕。
（21）佐藤前掲「ポツダム命令についての私録（1）」二二頁。
（22）拙稿「「占領目的に有害な行為」と検察官の起訴猶予裁量――占領下における刑事司法の管理と法制改革の交錯」『桐蔭法学』一二巻一号（二〇〇五年）一頁以下〔本書第七章第一節及び第二節に収録〕。
（23）本田正義・勝尾鐐三『新しい刑法　附　占領下の刑事裁判権』（近代書房、一九四八年）九二頁。
（24）「入江俊郎文書」三一―一。
（25）佐藤達夫「法案作りの四半世紀　IX」『自治時報』一〇巻八号（一九五七年）二一頁。

(26) 古川隆久『昭和戦中期の総合国策機関』(吉川弘文館、一九九二年)三四〇頁以下、同『戦時議会』(吉川弘文館、二〇〇一年)二三〇頁以下、官田光史「「超非常時」の憲法と議会」同『戦時期日本の翼賛政治』(吉川弘文館、二〇一六年)二一〇頁以下。なお法制局では、統制法令の整理という側面からの検討も行われていたようである(「井手成三文書」二A—四一—寄一五二九)。

(27) 「第八七回帝国議会衆議院戦時緊急措置法案(政府提出)委員会議録(第一回)」一九四五年六月九日〔鈴木貫太郎発言〕。

(28) 「井手成三文書」二A—四一—寄一三八六。なお、小澤文雄(司法省民事局第一課長)は、戦時緊急措置法について「全権委任ノ形トセザル理由」として「一、憲法上ノ要請」「二、実際ノ必要ノ限度ニテ足ル」こと、「緊勅〔緊急勅令〕ニテハ足ラザル理由」として「一、具体的事態ニ対処スルモノニ非ズ　予測ニ基キテ予メ措置ヲ講ゼントス　此ノ方ガ早イ」「二、緊勅ハ消極目的ニ限ラル、本法ハ積極目的ヲ有ス」ことを記している(「小澤文雄関係文書」A—七—(五)—①)。

(29) 「井手成三文書」二A—四一—寄一三八六。

(30) 「入江俊郎文書」三—二。

(31) 「「ポツダム」宣言ノ受諾ニ伴ヒ発スル命令ニ関スル件」「公文類聚」六九編・昭和二〇年・一巻。

(32) 「入江俊郎文書」三—二。

(33) 官田前掲「「超非常時」の憲法と議会」二二四頁以下。

(34) 「第八九回帝国議会衆議院昭和二十年勅令五百四十二号(「ポツダム」宣言ノ受諾ニ伴ヒ発スル命令ニ関スル件)(承諾ヲ求ムル件)委員会議録(速記)(第五回)」一九四五年一二月一七日〔中谷武世発言〕。中谷自身は「議会人としての私に与えられた最後の機会として…存分に自分の抱懐を吐露し、これを議会を通じて深く日本国民の脳裡に焼きつけて置こうということを意図した」旨を回顧している(中谷武世『戦時議会史』(民族と政治社、一九七四年)五六八頁)。

(35) 「第八九回帝国議会衆議院昭和二十年勅令五百四十二号(「ポツダム」宣言ノ受諾ニ伴ヒ発スル命令ニ関スル件)(承諾ヲ求ムル件)委員会議録(速記)(第五回)」一九四五年一二月一七日〔松本烝治発言〕。

(36) 古川前掲『戦時議会』二三一頁。このような評価の妥当性の検証は、まさに法制史(法史学)にこそ求められる役割であろう(白石玲子「特集「憲法と近代日本」に対する法史学からのコメント」『日本史研究』五五七号(二〇〇九年)四七頁以下)。

三　軍事占領裁判所の裁判管轄

（一）司法の「直接管理」

日本占領が当初直接軍政を予定して計画されていたものの、ポツダム宣言の起草段階での修正によって、間接統治へと方針転換されたことは良く知られている。しかし前述のように、連合国最高司令官は占領管理体制の下で「直接行動」の権限を留保していた。一九四五（昭和二〇）年八月二八日付作戦命令第四号付属第八号は、この間接統治への方針転換を指示する文書であるが、その中で、沖縄において軍政を行っていた第一〇軍、南朝鮮において軍政を実施する予定とされていた第二四軍団と共に、日本本土の占領を担う第六軍及び第八軍も「軍事法廷を開廷する」とされていることは、その「直接行動」の端的な現れであろう。[37] すなわち、占領管理体制の下では、ある一定の裁判管轄については「日本裁判権の排除により事実上一種の治外法権が生じ」ることとなったのである。[38]

占領管理体制においてこのような司法の「直接管理」を担う機関として構想されたのが「軍事占領裁判所（Military Occupation Courts）」であった。[39] その構想は、ＧＨＱ／ＡＦＰＡＣ（General Headquarters/ United States Army Forces, Pacific, アメリカ太平洋陸軍総司令部）、とりわけ、同年八月五日に設置された軍政局（Military Government Section, MGS）において具体的に検討されたが、上述の間接統治への方針転換によってその構想は一時撤回され、軍事占領裁判所は九月一八日にまず軍政下の南朝鮮にのみ設置されることとなった。一〇月二日にＧＨＱ／ＳＣＡＰが設置されると、この問題は軍政局から民政局に引き継がれたが、民政局は日本本土における軍事占領裁判所の設置に消極的であり、やがて、後述するＧＨＱ内部の管轄問題等から、その検討は一〇月二一日に法務局（Legal Section, LS）に引き継がれることになった。法務局では軍事占領裁判所設置に関する具体的な検討が積極的に進められ、一一月二二日に「数ヶ月に亘って、占領軍に対する犯罪の処罰、占領政策を含む指令の実施、アメリカ人及び連合国人の財産の保護について完全に敵に依存している」ことなどを理由に、日本本土における軍事占領裁判所の設置が改めて提案されている。この動きの背景には、同年八月二四日付でアメリカ政府に送付された「いかなる連合国人も日本の裁判所の管轄に服しない」ことを求めるイギリス大使館からの意見書を契機に、ワシントンの国務・陸軍・海軍三省調整委員会（State-Army-Navy Coordinating Committee, 以下「ＳＷＮＣＣ」）において議論され、一一月二八日に確定された「連合国人に対する刑事及び民事裁判権の行使」（ＳＷＮＣＣ一九二／三）の存在があった。[40]なおこの文書は、統合参謀本部（Joint Chief of Staff, JCS）からの命令として、一二月九日付でマッカーサーに伝達されている（ＷＸ八九一一七）。

この二つの方向性を統合する形で、一九四六（昭和二一）年二月一九日に日本政府に対して「刑事裁判権の行使に関する覚書」（ＳＣＡＰＩＮ七五六）が発出され、連合国の人または法人その他の諸団体に関する管轄、及び、占領軍またはそのすべての兵員・占領軍に所属もしくは随伴するすべての者の安全に有害な行為、殺害または暴行、財産の不法所持等に関する管轄が日本裁判所から排除された。[41]また、同日に発出された最高司令官の命令を受け、第八軍は三月一一日に作戦命令第二九号を発出して、四月二二日までに全国に二四箇所の憲兵裁判所（Provost Courts）が設置された。更に六月一二日には、上述した勅令第三一一号が公布され（七月一五日施行）、「刑事裁判権の行使に関する覚書」において示された裁判管轄の排除が確認されると共に、連合国最高司令官の指令・命令違反等については「占領目的に有害な行為」として日本側の裁判所で公訴を「行はなければならない」こととされたのである。[42]

軍事占領裁判所はこのようにラディカルに裁判管轄の排除を行い、かつ、「刑事裁判権の行使に関する覚書」においては、日本の警察による連合国人の逮捕が厳しく制限されることが明記されていた。しかし一方で、これらの事件に関する捜査については日本の警察も協力することとされており、その手続きについて、一九四七（昭和二二）年七月一九日付作戦命令第五二号が発出されている。すなわち、日本の警察官が軍事占領裁判所の管轄に属する事件の強制捜査を行う場合は「必ず進駐軍の権限ある官憲の令状を求め、令状を受領した後に、行動することになって」いたのである。[43] このような措置が取られたことの背景は、日本国憲法の第三三条から第三五条の規定に関して、その施行直後の五月五日に、東京憲兵隊（Provost Marshal's Office Metropolitan Tokyo Area, PMO）司令官から第八軍司令官に対して発出された勧告の中に見られる以下の文章に看取されよう。

占領法規は上位のものであるから（the Occupation law is superior）、占領軍がこの法〔日本国憲法〕により制限を受けないことは明らかである。しかしながら、日本警察が批判に弱いこと、そして、彼らにとってそれが便宜であることから、占領軍は、可能なときはいつでも、この法の精神（the spirit of the law）を遵守すべきであると考えられる。[44]

この勧告が端的に明らかにしているように、占領管理体制の下で運営された軍事占領裁判所は、日本国憲法の施行という「憲法的変革」に影響を受けることのない「超憲法的」な機関であった。後に、その裁判を刑法第五条に規定された外国裁判として取り扱うべきかどうかが争われたのは、このことの半ば当然の帰結であろう。[45]

（二）「連合国人」と「解放国民」

軍事占領裁判所がこのような「超憲法的」機関であるならば、重要となるのは、その管轄を具体的に決定することになる「連合国人」の定義であるが、その確定にあたって極めて困難な問題を提起したのは、在日朝鮮人・台湾人の取扱いであった。この点に関しては多くの実証研究が蓄積されているため、本章では主にこれらに依拠しつつ、史料を若干補充しながら論を進めることとしたい[46]。

一九四五（昭和二〇）年一〇月三一日付の「『連合国』、「中立国」、及び「敵国」の定義に関する覚書」においては、連合国は連合国宣言の署名国及びそれらと連合した計四九カ国とされた[47]。そして、良く知られているように、一一月一日付の統合参謀本部からの「日本占領及び管理のための連合国最高司令官に対する降伏後における初期の基本的指令」（ＪＣＳ一三八〇／一五）においては、「中国人たる台湾人及び朝鮮人（Formosan-Chinese and Koreans）を、軍事上の安全の許す限り解放国民（liberated people）として取り扱う」こと、そして、これらの人々は「この指令に使用されている「日本人」という語には含まれないが、彼らは、日本臣民であったのであり（they have been Japanese subjects）、必要の場合には、貴官によって敵国人として取り扱われることができる」と述べられていた[48]。

この「初期の基本的指令」を土台として、ＧＨＱでは、一一月二八日付のスタッフ覚書第六号により、占領政策の実施にあたる主管部局が定められた[49]。本章に関係する箇所では、「必要な軍事裁判所（military courts）の設置」は法務局、「占領された外郭地域の日本からの統治上及び行政上の分離の実施」は民政局、「中国人たる台湾人及び朝鮮人の取り扱いに関する規則の発布」は参謀第一部（General Staff-1, G-1）、「中国人たる台湾人及び朝鮮人の送還に関する規則の発布」は参謀第三部（General Staff-3, G-3）が管轄することとされている。[50]これに加えて、ＳＷＮＣＣで検討されていた在日外国人に関する政策「在日難民」（ＳＷＮＣＣ二〇五／一）が一一月一五日付で確定され、一二月七日付で統合参謀本部からマッカーサーに伝達されると、こちらもＧＨＱ内の各部局に割り振られた。[51]

さて、前述のように、法務局はこの頃軍事占領裁判所の具体的な構想を策定していたが、これと並行して朝鮮人の法的地位に関しても検討を行っており、一九四六（昭和二一）年一月一八日付で、日本の裁判所は「関係する司令官の権限に従属している（subject to）」ことを理由に、過去に朝鮮人に対して下された判決の再審査権を軍司令官に与えることを参謀長に提案している。[52]しかし、同じ文書の中で法務局は、連合国人の日本の裁判所の管轄からの排除は「朝鮮人には適用されない」と解釈し、以下のように述べていた。

この一連の行為は、朝鮮人が、単に朝鮮人であるということのみに基づいて（solely on the basis of being Koreans）、日本の刑事裁判所の拘禁や管轄から解放されることを期待し得るような措置を規定するものではない。これら全ては、差別もしくは甚だしい不正義の主張に基づき、公平な審理もしくは適切な救済を求める権利が与えられるべきであるが故に、行われるのである。

一方民政局からも、この問題に関して参謀長に対する意見が一月二一日付で提出されている。[53]民政局は、朝鮮人、台湾人、中国人による犯罪に対する裁判管轄は明確にされておらず、そのために治安問題が発生していることを指摘した上で、台湾人はおそらく連合国人に含まれるであろうこと、[54]国籍確定には多くの通訳等が必要となること、所謂「自由の指令」に鑑み「本司令部が台湾人、中国人及びその他の連合国人を有利に扱い、朝鮮人を差別する」のは問題であること、朝鮮に関するあらゆる事項は現在極めて時事性が高い（unusually newsworthy）こと、一部の師団司令部が既に裁判の中止や送還措置を取っていること等を理由に、朝鮮人は連合国人と「同じように取り扱われるべきである（should be treated in the same manner）」との結論を下している。しかし同時に、もしこの方針を厳格に適用するならば、日本の警察は朝鮮人を逮捕することが出来なくなる一方、軍事占領裁判所がこれに対応出来ない場合には「本司令部の信用を不当に傷つけることになる」ことへの懸念が示され、以下のような指摘を行っているのである。

提案されている指令の下では、送還されることを選択せず、日本での定住を考えている（intend to reside permanently）朝鮮人、台湾人、中国人は、もっぱら占領軍の警察及び裁判所によって逮捕され、審理されることになる一方で、彼らの隣人や同僚である日本人は、日本の警察及び裁判所によって逮捕され、審理されることになるという異常な状況が生じることになる。占領終結にあたって、朝鮮人、台湾人、中国人は日本の管轄に復することになるが（will revert to Japanese Jurisdiction）、このことは、極めて深刻な性質の国内の混乱を招くことになるであろうし、更に、この地域における国際関係を必要以上に混乱させるであろう。

民政局は既存のＧＨＱの施策が「十分に考えられたものではない（ill-considered）」ことを指摘しているが、一方で、このことを「ＪＣＳに対してこの段階で強調するような行動を取ることは不適切である」とも述べている。また、朝鮮人を「取り扱うことが出来る裁判所が存在しないため、多くの朝鮮人が拘置されたままにされる」という結果を生んでおり「この不当に長い拘禁は、脱獄の試みも含む深刻な社会不安（unrest）の要因となっている」旨も、二月一三日付で参謀長に対して指摘されている。[55]

この頃法務局では、上述のように、朝鮮人に対してなされた判決の再審査に関する日本政府宛の覚書案が作成されているが、法務局から提出された案に対して、参謀長は二月一四日付で、再審査の対象を「従前日本の統治下にあった諸国の国民」にも広げ、かつ、その条件に「本国（homeland）帰還の意思について相当な証明をなした場合」に限定する方向で修正することを指示した。[56] この修正を反映して、前述した「刑事裁判権の行使に関する覚書」と同日の二月一九日に、「朝鮮人及び他の特定国人に対する判決の審査に関する覚書」（SCAPIN七五七）が発出されたのである。[57]

このようにGHQにおいては、朝鮮人を連合国人として取り扱うべきかどうかという点について、法務局と民政局の間で見解の相違が生じていた。法務局は、朝鮮人は連合国人ではなく、日本の裁判管轄に属すると解釈した上で、占領管理体制下にある裁判所において「超憲法的」に再審査することを構想していた。一方民政局は、朝鮮人を連合国人として取り扱うべきだとしたが、その実施は実際には困難であること、更に、この方針の貫徹が国内外の混乱を惹起することも同時に指摘していた。実際には、両者の議論はほぼ同じ結論に帰着するものであったと言えよう。[58] GHQ側は三月六日に行われた会談の席上で「朝鮮人ノ地位ハ日本ノ「シチズン」ニ非ス又連合国人ニモ非ス解放セラレタル国民」であるが「日本ニ在住スル朝鮮人ハ一切日本ノ法律ニ服スヘシ」と述べており、同年五月に至って、日本に在留する朝鮮人は「処遇の目的上、正式に樹立された朝鮮政府が当該個人を朝鮮国民として承認するまでの間、一応その日本国籍を保持するものとみなされる」というGHQの方針が国務省に承認されたのである。[59]

冒頭において掲げた二つ目の最高裁判所判決において言及されていたように、GHQの朝鮮人の取扱いに関する方針は当初必ずしも一貫していなかったが、以上で明らかにしたように、軍事占領裁判所の管轄の確定の過程で、朝鮮人は「超憲法的」に保護される連合国人から除外され、日本法に服する「日本国民」として取り扱われることとされた。一方、一九四七（昭和二二）年五月二日に公布され、即日施行された外国人登録令（勅令第二〇七号）は、「台湾人のうち内務大臣の定めるもの及び朝鮮人は、この勅令の適用については、当分の間、これを外国人とみなす」（第一一条）とした上で、「この勅令の施行の際現に本邦に在留する外国人」に対して登録を命じている（附則第二項）。確かに、少なくともこの勅令の施行日以降は、最高裁判所が述べるように、「朝鮮人としての法的地位を持つ人」は、日本人と「日本の国内法上で、はっきりと区別されていた」と言うことが可能であるかもしれない。しかし、このような「「日本国民」たる朝鮮人を外国人管理の下におくための法技術的形式」が、日本国憲法施行の前日にポツダム命令の形で実施されたという事態は、その翌日に生じた「憲法的変革」と占領管理体制との矛盾を象徴したものと言えるであろう。(60) もとよりこの最高裁判所判決には様々な問題が含まれているが、その前提には、占領管理体制の下で生じた明治憲法から日本国憲法への「憲法的変革」に際して、旧憲法秩序の下での「外地法」の枠組みが極めて不明瞭な形で「超憲法的」に処理されたという、本質的な問題があるものと考えられるのである。(61)

（37）竹前栄治・中村隆英監修『GHQ日本占領史⑵　占領管理の体制』（日本図書センター、一九九六年）一〇五頁以下、秦郁彦『アメリカの対日占領政策』（東洋経済新報社、一九七六年）巻末一一頁。

（38）兼子一「日本管理と司法権」『日本管理法令研究』一巻八号（一九四六年）二三頁。

（39）前掲拙稿「「占領目的に有害な行為」と検察官の起訴猶予裁量」一四頁以下〔本書三五一頁以下〕。

（40）竹前栄治・中村隆英監修『GHQ日本占領史⒃　外国人の取り扱い』（日本図書センター、一九九六年）九九頁以下。

（41）外務省編『日本占領及び管理重要文書集　⑵』（日本図書センター、一九八九年）六五頁以下、『日本管理法令研究』一巻八号（一九四六年）四五頁以下。

（42）もっとも、勅令第三一一号については、地方の検察当局と占領側の地方軍政部で事前に調整する形で運営され、実際には起訴猶予処分も認められていた（前掲拙稿「「占領目的に有害な行為」と検察官の起訴猶予裁量」六〇頁以下〔本書四〇五頁以下〕）。

（43）高橋眞清「軍事警察裁判所（Prorost Courts）の審理手続――我国に於る英米式刑事訴訟手続の一型態として」『判例タ

イムズ』二輯（一九四八年）五三頁。「在本邦占領軍々事裁判関係雑件」（D'一三〇—四）も参照。

（44） National Archives and Records Administration, Archives II, RG338, Far East Command, Eighth Army, Provost Marshal Section, General Correspondence Files, 1947-1949, Box.2176, Procedure for use of Japanese Police under the New Constitution, 5 May 1947.

（45） 最高裁判所事務総局『刑事裁判資料六四号　全国刑事裁判官会同議事録』（一九五二年）。軍事占領裁判所の活動に関しては史料が少なく（注（43）において言及した「在本邦占領軍々事裁判関係雑件」には数件の記録が含まれている）、不明な点が多い。他日を期して検討したい。なお、連合国人の刑事裁判管轄については、上述した政令第三二五号と同時に制定された連合国人刑事事件特別措置令（昭和二五年政令第三二四号）によって、日本側に引き渡された（最高裁判所事務総局渉外課『渉外資料第一〇号　裁判権の拡張』（一九五一年））。

（46） 越川純吉『司法研究報告書二輯三号　日本に存在する非日本人の法律上の地位（特に共通法上の外地人について）』（一九四九年）、大沼保昭「出入国管理法制の成立過程　⑴〜⒂」『法律時報』五〇巻四号〜五一巻七号（一九七八〜七九年）、同「出入国管理法制の成立過程」同『〔新版〕単一民族社会の神話を超えて』（東信堂、一九九三年）、金太基『戦後日本政治と在日朝鮮人問題』（勁草書房、一九九七年）等。

（47） 外務省編前掲『日本占領及び管理重要文書集　⑵』三三三頁以下。

（48） 外務省編前掲『日本占領及び管理重要文書集　⑴』一二九頁以下。

（49） 天川晃「民政局と憲法制定——三つの目の「偶然」」同『占領下の日本——国際環境と国内体制』（現代史料出版、二〇一四年）一〇五頁以下。

（50） 天川晃監修『GHQトップ・シークレット文書集成第二期　⑴』（柏書房、一九九五年）一〇三頁以下。

（51） 金前掲『戦後日本政治と在日朝鮮人問題』一六二頁以下。

（52） 「GHQ／SCAP文書」〔以下「GHQ/SCAP」〕, LS-20023, Policy Regarding Jurisdiction of Japanese Courts over Koreans, 18 Jan 1946. 以下の引用もこの文書に拠る。

（53） GHQ/SCAP, GS(A)-25274, Establishment of Military Occupation Courts, 21 Jan 1946. 以下の引用もこの文書に拠る。

（54） 周知のように、この点は後に政治問題化した（最高裁判所事務総局渉外課『渉外資料第七号　台湾人に関する法権問題』（一九五〇年））。

（55） GHQ/SCAP, GS(A)-25273, Occupation Courts, 13 Feb 1946.

（56） GHQ/SCAP, LS-20022, Jurisdiction of Japanese Courts over Koreans, 12 Feb 1946, Jurisdiction of Japanese Courts over Koreans, 14 Feb 1946.

(57) 外務省編前掲『日本占領及び管理重要文書集(2)』六七頁以下、『日本管理法令研究』一巻八号(一九四六年)四七頁以下。同時に、第八軍司令官宛に再審査を行う基準についての命令が発出されている(GHQ/SCAP, LS-20022, Review of Sentences Imposed upon Koreans and Certain Other Nationals, 19 February 1946)。

(58) 従って、民政局がこの提案を行った含意については別途検討しなければならないが、おそらく、GHQ内部の権限争いの側面があったことが推測される。しかしもとより、GHQ側がこの問題を治安維持の観点から把握していたことは、多くの論者が指摘する通りである。

(59) 金前掲『戦後日本政治と在日朝鮮人問題』二三三頁以下。

(60) 大沼前掲「出入国管理法制の成立過程」四〇頁以下。ただしポツダム命令については、例えば所謂「政令第二〇一号」のように連合国最高司令官の書簡に基づくもの、更には口頭の要求によるものなどもあり、根拠となる覚書が存在しないことも少なくなかったことは指摘しておく必要がある(佐藤達夫「ポツダム命令についての私録(3)」『自治研究』二八巻六号(一九五二年)一五頁以下)。

(61) 古川純・高見勝利「「外地人」とは何か」大石眞他編『憲法史の面白さ』(信山社、一九九八年)二〇一頁以下。

四 結びに代えて

本章では、占領管理体制の法的特質について、ポツダム緊急勅令と軍事占領裁判所という二つの「超憲法的」措置に焦点を絞って論証を試みた。仮に本章で論証したような特質が認められるのであれば、占領管理体制においては、新旧二つの憲法秩序はその下位に位置づけられると解釈せざるを得ないであろう。端的に、新旧の憲法典は「不磨の大典」でも「最高法規」でもなく、管理法令の一種であったのである。[62] そこで本章の最後に、この解釈が導くいくつかの帰結を、試論的に提示してみたい。

本章が取り扱った時期は、憲法草案がGHQ側で起草され、帝国議会での審議を経て公布・施行される時期と重なるが、これらの「超憲法的」措置が前景化した領域については、日本国憲法は「沈黙」を守っていると評されている。国家緊急権規定の不在は「占領下で制定された憲法の必然的な空白」であるとされ、また、外国人の人権は「もっぱら法律の定め方の次元」のものとして憲法の規定から除かれたのである(63)。そして、明治憲法下で採られたこれらの「超憲法的」措置は、日本国憲法の施行という「憲法的変革」を越境して、占領管理体制の下では当然のように維持された。日本国憲法に規定された最高法規条項も、それを担保する最高裁判所の違憲立法審査権も、少なくとも占領管理体制の終結に至るまでの間は、その実を備えていたとは言い難い(64)。そして更にこの構造が、一九五二（昭和二七）年四月二八日のサンフランシスコ講和条約の発効という「憲法的変革」をも越境していることの問題性は、日本国憲法体制と安保体制という、矛盾し対立する「二つの法体系」の並存として、「戦後法学」が夙に指摘してきたところである(65)。

本章の冒頭に掲げた二つの最高裁判所判決は、「戦後」の日本に存在するこのような矛盾や対立に接した結果として提示された、困難に満ちた憲法の「解釈」であったと言えよう。そこに、「戦後」の日本における判例や学説の構造的な限界を見出すことはおそらくたやすい。しかしそもそも「憲法」とは、「テクストとしての憲法」と、その後の解釈という営為を通じて現在に至るまで生成され続ける「規範としての憲法」とが分かち難く結びつく形で成り立っているという性質のものではなかろうか(66)。日本の「戦後」法史を語る試みは、おそらく、七〇年以上にわたって続いてきた「長い戦後」における「規範としての憲法」の歴史的把握へと繋がるであろう。しかし、それがまさしく「戦後」的理念の中核にあるが故に、日本国憲法をめぐる言説は、最高裁の判例や憲法学説を超えた広がりを見せることになる(67)。このアクチュアルな素材を取り扱うのに最も適しているのは、言うまでもなく、「法」と「歴史」との関係を正面から問題とし得る、法制史（法史学）という学問であろう(68)。

(62) 高橋和之「憲法の制定とその運用」佐藤幸治他編『憲法五〇年の展望 I』(有斐閣、一九九八年)七八頁以下。
(63) 新正幸「緊急権と抵抗権」樋口陽一編『講座憲法学 (1)』(日本評論社、一九九五年)二二六頁、古川純「外国人の人権」同『日本国憲法の基本原理』(学陽書房、一九九三年)五六頁。
(64) 実際、占領下の最高裁判所は、この種の「超憲法的」措置は「まことに已むを得ない」として合憲と判断していた(長谷川正安『憲法判例の研究』(勁草書房、一九五六年)六四頁以下。
(65) 和田進「「二つの法体系」論と長谷川正安」『法律時報』六〇巻一一号(一九八八年)七一頁以下。
(66) 南野森「「憲法」の概念」長谷部恭男編『岩波講座憲法 (6) 憲法と時間』(岩波書店、二〇〇七年)二七頁以下。この立場を採るならば、本章の冒頭で言及した「法的な瑕疵」はそもそも発生しないことになる。
(67) 例えば、「年報日本現代史」編集委員会編『歴史としての日本国憲法(年報日本現代史 (11))』(現代史料出版、二〇〇六年)、同時代史学会編『日本国憲法の同時代史』(日本経済評論社、二〇〇七年)等。
(68) 樋口陽一「法学における歴史的思考の意味」『法制史研究』五一号(二〇〇二年)一七五頁以下。

第六章　憲法秩序の変動と占領管理体制

第一節　新憲法下の国会と「政令の濫用」

一　序

一九四七（昭和二二）年五月三日の日本国憲法の施行によって、我が国の法秩序の体系が大きく変動したことは言うまでもない。しかし、この変動が、連合国による「占領管理」の下で生じたことは、様々な法理論的問題を惹起する。(1)我が国の「明治以来の憲法的変革」について検討する際には、大日本帝国憲法（以下明治憲法）と日本国憲法という二つの「憲法典」の制定と並んで、一九四五（昭和二〇）年八月一四日のポツダム宣言受諾と一九五二（昭和二七）年四月二八日の日本国との平和条約（サンフランシスコ講和条約）発効、すなわち「占領管理体制」の開始及び終結を含めた「四つの変革」を視野に入れる必要があるのである。(2)

この問題は、憲法秩序の変動に伴う旧法令の効力に関する規定のあり方を検討することによって顕在化する。日本国憲法は、第九八条第一項において「この憲法は、国の最高法規であって、その条規に反する法律、命令、詔勅及び国務に関するその他の行為の全部又は一部は、その効力を有しない」と定めているが、この規定に「経過規定」的意義を読み込むか否かは、日本国憲法の「革命」的性質、あるいは、国家の同一性や「法生活」の継続性をいかに考えるかという問題とも絡んだ議論となり得る。(3) 日本国憲法制定当時の法制局は、この規定は明治憲法第七六条第一項の「法律規則命令又ハ何等ノ名称ヲ用ヰタルニ拘ラス此ノ憲法ニ矛盾セサル現行ノ法令ハ総テ遵由ノ効力ヲ有ス」との規定とパラレルなものであり、「明治憲法下において成立した諸法令の新憲法下における運命について、別段の立法措置を要しないもの」と考えていたが、「結局立法的に明瞭ならしむることを適当と認め」たため、以下の内容を持つ「日本国憲法施行の際現に効力を有する命令の規定の効力等に関する法律」(昭和二二年法律第七二号、以下「法律第七二号」)が制定されることとなったとされる。(4)

第一条　日本国憲法施行の際現に効力を有する命令の規定で、法律を以て規定すべき事項を規定するものは、昭和二十二年十二月三十一日まで、法律と同一の効力を有するものとする。

第二条　他の法律(前条の規定により法律と同一の効力を有する命令の規定を含む。)中「勅令」とあるのは、「政令」と読み替えるものとする。

第三条　左に掲げる法令は、これを廃止する。〔明治二三年法律第八四号(命令ノ条項違犯ニ関スル罰則ノ件)他計一〇本：略〕

附　則

この法律は、日本国憲法施行の日から、これを施行する。

この法律の施行に関し必要な事項は、政令でこれを定める。

この法律第七二号の持つ意味とその問題性は、上述のように、主として旧法令、すなわち、明治憲法下の法令・明治憲法以前の法令の現行憲法下における効力の問題として、憲法学の領域で検討されてきた(5)。しかし、法律第七二号が、第一回国会の会期末である一二月九日に国会を通過した「昭和二十二年法律第七十二号日本国憲法施行の際現に効力を有する命令の規定の効力等に関する法律の一部を改正する法律」(昭和二二年法律第二四四号、以下「法律第二四四号」)によって、以下の改正を被っていることには、憲法秩序の変動と占領管理体制の関係を検討する上で注目すべきである。

第一条の二　前項の規定は、昭和二十年勅令第五百四十二号(ポツダム宣言の受諾に伴い発する命令に関する件)に基き発せられた命令の効力に影響を及ぼすものではない。

第一条の三　行政官庁に関する従来の命令の規定で、法律を以て規定すべき事項を規定するものは、昭和二十三年五月二日まで、法律と同一の効力を有するものとする。

第一条の四　左に掲げる法令は、国会の議決により法律に改められたものとする。〔墓地及埋葬取締規則(明治十七年太政官第二十五号布達)他計二三本：略〕

前項に掲げる法令の効力は、暫定的のものとし、昭和二十三年五月二日までに必要な改廃の措置をとらなければならない。

第二条に左の一項を加える。

前項の規定は、内閣その他行政機関に対し、日本国憲法が認めていない場合において命令を発する権限を付与したものと解釈されてはならない。

附　則

この法律は、公布の日から、これを施行する。

この法律第二四四号について法制局は、第一回国会における答弁において、第一条の二の新設は「当然なこと」だが「万一の誤解を避けまするため」、第二条第二項の追加は「念のため」に「趣旨を明らかにいたさんとする」ものと述べている。[6]しかし、日本国憲法の施行から半年以上が経過した時点で敢えてこのような規定を設けているということ自体が、法律第二四四号の制定が単なる「当然のこと」や「念のため」のものではなかったことを端的に物語っている。当時の法令解説によると、前者は、法律第七二号の原則は「『ポツダム』宣言ノ受諾ニ伴ヒ発スル命令ニ関スル件」（昭和二〇年勅令第五四二号、以下「ポツダム緊急勅令」）に基づく委任法令群である「いはゆるポツダム命令については適用せられない」という点につき、「ポツダム宣言の受諾が、日本の統治機構を制約している以上当然のことであるが、改めてそれをもう一度確認した」もの、後者は、法律第七二号第二条の「勅令」から「政令」への読み替えは「新憲法が認めた命令制定権以上のものを認める意味をもつものではない」ため、「内閣その他行政機関に対し、憲法が認めていない場合に命令を発する権限を与えたものと解釈することは許されない旨を明記した」ものとされているが、[7]本節と次節で明らかにするように、これらの改正はいずれも、GHQ／SCAP（General Headquarters/ Supreme Commander for the Allied Powers, 連合国最高司令官総司令部、以下断りのない限り「GHQ」）の民政局（Government Section, GS）からの強力な示唆に基づいて行われたものであり、[8]法律第七二号第二条の改正問題は、明治憲法から日本国憲法への憲法秩序の変動に伴う立法府と行政府の役割の変化についてのGHQ側の理念に、それに続いて生じた第一条の改正問題は、新憲法秩序の下での国会の役割と占領管理体制との位相をめぐるGHQ側のジレンマに起因するものであった。

本節では、まず、法律第七二号の制定過程を明らかにした上で、その改正法である法律第二四四号の制定過程について、「政令の濫用」をめぐる日本側とGHQ側の対立に焦点を合わせて検討を行う。[9]この作業を通じて、新憲法の下における国会の役割についてどのような構想が抱かれ、その理念がどこまで貫徹されたかを検討することが、本節における課題である。[10]

(1) この点については、不十分ながら、拙稿「戦後占領期日本の法制改革研究の現況と課題」『法制史研究』五六号(二〇〇七年)一四四頁以下において検討を行った〔本書第一章に収録〕。近時、憲法学の分野において理論的分析が蓄積されつつあることは注目されよう(例えば、高橋正俊「憲法の制定とその運用」佐藤幸治他編『憲法五〇年の展望 I』(有斐閣、一九九八年)、大石眞『日本憲法史〔第二版〕』(有斐閣、二〇〇五年)、同『憲法秩序への展望』(有斐閣、二〇〇七年)等を参照されたい)。しかし、「占領管理体制なるものの法的な意味内容」については、現在においてもなお明瞭な説明がなされるに至っていないとされている(「〈判例特報〉ポツダム宣言受諾後、治安維持法が廃止されるまでの間に治安維持法一条、一〇条違反の罪により処罰された事案(いわゆる横浜事件)に対する再審請求事件において、原判決の謄本がないことを理由として請求を棄却すべきではないとした上、ポツダム宣言受諾と天皇の終戦の詔書によりポツダム宣言は国内法的な効力を有するに至り、治安維持法一条、一〇条は実質的に効力を失い、免訴を言い渡すべき場合に当たるなどとして、再審請求が認められた事例――いわゆる横浜事件第三次再審請求事件決定」『判例時報』一八二〇号(二〇〇三年)四八頁。なお、所謂横浜事件に関しては、前掲拙稿「戦後占領期日本の法制改革研究の現況と課題」一六四頁の文献を参照されたい〔本書三七頁以下〕)。

(2) 鵜飼信成「憲法秩序の変遷」同『司法審査と人権の法理――その比較憲法史的研究』(有斐閣、一九八四年)三〇四頁。

(3) この問題に関する近時の研究として、さしあたり山崎友也「革命と国家の継続性」長谷部恭男編『岩波講座憲法(6) 憲法と時間』(岩波書店、二〇〇七年)三頁以下を参照されたい。

(4) 佐藤達夫「ポツダム命令についての私録 (2)」『自治研究』二八巻五号(一九五二年)九頁以下。なお、鵜飼信成「日本国憲法施行の際現に効力を有する命令の規定の効力等に関する法律」我妻榮編『新法令の研究 (6)』(有斐閣、一九四八年)二頁以下をも参照されたい。

(5) 例えば、堀内健志『立憲理論の主要問題』(多賀出版、一九八七年)二七六頁以下を参照。なおこの点については、小嶋和司「法律・命令・条例」同『小嶋和司憲法論集(3) 憲法解釈の諸問題』(木鐸社、一九八九年)一一七頁以下が示唆的である。

(6) 「第一回国会参議院司法委員会会議録第四七号」一九四七年一二月六日〔佐藤達夫発言〕。国会の会議録に関しては、国立国会図書館の会議録検索システム(http://kokkai.ndl.go.jp/)を利用した。

(7) 鵜飼信成「日本国憲法施行の際現に効力を有する命令の規定の効力等に関する法律の一部改正」我妻榮編『新法令の研究 (8)上』(有斐閣、一九四九年)一三頁以下。

(8) 民政局の組織及び人員については、天川晃・福永文夫「民政局の組織と機能」同編『GHQ民政局資料「占領改革」別巻』(丸善、二〇〇二年)五頁以下に詳しい。以下、本節における民政局の組織及び人員の表記は、基本的にこれに従う。

（9）なお、この問題に関しては、拙稿「政令の濫用と国会の役割——憲法施行直後の議論から」『議会政治研究』八二号（二〇〇七年）三五頁以下においてやや詳しく検討している。
（10）本節は主として、「戦後期外交記録公開文書」（外交史料館所蔵（http://gaikokiroku.mofa.go.jp/index.html））、「佐藤達夫文書」「ハッシー文書」「ＧＨＱ／ＳＣＡＰ文書」（国立国会図書館憲政資料室所蔵）、「公文類聚」「公文雑纂」「井手成三文書」（国立公文書館所蔵（http://www.digital.archives.go.jp/））に依拠している。なお、外交史料館及び国立公文書館所蔵史料の一部は、上掲デジタルアーカイブで公開されているものを利用した。

二　法律第七二号の制定過程

（一）旧憲法下の法令の効力をめぐって

一九四六（昭和二一）年三月六日の憲法改正草案要綱の公表により、「新憲法」の概要が明らかにされたのとほぼ時を同じくして、内閣は「憲法改正ニ伴フ諸法制準備ニ関スル重要事項ヲ調査審議」する調査会の準備を始めている。当初の予定から数カ月遅れて七月三日に設置された臨時法制調査会は、第九〇回帝国議会における憲法改正草案の審議と併行する形で、所謂「憲法附属法」を中心とした検討を行い、一〇月二六日に行われた計一九件の要綱の答申を元に、第九一回及び第九二回帝国議会において多くの憲法附属法が成立を見ている。すなわち、憲法改正草案要綱の公表から日本国憲法の施行に至る期間は、主要法令の点検及び改廃のための期間という意味合いをも持ったのである。(11)

しかし言うまでもなく、日本国憲法の施行までに改廃を要する法令は憲法附属法にとどまらない。法制局は八月三一日に、各省に対して「臨時法制調査会において取り上げられたものは、主要なものに限定され、一般の法令にまで及んで」いないため、各省が所管する法令のうち「臨時法制調査会で取り上げられていない法令（法律、勅令、閣令、省令等）中改正憲法の施行に伴つて改廃を必要とするものの件名及び条名を至急御研究の上、九月三〇日までに御回答相成るやう」依頼し(12)、その回答を受けて、一九四七（昭和二二）年一月付で「改正憲法の施行に伴ひ改廃を必要とする法令調」として、二五〇本近い該当法令の一覧を作成している(13)。その後、法制局において一月二三日付で作成された「第九十二回帝国議会提出予定法律案件名」ではその数は一五八本に絞り込まれ、更に二月から三月にかけて絞込み作業が続けられている(14)。

法制局では、この絞り込み作業のかなり早い段階で「法律中勅令トアルハ政令トス」という、後に法律第七二号第二条において行われる読み替えを行う旨が検討されており(15)、また、法制局長官の佐藤達夫が後年述べているように、「明治憲法下において成立した諸法令の新憲法下における運命」について、この作業を通じて「各庁からの問合せなども少なくなかった」ことが、同第一条の明文化へと繋がったものと考えられる(16)。しかし、この法案の絞り込み作業と並行して、二月一八日付で以下のような案が作成されていることは注目されよう。

　日本国憲法の施行に伴ひ、法律の制定又は（又は改正）改廃を要する場合において、《（》衆議院の解散その他《（》已むを得ない事情のため、日本国憲法施行の日迄に《所要の》立法が不可能となり、その結果《（》日本国憲法に基く国政の運営に重大な支障を生ずるおそれがあるときは、臨時に、政令をもつて必要な定をすることができる。

　前項の政令は、日本国憲法施行後最初に召集された国会にこれを提出し、両院の承諾を求めなければならない。

　第一項の政令について、衆議院でこれを承諾し、参議院でこれを承諾しなかつた場合においては、日本国憲法第五十九条第二項に規定する場合の例により、衆議院の承諾をもつて両院の承諾とすることができる。
第一項の政令について、前二項の規定による承諾がなかつたときは、その命令は、その効力を失う。[17]

最後の帝国議会となった第九二回帝国議会においては、三月三一日に迫った「衆議院の解散の関係上会期の延長は不可能な実情にある」にもかかわらず、[18]二月末に至っても「新憲法施行上絶対に不可欠の法律案その他の緊要な法律案は、殆ど議会提出の運びとなつてゐない」状態であった。[19]上記の草案が予定しているような国会閉会中の緊急措置については、日本国憲法の制定過程において日本側から再三提案されており、あるいはこの案は、ちょうど一年程前に行われていたその議論を下敷きにしたものとも考えられよう。[20]このようないくつかの文脈を統合する形で、法律第七二号が起草されるに致ったのである。当初その案は以下のような内容であった。

日本国憲法施行に伴う命令の効果等に関する法律案
第一条　日本国憲法施行の際現に効力を有する命令の規定で、日本国憲法により法律をもつて規定すべき事項を規定するものは、日本国憲法施行の日から、法律と同一の効力を有するものとする。
第二条　日本国憲法施行の際現に効力を有する法律中勅令とあるのは、政令と読み替えるものとする。
第三条　日本国憲法を施行するため已むを得ない必要があるときは、法律を以て規定することを要する事項につき、臨時に命令をもつて規定することができる。
前項の命令は、日本国憲法施行後最初に召集された国会〔にこ〕れを提出し、両院の承諾を求めなければならない。但し、その国会に、前項の命令に代るべき法律〔案が〕提出されたときはこの限りでない。
衆議院で〔これ〕を承諾し、参議院でこれを承諾しなかつた場合においては、日本国憲法第五十九条第二項に規定する場合の例により、衆議院の承諾をもつて両院の承諾とすることができる。

第二項の規定により国会に提出された命令について、両院の承諾がなかつたときは、その命令は、その効力を失う。

附　則

この法律は、公布の日から、これを施行する。(21)

この案は、三月三日及び五日に訂正がなされ、更に「憲法の改正に伴ひ廃止すべき法律」として五本の法令を列挙する規定が加えられて、以下の法律案（要綱）が八日に閣議決定された。(22)

日本国憲法施行の際現に効力を有する命令の規定の効力等に関する法律案（要綱）　昭二二、三、五

第一　日本国憲法施行の際現に効力を有する命令の規定で、法律を以て規定すべき事項を規定するものは、日本国憲法施行の日から、法律と同一の効力を有するものとすること。

第二　他の法律（第一の規定により法律と同一の効力を有する命令の規定を含む。）中「勅令」とあるのは、「政令」と読み替えるものとすること。

第三　左に掲げる法令は、これを廃止すること。

明治二十三年法律第八十四号（命令の条項違犯に関する罰則に関する法律）

明治三十八年法律第六十二号（戸主でない者が爵位を授けられた場合に関する法律）

明治四十三年法律第三十九号（皇族から臣籍に入つた者及び婚嫁によつて臣籍から出て皇族になつた者の戸籍に関する法律）

大正十五年法律第八十三号（王公族の権義に関する法律）

昭和二年法律第五十一号（王公族から内地の家に入つた者及び内地の家を去り王公家に入つた者の戸籍等に関する法律）

附　則

この法律は、日本国憲法施行の日から、これを施行すること。

この法律の施行に関し必要な事項は、政令でこれを定めること。[23]

上記のうち、要綱の第三については、一月二〇日付で内務省より提示された「族称中士族平民の呼称廃止等に関する法律案について」により廃止の提案があった法令のうち四本、すなわち、明治五年太政官第二九号布告（世襲の卒士族に編入伺出方に関する件）、明治五年太政官第四四号布告（郷士士族に編入伺出方に関する件）、明治七年太政官第七三号布告（華士族分家者の平民籍編入に関する件）、明治一三年太政官第三号布告（士族戸主死亡後に於ける族称廃絶に関する件）、更に、明治二年六月二五日行政官達（士族の称に関する件）が加えられて、最終的には計一〇本が廃止法令として列挙され、法律第七二号の法律案が確定されたのである。[24]

（二）新憲法下の国会とポツダム命令

さて、上述した臨時法制調査会による憲法附属法等の検討は、ＧＨＱの民政局との密接な連携の下で行われたことは良く知られているが[25]、第九一回及び第九二回帝国議会における諸法案の審議についても、法制局及び外務省終戦連絡中央事務局は、民政局と頻繁に折衝を行っている。[26]法律第七二号の法律案について審査を行ったのは、民政局政務課（Government Powers Division）の課長を務めていたピーク（C. H. Peake）であった。ピークは、日本側が提示した法律第七二号の法律案第一条によって「法律と同一の効力を有するもの」とされることになる命令の規定につき「昭和二二年十二月三十一日まで」との時間的限定を加えた。「その期間内に国会は本条に該当する命令を全部レヴューして新立法をなすべきである」というのが、その理由である。[27]

ピークは、一九四六（昭和二一）年二月の所謂「マッカーサー草案」の起草に際して「行政府に関する小委員会」の委員長を務め、七月に臨時法制調査会が設置された後は、皇室及び内閣関係について検討する第一部会の担当官を務めていた人物である。本節の問題関心からは、日本国憲法第七三条第六号、及び、内閣法第一一条における、政令の限界に関する規定の成立についてのピークの関与が注目されよう。

民政局におけるマッカーサー草案の起草に際して、行政府に関する小委員会内部には「融和し難い意見の不一致」があり、「少数派」のエスマン（M. J. Esman）及びミラ（J. I. Miller）は「強力でかつ〔国民に〕責任を負う行政府」の設置を強く主張した。しかし運営委員会はこれに反対し、結局当該小委員会の委員長として、ピークは、運営委員会による「国会の内閣に対するコントロールを強化」し「内閣総理大臣が行政府内で優越的地位をもつことよりも内閣が連帯して責任を負うことを強調」する方向での修正を施した小委員会案を提出している。[28] また、第七三条第六号の原型となった条文について、政令による罰則を設けてはならない旨の規定を置いたのは、運営委員会のラウエル（M. E. Rowell）であり、[29] この条文については、三月四日から五日にかけての徹夜交渉において、上述した国会閉会中の緊急措置について議論となった際に「特ニ当該法律ノ委任アル場合ヲ除クノ外」との文言が付け加えられ、その後若干の語句修正を受けて、現行の日本国憲法の規定となった。[30]

一方、内閣法の制定過程においては、ピークは同年八月の半ばの段階で「国会が実質的意味のあるあらゆる行政命令を審査、拒否、修正、承認する権限をもつ根拠を内閣法と国会法に規定する」という原則のために、「実質的な政令、省令は国会に提出し――休会中は次国会で――承認を受けるという規定を内閣法に設ける」旨を法制局の井手成三に伝えている。[31] ピークのこの意見は当時の日本側の議論に直接反映されなかったが、[32] 一一月になり、憲法附属法に関する議論が本格化する中で、ピークは内閣法について「根本的に書き直す必要がある」と日本側に改めて示唆することになった。[33] 政令の範囲についても、ピークは日本国憲法第七三条第六号の規定に従う形で「内閣の制定する政令はすべて法律の規定に基づくべきこと」、更に「法律を執行するための政令、省令、規則は総理大臣及び当該担当大臣の署名を通して公布される。すべての政令、規則は正当に制定された法律の明確な委任にのみ基き公布され、法律の規則なくして罰則は設けられない」との案を提示し、日本側はこれを受けて「政令には法律の委任がなければ義務を課し又は権利を制限する規定を設けることができない」とする規定を内閣法に設けることとなった[34]。ここには、ピークの「立法府の優位の確保を図る」ために「より明確な規定を挿入しよう」とする意図の貫徹を見ることが出来よう[35]。

法律第七二号について、一九四七（昭和二二）年三月一二日の会談においてピークが示した第一条についての「国会は本条に該当する命令を全部レヴューして新立法をなすべき」との上述の示唆は、如上の問題関心に導かれたものであった。この示唆に対し、法制局の井手からは「そのように努力はするが、数百に上る命令の全部に亘り充分に検討して所要の措置を講ずることは容易の業ではないから、若しこの事業が本年中に完了しないような場合は、又本条の期間の延長を認めるということについて了解を得たい」との申し入れがあり、ピークは「それは当然のことである。国会がとても間に合わぬと思つたら、自ら期限を延長するだろう」と答えている。日本側が第一条の修正についての示唆を受け入れたため、ピークは法律案に了承を与え[36]、これを受けて、法律第七二号の法律案は一五日に閣議決定され、一八日に衆議院に提出された。実際の審議が行われたのは、三月三〇日の貴族院行政官庁法特別委員会においてであり、席上では第一条の対象となる法令に関する質問、第二条の趣旨についての質問が若干出されているが、特段の議論はなされることなく、同日原案通りに可決、成立している。その後、四月一日に裁可奏請が閣議決定され、法律第七二号は四月一八日に公布されたのである[37]。また、これと併せて、四月九日に「日本国憲法施行の際現に効力を有する勅令の規定と政令との関係に関する政令案」が準備され[38]、法制局における検討の結果、「日本国憲法の際現に効力を有する勅令の規定の効力等に関する政令」として、日本国憲法の施行日である五月三日、法律第七二号の施行と同時に公布・施行されている[39]（政令第一四号）。

法律第七二号の成立に伴い法制局は、ピークの示唆により年内に処理を必要とすることとなった「日本国憲法施行の際現に効力を有する命令の規定で、法律を以て規定すべき事項を規定するもの」につき、改めて各省に検討及び報告を求める通牒を発した[40]。各省からは、それぞれが所管する法令についての処理、すなわち、年内に何らかの形で法律に改めるか、あるいは廃止するかという方針が報告されているが、その中には、日本国憲法の施行に伴う憲法秩序の変動をいかに受け止めるかという問題についての「ゆらぎ」が看取される。

本節の問題関心からは、まず、外務省の「旧外地関係」の命令の処理方針が注目されよう[41]。外務省はこの点につき「先ず官制が問題となる」が、「新憲法によつて官制がすべて法律事項となつたという解釈は、現在においては採られていないのであるから、外地関係の官制についてはこのすべてが本年末をもつて失効するのではなく、部分的に法律事項を規定した条項のみが失効することになる」ため、「その他の部分については、官制は当然には失効しないと考えられるので現在の残務整理事務の法的根拠がなくなるという恐れはない」と述べ、旧憲法秩序の下での官制事項と新憲法秩序の下での法律事項の境界を問題化している[42]。また、「朝鮮における制令、台湾における律令」についての外務省の以下の回答には、より深刻な問題が提起されている。

> この法律は未だ形式的には廃止されていないのであるが、此等が法律事項を一括して朝鮮及び台湾総督の命令に委任している点から、新憲法の下においては当然失効という解決が採られ得るであろう、従つてこれに基く律令、制令は夫々当然効力をそう失〔ママ〕したとも考えられるのであるが、標記の「日本国憲法施行の際現に効力を有する命令の規定の効力等に関する法律」第一条によつて少くとも、本年末迄は効力を有すると解することができる[43]。

更に興味深いのは、商工省からの回答に附された、法律第七二号とポツダム命令の関係を直裁に問題化している以下の見解である。

ポツダム勅令及び省令は、根拠法規である昭和二十年勅令第五百四十二号及び第五百四十三号そのものが、昭和二十二年法律第七十二号第一条によつて本年末迄の効力を認められているものと解されるから、…商工省関係のものすべてを列挙して、その存続廃止の区分を掲記するに止め処理方針は法制局の統一的な処置をまつことにした。

法制局は、上述した第九二回帝国議会への提出法律案の絞込み作業の段階で既に「ポツ勅」、すなわち、ポツダム緊急勅令を根拠法令として発出されてきた「ポツダム勅令」を「法律トシテヤルカ研究」する旨を視野に入れていたものと思われ(44)、法律第七二号の起草の際にも、第一条に「承諾ヲ求ムベキ緊急勅令モヨメル」ことが指摘されたのに対して、井手が「必要ナラバ次ノ国会デソノ措置ノ法律ヲ出ス」との見解を示している(45)。ポツダム緊急勅令、及び、それを根拠に出されたポツダム命令が「新憲法」秩序と整合性のあるものであるか、この段階では法制局内部にも迷いがあったものと見られる。

この点について正面から問題にしたのは、やはり民政局のピークであった。日本国憲法施行直後の同年五月一〇日、ピークは「所謂ポツダム勅令は、新憲法下に於ても、依然その効力を持続するかどうかについて、法制局の見解を聞きたい」との希望を法制局に伝えて両者の会談が行われた。この会談においては、往訪した法制局の井手が、ポツダム命令の効力について、形式的効力としてはポツダム緊急勅令は帝国議会において承諾されている以上「全然法律と同様に取扱はれ」るため、「新憲法の下に於てもその効力を持続することは他の法律と同様である」から、これに基づく命令は「法律に基く命令と同一視すべきもの」であり、法律第七二号第一号の適用を受けないこと、内容の問題として「元来本件勅令については、旧憲法のもとにおいても合憲的なりや否やの論があ」り、「新憲法のもとに於ては右の議論の余地は大きくなつた」ため、「この点は法制局においても種々意見かあつたところ」であるが、「結局多数の意見により本件勅令は法律事項を無制限に命令に委任するものではなくポツダム宣言の受諾に伴ふ連合国最高司令官のなす要求にかゝる事項を実施するため特に必要なる場合に限定しておるから新憲法の規定にも違反するものではないといふことに落着いた」旨を述べた。これが、ポツダム命令の効力についての法制局の公式見解であった。

これに対し、ピークは以下のように反論を行っている。

自分は本件緊急勅令は新憲法とは両立しないものと考える。このセクションの者の一般的な考え方もそういふ結論になるのではないかと思ふ。新憲法の下に於ては、緊急勅令にかはる制度としては参議院の緊急集会（第五十四条第二項）によるようなことになるだろうか、総司令部としても立憲的な手続を経なければならないことによつて多少その指令の実施に遅延を来すようなことかあるとしても新憲法施行という現実の事態にかんかみ仕方なしとすへきものではないかと思う(46)

これまで述べてきたように、マッカーサー草案、内閣法、そして、法律第七二号の成立過程において、一貫して立法府の行政府に対する優越を強調してきたピークからすると、「新憲法」とポツダム緊急勅令が「両立しない」とし、その代わりに「立憲的な手続」として、参議院の緊急集会のような、国会の関与する形での処理を望ましいとするのは、いわば原則論に従った当然の主張であったと言えよう。しかし、この意見が「このセクションの者の一般的な考え方」であったかどうかは、以下で述べるように、おそらく議論の余地がある。いずれにせよ、ピークはこの後しばらくして民政局を離れて帰国の途に着いたため、この問題の処理は別の者の手に委ねられることとなったのである。

(11)　天川晃「内閣法制局の対応――新憲法体制の準備」同『占領下の議会と官僚』（現代史料出版、二〇一四年）一八八頁。この間の経緯については、大石眞『憲法史と憲法解釈』（信山社、二〇〇〇年）一一二頁以下、赤坂幸一「戦後議会制度改革の経緯（1）」『金沢法学』四七巻一号（二〇〇四年）二四頁以下が詳細である。

(12)　「改正憲法の施行に伴ひ改廃を必要とする法令の件」「戦後期外交記録公開文書」（以下「外務省公開文書」）A'―〇〇九四。

(13)　「佐藤達夫文書」一四二五。なお、部局によって記載方法が異なっているほか、複数の組織が管轄している法令については重複して記載されているため、法令数は必ずしも正確なものではない。なお、この史料の表紙及び二丁には「罰則委任の法律」との書き込みが見られるが、これはおそらく、後述のように、法律第七二号第三条に廃止法令の筆頭として掲げられた「命令ノ条項違犯ニ関スル罰則ノ件」（明治二三年法律第八四号）を指すものであろう（なお、同法の制定の経緯については、小嶋和司「明治二三年法律第八四号の制定をめぐって――井上毅と伊藤巳代治」同『小嶋和司憲法論集（1）明治典憲体制の成立』（木鐸社、一九八八年）三九五頁以下を参照されたい。なお、この書き込みは後述するように、この時期並行して進められていた内閣法の議論を反映したものと考えられる。

(14)　この間の経緯については、内閣法制局百年史編集委員会編『内閣法制局百年史』（大蔵省印刷局、一九八七年）一〇八頁以下、及び、福元健太郎『立法の制度と過程』（木鐸社、二〇〇七年）五一頁以下を参照されたい。

(15)　「第九十二回帝国議会提出法律案」「佐藤達夫文書」一三九五（「予定」「件名」及び「二二、一、一三、法制局」との書き込みがある）。

(16)　佐藤前掲「ポツダム命令に関する私録（2）」三二頁以下。なお、法律第七二号の帝国議会における答弁では、第一条の対象となる命令について、内務省令として「案内業者取締規則」及び「営業浴場ノ風紀取締ニ関スル件」、商工省令として「保険募集取締規則」（但し、保険業法による委任命令でない場合）、勅令として「航路標識条例」及び「開港規則」が挙げられている（「第九二回帝国議会貴族院行政官庁法案特別委員会議事速記録第一号」一九四七年三月三〇日〔入江俊郎発言〕帝国議会の会議録については、国立国会図書館の会議録検索システム（http://teikokugikai-i.ndl.go.jp/）を利用した）。なお、井手文書に含まれる「第一条の規定に該当する命令の例」と題する、おそらく議会における想定問答のための史料には、ほかに内務省令として「形像取締規則」及び「按摩術営業取締規則」、農林・商工省令として「暴利行為等取締規則」が挙げられている（「井手成三文書」二―A―四一―寄八〇四）。このうち、上掲「改正憲法の施行に伴ひ改廃を必要とする法令調」に記載されているのは「案内業者取締規則」及び「営業浴場ノ風紀取締ニ関スル件」の二つのみであり（「佐藤達夫文書」一四二五）、また、例示された法令が一律に法律第七二号第一条の規定通り処理されたわけではない（堀内前掲『立憲理論の主要問題』二八六頁）。

(17)「井手成三文書」二A―四一―寄八〇四。なお、引用文中《》で括った箇所は手書きによる書き込みを示す。手書きにより訂正されている箇所は原文を《》で括り、ルビで示した。

(18) この時期の政治状況に関しては、福永文夫『占領下中道政権の形成と崩壊』(岩波書店、一九九七年)一一三頁以下を参照されたい。

(19)「佐藤達夫文書」一三九五。天川前掲「内閣法制局の対応」一三四頁以下でも紹介されているが、この史料は、同日閣議決定された「今期議会に提出する法律案の提出準備促進に関する件」の添付文書であり(福元前掲『立法の制度と過程』五一頁)、欄外に「2-26」「山縣次長ニ依頼」と附記されているほか、「憲法施行上不可欠の法律案、その他緊急を要する法律案」の一覧、及び、「主管セクションより提案を示唆され、又はその内容について熱心なる指示を受けてゐる」個別の法律案について「前述の如き事情に鑑み、関係セクションの同情ある理解を得て今期ギ会《〔ママ〕》提出を割愛シ次の国会の問題とすることができれば幸甚と思ふ。これについても関係セクション説得方貴官の御援助を願ふ次第である」との別紙が附されており、おそらくGHQ側に提出する文書の原文と思われる。

(20) 所謂三月二日案は、第七六条に「衆議院ノ解散其ノ他ノ事由ニ因リ国会ヲ召集スルコト能ハザル場合ニ於テ公共ノ安全ヲ保持スル為特ニ緊急ノ必要アルトキハ、内閣ハ事後ニ於テ国会ノ協賛ヲ得ルコトヲ条件トシテ法律又ハ予算ニ代ルベキ閣令ヲ制定スルコトヲ得」との規定を設けていた(佐藤達夫〔佐藤功補訂〕『日本国憲法成立史 (3)』(有斐閣、一九九四年)八四頁以下)。また、憲法改正草案要綱の訂正交渉の際にもこの点は再三にわたり議論され、その結果として、周知のように、参議院の緊急集会についての規定が設けられた(二九〇頁以下)。

(21)「井手成三文書」二A―四一―寄八〇四。「極秘」印がある。史料が破損しており判読できない箇所で、前後の史料から推測が可能な箇所は〔〕で括って示した。

(22) 同前。なお、この過程を示す史料は、二点とも破損のため判読出来ない箇所が多いが、判読できる範囲でもそれぞれ興味深い内容を含んでいる。
①訂正を受けた結果「日本国憲法施行に関する法令の整備に関する法律案」との標題となった、昭和二二年三月三日及び五日の日付を持つ史料(注(21)の史料に手書きで訂正を加えたもの)には、第一条の命令について「承諾ヲ求ムベキ緊急勅令モヨメル。(井手)必要ナラバ次ノ国会デソノ措置ノ法律ヲ出ス。」と附記されているほか、欄外に「(一)ポツ勅ノ罰則委任　特別ノ委任ナリ」との書き込みが見られる(この点については後述する)。なお、この史料では第四条として「日本国憲法を施行するためやむを得ない必要があるときは、法律を以て規定することを要する事項につき、臨時に命令をもつて規定することができる。前項の命令は、日本国憲法施行後最初に召集された国会にこれを提出し、両院の承諾を求めなければならない」「第二項の規定により国会に提出された命令について、両院の承諾がなかつた時には、その命令は、その効力を失

う」との規定が残っている。要綱の段階でこれらの規定が削除された理由は史料上からは明らかでないが、前述したように、日本国憲法の制定過程において、民政局側がこの種の規定に終始消極的であったことが関係している可能性もあろう。②「憲法の改正に伴ひ廃止すべき法律廃止の法律」と欄外に記載された史料には、「至急起案致シたく各号□□御検討を乞ふ(思付キアラバ記入ヲ乞フ) 臼井」とあり、「左に掲げる法律は、これを廃止する」として、本文に掲げた五本の法令が記入されているほか、「(一) 国際的ナ環境ヲ考慮シテ」「(二) 追放令ノ関係上」「(三) 五月二一日覚書」との記載がある。当初別の法律案として起草されたものが、要綱の段階で法律第七二号に合併されたものと思われる。なお、「五月二一日覚書」はおそらく、一九四六年五月二一日付「皇族に関する覚書」を指すものと思われる(『日本管理法令研究』一一号(一九四七年)六一頁以下を参照)。

(23)「日本国憲法施行の際現に効力を有する命令の規定の効力等に関する法律案要綱」「公文類聚」第七十一編・昭和二十二年一月~五月・第一巻・皇室・雑載、政綱一・詔勅・法例。法令名の表記は、原史料で平仮名に置きかえられたものをそのまま表記した。なお原史料では、廃止される法令に「明治三十二年法律第九十四号(国籍喪失者の権利に関する法律)」が記載されているが、これは手書きで削除されている。閣議書の構造については、中野目徹「閣議書・解読のための予備的考察――「立法資料」としての位置づけをめぐって」山中永之佑編『近代日本地方自治立法資料集成 (4)』(弘文堂、一九九六年)六九頁以下を参照されたい。

(24) なお、「族称中士族平民の呼称廃止等に関する法律案について」はこの処理により「合併廃案」とされた。

(25) 前掲拙稿「戦後占領期法制改革の現況と課題」一五〇頁以下を参照されたい〔本書四四頁以下〕。

(26) 福元前掲『立法の制度と過程』四三頁以下。

(27)「日本国憲法施行の際現に効力を有する命令の規定の効力等に関する法律案」に関する交渉の経緯」「外務省公開文書」A'―〇〇五四。

(28) 高柳賢三・大友一郎・田中英夫編著『日本国憲法制定の過程Ⅰ 原文と翻訳』(有斐閣、一九七二年)一七一頁以下。なお、大石前掲『憲法史と憲法解釈』一五〇頁以下も参照されたい。

(29) 高柳他前掲『日本国憲法制定の過程 Ⅰ』一七二頁以下。

(30) 佐藤前掲『日本国憲法成立史 (3)』一三一頁以下。

(31) 天川前掲「新憲法体制の整備」二〇四頁。なお、内閣法の制定過程に関しては、岡田彰『現代日本官僚制の成立――戦後占領期における行政制度の再編成』(法政大学出版局、一九九四年)一一七頁以下、大石眞「内閣法立案過程の再検討」同前掲『憲法秩序への展望』二一一頁以下、松戸浩「事務配分規定成立の経緯 (1)」『法経論集』一六〇号(二〇〇二年)一九頁以下等を参照されたい。

(32) 本節の関心から興味深い点としては、一〇月二一日案（第四次案）の第八条において、「政令には、別に法律の委任がある場合の外、公共の安寧秩序を保持するため取締上特に必要があるときは、一年以上の懲役若しくは禁錮、拘留、一万円以下の罰金又は科料の罰則を附することができる」旨の規定が現れ、検討の結果結局削除されていることであろう（大石前掲「内閣法立案過程の再検討」二三二頁以下）。

(33) 大石前掲「内閣法立案過程の再検討」二四二頁。

(34) 詳しくは、岡田前掲『現代日本官僚制の成立』一三四頁以下、及び、大石前掲「内閣法立案過程の再検討」二四三頁以下を参照。

(35) 岡田前掲『現代日本官僚制の成立』一三四頁以下。

(36) 前掲「「日本国憲法施行の際現に効力を有する命令の規定の効力等に関する法律案」に関する交渉の経緯」。

(37) 「日本国憲法施行の際現に効力を有する命令の規定の効力等に関する法律案」「公文類聚」第七十一編・昭和二十二年一月〜五月・第一巻・皇室・雑載、政綱一・詔勅・法例。

(38) 「井手成三文書」二A—四一—寄八〇四。これは、「日本国憲法施行の際現に効力を有する命令の規定の効力等に関する法律」に手書きで訂正を加えたものである。

(39) 「日本国憲法の際現に効力を有する勅令の規定の効力等に関する政令」「公文類聚」第七十一編・昭和二十二年一月〜五月・第一巻・皇室・雑載、政綱一・詔勅・法例。

(40) 「佐藤達夫文書」一四二五。史料冒頭に「法律七二号により措置すべきもの」との書き込みがある。管見の限り、当該文書には法制局からの通牒は見られないため、発出日は不明である。なお、法律第七二号の成立に先立って、三月二九日付で貴族院調査課長から外務省大臣官房文書課長に宛てて「新憲法施行ニ伴フ外務省関係ノ法律規則等ノ改廃ニ関スル件」が出されており、外務省では四月一〇日に検討を行っているが（「外務省公開文書」A'—〇〇九四）、これが法制局の上述の通牒とどのような関係にあるかは明らかでない。

(41) 日本国憲法施行後の段階で「旧外地」という把握を行っていることは、国際法的には妥当ではあるが、実際の「旧外地」の状況に鑑みれば適切であるかどうかは議論が必要であろう。この点は別稿にて検討することとしたい。

(42) なお、司法省からの回答では、司法省官制は「法律で改正の要あり。但し行政官庁法の関係で昭和二三年三月まで効力あり」とされる一方、司法事務局官制については「法律事項なりや否や、多少疑問あるも、法律事項とせば改正の要あり」と述べられている。

(43) このような解釈を提示する理由としては、包括委任として失効と解する場合「朝鮮、台湾における郵便年金、簡易生命保険銀行預金、金融相合《〔ママ〕》預金、無尽、信託業等は夫々その法的な根拠を失うことになり既得の権利保護を如何にして行うかという問題が生じる」ことに加え、「現在右の失効する諸命令の効力を救う為に新に立法その他の措置を採ることはG、H、Qとの関係においても困難であること」が「付随的理由」として述べられている。

(44) 前掲一月一三日付の「第九十二回帝国議会提出法律案」の一丁には「ポツ勅ヲ法律トシテヤルカ研究」との書き込みが見られる(「佐藤達夫文書」一三九五)。

(45) 注(22)を参照されたい。

(46) 「新憲法と所謂ポツダム勅令との関係に関する件」「外務省公開文書」A'—〇〇五四。この史料は、佐藤前掲「ポツダム命令についての私録(2)」四頁でも紹介されている。

三 法律第七二号第二条の改正問題(47)

(一) 「政令の濫用」とポツダム命令

民政局を離れたピークの後任として政務課長に就任したのは、ハッシー(A. R. Hussey Jr.)であった。ハッシーは、マッカーサー草案起草の際に中心的役割を果たした運営委員会のメンバーの一人であり、一九四七(昭和二二)年二月に民政局の特別補佐官(Special Assistant)に転じていたが、ピークの帰国に伴って政務課長を兼任することとなったのである。(48) ハッシーは、一時帰国後の同年四月に民政局に帰任して中央政府課(National Government Division)の課長となったスウォープ(G. J. Swope)らと共に、日本国憲法施行後に日本側から承認を求めて提示された政令案のいくつかについて異議を唱えた。(49)

例えば、同年七月一一日に閣議決定された「超過勤務手当給与令」は、「労働基準法の制定に伴い、官吏も同法の適用を見ることになつた」ことを受けて、従来の居残手当、徹夜賄料、直宿手当等を「整理統合し、基準法に則り適正な特別勤務手当を支給すること」を規定する内容の政令であり、「本件は官公職員の労働組合との関係で長い間懸案となつて居り本年七月から実施の約束もありこれ以上延引することを許さない事情にある」ため、単独で政令とすることとしたものであったが[50]、七月三一日にハッシーは大蔵省の関係者と会談して「新憲法下にあつては、一切の国費の支弁は国会の承認をへて行はるべき原則に基き、本件は法律の形式をもつて国会に提出し承認を求むべきものと考える」と述べ、大蔵省側が「本件の恒久的措置の基礎たるべき公務員法が確定していない」上、「従来、日本においては官吏の地位、給与の規定は主として勅令によつていたので、少くとも来る通常国会において定立せらるべき基本的官吏給与法をまつて全般的な法律的措置を講ずる」ことにしないと「他の勅令との均衡上稍々適当を失する疑がある」と反論すると、ハッシーは「貴官の述べられた如き従来の日本の方式を改革することこそわれわれの望むところであるから、あくまで本件は法律によるべきと考える」と、強硬な姿勢を示している[51]。また、七月二五日に閣議決定された「消防研究所官制」は、「総司令部の主管部局の示唆」もあり、内務省において立案されたものであったが、八月一二日に行われた会談においてハッシーとスウォープは、「政府内の新部局課の設置は法律によつてなされるべきものであると考える」こと、「予備費は緊急の必要ある場合にのみ支出すべきものであつて、本件はこれに該当しないと思う」との立場からこれに反対している[52]。民政局のこれらの政令案に対する姿勢は、この席上において述べられた「一般に封建的な明治憲法の源泉と考えられる『政令』による政治（The principle of government by "Cabinet Order"《〔原文ママ〕》）には反対である」との言葉に集約されていると言えるであろう[53]。

さて、本節の問題関心から興味深い論点を提示しているのは、七月三日に閣議決定されているにもかかわらず、ハッシーが「法律を以て規定すべき事項であるとて、承認を拒否して居」た、「金融機関再建整備法施行令」の一部改正のための政令についての議論である。法制局側は「今回政令を以て規定しようとする事項は、何れも金融機関再建整備法の委任にもとづいている事項である」ため、問題は「かかる事項を政令に委任した金融機関再建整備法の委任が広過ぎるかどうか」であり、「この政令に委任しようとする事項は、新憲法下においても、旧憲法下においても、何れも立法事項であつて、これを法律以下の命令に委任できるかどうかは新憲法施行後初めて起つた問題ではない」と説明したところ、ハッシーは「この政令案は法律の委任の範囲を逸脱して居るとは言はない」が、「授権の範囲が広過ぎると思う」[54]として反対の意向を示した。ハッシーとスウォープは、明治憲法の下では「議会は単に天皇の立法権に対する協賛機関に過ぎ」ず、「法律は何でもかでも《〔ママ〕》勅令に委任して了つて居つた」との理解に基づき、日本国憲法第四一条の規定によって、委任立法の「授権の範囲は縮少されたものと解しなければならない」との解釈を示したのである。

これに対し、法制局の井手は二つの方向から反論を行った。一つは、「新憲法により法律事項の範囲は広くなつた」が「新旧憲法とも何等これについて明文の規定を設けていない」ので「法律が政令以下に委任し得る範囲は旧憲法の場合と変つていない」という解釈論である。[55]そしてもう一つは、委任立法の範囲の問題と関連づけた、以下のような反論である。

> 委任の範囲が広過ぎるといわれるが、ポツダム緊急勅令の授権はこれよりまだ広いと思う。本法は総司令部経済科学部《〔ママ〕》の要求もあり、諸般の事情から現実的に必要とせられた次第である。本件政令案も、これから金融機関の再建整備を進めて行くについて緊急に施行する必要がある次第である。

ここで提示された論点は、日本国憲法が標榜する理念と、占領管理体制を法的に支えるポツダム命令との矛盾に直接繋がるものであった。しかし、これに対してハッシーとスウォープは、同じ内容の法律案を国会に提出して「少し手間取っても、国民の代表たる四六六人の頭に頼るべきである」旨を述べる一方、「ポツダム緊急勅令は全然別個の問題」として、議論の枠組みから外している。この点については次節で改めて検討するが、上述した一連の議論におけるハッシーの関心は、旧憲法の下で認められていた内閣の権限を新憲法の理念に即して「政令の濫用」としていかに抑制するかに注がれており、ポツダム命令と新憲法秩序の間に孕まれる問題性は差し当たり視野の外に置かれていたことは指摘しておく必要があろう。

(二) 民政局の法律第七二号第二条改正提案

上述した問題意識に基づいて、民政局のハッシーは、政令の範囲を制限するための具体的な方策として、法律第七二号第二条の「勅令」から「政令」への読み替え規定に着目し、同年七月二八日付で、この規定に但書を追加することを提案する民政局長ホイットニー（C. Whitney）宛の覚書を作成した。(56) この覚書の中でハッシーは、内閣は現在、日本国憲法施行に先立って成立した法律第七二号によって「委譲された権限の下で、勅令により立法することの出来たことは全て、現在は政令によって立法することが出来るという立場を取って」おり、この立場に則って「この二ヶ月の間日本政府は、議会を無視するためにこの法律を用いる傾向をますます強く見せて」いると指摘する。そして「この状況は、かなり危険に満ちたものと思われる」と警告し、法律第七二号第二条に以下の但書を追加することを提案したのである。

但し、日本国憲法の下で法律によって規定されなければならないものについては、いかなる法律において規定されているものであっても「勅令」を「政令」と読み替えてはならない。[57]

この覚書には、民政局の特別補佐官リゾー（F. Rizzo）、中央政府課課長スウォープ、地方政府課（Local Government Division）課長ティルトン（C. Tilton）、司法法制課（Courts and Law Division）課長オプラー（A. C. Oppler）、政治課（Political Affairs Division）課長マーカム（C. P. Marcum）、立法課（Legislative Division）課長ウィリアムズ（J. Williams）、特別企画課（Special Project Division）課長ハウギ（O. Hauge）が同意しており、[58]八月一日にホイットニーの承認を得た上で、[59]七日に法制局に示された。[60]これに対して、法制局では翌八日に直ちに対案が作成され、[61]その対案に基づいて一二日にハッシーと井手の間で会談が持たれた。[62]会談の席上井手は、法律第七二号第二条は「政令に新らたなる〔ママ〕機能を与えたものではなく、単に字句を整理したに過ぎないのであつて、その政令は新憲法の予想する政令以外何等の機能を有するものではない」こと、「今ここに新らたに法律改正の手続きをとつて修正的ない至〔ママ〕注釈的条項を附加することは却つて誤解を招く恐れもある」こと、更に、ハッシーの示唆するような「法律の根拠に基ずく〔ママ〕委任命令を一切禁ずる」ことは法運用の実態にそぐわない、などの理由を示して反対したが、ハッシーは納得せず、一四日には佐藤達夫法制局長官に対して、提案に即した改正案の作成を重ねて指示した。[63]そこでやむなく法制局は、一五日付で以下の改正案を作成して一九日にハッシーに提示し、その了解を得た。[64]

昭和二十二年法律第七十二号第二条の規定は、日本国憲法の規定に基き政令に委任することのできないものを政令に委任したものと解釈せられてはならない。[65]

なお、法制局は当初、これを政令の形で処理するという意向を持っていたが、ハッシーは「自分としてはアービトラリーでありたくはない」と一応断りながらも「是非とも法律にして貰いたい」との意見を述べたため、法制局は改めて法律案を作成し、二二日の閣議に附した。(66)

ところが閣議では、「政府としてこれを国会に提出するのは如何にも具合が悪い」ため、「芦田外務大臣からハッシー氏に対し書簡をもって申出をする」ことと決し、八月二六日に秘書官が芦田均外務大臣名の書簡をハッシーに手交している。(67) 書簡の添付文書によると、日本側の反対の理由は、第一に、この改正は「分かり切ったことを宣言するに過ぎない」上、「改正前の法律が憲法違反であったかのようにすら見える」こと、第二に、政令への包括的罰則委任の禁止に関しては「命令ノ条項違犯ニ関スル罰則ノ件」が法律第七二号第三条によって廃止されたことにより既に解決済みであること、そして第三に、このとき第一回国会において労働省設置法案が審議されており、参議院において内部部局の設置を政令事項から法律事項に変更する動議が提出されていたため、(68) この改正案を提出すると「更に問題を複雑化する危惧がある」と考えられることであった。(69) この芦田の書簡に接したハッシーは「政府の方でそう言うことならば国会の方に話を持って行くことにしよう」と答えている。次節で検討するように、法律第七二号に関する問題はこの後、衆議院の議院運営委員会、及び、両院法規委員会において議論されることとなる。

(47) なお、以下の経過については、前掲拙稿「政令の濫用と国会の役割」三六頁以下で詳述しているので、併せて参照されたい。
(48) 「ハッシー文書」〔以下 HP〕2-C-19, Administrative Memorandum: No. GS: 11, Personnel Assignments, 10 June 1947.
(49) なお、中央政府課は「スウォープに活躍の場を与えるためにわざわざ創設された」部局だという証言もある(ジャスティン・ウィリアムズ/市雄貴・星健一訳『マッカーサーの政治改革』(朝日新聞社、一九八九年)八〇頁)。
(50) 「超過勤務手当給与令制定の件」「公文雑纂」昭和二二年・第四三巻・未決法律案政令並びに廃案一。

(51)「超過勤務手当給与令に関し、ガヴァメント・セクション・ハッシー中佐と会談の件」「外務省公開文書」A'―〇〇五四。なお、この件については、衆参両院院の予算委員会において「政令で実施し得るのでありますが、事柄が給与という見地から相当重要」であるので了解を求めたい旨が報告されているが（八月一四日及び一八日）、法律を出すこととなったため翌年二月一三日に請議が撤回されて廃案となった（前掲「超過勤務手当給与令制定の件」）。なお、この時期の公務員の給与制度に関しては、川出摂『戦後日本の公務員制度史――「キャリア」システムの成立と展開』（岩波書店、二〇〇五年）八一頁以下を参照されたい。

(52)「政令により規定得べき事項の範囲に関する問題」「外務省公開文書」A'―〇〇五四。断りのない場合、以下の引用はこの文書に拠る。法制局の井手からは「各省の設置、統合の如き基本的な事項は法律をもつて規律することが適当であろうが、主任大臣の権限に何等増減を生じることなく、又官庁の人民に対する直接処分権、強制権限の行使の基礎に関する如き事項に触れない行政機構については、政令で定めて差支えないものと信ずる」旨の説明があり、スウォープは、当該研究所が「内務省の消防課の監督のもと」に置かれるのであれば「政令で規定して差し支えないものと思う」と述べ、ハッシーも「一応これに同意」しているが、一方で予備費からの支出にはハッシーは一貫して反対している。なおこの見解は、七月三〇日に民政局側においてハッシー、ティルトン、リード（R. W. Reid）、ベンショーテン（A. V. Benschoten）が行った会談を踏まえて作成された覚書を踏まえたものである（Memorandum, Establishment of the Fire Prevention Research Institute, 30 July 1947.「Confidential」「消防研究所官制案に対するＧＳの意見」と書き込みがある（「佐藤達夫文書」一四二九））。この政令案も法律により規定することとなったため、翌年二月九日に請議が撤回されて廃案となった（「消防研究所官制制定の件」「公文雑纂」昭和二二年・第四三巻・未決法律案政令並びに廃案一）。

(53) なお、この会談では、「全般的問題」として、憲法第七三条第六号が独立命令を認めているかどうか、と言う点についての議論も行われている。この点については、マッカーサー草案の起草段階では、民政局内にもこれを認容する見解があったことは興味深い（高柳他前掲『日本国憲法制定の過程 I』一七二頁以下）。

(54) ハッシーは当初、当該政令案自体が法律の委任の範囲を逸脱している旨主張していたが、井手が「若し逸脱しているとすれば関係者としては重大な責任問題である」と述べたところ「前言を覆へすに至つた」と附記されている。

(55) なお、この点について佐藤達夫が以下のように述べていることは興味深い。「新旧憲法の間に、法律による命令委任の幅に差異があるかどうかについては問題があり得る。権力分立の原則のみからこれを見るならば、その間にいささかの差異もないというべきであろう。…ただ、権力の分立と人権の保障とは楯の両面をなすものと見るならば、明治憲法に比して新憲法が特に強調する人権保障の角度から、それが若干の影響を受けはしないかという懸念も浮んで来そうである。それはそれとしても、罰則の委任の関係では新憲法がとくに七三条六号に但書を設けている以上、その間にはある程度の条件の変更があるものといわなければなるまい。／それにもかかわらず、私は、この勅令第五四二号の委任は新憲法に違反するものではないと思うけれども、そういうことをいうと、今後同様の立法が続々となされることになりはしないかという心配を生ずるであろう。しかし、このような形の特定委任は、占領軍司令官のような、合法的に受け入れられた第三者的最高権力者というものの存在を前提としてはじめて成り立ち得ることであろうから、（このことは委任自体の形式の問題であって、超憲法論には関係はない）こういう形は、今後において普通には到底予想されないことであると思う」（佐藤前掲「ポツダム命令についての私録 (2)」一〇頁）。

(56) この覚書についてハッシーは、七月三一日の「超過勤務手当給与令」に関する会談の席上、日本側の「本件は同法律第二条のいわゆる「政令」として法的にも妥当と考えるが如何」との意見に対し、「同法律第二条の規定は相当曖昧にて十分意を盡していないきらいがあるので、本官は同法律の条文解釈につきウィットニー《〔ママ〕》将軍に覚書を提出してある」として、覚書を提示しながら「同条にいわゆる「勅令」には、新憲法下当然法律をもつて規定さるべき実質を有するものは含みをらざるものと解すべきで、然らざれば該法律は違憲性をもつに至るであらう」と述べている（前掲「超過勤務手当給与令に関し、ガヴァメント・セクション・ハッシー中佐と会談の件」）。

(57) HP-73-B-1, Memorandum for the Chief〔以下 M/C〕, Government Section, Legislation by Cabinet Order, 28 July 1947.

(58) ただし、オプラーは七月三〇日付で、ハッシーの覚書に対しコメントを寄せている（HP-73-B-4）。この点は次節において検討する。

(59) HP-73-B-18, Memorandum for the Record〔以下 M/R〕, Amendment to Law No. 72, 14 August 1947.

(60) 「昭和22《〔ママ〕》年法律72《〔ママ〕》号第二条ニ追加ヲ要求（G．S．ハシイー《〔ママ〕》）」「佐藤達夫文書」一四二六、「井手成三文書」二A―四一―寄九〇二。

(61) 「外務省公開文書」A'―〇〇九四。以下断りのない場合、以下の引用はこの文書に拠る。なおこの文書は英訳されてハッシーに提出された（HP-73-B-6, On Article 2 of Law No. 72 of 1947, 8 August 1947）。併せて、反駁のための具体的事例についてのノート及びその英訳も準備されたが、これは口頭で言及されるにとどまったようである（「外務省公開文書」A'―〇〇九四には「本ノートは一応準備し相手方に手渡すべきか否か検討中」との書き込みがある）。また併せて、「行政機構を定める法的形式について（消防研究所と政令との関係について）」（日付なし）、「金融機関再建整備法施行令について」（八月一一日付）も、英訳と共に準備された（「佐藤達夫文書」一四二六、「井手成三文書」二A―四一―寄八八八）。

(62) 「政令により規定得べき事項の範囲に関する問題（その二）――昭和二十二年法律第七十二号に関する問題」「外務省公開文書」A'―〇〇五四。断りのない場合、以下の引用はこの文書に拠る。

(63) M/R, Amendment to Law No. 72, 14 August 1947 [supra note 59].

（64） この会談については、民政局側では立法課のキャンベル（D. P. Campbell）が報告を行っている（HP-73-B-16, M/C, Amendment of Law No. 72, 19 August 1947）。なお、法制局では第二案として「昭和二十二年法律第七十二号第二号の規定は同条に規定する読み替えにより従前勅令で想定し得た事項はすべて政令で規定し得るものと解釈されてはならないのであって、この読み替えの結果発せられる政令には日本国憲法の下において政令で規定し得る事項（法律の委任により政令で規定し得る事項を含む）以外の事項を規定することはできない」との案も作成されているが、会談の席上で第一案とされた。この経緯を示す史料はＧＨＱ側にも残っている（HP-73-B-17）。
（65）「昭和二十二年法律第七十二号第二条の解釈に関する件」「外務省公開文書」A'―〇〇九四。なお、この文書に添付された井手から終戦連絡部の藤崎連絡官に宛てた同日のメモには「佐藤法制局長官本日午後コマンダーハシイ〔ママ〕に会談して提示したいと思いますので予め御翻訳をお願い致します」とあるが、この会談が行われたかどうかは不明である。
（66）「昭和二十二年法律第七十二号の一部を改正する法律案」「佐藤達夫文書」一四二六。なお、欄外には「廃」「ＧＳ来訪」との書き込みが見られるが、この点は次節において言及する。
（67） HP-73-B-6（「佐藤達夫文書」一四二六、及び、「外務省公開文書」A'―〇〇九四に原案が見られるが、内容的には前者が草稿段階の史料であるものと思われる）。
（68） この過程に関してはさしあたり、竹前栄治『戦後労働改革』（東京大学出版会、一九八二年）一七七頁以下を参照されたい。
（69） なお、前掲拙稿「政令の濫用と国会の役割」三七頁以下において、当該添付文書の全文を紹介している。

四　結びに代えて

芦田の書簡からおよそ一〇日後の一九四七（昭和二二）年九月五日、ハッシーは「新憲法下における立法権」と題する記者会見を行い、内閣による「政令の濫用」に対する自らの見解を明らかにしている。[70] ハッシーはこの記者会見の中で明瞭に「憲法第七三条は憲法第四一条の趣旨に照して読まれなければならない」として、「内閣は、憲法第四一条によって、政令によって立法する権限を与えられていない」という原則論を述べ、「国会の命ずるところを、内閣の決定する方法で行うことが内閣の機能なのである」以上は、「非常事態」であり「何か手を打たなければならない」というような場合でも、「好ましいとか便利であるとかいうこと」を理由に政令で処理することは許されないと言明した。しかし、法制局の関心はもっぱら「政府は、政令で何をなし得るか」という「尤もな質問」に対するハッシーの見解にあった[71]。この問題についてハッシーは「委任の許可が明瞭であり、内閣がどの程度までの行為をなし得るかという規準が委任それ自体に於て明瞭に規定されている場合」には委任命令が許容されること、「執行の分野に於ては、内閣の権限は必然的により広汎」であり、公の資金の使用には国会の議決を要する、という条件に従う限り「内閣は政令により自由に且つ充分に国の行政組織及び行政各部の行政作用を処理し得る」、すなわち、執行命令を発出し得るとの見解を示している[72]。

続いてハッシーは、日本側が作成する政令の範囲を制限するための具体策として、GHQの幕僚部(Special Section)が政令案の内容についてチェックを行う際に用いる一定の基準を作成することを民政局長のホイットニーに提案している。同年九月二五日、ホイットニーは参謀長に対し「日本国憲法が施行されてから、内閣が政令によって立法を行うその範囲について、日本政府内及び総司令部内に少なからぬ混乱が存在して」いることを指摘し、「司令部内においては、適切な法的、及び、憲法的手続の発展を奨励するためにあらゆる努力が払われなければならない」との理由から、「司令部内の更なる混乱を避け、合意を確保するため」の覚書の発出を提案している。この提案文書はハッシーの手によるものであった[73]。

このホイットニーの提案を受けて一〇月一日付で発出されたのが、スタッフ覚書第八一号「日本の政令の範囲の制限」である。この覚書は「日本の新憲法の第四一条は、国会が唯一の立法機関であるとして」おり、「日本政府が実質的な権利（substantive right）についての事項を取扱う政令を発出することは、この基本的な原則、及び、他の国民を保護するための憲法上の保障と矛盾する」という理解の下で、「命令が適用される範囲及び規準が制定法により具体的に許可されている場合」と「純粋に執行的な事項を取扱う性質のものであり、個人の自由や財産を損なったり、変更したり、あるいは制限したりしない場合」を除き、幕僚部はいかなる政令についてもそれを促進したり承認したりするべきではないとの原則を提示したのである。(74) なお、このしばらく後に、ハッシーはアメリカに一時帰国している。(75)

ところで、ここで注目したいのは、このスタッフ覚書において「連合国最高司令官総司令部の民政局長は、提案された法案が政令として認められるべきか、もしくは法律案として国会で取扱われるべきかを決定する責任を負う」とされている点である。(76) 前述のように、帝国議会における憲法附属法を中心とする法案審議は、GHQ側では民政局との密接な連携の下で行われたが、この覚書において規定された民政局長の政令審査に関する「責任」の明示は、GHQの他の部局がイニシアティブを持って進める立法に対しての「統合」の試みとも理解されよう。(77) 実際、上述のハッシーによる「政令の濫用」の抑制策と並行する形で、民政局は「今後総ての政令はその公布前にこれをガヴァメント・セクションに提出して総司令部としての最後的了解を求められたき旨、口頭を以て非公式に指示」しており、(78) この事前承認手続は七月から実施されているのである。(79)

本節で明らかにしたように、法律第七二号第二条の改正提案は、民政局のハッシーの強いイニシアティブによって日本側に示唆されたものであり、かつ、その背景には、政令の審査を契機としたGHQ内部における民政局の権限拡大の企図が存在した。しかし、その過程を通じて表面化することになった、新憲法の下での国会の役割と占領管理体制の維持のために必要なポツダム命令との矛盾については、本質的な解決を見ていない。この問題は、同年末の法律第七二号の移行期間終了を睨んでより深刻な問題として議論されることとなるが、その経過については次節において検討することとしたい。

(70) The Legislative Authority under the New Constitution, Press Conference of Civil Information Section and Government Section. 5 Sep. 1947.「外務省公開文書」A'—〇〇九四（「政令問題に関するハッシー氏の新聞記者会見」との書き込みがある）。九月一八日付の翻訳である「新憲法下の立法権」には「政令の濫用に付て司令部声明」との書き込みがある（「佐藤達夫文書」一四二九、「井手成三文書」二A—四一—寄九〇一）。以下の引用はこの翻訳を参考としたが、英文に従って訳文を一部変更した。

(71) 前注において言及した、佐藤文書及び井手文書中の邦訳においては、主としてこの問題に関する箇所に手書きで下線が附されている。

(72) 詳しくは、前掲拙稿「政令の濫用と国会の役割」三八頁以下を参照されたい。

(73)「GHQ／SCAP文書」GS(B)-02512, Proposed Staff Memorandum Curtailing Scope of Japanese Cabinet Orders, 25 Sept 1947.

(74) Staff Memorandum No.81, Curtailment of Scope of Japanese Cabinet Orders, 1 October 1947, Appendix G: 8a (7), *Political Reorientation of Japan, September 1945 to September 1948, Report of Government Section, Supreme Commander for the Allied Powers*, U. S. Government Printing Office, 1949, p.802. 前掲拙稿「政令の濫用と国会の役割」三九頁において全文を紹介している。

(75) なお、芦田外相は九月二七日「正午 Hussey 夫妻をよんで帰米の Farewell をやった」と記録している（進藤榮一編『芦田均日記 (2)』（岩波書店、一九八六年）二九〇頁）。

(76) このパラグラフは、九月二五日付のホイットニーの提案に添付された原案では、単に「民政局」となっている。

(77) もっとも、民政局は結局立法に関する統合組織となることには失敗したとの分析がなされている（福元前掲『立法の制度と過程』四五頁以下）。

(78)「政令案について総司令部ガヴァメント、セクションに事前連絡方に関する件」「外務省公開文書」A'—〇〇五四。

(79)「政令案に関しSCAPの事前承認取付け連絡事務進捗状況報告（一）（自昭和二二、七、一〇　至八、三一）」、「政令案に関しSCAPの事前承認取付け連絡事務進捗状況報告（二）（自昭和二二、九、一　至一〇、三一）」「外務省公開文書」A'—〇〇五四。

第二節　占領管理体制とポツダム命令

一　序

前節においては、「日本国憲法施行の際現に効力を有する命令の規定の効力等に関する法律」（昭和二二年法律第七二号、以下「法律第七二号」）の改正法である「昭和二十二年法律第七十二号日本国憲法施行の際現に効力を有する命令の規定の効力等に関する法律の一部を改正する法律」（昭和二二年法律第二四四号、以下「法律第二四四号」）につき、「政令の濫用」の抑止の観点から、法律第七二号第二条に「前項の規定は、内閣その他行政機関に対し、日本国憲法が認めていない場合において命令を発する権限を付与したものと解釈されてはならない」旨の文言を追加する示唆がＧＨＱ／ＳＣＡＰ（General Headquarters/ Supreme Commander for the Allied Powers, 連合国最高司令官総司令部、以下断りのない限り「ＧＨＱ」）の民政局（Government Section, GS）からなされるに至った経緯を明らかにした。しかしその過程で、法律第七二号第一条が一九四七（昭和二二）年末において失効する旨を規定した「日本国憲法施行の際現に効力を有する命令の規定で、法律を以て規定すべき事項を規定するもの」に、所謂「ポツダム命令」が含まれるかどうかという、より深刻な論点が炙りだされることとなった。(1)

ポツダム命令とは、「『ポツダム』宣言ノ受諾ニ伴ヒ発スル命令ニ関スル件」(昭和二〇年勅令第五四二号、以下「ポツダム緊急勅令」)を根拠法令として、占領期全般にわたって五〇〇本以上発出された法令群であるが、(2)ポツダム緊急勅令が「連合国最高司令官ノ為ス要求ニ係ル事項ヲ実施スル為特ニ必要アル場合」という包括委任を行っていることに加え、個別のポツダム命令により規定された内容が、憲法秩序、すなわち、大日本帝国憲法(以下明治憲法)及び日本国憲法の双方と矛盾する事例もしばしば見られたことが指摘されている。(3)言うまでもなく、ポツダム命令には法律事項を定めたものも多く含まれていたが、これらが法律第七二号によって失効するかどうか、という問題は、国会が「国権の最高機関」であること、そして何より、自らが「最高法規」であることを自己言及的に規定している日本国憲法にとって、解決困難なものとなったのである。

以下で明らかにするように、この難題もまた、民政局からの強力な示唆に基づいて法律第七二号第一条の二が追加され、同法第一条の規定は「昭和二十年勅令第五百四十二号(ポツダム宣言の受諾に伴い発する命令に関する件)に基づき発せられた命令の効力に影響を及ぼすものではない」旨が明示的に確認される形で解決されることとなる。その過程で一体何が議論され、何が問われていたのかを史料に即して論証するのが、本節の課題である。(4)

(1) なお、この問題に関しては、かつて拙稿「昭和二二年法律第七二号——法令の「戦前」と「戦後」の間」山中永之佑編『日本近代法案内——ようこそ史料の森へ』(法律文化社、二〇〇三年)五四頁以下において私見を試論的に提示したことがある。

(2) 占領中に制定されたポツダム命令は五二六件に及ぶ(司法法制課「ポツダム命令について」『J&R』八〇号(一九九五年)、片井睦明・小松俊也「ポツダム緊急勅令とこれにより制定された法令の変遷——戦後五十年を契機として」『法律のひろば』四八巻五号（一九九五年）を参照）。

（3） ポツダム命令に関しては、佐藤達夫「ポツダム命令についての私録 ⑴〜⑷」『自治研究』二八巻二号・五〜七号（一九五二年）がその概観として有用である。なお、ポツダム命令が孕む問題性については様々な文脈から議論されているが、さしあたっては、北川善英「占領法規」『憲法判例百選〔第五版〕Ⅱ』（別冊ジュリスト一八七号、二〇〇七年）四七四頁以下、小松浩「占領法規」『憲法判例百選〔第六版〕Ⅱ』（別冊ジュリスト二一八号、二〇一三年）に簡潔にまとめられている。本節の問題関心と関連が深いものとしては、長谷川正安『憲法判例の研究』（勁草書房、一九五六年）五一頁以下、山手治之「〈総合綜合判例研究〉日本占領法令の効力 ⑴〜⑶」『立命館法学』三一〜三三号（一九五九〜六〇年〔未完〕）等を参照されたい。

（4） 本節は主として、「戦後期外交記録公開文書」（外交史料館所蔵（http://gaikokiroku.mofa.go.jp/index.html））、「佐藤達夫文書」「入江俊郎文書」「ＧＨＱ／ＳＣＡＰ文書」「ハッシー文書」（国立国会図書館憲政資料室所蔵）、「公文類聚」「公文雑纂」「井手成三文書」（国立公文書館所蔵（http://www.digital.archives.go.jp/））に基づいている。なお、外交史料館及び国立公文書館所蔵史料の一部は上掲デジタルアーカイブで公開されているものを利用した。また、国会の会議録については、国立国会図書館の会議録検索システム（http://kokkai.ndl.go.jp/）を利用した。

二　日本国憲法の施行とポツダム命令

（一） 法律第七二号の改正をめぐる民政局内の意見の相違

前節においては、法律第七二号の成立及びその後の日米間の交渉の過程を通じて、旧憲法から新憲法への憲法秩序の変動につき、日本側の法制局とＧＨＱ側の民政局がそれぞれどのような認識に基づいて対応したかを検討した。この過程は、所謂「マッカーサー草案」及び内閣法の制定において民政局政務課（Government Powers Division）のピーク（C. H. Peake）が一貫して強調してきた、立法府の行政府に対する優位という理念が、ピークの後任として政務課長となったハッシー（A. R. Hussey Jr.）によって、法律第七二号第二条の改正提案及びスタッフ覚書第八一号の発出という形で、内閣による「政令の濫用」の抑制の方針として引き継がれた、と一応は整理することが出来よう。

しかし、ピークの帰国後、その管掌業務を民政局の誰が引き継ぐかという点は、必ずしも自明なものではなかった。例えば、一九四七（昭和二二）年四月三〇日の会談において、日本国憲法の施行に伴い従来の公式令に代わるものとして法制局が制定しようとした「公文方式令」について、ピークは「本案の内容は元来法律をもって規定すべきことであると思う」として反対したため、この政令は成立に至らなかった[5]。そこで法制局では、法律として新たに「公文方式法案」を作成して、六月二六日に民政局と折衝を行おうとしたが、既にピークは帰国しており、法制局側が「その事務の一部を引継いだナショナル・ガヴァメント・ディヴィジョンのスオープ（ママ）氏の許に本案を提出」したところ、この問題については「むしろコーツ・アンド・ロー・ディヴィジョンのオプラー氏の主管である」との返答があった一方で、「本案の実質上の主任者と認められる」のは政務課のハッシーであるともされており、結局この法律案については、七月一日に法制局の井手成三が両者と個別の会談を持って解決を図っている[6]。また、前節において言及したように、政令によって定めることが問題視されていた「消防研究所官制」について、法律案の形で国会に提出する意向を伝えるために井手らが中央政府課（National Government Division）のスウォープ（G. J. Swope）及びケント（P. J. Kent）と九月一八日に会談した際、スウォープは「本件については当部局に於ても自分以外に二、三の関係官がある」旨を述べているのである[7]。

当初ピークが管掌していた法律第七二号についても事情は同じであった。同年九月末頃から、法律第七二号第二条の改正問題については「国会の方」、すなわち、第一回国会の衆議院議院運営委員会と、国会法によって新設された両院法規委員会において議論が行われているが、[8] 前節で言及したように、この頃ハッシーはアメリカに一時帰国している。この間、民政局側で法律第七二号に関する問題を主に取り扱うこととなったのは、司法法制課（Courts and Law Division）の課長オプラー（A. C. Oppler）であった。[9]

オプラーは、前節において言及した、法律第七二号第二条の改正を提案する同年七月二八日付のハッシーの覚書について、同月三〇日付でコメントを寄せているが、[10] 上述の一〇月一日のスタッフ覚書第八一号をめぐる民政局内の措置についても、ハッシーとは意見を異にしていた。すなわち、民政局長ホイットニー（C. Whitney）から参謀長に同文書の発出が提案されたのと同日の九月二五日、政務課のキャンベル（D. P. Campbell）が作成して、ハッシーが承認を与えた覚書が民政局全課長を経由して民政局長に提出されているが、この覚書の中では、スタッフ覚書第八一号による「実質的（substantive）な内容を持つ政令の制定を制限するという新しい方針」に基づき、日本側から提案されている法案について「この法律の施行に必要な事項は政令で定める」という不明瞭な用語法は「この法律の下で必要な執行手続は政令で定める」と読み替えられるべきであり、「政務課は、当局〔民政局〕のある課に立法提案が承認を求めて提出された際には、使われている用語についてチェックが行われ、上述の示唆に一致した修正がなされることを要求（request）する」旨が述べられている。[11] ところがオプラーは、このキャンベルの覚書に対して「多くの技術的な規定」についても「法律が大部で不明瞭なものになり過ぎることを避ける為に、法律自体からは除かれるべきである」ため、「施行事項に関する内閣の権限を一般的に削減することは得策ではない」として、同意しない旨を九月二七日付でコメントしているのである。[12]

さて、上述したように、法律第七二号第二条の改正問題については、九月末頃から第一回国会における衆議院議院運営委員会、及び、両院法規委員会において議論が行われており、その議論を踏まえて同年一〇月九日には、以下のような内容の改正案が衆議院議院運営委員会から民政局に提出されている。

前項の規定に基いて、日本国憲法の規定によつて政令に委任することのできない事項につき、政令を発することがあつてはならない。(13)

この改正案について、政務課のキャンベルは「前項の規定に基いて」の箇所について「このフレーズは不必要である」とするものの「他は良い」とのメモを附しているが、この提案に接したオプラーは、立法課（Legislative Division）に対して、この案は「内閣は憲法違反の政令を制定することが出来ないという以上のことを述べていない」ので「無意味だと考える」旨を一四日付でコメントしている。そして、立法課から政務課に対して出された同日付の付箋において、オプラーは「司法法制課からのコメント」として、以下のような興味深い内容を記しているのである。

我々の法制局の佐藤との会談に関して返答する。私は、ポツダム宣言の下で制定された勅令及び政令を法律に変える義務から除外する改正（an amendment excluding from the obligation of change into Diet Law Imperial Ordinances and Cab. Order enacted under the Potsdam Declaration）に賛成である。私は個人的にはそれが必要だとは考えていないが、〔この改正には〕ハッシーにより主張された改正を挿入する機会が用いられるかもしれない。しかし、それは何の害ももたらさないであろう。(14)

管見の限り、オプラーがこのコメントにおいて言及する「法制局の佐藤との会談」の記録は見出されないが、(15)オプラーの言に依拠するならば、この会談において、法律第七二号第一条の「日本国憲法施行の際現に効力を有する命令の規定で、法律を以て規定すべき事項を規定するものは、昭和二十二年十二月三十一日まで、法律と同一の効力を有するものとする」との規定に基づき、これらの法令の効力を維持するためには国会における立法措置を要するという状況下において、「ポツダム宣言の下で制定された勅令及び政令」、すなわちポツダム命令をその対象から除外することが提案され、更にこの改正の機会として、ハッシーが主張してきた法律第七二号第二条の改正提案が用いられる、という可能性が示唆されたことになる。

オプラーのこのコメントに対して、政務課のキャンベルは同年一〇月一七日に、法律第七二号第二条に関する衆議院議院運営委員会の改正案は「単に憲法が含意していることを繰り返し述べているに過ぎない」と賛意を示すと共に、法律第七二号第二条改正問題についてのこれまでの資料をオプラーに送付している。(16) これを受けてオプラーは、二一日付で司法法制課から政務課及び立法課に宛てた文書において、「現下の草案は全く無意味」であり、「一九四七年八月一九日のキャンベル氏のメモで用いられた用語の方が好ましいと思う」として、衆議院議院運営委員会の改正案を退け、八月一九日にハッシーと井手の間で合意された改正案を用いることを推奨している。(17) これ以降、法律第七二号に関する問題において、第二条の改正、すなわち、ハッシーの提案した「政令の濫用」に関する問題は徐々に後景に退いていくこととなるのである。

(二) ポツダム命令と「新憲法違反の疑い」

ところで、ここで問題とされているポツダム命令と日本国憲法の整合性については、前節において言及したように、法律第七二号の制定過程において日本側でも疑義が提出されていたものの、法制局はさしあたって、ポツダム命令は日本国憲法の下でも有効な委任立法であり、同法第一条の適用範囲外であるとの解釈を示していた。

これに対して、民政局のピークからは、日本国憲法施行直後に「本件緊急勅令は新憲法とは両立しないものと考える」として、正面から反対意見が提示されていたことも、前節において述べた通りである。

しかし、ピークが示したようなポツダム命令についての正面からの反対意見は、民政局の側でも徐々に見られなくなってくる。例えば、法律に基づいて設立された機関である生命保険中央会及び損害保険中央会につきポツダム命令により廃止する措置がなされた際(18)、民政局のリゾー（F. Rizzo）は「これをポツダム命令により処理することの当否につき疑義を提起」して、同年六月一九日に佐藤達夫法制局長官の往訪を求めている(19)。この件についてリゾーは「その措置の実質については既に経済科学《〔ママ〕》部の係官と大蔵省の係官との間で諒解かついて居る」が、「問題はそれを政令で行うことの可否の点である」とし、「若し本件の場合政令によることとすれば、政令によつて法律を改廃することとなり立法権の原則にふれる問題となつて来る」として、以下のように述べる。

技術的にはポツダム政令によつても合法的、合憲的であることはよく承知しているか、ポリシーの問題として、法律事項は法律をもつて規定するという原則は飽迄尊重されなければならぬ。法律事項を政令で規定することを認める時は、それたけ国会の立法活動の分野を狭めることとなり悪例を招くこととなる。

他面総司令部の要求事項について、一々国会による立法を要することとすれば、国会はもとより行動の自由を有するわけであるから、総司令部の要求事項を必ず実施すると言う保障は得られなくなる、という困難かある。しかしこの点については、当部の長は「総司令部要求事項実施のため法律か必要な場合には、内閣は、従来やつているように、政府提出の法律案として国会に提出してもよいし、又若し政府に於てみずからの責任に於て提出することかちゅうちよ《〔ママ〕》されるような場合には、前文なりなんなりに、総司令部の要求による旨を明記して提出してもよく、後者のような方式をとることについて我々としてはなんら異議はない」と言う意見である。こうすれば国会の権限を侵すことなく、総司令部の要求を実施し得る訳である。

これに対して佐藤は「ポツダム政令の制度か合憲的てあることについては、御説の通りてある」と確認した上で、「国会の立場を十分尊重しなければならないこともとよりてあつて、立法事項は能う限り法律によるべきてあると確信している」が、「たた総司令部の要求には時間的制約のあるものあり（ママ）、諸般の情勢上、政令によらざるべからざる場合もある次第てある」として、法律による対応が出来ない場合があることにつき民政局側の理解を求めている(20)。

この会談に見られる「法律事項は法律をもつて規定する」という「ポリシーの問題」と、「総司令部の要求」という「諸般の情勢」の孕む緊張関係は、前節で言及した、「金融機関再建整備法」の施行令の改正をめぐる同年八月一二日の法制局と民政局の間の会談において顕在化することになる。すなわち、日本側の政令案発出につき委任の「範囲が広すぎる」ことを問題視するハッシーに、上述のように「委任の範囲が広過ぎるといわれるが、ポツダム緊急勅令の授権はこれよりまだ広いと思う」と反論した井手に対し、ハッシーとスウォープは以下のように応じているのである。

> ポツダム緊急勅令は全然別個の問題である。この法律が若しポツダム緊急勅令にもとづくものであるならば問題は別であるが、これは普通の法律の形になつている。近い将来最高裁判所が動き初めたら（ママ）、これは違憲の法律とせられる可能性が非常に大きいと思う(21)。

ここでは、「占領管理体制」を法的に支えるポツダム命令と、最高裁判所の違憲立法審査権をも含み込んだ「新憲法秩序」は、「全然別個の問題」として区分可能であるとの理解が示されている。前節において検討の対象とした、法律第七二号第二条の改正による「政令の濫用」の抑制プランは、あくまで「新憲法秩序」の範囲内で、立法府の行政府に対する優越という理念を貫徹しようとしたものであり、占領管理体制とは「全然別個の問題」としてこれを区分する前提において主張されたものであった。実際、九月五日にこの問題について行った上述の記者会見「新憲法下における立法権」の際に、ハッシーはこの区分を前提として、会見後の質疑応答において「日本国民に普通の政令とポツダム勅令による政令公布の別を明確にしめすべき」であると述べているのである。[22]

しかし、新憲法秩序と占領管理体制は、本当に「全然別個の問題」として把握され得るのであろうか。この点は、法律第七二号第一条において規定された「日本国憲法施行の際現に効力を有する命令の規定で、法律を以て規定すべき事項を規定するもの」の有効期限である一二月三一日が迫り、両院法規委員会等においてこの件に関する議論が行われる過程で鋭く問われることとなった。[23]法律第七二号に関する「ポツダム宣言の下で制定された勅令及び政令を法律に変える義務から除外する改正」についての上述の一〇月半ばのオプラーによる提案が現れたのは、このことの反映であると考えられるが、この問題に関して興味深いのは、一一月七日に法制局と民政局の間で行われた会談である。[24]この会談の席上、民政局立法課のウィリアムズ（J. Williams）は、法律第七二号第一条について「貴方ではポツダム命令については、右の関係でどう取扱はれるつもりであるか」と法制局側に直裁に問うている。これに対し佐藤法制局長官は、ポツダム命令はポツダム緊急勅令によって「すべて正当なる法律上の基礎を有する」ため、「本年末までに何等措置を講ずる必要なきものである」との従来の意見を繰り返している。しかし注目すべきは、その後に続くウィリアムズと佐藤の以下のようなやりとりである。

ウィリアムズ「然らばそれと少し観点を変へて、この際、従来のポツダム命令をすべて其の儘の形で法律にすると云ふことについてはどう考へるか」

佐藤「それは個々の命令の内容について見なければならず、一概には云へない。」
ウィリアムズ「その点自分も同感である。ポツダム命令の中、苟くも新憲法違反の疑いのあるようなものは法律とすべきではないが、その他のものはすべて法律にすべきであると自分は考へて居る。就いては現在施行せられて居り、又将来もその効力を持続せしめる必要のあるようなポツダム命令のリストを提出して貰ひたい。」
佐藤「承知した。来週水曜日までに提出する。憲法違反のポツダム命令云々の点については、自分は従来とも総司令部は憲法違反のことを要求したこともないし、将来もなかるべしと考える。[25]」

この会談から看取されるのは、ポツダム命令の中には「法律を以て規定すべき事項を規定する」ものが多く含まれており、かつ、これらは、原理的には国会において法律によって規定されるべきである、という「新憲法」の要請する理念である。しかしそれと同時に、法制局がその合憲性を擁護しているにもかかわらず、ポツダム命令の中には「苟くも新憲法違反の疑いのあるようなもの」が確かに存在している、という認識が、ウィリアムズによって端的に示されているのである。

この点については、会談に同席していた終戦連絡事務局の藤崎萬里連絡官と、ウィリアムズ及び司法法制課のブレークモア（T. L. Blakemore）の間で、以下のようなやりとりが行われたことが記録されている。

尚憲法違反の法律命令云々について、藤崎から私見として「貴方の云はれたことは、如何にも国会は憲法違反の法律を制定してはならないが、内閣には憲法違反の政令を制定させても構はないと云ふように受け取れるがどうか。」と述べたところ、ウィリアムズ氏及ブレークモア一《ママ》氏は「ポツダム命令は憲法の上にあるＳＣＡＰ〔連合国最高司令官〕の要求に基くものであるから、憲法違反の問題は起らない。」と答へたが、それ以上追究することは止めたウィリアムズとブレークモアは藤崎の質問に正面から答えてはいないが、少なくとも、内閣が制定する政令のうち「憲法の上にある」連合国最高司令官の要求に基づいて制定されるポツダム命令には「憲法違反の問題は起らない」、すなわち、ポツダム命令に関しては、内閣による「憲法違反の政令」の制定は是認される、との見解が示されたことになる。この段階に至り、法律第七二号の改正問題は、ハッシーが提起したような、国会による内閣の「政令の濫用」に対する抑制という枠組みを超え、むしろ占領管理体制そのものに近接した問題へとシフトすることとなる。

（5）「公文方式令案に関する件（内閣総理大臣の任免手続に関する問題）」「戦後期外交記録公開文書」（以下「外務省公開文書」）A'—〇〇五四。ピークはこの件について「草案についての本質的な批判は、内閣総理大臣の任免、法律の公布、そして憲法の改正に関する手続に国会が含まれていないことである」と報告している（「ＧＨＱ／ＳＣＡＰ文書」〔以下「GHQ/SCAP」〕, GS(B)-01183, Memorandum for the Chief〔以下 M/C〕, Ordinance concerning formalities connected with the issuance of official documents, 5 May 1947）。この問題の経緯については、佐藤達夫「公文方式法案の中絶」『レファレンス』七二巻七号（一九五七年）二頁以下に詳しい。なお、大石前掲『日本憲法史〔第二版〕』三四三頁以下も参照。

（6）「公文方式法案の廃き《（ママ）》に関する経緯」「外務省公開文書」A'—〇〇五四。

（7）「消防研究所官制に関する件」「外務省公開文書」A'—〇〇九四。

（8）例えば両院法規委員会においては、以下のような提案がなされている。「〔法律第七二号第二条の〕第二項といたしまして、「前項の規定に基いて、日本国憲法の規定により政令に委任することのできない事項につき、政令を発することがあつてはならない。」というのを入れてはどうだろうかという意向がございます。これについて政府におきましては、これは政府で議すべきものでないというので、両議院の運営委員会において、これを議することになつたのであります。そこで参議院におきましても、すでにこれが運営委員会において議題になつて、そうしてこれは法規委員の方に回付するから、そこで十分に議してくれということになつたのであります。仄聞すれば、衆議院の運営委員会において議しているというので、いかにすべきや。参議院の方の意向といたしましては、大体それでよかろうと考えておりますが、もし衆議院の、あるいは参議院の方で、運営委員会において議することが不可能であるとか、あるいは困難であるというような場合には、両院法規委員会でこれをいかに処理すべきやという問題が、ここに惹起しているわけであります」（「第一回国会両院法規委員会会議録第二号」一九四七年九月二三日〔樋貝詮三発言〕）。

（9）オプラーが戦後法制改革において果たした役割に関しては、アルフレッド・オプラー／内藤頼博監修、納谷廣美・高地茂世訳『日本占領と法制改革』（日本評論社、一九九〇年）を参照。また、拙稿「GHQの司法改革構想から見た占領期法継受――戦後日本法史におけるアメリカ法の影響に関連して」『法学政治学論究』四四号（二〇〇〇年）、「GHQの司法改革構想と国民の司法参加――占領期法継受における陪審制度復活論」『法学政治学論究』四九号（二〇〇一年）においても若干検討を行っている〔本書第二章に収録〕。

（10）前節注（58）を参照。

（11）GHQ/SCAP, LS-26397, No title, 25 September 1947. これは政務課が民政局内での存在感を示すための動きと考えることも出来るだろう。なお、キャンベルは少なくとも同年八月一九日の段階では立法課の課員であったが、次注に引用する史料によると、この文書の作成時には政務課に移籍していたようである。従って、拙稿「政令の濫用と国会の役割――憲法施行直後の議論から」『議会政治研究』八二号（二〇〇七年）四四頁（注（38））の記載は誤りであるので、訂正されたい。

（12）GHQ/SCAP, LS-26290, Comment on Memo of 25 Sept 1947 To Chief, Govt Sect from Mr. Campbell, GPD, re amendment of terminology in drafts of proposed legislation, 29 September 1947.

（13）「ハッシー文書」〔以下「HP」〕73-B-15, Bill for Partial Amendment to the Law concerning Force and others of the Provisions of the Ordinances which are Effective at the Time of Enforcement of the Constitution of Japan. 断りのない場合、以下の引用はこの文書に拠る。

（14）HP-73-B-12, Government Section Buck Slip, 14 Oct 1947.

（15）なお、後に引用する史料によると、この会談はオプラー・ウィリアムズ・佐藤の間で行われたようである。

（16）HP-73-B-14, no title, 17 Oct.

（17）HP-73-B-13, no title, 21 October 1947.

（18）この指令に関しては、『日本管理法令研究』一六号（一九四八年）六二頁以下を参照されたい。

（19）「ポツダム政令の制度に関する問題及び一般に政令案について総司令部ガヴアメント、セクションに事前連絡方に関する件」「外務省公開文書」A'―〇〇五四。断りのない場合、以下の引用はこの文書に拠る。

（20）なお、この会談の際に、リゾーから「各個のポツダム政令案について、その政令によることの必要なりや否やを検討する係官を定め」ること《〔ママ〕》が提案され、その係官となったウィリアムズからは「今後すべての政令案（ポツダム政令に限らず）を当部に提出してりよう解を求めるようにせられたい」との要請が行われている。この要請を受けて、前節の末尾で言及したように、民政局によるすべての政令案の事前承認手続きが実施されることとなった。

（21） 前掲「政令により規定得べき事項の範囲に関する問題」。

（22） 『時事新報』一九四七年九月六日付。

（23） 両院法規委員会では、しばしば法律第七二号に関する議論が行われているが、例えば「新憲法によりまして、政令なり、命令でどの程度の事項が規定できるか。帝国憲法時分の、法律と大権事項というわけ方と違いまして、国会の立法を中心にいたしていきまする際に、政令なり、命令に委任し得る限度、どの程度のものが委任し得るかという点が、国会の審議の上におきましても、いろいろと問題になつておりまするし、政府から提出せられる法律案につきましても、必ずしも現在のところ、まだこの委任命令の限界をどの程度にすべきかということがおちついておりません。この点につきまして御研究を願うことが適当ではないか」、また、「二十一〔ママ〕年法律第七十二号によりまして、法律をもつて規定を要しまする事項で、従来勅令ないし命令をもつて規定しました事項は、この十二月末まで効力を有しまするが、爾後自然に効力を失うことに相なつておりますす。従つてそうした勅令命令のうちで、法律に移しませ〔ママ〕んければならぬ事項は、今年中に法律に移す必要があるわけであります。この問題が御研究を願う一つであろう」といったことが、「研究事項」として取り上げられている（「第一回国会両院法規委員会会議録第七号」一九四七年一一月四日〔樋貝詮三発言〕）。もっとも、後述する法律第一四四号の提案までは、ポツダム命令が法律第七二号第一条の対象となるかどうかは直接議論されていない（ただし、GHQとの折衝についての記録はほとんどの場合速記が中止されるため、詳細は不明である）。

（24） 「ポツダム命令に関する件」「外務省公開文書」A'―〇〇九四。断りのない場合、以下の引用はこの文書に拠る。

（25） 会談におけるウィリアムズの要請に従い、一〇日付で二一〇件のポツダム命令のリストが提出されている（List of Ordinances issued in Accordance with the Imperial Ordinance No. 542, 1945 relating to the Orders to be issued in Consequence of the Acceptance of the Potsdam Declaration.「外務省公開文書」A'―〇〇九四）。このリストが、後述するオプラーの覚書における ポツダム命令の数の起算根拠になったものと思われる。なお、ポツダム命令の法律化については、後日佐藤達夫によって以下のように紹介されているが、時期に若干のズレもあり、ウィリアムズのこの示唆についての言及であるかどうかは明瞭でない。

「昭和二三年一月頃になつて、司令部民政局の当局者からポツダム命令の法律化について非公式の示唆があり、法律化に適するものとそうでないものとの振り分けの試案（その振り分けの規準については別段先方の意向は示されなかつたが、われわれとしては主として占領終了後も存置したいと思われるものを法律化の部類に掲げた）を提出したことがあるが、そのままになつてしまつた」（佐藤前掲「ポツダム命令についての私録（3）」一九頁）。

「田中〔二郎〕 向うは原則的には間接管理で行く。直接管理は間接管理がうまく行かないときに限るという基本方針を立てながら、日本管理の関係は、憲法のわくとは全然別の法体系を設けてやって行くという考え方が向う側にもあり、日本側にもそれを受けて立つという考え方があったんじゃないですか。／佐藤〔達夫〕向う側の関係では、そう思っている人もいたかも知れません。しかし二、三年前に、既存のポ政令をレビューして法律化の措置をとったらどうかという話が出たこともあったりして、はっきりしないのですがね」（「〈研究会〉ポツダム命令よどこへ行く」『ジュリスト』一号（一九五二年）五〇頁）。

三　法律第七二号第一条の改正問題

（一）　法律第二四四号の制定

かくして、一九四七（昭和二二）年一一月一三日、民政局司法法制課のオプラーは、佐藤達夫法制局長官に対して、法律第七二号につき以下の改正を行うことを示唆した。この示唆は、民政局のオプラー及びウィリアムズと法制局の佐藤の間で行われた一〇月半ばの会談、及び、民政局のウィリアムズ及びブレークモアと法制局の佐藤及び終戦連絡事務局の藤崎の間で行われた一一月七日の会談を踏まえたものであった。


第一条に以下を加える。

但し、ポツダム宣言の下で連合国最高司令官の指令に基き発せられた命令については影響を及ぼすことがない。

第二条に以下を加える。

前項の規定は、内閣その他行政機関に対し、日本国憲法が認めていない場合において命令を発する権限を付与したものと解釈されてはならない。[26]

オプラーは、一一月一五日付の民政局長ホイットニー宛の覚書において、この示唆を行う必要性について言及している。この覚書は、憲法秩序の変動と占領管理体制の関係について、法律第七二号を契機として述べた史料として極めて興味深い内容であるため、やや長文になるが、以下に訳出することとしたい。

1．法律第七二号第一条は、日本国憲法施行の際現に効力を有し、かつ、法律を以て規定すべき事項を規定する命令は、一二月三一日まで同様に有効であると定めている。この規定により、全ての現行の勅令、政令、省令は今年の年末までに審査される必要がある。〔法律を以て規定すべき事項を規定しているため〕廃棄されることになる法令は、必要な法律が制定されるか、もしくは、制定法の形式で改正されなければ、自動的に無効となる。

2．これらの命令の中には、ポツダム緊急勅令の下で発出された二〇〇本以上の勅令及び政令が含まれている。これらの命令の効力は、どのようにしても日本法に影響されることはないことは明らかである。なぜなら、これらの命令は明白に占領法規（occupation law）を構成し、それらを改正したり、あるいは無効になることを決定したりする国会の権限を超越する（beyond the power of the Diet）からである。この問題は、ウィリアムズ博士と私、そして法制局長官の佐藤との間で議論された。佐藤は、日本政府はこの意見に賛同し、加えて、ポツダム緊急勅令の下でのこれらの命令にはこれ以上手を触れないと言明した。これらを法律第七二号の適用範囲から明確に除くことが、添付した法律第七二号の改正案に含まれる第一条への追加の目的である。

3．第二条に第二パラグラフを加えることは、既に一九四七年七月二八日付の覚書で、ハッシーにより示唆されている。その示唆は、他の法令の中の「勅令」という用語が「政令」と読み替えられるという規定の意味を明確化すること、そして特に、日本政府の側でこの規定を新憲法の要請に反して命令により立法を行うための口実（pretext）として用いることを防ぐことを目的としている。

4．筆者は、添付した改正案を起草し、今会期中に改正法を成立させられるように、直ちに閣議に提出するよう、一九四七年一一月一三日に佐藤に手交した。(27)

このオプラーの示唆に接した法制局は、第二条については「既に衆議院側でも取り上げているため、政府としては第一条の修正だけを政府提出の法律案とする積り」でいたが、これに対して民政局のウィリアムズは、ケーディス（C. L. Kades）の意見に基づいて「衆議院の担当委員会において第二条の方も政府提出案とする様決議して政府の手に返すように」と指示した。この点について一一月二一日に民政局のオプラーを往訪した佐藤に対して、オプラーは「第二条については、前にハッシー氏からも提案がなされたことを今度初めて知つた。自分の案と多少字句は相違して居る様だが、自分の案は部長の承認ずみのものたから《ママ》、これによられたい」と述べている。(28) 法制局は、オプラーの示唆に基いた第一案に加え、第一条の二として、いくつかの法令を「国会の議決により、法律に改められたものとする」が、その効力は暫定的なものとして、翌年五月二日までに必要な改廃の措置を取る旨の規定を挿入した案を第二案として提示し、この第二案を元に法律第七二号の改正案が作成されることとなった。(29) オプラーは佐藤に対して、当該条文によって効力を延長すべき法令のリストを提出するよう求める一方、GHQの各セクションと調整を行い、二五日に日本側から提出された法律案に対して、その「完全性に関する責任は全て日本政府にある」ことを強調した上で、二六日に国会提出の承認を与えた。(30) これを受けて、法律第七二号の改正案は一一月三一日の閣議決定を経て、以下の形で一二月二日に国会へと提出されたのである。(31)

昭和二十二年法律第七十二号の一部を次のように改正する。

第一条に左の一項を加える。

前項の規定は、昭和二十年勅令第五百四十二号（ポツダム宣言の受諾に伴い発する命令に関する件）に基き発せられた命令の効力に影響を及ぼすものではない。

第一条の二　左に掲げる法令は、国会の議決により法律に改められたものとする。〔墓地及埋葬取締規則（明治十七年太政官第二十五号布達）他計二五本：略〕

前項に掲げる法令の効力は、暫定的のものとし、昭和二十三年五月二日までに必要な改廃の措置をとらなければならない。

第二条に左の一項を加える。

前項の規定は、内閣その他行政機関に対し、日本国憲法が認めていない場合において命令を発する権限を付与したものと解釈されてはならない。

附　則
この法律は、公布の日から、これを施行する。


第一回国会においては、この法律案は衆議院・参議院の司法委員会へと付託され、審議が行われた。参議院においては佐藤法制局長官が一二月四日に、衆議院においては井手法制局次長が五日に政府委員として説明及び答弁にあたり、ほぼ同旨の提案理由、すなわち、第一条の規定については「当然なことと考えるのでありますけれども、万一の誤解を避けまするため」に規定したもの、第一条の二については、「種々の関係上甚だ遺憾ではありまするが、今期国会に提出の運びに至り兼ねるものもできて参った」ため「止むを得ざる措置」を規定したもの、第二条については「極く単純な、機械的な法文上の調整に過ぎない条項」だが「念のため」に規定したものである旨を述べた。

この政府の説明に対し本質的な議論が加えられたのは、参議院司法委員会においてであった。すなわち、六日の委員会において、松村眞一郎委員から佐藤に対して、「第一條に左の一項を加える」という法文の書き方について「前項の規定がなくなれば、結局この附加える規定もなくなることは当然と思ひます」という法技術的な議論に加え、以下のような質問が行われたのである。(32)

第二はもう少し根本です。ポツダム宣言の受諾に伴い発する命令というものは、これは昔の緊急勅命〔ママ〕で、これは明治の憲法で特別に制定されたものでありますから、これは後で議会の承諾を得て、そうして今法律になつておるわけであります。これは根本論としますと、現在の憲法そのものの例外になつておるということを考えなければならんと思います。憲法で、法律で書くべきことはどうせ法律で書かなければ、その例外は、特別の規定を委任立法としなければならん。その関係を超越して、ポツダム宣言の受諾について、こういう命令が出たのでありますから、こういうものはむしろ憲法の例外とも考えらるべきものであるから、これはこの効力を存続するというような規定の中にこれを引用しない方がいい。これは超越した規定であるという考え方に進んだ方がいいというのが第二点、…こういうことで問題が起ることは私は決してないと思いますから、裁判所がポツダム宣言についての効力を論ずるようなことはまあないと思います。そんなような関係から、これは削つた方がいいと思います。加えることを止めた方がいいというのが一つであります。

これに対して佐藤は速記中止を委員長に要請し、おそらくGHQ側との折衝の経緯を説明した後で、速記再開後「いちいち〔繰り返し記号、以下同じ〕御尤もに感ずるのであります」と述べ、以下のように答弁を行っている。

このポツダム命令が憲法を超越するものなりや、憲法内のものなりや姑く別といたしまして、我々といたしましては、現在の第一条というものは、当然ポツダム宣言に関係の命令には、関係のないことであるというふうに考えております。

その点は一般においても誤解はないと思うのでありますが、丁度端境期と申しますか、いよいよ十二月三十一日という締切の期限を前にいたしまして、万一の誤解を避けた方がよくはないかという趣旨で、かような一項目をこの際追加いたしたわけであります。…実はこの積りは、七十二号ができました当初から、一条の条文の中に、「現に効力を有する命令の規定で、法律を以て規定すべき事項を規定するもの」とありますが、その下に括弧でポツダム云々の命令を除くと初めからあれば、問題なかつたわけであります。それを今度追つ駈けて規定しましたために、かような形にはなりますけれども、実質においては、只今申しましたように、初めから規定するものという、下に括弧があつたというふうにお読み願えれば、何ら弊害はないと思います。その趣旨をくどく……〔原文ママ〕くどくというと語弊がありますが、深切〔ママ〕に申添えたと御了解を願うほかはないと思います。

いかにも苦しい説明であるが、松村委員は更に委員長に速記中止を求め、その間に佐藤に質問を行ったものと思われ、速記再開後にこの日の委員会は散会している(33)。

一方、衆参の司法委員会における審議と並行して、法制局と民政局の交渉もなお継続されていた。法律第七二号の改正案が国会に提出されてしばらく後、民政局のオプラーから、「経済安定本部の官制は効力を延長すべき命令のリストに入れてないか、これを入れなければ経済安定本部は本年末までで廃止になつてしまうことになるのではないか」との疑義が提起され、これらの各省官制については行政官庁法によって来年五月二日まで効力が持続するとされている旨説明が行われたが、民政局側は納得せず、一二月六日に改めて法律第七二号の改正案に経済安定本部令を挿入するよう求めた。この点に関して法制局側は、「法律をもつて規定すべき事項を規定する命令の規定でその効力を持続せしむべきもの」については、「各省の官制等は行政官庁法により、それ以外のものは法律第七十二号によつて効力を認められておるとの解釈をとつておる」旨説明を行ったが、それでも民政局側は納得しなかったため、行政官庁に関する命令の規定一般の効力を延長する規定を法律第七二号の改正案に挿入することとなった(34)。

これらの動きを受けて、一二月六日の衆議院司法委員会において、政府案第一条が「前項の規定」についての文言となっていたものを、第一条の二として「前条の規定」についての文言とし、第一条の三に「行政官庁に関する従来の命令の規定で、法律を以て規定すべき事項を規定するものは、昭和二十三年五月二日まで、法律と同一の効力を有するものとする」との規定を追加し、更に、政府案の第一条の二に列挙された法令のうち一七本を削って同条を第一条の四とする各派共同提案による修正案が提案された。この修正案は衆議院司法委員会で即日議決され、八日に衆議院本会議、九日に参議院司法委員会及び本会議を通過、即日公布が奏上され、一一日に法制局の了承を得て、二九日に法律第二四四号として公布されたのである(35)。

(二) 改革の終わりと民政局の縮小

一方、アメリカに一時帰国していたハッシーは、成立のほぼ最終段階になったところで法律第七二号の改正案に接している(36)。法律第二四四号が国会において成立した後、一九四八(昭和二三)年一月半ばにかけ、特に「官庁の所属職員に関する立法」のあり方に関して、法制局の佐藤と民政局の司法法制課が激しい議論を行っているが(37)、政務課のハッシーは、これとは別個に、逓信省が郵便為替及び振替貯金の料金引き上げについて、民間通信局(Civil Communication Section, CCS)に省令案を持ち込んでいることが問題である旨を、二月二日に連絡調整事務局(38)の山田次長に対して指摘した。すなわち、四日に往訪した関係官に対して、逓信省が準備している省令の内容は「当然法律で規定すべき事項」であるとして、以下のように述べてその手続にストップをかけたのである。

従来郵便法がこのような料金の規定まで命令に委任していたのは、明かに不当に広い委任であつて、現に国会に於て審議中の法案は、この不当な委任を国会が取り返さうとする趣旨のものである。然るにその法律案が正に審議中であるときにこのような省令を内閣が出そうとすると云ふことは、若しこれがイギリスで起つたら、内閣の命取りにもなる重大問題であるし、又若しアメリカで起つたとすれば最高裁判所に持出されて結局違憲の判決を受くべき性質のものである。(39)

ここには、前年の夏に「政令の濫用」を問題視した際とほぼ同じ図式を容易に看取することが出来るであろう。ハッシーはあくまで、「法律を以て規定すべき事項」は国会を経由しなければならない、という方針を堅持していたのであり、日本側が「省令はとりやめて法律案の訂正をすると云ふ遣り方で進めたい」と方針を転換すると、あっさりと「法律案ならば異存はない」と了承している。(40)

民政局における司法法制課と政務課の間の最終調整は、同年二月一三日に行われた両課のメンバーによる会談において図られることとなった。法律第七二号とそれに加えられた改正について討議し、「日本政府から提出される法律及び政令を審査するにあたっての統一的方針」を提案するために開催されたこの会談については、司法法制課長のオプラーと政務課長のハッシーが連名で覚書を作成し、民政局長に提出している。そこで確認されたのは、以下のような原則論であった。

a．法律に含まれている委任の下で発出された勅令（現在は政令）は、一九四八年五月二日までその効力を有する。これらの命令の改正や修正が審議される際には、その制定の形式は、これから述べるルールに従って決定されることになる。しかし、民政局は、これらのいかなる命令についても、法律として制定すること、または、無効となる命令につきそれを撤回することを要求する権利を留保する。

b．法律第七二号の改正により特に列挙された命令は、一九四八年五月二日までに法律にされなければならない。

c．憲法第七三条の下では、内閣は、法律によって認められない限り、憲法の規定を実施するための命令を制定することは出来ない。なぜなら、そのような権限は実際上、内閣を立法府としてしまうからである。

d．国会に提出された法律案は、以下のことを確実にする為に慎重に審査される。すなわち、（1）内閣に権限が委任されている箇所において、委任の射程及び範囲が明瞭に定義され、限定されていること。（2）法律がそれ自体そのような権限を用いることにつき明瞭な規準を設定している場合を除き、実質的権利に影響する命令は承認されないこと。

e．以下のような政令は承認されない。すなわち、（1）非立憲的な立法機能の委任に基いているもの。（2）授権を行っている法律の効果を変更するもの。

f．法律が特に委任を行っていない場合であっても、純粋に執行的な事項に関しては、法律を執行するために政令は適切に発出される。[41]

なおこの会談においては、行政官庁に関して採られるべき提案については、別添の覚書によることが合意されており、同日付でオプラーはその規準を具体的に提示する覚書を作成している。[42] しかし一方、法律第二四四号において法律第七二号第一条に加えられたポツダム命令に関する改正については、全く言及されていないことが注目されよう。

さてこの頃、懸案であった内務省解体に目途がついたことを受け、民政局は改革への関与の度合いを徐々に弱め、それに伴って組織の規模も徐々に縮小されていった。[43] その一環として、上記の会談のほぼ一カ月後の三月一六日、民政局長ホイットニーは参謀長に宛てて、民政局の政務課と司法法制課を法務局（Legal Section, LS）へと移管する提案を行った。[44] ホイットニーは、政務課と司法法制課は「元々一つの組織として設置された」が、その任務の「進展と日本国憲法の公布に伴い、任務は分割され、民政局内の別々の組織として二つの課が設置された」と述べ、[45] 両課のこれまで果たしてきた任務について略述し、同年一月一日のマッカーサー（D. MacArthur）の演説を引用し、「関連領域において、デモクラシーの青写真を描くのに必要と考えられる手段に関する指令を遂行するということに関しては、政務課と司法法制課の目標は達成された」として、以下のように述べる。

> 民政局の役割を、日本占領におけるその責任の適切な段階において最高司令官に対して助言を行うことと、可及的速やかに日本の統治機構を再編するという残された作業目標の達成に限定することが私の目的である。しかし、この目的は、政務課と司法法制課が成し遂げたことには影響を受けにくいため、これらの課を本司令部の法務局へと移管するのが適切であることが明らかとなった。

この提案は三月二九日に参謀長により承認されており、[46] これを受けて、五月三一日に政務課と司法法制課は廃止され、司法法制課は法務局に移管されることとなった。[47] なお、この移管までの間に、法律第七二号には、五月二日までに立法措置が間に合わなかったことを受けて、第一条の四第二項中の「五月二日」を「七月十五日」に改め、「第一項に掲げる法令は、昭和二十三年七月十五日までに法律として制定され、又は廃止されない限り、同月十六日以後その効力を失う」旨の改正がなされている。[48]

(26) GHQ/SCAP, LS-10100, Bill for the Partial Amendment to the Law Concerning the Validity of the Provisions of Orders in Force at the Time of the Coming into Force of the Constitution of Japan, etc.. no date. なお、「佐藤達夫文書」一四二六に含まれ

ている史料には、別案が書き込まれている。

(27) GHQ/SCAP, LS-10100, M/C, Amendment of Law No.72, 15 November 1947.

(28) 「昭和二十二年法律第七十二号修正法律案等に関する件」「外務省公開文書」A'—〇〇九四。本文において言及したように、このオプラーの言は実際の経過に即したものではない。

(29) なお、この第一条の二によって効力を延長される法令については、法律第二四四号の成立に至るまでかなりの変動がある。当初法制局から提示されたのは、墓地及埋葬取締規則（明治一七年太政官第二五号布達）、墓地及埋葬取締規則に違背する者処分方（明治一七年太政官第八二号達）、埋火葬の認許等に関する件（昭和二二年厚生省令第九号）、有害避妊用器具取締規則（昭和五年内務省令第四〇号）の計四件であったが、その後オプラーの指示によって、警察犯処罰令（明治四一年内務省令第一六号）が加えられ、その後更に、法制局側からの申出に基づいて開港港則（明治三一年勅令第一三九号）以下計二〇本が加えられた。なおこのうち、法制局からの申出に基づいて追加された法令の多くは、国会審議中に改正案から除かれている。この事情について、政府委員として答弁に立った佐藤達夫は以下のように説明している。「この法案第一条の二におきまして、多数の命令を列挙いたしておるのでありまするが、この列挙の中には、別途相並行しまして法律化いたしました形で、こちらに御審議を仰いでおるものがあるのでありまして…実は内幕を申上げる方が結局御了解になり易いであろうと思いまするが、この七十二号の一部改正の件は、万一の場合を予想いたしまして、今申しましたように別途〔マヽ〕法律案として提案申上げたものをもここに列挙しておるのであります。この列挙の中には、さようなものと、それから到頭法律化の手続が間に合いませんので、全然法律案として御提案申上げておらないもの、二通りあるわけでございます。さようなことになりました理由は、只今申しましたあん摩、はり、きゆう云々の法律案、それから食品衛生法というようなものを関係方面の審議のために提出して、その審議を受けておつたのでありますけれども、その方の見極めがつきませんでしたために、かような二段構えのような措置を取つたという、結果において、さようなことに相成りましたのであります」（「第一回国会参議院司法委員会会議録第四七号」一九四七年一二月六日〔佐藤達夫発言〕）。

(30) GHQ/SCAP, LS-10100, Memorandum for the Record〔以下M/R〕, Law No.72, 26 November 1947.

(31) 「昭和二十二年法律第七十二号日本国憲法施行の際現に効力を有する命令の規定の効力等に関する法律の一部を改正する法律」「公文類聚」第七十二編・昭和二十二年五月三日以降・第一巻・憲法皇室・法例・皇室、国会一・国会～衆参議院。

(32) 「第一回国会参議院司法委員会会議録第四七号」一九四七年一二月六日。以下の引用もこの文書に拠る。

(33) なおこの席上、佐藤は、前回の委員会における正誤への言及が「大変な間違いをいたしておりまして、非常にとんちんかんなことに結局なつておりますので、この際改めて申上げさして頂きます」として、共済組合に関する法令一三本と、船舶関係の法令三本が追加される旨を述べている。この追加は、一二月一日にオプラー、キャンベル及びノボトニー（F. C.

Novotony）と佐藤、藤崎の間で会談が持たれた際提案され（GHQ/SCAP, LS-10100, M/R, Amendment of Law No.72, 1 December 1947）、佐藤から提案されたリストにつき、ＧＨＱの各セクションが承認を与えた上で民政局が了承したものである（GHQ/SCAP, LS-10100, M/R, Amendment of Law No.72, 1947, 8 December 1947）。

(34)「昭和二十二年法律第七十二号改正法律案に関する件（その二）」「外務省公開文書」A'—〇〇五四。この経緯は、八日に民政局側でも記録されている（M/R, Amendment of Law No.72, 1947, 8 December 1947 [supra note 33]）。

(35) 前掲「昭和二十二年法律第七十二号日本国憲法施行の際現に効力を有する命令の規定の効力等に関する法律の一部を改正する法律」。

(36) 日付は不明だが「FINAL」との書き込みがある改正案には「この草案は現在国会〔で審議中〕」とのキャンベルのメモが附されている（HP-73-B-8, 9）。またキャンベルは法律第七二号について、一一月二四日付で「ハッシーのオリジナルの提案」が議場に送られたことをメモに残している（HP-73-B-10）。

(37) この議論は、法律第七二号第一条の三の改正問題と関係するものであるが、暫定法であった行政官庁法に代るものとして構想された国家行政組織法の制定過程とも密接な関連を持っている。紙幅の関係上、本節では詳論することが出来ないが、別の機会に検討することとしたい。なお、国家行政組織法に関しては、岡田彰『現代日本官僚制の成立——戦後占領期における行政制度の再編成』（法政大学出版局、一九九四年）一五一頁以下、及び、松戸浩「事務配分規定成立の経緯(2)」『法経論集』一六二号（二〇〇三年）三九頁以下等を参照されたい。

(38) 同年一月三一日に施行された「連絡調整事務局臨時設置法」により、終戦連絡事務局の業務は総理庁外局として設置された連絡調整事務局に移管された（この間の経緯については、荒敬『日本占領史研究序説』（柏書房、一九九四年）一一三頁以下を参照されたい）。

(39)「郵便為替及び振替貯金の引き上げに関する逓信省令の不承認に関する件」「外務省公開文書」A'—〇〇九四。

(40) この会談を受けて、法制局は即日、郵便為替法案の中にこの旨を組み込むこととしている（「郵便為替法」「公文類聚」第七十三編・昭和二十三年・第百三十七巻・交通電気一・交通一・通信・郵便・電信・電話）。

(41) HP-73-B-19, M/C, Law No. 1947, as amended, and legislation thereafter, 13 February 1948.

(42) HP-73-B-20, M/C, Administrative Offices, Their Creation, Personnel and Expenditures, 13 February 1948. なお、天川晃編『ＧＨＱ民政局資料「占領改革」(6) 中央省庁の再編』（丸善、二〇〇一年）一五五頁以下にも収められている。

(43) 天川晃・福永文夫「民政局の組織と機能」同編『ＧＨＱ民政局資料「占領改革」別巻』（丸善、二〇〇二年）二五頁以下。

(44) GHQ/SCAP, LS-26298, [CONFIDENTIAL], Memorandum for Chief of Staff, Transfer of Governmental Powers Division and Courts and Law Division, 16 March 1948. 断りのない場合、以下の引用はこの文書に拠る。

(45) この間の事情に関しては、オプラー前掲『日本占領と法制改革』五九頁以下を参照されたい。
(46) GHQ/SCAP, LS-26298, [CONFIDENTIAL], Check Sheet, Transfer of Governmental Powers Division and Courts and Law Division, 29 March 1948.
(47) 竹前栄治・中村隆英監修『GHQ日本占領史(2) 占領管理の体制』(日本図書センター、一九九六年)三六頁以下。これに先立ち、中央政府課も五月四日に廃止されている。
(48) 「日本国憲法施行の際現に効力を有する命令の規定の効力等に関する法律の一部を改正する法律」「公文類聚」第七十三編・昭和二十三年・第一巻・憲法皇室・憲法・法令・皇室・雑載、国会一・国会。この法律は当初は期限を五月三一日までとしていた(GHQ/SCAP, LS-10099, M/R, Extension of Law 72, 6 May 1948)。なお、国家行政組織法の成立が遅れたために、第一条の三の期限については、「国家行政組織に関する法律の制定施行までの暫定措置に関する法律」(法律第三〇号、四月三〇日)、「行政官庁法等の一部を改正する法律」(法律第四五号、五月三一日)により延長が繰り返され、最終的に、「行政官庁法等の一部を改正する法律」(法律第六五号、六月三〇日)において「国家行政組織に関する法律が制定施行される日の前日」まで効力が延長されることとなった。

四 結びに代えて

本節の課題は、明治憲法から日本国憲法への経過措置として創出された法律第七二号と、その改正法である法律第二四四号の制定の経緯に関する検討を通じて、我が国における憲法秩序の変動と占領管理体制の関係を問い直すことであった。この問題は、具体的には、法律第七二号第一条が「日本国憲法施行の際現に効力を有する命令の規定で、法律を以て規定すべき事項を規定するもの」につき、その効力が「法律と同一」であるのは「昭和二十二年十二月三十一日まで」と定めたことにより顕在化した。すなわち、この規定によって、旧憲法下で定められたポツダム緊急勅令、及び、それを根拠法令として発出されたポツダム命令と、一九四七（昭和二二）年五月三日を境に切り替わった「新憲法秩序」との整合性について、同年の年末までの約半年間で一定の判断を行うことが必要とされたのである。

もとよりこの難問については、日本側、とりわけ法制局においても認識されていた。しかし結局、日本国憲法施行の際には、ポツダム緊急勅令は「新憲法の下に於てもその効力を持続する」ため、これに基づくポツダム命令も「法律に基く命令と同一視すべきもの」であり、法律第七二号第一条の適用を受けないこと、また、委任の範囲についても「ポツダム宣言の受諾に伴ふ連合国最高司令官のなす要求にかゝる事項を実施するため特に必要なる場合に限定」しているため、新憲法秩序とは矛盾しない、という解釈が示されたのである。

これに対してGHQの民政局では、まず政務課のピークが「新憲法とは両立しない」と、ポツダム緊急勅令及びポツダム命令に正面から反対している。この立場は、前節において検討したように、法律第七二号第一条に該当する法令について、国会において「全部レヴューして新立法をなすべき」と示唆していることとも重なる、新憲法秩序の下での立法府の役割を強く意識したものと言えよう。この立場は、ピークの帰国後に政務課長となったハッシーによって引き継がれ、新憲法秩序の下での「政令の濫用」を抑制し、法律第七二号第二条の改正に関する示唆へと繋がっていく。しかし、ハッシーが「政令の濫用」、とりわけ、広範な委任立法について、それが違憲の可能性があると指摘するためには、ポツダム命令を「全然別個の問題」として視野の外に置く必要があった。

この点について興味深いのは、立法課長のウィリアムズが示す立場であろう。ウィリアムズは、一九四七（昭和二二）年八月三一日付の『議会報告書』において、衆議院が全会一致で通過させた労働省設置法案に対して、参議院が修正を加え、部局の設置を政令事項から法律事項へと修正したことにつき、国会は、「法律に関わりなく政令を発出するという内閣の慣行に異議を唱え」、この件については「国会の勝利は完全なものであり、至るところで内閣に挑戦するための前例を確立した」と評価している(49)。ウィリアムズは、後に民政局の報告書『日本の政治的再編成』において「国会」の章を執筆した際にも、労働省設置法案の修正により「内閣は実態的な事柄に関して国会の同意を得なければならない、という原則が確立した」と述べている。また、ハッシーによる「政令の濫用」の抑制策についても、「憲法が施行されて間もなく、内閣と議会の両者ともに、法律と政令との間の適切な区別をしておらず、実質的には立法に値するような事柄を実現するためにしばしば政令を用いていたことが明らかになった」ため、「一九四七年七月、民政局は日本政府との間で調整を行い、すべての政令は、純粋にルーティンの行政の性格をもつものを除いて、それを公布する前に民政局に提出して許可を得なければならないこととした」と述べる。

しかしその一方でウィリアムズは、ポツダム命令について、占領初期には「連合国最高司令官の指示は…それに対応して日本政府が公布する勅令によって、議会への付託なしに履行されていた」と述べている(50)。それでは、新憲法秩序の下で、ポツダム命令に対して国会はいかなるスタンスを取るべきなのか。立法府の優位という理念に基づく一つの帰結は、同年一一月七日の日本側との会談においてウィリアムズが提案した「従来のポツダム命令をすべて其の儘の形で法律にする」ことであろう。しかし、図らずもウィリアムズ自身がこの時認めているように、ポツダム命令には「新憲法違反の疑いのあるようなもの」も確実に含まれていたのである。『日本の政治的再編成』では、この問題については結局、以下のように述べられることになる。

議会が最高司令官の望む目的や政策を履行するための政府法案を否決した場合には、最高司令官の密かな圧力の下で議会にこの法案を可決させるのではなく、最高司令官のディレクティヴに基く「ポツダム命令」——降伏文書において合意されたポツダム宣言を履行する日本政府の義務に基いて執行部が発する命令――を発することによって、これを救済したのであった。(51)

このスタンスは、同年一一月一五日付の覚書でオプラーが示し、法律第二四四号に結実した、ポツダム命令が「明白に占領法規を構成」するため「国会の権限を超越する」という立場に通じるものであろう。しかし、法律第二四四号の成立によって、民政局側の疑義が完全に払拭されたわけではなかった。司法法制課のブレークモアは、一九四八(昭和二三)年三月八日付の覚書において、他局からの照会に基づいて検討を行った結果「現時点で、現行のポツダム命令(例えば、日本政府が占領軍の指令に対応して制定したもの)は、日本人に対して適切に罰則規定を設けることが可能かどうか」という「根本的な問題」が浮上したと述べる。すなわち、ポツダム緊急勅令は明治憲法第八条の規定に基づいており、「所謂ポツダム命令」はその下において定められているのであるから、「一九四七年五月三日まで日本政府は、その憲法上の権限の範囲内で、占領者の指令により制定された命令に罰則規定を挿入することが出来たことに疑いはない」一方で、ポツダム命令を「遵守しなかった日本人を罰する連合国最高司令官の権限は認められていない」ことから、新憲法の施行後はこれらの罰則規定には根拠がなくなってしまったため、「日本政府が、連合国最高司令官の指令を実施する命令において罰則規定を設ける権限をどのように明瞭に与えられているのか、という連合国最高司令官の指令を、明瞭に指定された期限までに発出すること」を推奨しているのである。(52)この覚書は結局、オプラーの判断により提出を見送られたようであるが、(53)日本側が主張する「勅令五四二号は緊急勅令ではあるがすでに議会の承諾を得たものである以上完全に法律と同じであり、新憲法下においても有効であることは疑いない」(54)との解釈と対立する見解がこの段階でも見られることは、ポツダム命令と新憲法秩序の整合性が相当に疑わしいものであったことを端的に示すものであろう。

ところでこの問題は、同年七月二二日付の総理大臣宛マッカーサー書簡に基づいて、三一日に公布・即日施行された「昭和二十三年七月二十二日附内閣総理大臣宛連合国最高司令官書簡に基く臨時措置に関する政令」（昭和二三年政令第二〇一号）をめぐって前景化することとなる。[55] この、所謂「政令第二〇一号」をめぐって有力に展開されたのが、「連合国最高司令官の要求にかかる事項を実施するための法的措置は、それが法律の形式をとつた場合であれ、ポツダム緊急勅令及びこれに基く命令の形式をとつた場合であれ、何れも、超憲法的権力の発動として、新憲法にまさる効力を有し、その限りにおいて、却つて、新憲法そのものの効力を停止するに至るものと解すべきである」との、「憲法・管理法令二元論」であった。この立場は、「連合国最高司令官の要求に基く法的措置を憲法の枠外におくことによつて、その他の国内的な法的措置については、あくまで憲法の枠を守つていく」ことを企図したものとされるが、[56] 本節で確認したように、オプラーによる法律第二四四号についての示唆は、この「憲法・管理法令二元論」と同じ構造のものであった。すなわち、自らの深い関与により「新憲法秩序」という「デモクラシーの青写真」を描き出した民政局のスタッフが、占領管理体制の下でその価値を擁護するためには、結局自らの手で、そこに射し込んでくるポツダム命令という「翳」を「超憲法的」なものと位置づけ、その秩序から取り除かざるを得なかったのである。[57]

そもそも、ポツダム命令の根拠法令であるポツダム緊急勅令は、降伏文書と共にマニラにおいて日本側に手交された「一般命令第一号　陸、海軍」の第一二項が「日本国ノ及日本国ノ支配下ニ在ル軍及行政官憲並ニ私人（private person）ハ本命令及爾後連合国最高司令官又ハ他ノ連合国軍官憲ノ発スル一切ノ指示ニ厳格且迅速ニ服スルモノトス本命令若ハ爾後ノ命令ノ規定ヲ遵守スルニ遅滞アリ又ハ之ヲ遵守セザルトキ及連合国最高司令官ガ連合国ニ対シ有害ナリト認ムル行為アルトキハ連合国官憲及日本国政府ハ厳重且迅速ナル制裁ヲ加フルモノトス」[58] と定めていたため、「十二ハ「私人」ヲ含ムヲ以テ人民ノ義務ヲ規定スルモノタルコト明ナラズヤ、如何」「十二ハ「帝国政府」ヲ掲グル限立法ヲ要スルニ非ズヤ」という観点から対応が検討されたものであり[59]、その結果、一九四五（昭和二〇）年九月一日に以下の閣議決定がなされている。

連合国最高司令官ノ要求ニ係ル一般命令所定ノ事項中ニハ統帥関係以外ノ事項存スルモ、之ガ実施ニ付テハ、此ノ際特別ノ法律制定ノ手続ヲ執ルコトナク、行政上ノ措置ニ依リ充分之ガ目的ノ達成ニ努ムルモノトシ、今後ノ事態ニ依リ特ニ必要ヲ生ジタル場合ニ於テハ其ノ際ニ緊急勅令ノ制定等所要ノ立法措置ヲ講ズルモノトス[60]

ところがその後、九月六日付の占領軍の軍票の効力に関する「法貨に関する覚書」につき政府の対応が遅れたため、一二日付で「更に遅延するが如き場合に於ては、連合国最高司令官に於て適当と思惟する行動を採用すべし」との厳しい内容の督促が寄せられ、これに対応する形で、急遽緊急勅令の形で法的措置が講じられたのである[61]。その起案当時の文案は以下の通りであった。

勅令第　号
政府ハ大東亜戦争終結ニ関シ連合国最高司令官ノ為ス要求ニ係ル事項ヲ実施スル為特ニ必要アル場合ニ於テハ命令ヲ以テ所要ノ定ヲ為シ及必要ナル罰則ヲ設クルコトヲ得
附　則
本令ハ公布ノ日ヨリ之ヲ施行ス[62]

このうち「大東亜戦争終結ニ関シ」の箇所が、後に「「ポツダム」宣言ノ受諾ニ伴ヒ」と修正されることとなったが、この原案だけを見ても、ポツダム緊急勅令が「戦後処理」あるいは「敗戦処理」の性質を強く帯びていたことは容易に推測されるところである。[63] また、ポツダム緊急勅令が包括委任を行っていることについても、第八九回帝国議会における以下の想定問答が端的に示しているように、説明として想起されるのは戦時法制——及び、植民地法制——であった。

問　今回ノ緊急勅令ハ其ノ内容包括的ニシテ憲法上ノ要件ヲ逸脱セルモノト認メラルルモ如何

答　法律ヲ要スル事項ヲ無条件ニ命令ニ委任スル所謂白紙委任ハ憲法上問題デアラウト思フガ、本件ハ「ポツダム」宣言ノ受諾ニ伴ヒ、連合国最高司令官ノ為ス要求ニ係ル事項ヲ実施スル為、特ニ必要ナル限度ニ於テ委任ヲシテヰルノデアツテ、目的ノ方カラハツキリシタ制限ヲ加ヘテヰル。従テ委任ノ内容トナル事項モ自ラ限定サレテヰルコトト為ルノデアツテ此ノ程度ノ委任ハ憲法ノ許容スル所デアルト考ヘル。

（斯カル委任ニ付テハ先ニ戦時緊急措置法ノ先例モアリ、殊ニ今回ノ緊急勅令ハ特殊ノ事態ニ基ク已ムヲ得ザル措置デアツテ、連合国最高司令官ノ要求ヲ前提トセル以上、内容ハ既ニ定マツテ居リ、殆ド批判、変更ノ余地ノナイモノデアツテ、政府ノ恣意に依ツテ此ノ委任ヲ乱用スルト云フ懸念モナイノデアルカラ、事ノ実質カラ云ツテモ、容易ニ承認サレ得ル所デアラウト思フ）[64]

このような説明が、明治憲法下はもとより、日本国憲法下におけるポツダム命令の合憲性についても基本的に維持されていたことに鑑みると、占領管理体制の法的特質の検討を進めるにあたっては、例えば「政府の上に立つ二つの軍部」として「帝国陸海軍と占領軍」が存在していた時期として、戦時と戦後の連続性を把握する視座が有効であろう。[65] この課題については、占領管理体制の更なる実証研究を踏まえて、[66] 検討を深める必要があるものと思われる。

（49） ジャスティン・ウィリアムズ／市雄貴・星健一訳『マッカーサーの政治改革』（朝日新聞社、一九八九年）二四九頁以下。

なお訳文は、原史料（Diet Report No.65 (1), Third Month of the National Diet, 31 August 1947）に従って若干変更した。
（50）ジャスティン・ウィリアムズ／赤坂幸一訳「占領期における議会制度改革　民政局報告書『日本の政治的再編成――一九四五年九月～一九四八年九月』(2)」『議会政治研究』七八号（二〇〇六年）五頁以下。
（51）同前。
（52）GHQ/SCAP, LS-26397, M/C, Legality of Penal Provisions in Cabinet Ordinances Implementing SCAP Directives, 8 March 1948.
（53）覚書の欄外に「Not Submitted」「ACO」との書き込みが見られる。なお、理由についても簡単なメモがあるが、マイクロフィッシュが不明瞭なため判読できない。
（54）佐藤前掲「ポツダム命令についての私録 (2)」三頁。
（55）なお、同年九月六日の『官報』に掲載された法務総裁説明「昭和二十三年政令第二百一号の効力について」においては、ポツダム命令については法律第二四四号によりその効力の維持が明言されているが、「勅令第五百四十二号自身の効力には何等触れるところがなく、これを今日有効なものとする法的措置は、全然講ぜられていない」という見解があることを受けて、以下のように述べられている。「旧憲法下において、既に法律としての効力を有する勅令第五百四十二号が他の一般の法律と同様新憲法下においても特別の立法措置を講ずるまでもなく、法律としての効力を有することは、明らかであり、法律第七十二号で特にこの緊急勅令のことに触れていないのも、事があまりに当然であるからである」。
（56）田中二郎「ポツダム緊急勅令をめぐる違憲論」『公法研究』一号（一九四九年）八二頁。拙稿「「戦後法学」の形成――一九五〇年代の社会状況との関係から」「年報日本現代史」編集委員会編『戦後システムの転形（年報日本現代史⑳）』（現代史料出版、二〇一五年）三七頁以下も参照されたい。
（57）なお判例は、ポツダム命令について、占領中は、このようなあり方は「まことに已むことを得ないところ」であるとして、新旧憲法下で共に合憲であったと判示し、占領終結後は「憲法外において法的効力を有する」ものであったと判示している（北川前掲「占領法規」四七四頁以下）。
（58）外務省編『日本占領及び管理重要文書集 (1)』（日本図書センター、一九八九年）四四頁。
（59）「入江俊郎文書」二一―一―一〇。
（60）江藤淳編『占領史録　上』（講談社、一九九五年）二四三頁以下。
（61）佐藤前掲「ポツダム命令についての私録 (1)」八頁。
（62）「「ポツダム」宣言ノ受諾ニ伴ヒ発スル命令ニ関スル件ヲ定ム」「公文類聚」第六十九編・昭和二十年・第一巻・皇室・皇室令制・皇室財産・雑載、政綱一・詔勅・法例・公式令）。「入江俊郎文書」二一―一―一三～一五も参照されたい。

(63) なお、ポツダム命令について、その内容をポツダム宣言の規準に照らして「合法・違法」を判断すべきであるとの有力な見解があるが（長谷川前掲『憲法判例の研究』一一五頁以下）、少なくとも起案当時の文脈に即して言うならば、この判断は難しいということになろうか。

(64) 「入江俊郎文書」三一―二。帝国議会においては、戦時緊急措置法、国家総動員法のほか、「朝鮮ニ施行スヘキ法令ニ関スル法律」（明治四四年法律第三〇号）が取り上げられている。本節のような分析には、植民地法制を視野に入れての検証が今後必要となると思われる。この点、久保秀雄「近代法のフロンティアにおける「文化的他者」についての知 (1)〜(2)」『法学論叢』一五三巻四〜五号（二〇〇三年）の問題提起が示唆的である。

(65) 沢井実「戦争による制度の破壊と革新」社会経済史学会編『社会経済史学の課題と展望』（有斐閣、二〇〇二年）二九四頁。この視座に基づいた分析については、山之内靖他編『総力戦と現代化』（柏書房、一九九五年）、酒井直樹他編『ナショナリティの脱構築』（柏書房、一九九六年）、雨宮昭一『戦時戦後体制論』（岩波書店、一九九七年）等が示唆的である。なお、小野博司・出口雄一・松本尚子編『戦時体制と法学者　1931〜1952』（国際書院、二〇一六年）を参照。

(66) なお、拙稿「「占領目的に有害な行為」と検察官の起訴猶予裁量――占領下における刑事司法の管理と法制改革の交錯」『桐蔭法学』一二巻一号（二〇〇五年）は、その端緒的試みである〔本書第七章第一節及び第二節に収録〕。

第七章　「占領目的に有害な行為」の創出と運用

第一節　占領下における刑事裁判権の制限

一　序

第二次世界大戦後の占領期に成立した、裁判所法、検察庁法、刑事訴訟法等の一連の法律が、「戦後」の我が国の刑事司法のあり方の基盤となってきたことについては、多言を要さないであろう。これらの法律が、とりわけ司法上の人権保障、及び、司法制度のあり方についてアメリカ法的特色を色濃く刻印された日本国憲法に沿う形で制定されたことから、この時期の刑事司法の変動は、戦後占領期における「アメリカ法継受」の一端として把握することが出来る。(1)現行刑事訴訟法の特徴が包括的に「英米法化」と表現されることは、このことを裏付けるものと言えよう。(2)

戦後法制改革の一方の担い手であったＧＨＱ／ＳＣＡＰ（General Headquarters/ Supreme Commander for the Allied Powers, 連合国最高司令官総司令部、以下断りのない限り「ＧＨＱ」）(3)の構成員がほとんどアメリカ人であったことは、本来、この「アメリカ法継受」を促進する要素となるはずである。日本国憲法の実質的な原案となった所謂「マッカーサー草案」がＧＨＱの民政局（Government Section, GS）で起草されるに至る一九四六（昭和二一）年二月半ばまでに、この作業と併行する形で、アメリカ法的な色彩の極めて濃い刑事訴訟法の改正提案がＧＨＱの民間諜報局（Civil Intelligence Section, CIS）によって準備されていたことは、このことを示す一例である。(4) しかし、本書第一部において明らかにしたように、マッカーサー草案が完成した後、民政局に新たな法律家が加わったことで事情は変化する。ドイツにおける裁判官の経験を持つオプラー（A. C. Oppler）と、太平洋戦争勃発直前の日本への留学経験を持つブレークモア（T. L. Blakemore）の二人である。(5) 彼らは、戦前の日本法が大陸法型の特色を持つという認識に基づき、アメリカ法を性急に導入しようとする民間諜報局の刑事訴訟法改正提案に反対する。その背景にあったのは、ＧＨＱが持ち込もうとしているアメリカ法と戦前の日本法の間の「比較法的差異」の認識であった。(6) 無論、ＧＨＱの一スタッフである彼らは、「唯一の権威ある要求」としての「憲法の原理」、すなわち既に起草済みのマッカーサー草案に規定された原則には従う必要があったが、(7) その範囲内で「熱心のあまり、日本の大陸法にアングロ・サクソンの法制度の恩恵を押し付けるようなことにならないよう」に留意して、戦後法制改革を主導していくのである。(8)

このことを踏まえてオプラーとブレークモアが採用したのは、日本側立法関係者との対話による「協調的努力」という手法であった。(9) しかし無論、この手法を採るためには、日本側の協力者が不可欠である。(10) 日本側の司法省担当係官や法律家・法学者たちは、一九四五（昭和二〇）年一二月に設置された司法制度改正審議会における活発な議論からも理解されるように、戦前からの各々の改革構想を前提に、終戦による状況の変化に対応するための自発的な刑事司法制度改革の動きを見せていた。(11) ＧＨＱの民間諜報局で作成されていた刑事訴訟法改正提案に触れ、そのアメリカ法的色彩の濃い内容に衝撃を受けていた日本側関係者にとって、既存の法体系への理解を示す法律家がＧＨＱ側に現れたことは、非常に大きな意味を持ったであろう。オプラーとブレークモアは、「協調的努力」を行うための協力者を、日本側立法関係者の中に容易に見出すことが出来た。彼らがこの手法を採り得たのは、日本側の協力者とのいわば「クロス・ナショナル」な関係が緊密に構築されたことによるのである。[12]「日本国憲法の施行に伴う刑事訴訟法の応急措置に関する法律」（昭和二二年法律第七六号）を経て制定された現行刑事訴訟法（昭和二三年法律第一三一号）は、このような「クロス・ナショナル」な「協調的努力」が最も顕著に発揮された立法であった。[13]日本側の立法関係者が、成立した現行法の特色を「大陸法との英米法の結合」[14]と表現していることは、オプラーとブレークモアをアメリカ法継受の抑制へと導いた「比較法的差異」の認識、すなわち、戦前の我が国の法システムが大陸法型に構築されているという認識が、日米双方に共有されていたことを示唆するものである。[15]

一方、連合国による軍事占領という状況は、法制改革とは別の局面においても、我が国の司法のあり方に大きな影響を与えることとなった。「交戦中の占領」の帰結として直接軍政が布かれた沖縄のように、司法権が停止されることこそなかったものの、[16]間接統治方針が採られた日本本土においても、司法権は統治権の一部として連合国最高司令官に従属しており、司法機関はその指揮監督を受けることとなったのである。[17]連合国最高司令官は、日本の裁判所が「貴官の軍隊の安全に直接且つ重大な関係を有しない事件については有効な裁判権を行使することを確実にする」とされていたが、それはあくまで「そうしないことを貴官が必要と認める場合を除」いてのことであった。[18]

また、間接占領を原則とする日本本土の占領においても、連合国最高司令官には直接管理の権限が留保されていたが、[19]司法についてもこれは例外ではなかった。その手段となったのが「軍事占領裁判所（Military Occupation Courts）」である。対占領軍犯罪に代表されるような一定の物的・人的管轄について日本側の裁判権が排除され、地方軍政部のスタッフにより処断されるというこのシステムは、直接軍政的な色彩の極めて濃い、司法の「直接管理」とも呼び得るものであった。[20]このように、司法が連合国軍の直接・間接の「管理」の下にあったということが、占領期の我が国における司法の運営に様々な形で影響を与えたことは良く知られているが、[21]この局面がとりわけ顕著な形で、日本側にいわば「浸出」した犯罪類型がある。一九四六（昭和二一）年六月一二日に公布され、七月一五日より施行された、「昭和二十年勅令第五百四十二号ポツダム宣言の受諾に伴ひ発する命令に関する件に基く連合国占領軍の占領目的に有害な行為に対する処罰等に関する勅令」（勅令第三一一号、以下「勅令第三一一号」）において定められた「占領目的に有害な行為」、すなわち、「連合国総司令官の日本帝国政府に対する指令、同指令を施行するため軍、軍団若くは師団の司令官の発するすべての命令及びこれらの指令を履行するため日本帝国政府の公布するすべての命令又は法律に違反する行為」の取扱いがそれである。[22]

本節では、司法の「直接管理」のあり方を定めた軍事占領裁判所の設置に至る過程について、主としてGHQ側の史料に基づいて再構成を試みる。その際の分析視角として、刑事司法の「改革」の局面を担い、戦後法制改革の過程において日本側と「クロス・ナショナル」な関係を構築した民政局と、法的問題に関する「監督」の局面を担っていた法務局（Legal Section, LS）との対抗関係がGHQ側に存在したことに着目したい。この対抗関係は、次節において検討する、勅令第三一一号の制定をめぐるGHQの法務局と日本側の議論、そしてそれに導かれた日本の司法機関、とりわけ検察による同法の運用の過程において、刑事司法におけるもう一つの「クロス・ナショナル」な関係が実務レベルで構築される前提をなすものである。これらの検討を通じて、「占領管理体制」という特殊な権力関係の下に置かれた我が国の刑事司法のあり方の一端を明らかにし、「戦後」の刑事司法を再考する契機を得ることが、本節の目的である。[23]

(1) 第二次世界大戦後の我が国に生じた法的変動を「アメリカ法」の影響として把握することについてはおそらく異論がないであろう（田中英夫「日本における外国法の摂取　アメリカ法」伊藤正己編『岩波講座現代法⒁　外国法と日本法』（岩波書店、一九六五年）二八七頁以下、「〈シンポジウム〉戦後半世紀におけるアメリカ法の継受とその日本的変容」『アメリカ法』一九九六年一号一九頁以下等を参照）。ただしその態様については、連合国による軍事占領という状況の特殊性に鑑み、評価の分かれるところである。野田良之は「敗戦という占領軍の外圧という条件が加わっていたにせよ、この場合でもその摂取の態度は比較法的自覚の上に立っていた」とする（野田良之「日本における外国法の摂取　序説」伊藤編前掲『外国法と日本法』一七六頁）。

(2) 例えば、田宮裕「現行法の定着過程と英米法」同『刑事手続とその運用――刑事訴訟法研究⑷』（有斐閣、一九九〇年）一五八頁。戦後の「アメリカ法継受」を広く「英米法継受」として把握する場合、戦前の我が国における「大陸法継受」との差異に関する比較法的な認識が前提とされることが多い（田中和夫「戦後英米法の影響」一橋学会編『戦後法律体制の動向』（同文館、一九五七年）八三頁以下、「〈特集〉日本法と英米法の三十年」『ジュリスト』六〇〇号（一九七五年）、五十嵐清「大陸法序説」同『現代比較法学の諸相』（信山社、二〇〇二年）七三頁以下等を参照されたい）。本節もまた、このような問題関心に基づくものである。

(3) ＧＨＱの全体像に関しては、竹前英治『ＧＨＱ』（岩波書店、一九八三年）を参照。

(4) 詳しくは、拙稿「ＧＨＱの司法改革構想から見た占領期法継受――戦後日本法史におけるアメリカ法の影響に関連して」『法学政治学論究』四四号（二〇〇〇年）三五七頁以下を参照されたい〔本書第二章第一節に収録〕。

(5) 拙論「戦後占領期における刑事司法制度改革とＧＨＱ」（法制史学会第五〇回研究大会報告、二〇〇二年）。なお、オプラーとブレークモアが占領期法継受において果たした役割とその背景については、史料を補充してそれぞれ別稿にて詳論する予定である〔本書第四章を参照〕。

(6) 前掲拙稿「ＧＨＱの司法改革構想から見た占領期法継受」三六〇頁以下〔本書七八頁以下〕。

(7) アルフレッド・オプラー／内藤頼博監修／納谷廣美・高地茂世訳『日本占領と法制改革』（日本評論社、一九九〇年）六四頁。

(8) A. C. Oppler, The Legal Reform of Japan's Legal and Judicial System under Allied Occupation, *Washington Law Review*, vol.24, 1949, pp.290-324. Ａ・Ｃ・オプラー／和田英夫・中里英夫訳「連合国占領下における日本の法制度および司法制度の改革」『法律時報』四五巻四号（一九七三年）四四頁以下。実際、英米法の特徴の中核的なシステムとされる陪審制度は、大正期に制定・施行されていたにもかかわらず、戦後司法制度改革においては導入されなかった（その詳細については、拙稿「ＧＨＱの司法改革構想と国民の司法参加――占領期法継受における陪審制度復活論」『法学政治学論究』四九号（二〇〇一

年）一四九頁以下を参照〔本書第二章第二節に収録〕）。

（9）オプラー前掲『日本占領と法制改革』六三頁。

（10）この問題については、岡田彰『現代日本官僚制の成立——戦後占領期における行政制度の再編成』（法政大学出版局、一九九四年）が示唆的である。

（11）その詳細については、井上正仁・渡辺咲子・田中開編著『刑事訴訟法制定資料全集　昭和刑事訴訟法編（1）』（信山社、二〇〇一年）九頁以下を参照。

（12）この「クロス・ナショナル」というキーワードは、福永文夫『占領下中道政権の形成と崩壊』（岩波書店、一九九七年）における緻密な分析に示唆を受けたものである。占領改革をめぐる「クロス・ナショナル」な関係は、しばしば日本側の権限争いと結びつく結果ともなったことが指摘されるが（この問題につき、T・J・ペンペル「占領下における官僚制の「改革」——ミイラとりのミイラ」坂本義和・R・E・ウォード編『日本占領の研究』（東京大学出版会、一九八七年）二九九頁以下を参照）、法制改革にあたって「方法と手続きに関する限り、日本側にまかせきった」（オプラー前掲『日本占領と法制改革』六三頁）と述べるオプラーも例外ではない。例えば、裁判所法の制定及び最高裁判所長指名において、オプラーは明白に最後の大審院長であった細野長良を支持し、当時検事総長であった木村篤太郎に批判的な立場を表明した（D. J. Danelski, The Constitutional and Legislative Phases of the Creation of the Japanese Supreme Court, L. H. Redford (ed.), *The Occupation of Japan: Impact of Legal Reform, The Proceedings of a Symposium, the MacArthur Memorial*, 1977, pp.27-75. D・J・ダネルスキー／早川武夫訳「最高裁判所の生誕」『法学セミナー増刊　今日の最高裁判所』（日本評論社、一九八八年）一八三頁以下、ただし注及び質疑応答の訳出を欠く）。また、民法改正の過程においてオプラーは、川島武宜を始めとする「改革主義的な協力者」を過度に支持しているとしてブレークモアの批判を受けている（カート・スタイナー「占領と民法典の改正」坂本・ウォード編前掲『日本占領の研究』四四六頁以下、及び、土屋（森口）由香「アメリカの対日占領政策における民法改正——女性の法的地位をめぐって」『アメリカ研究』二九号（一九九五年）一六八頁以下〔本書第四章第二節を参照されたい〕）。

（13）オプラーは「刑事訴訟法の改正の計画における占領軍の積極的な関与は、基本的人権の見地からする、この立法の重要性のための例外であったことが強調されるべきである」としている（オプラー前掲「連合国占領下における日本の法制度および司法制度の改革」五二頁）。

（14）団藤重光「刑事訴訟法の四〇年」『ジュリスト』九三〇号（一九八九年）五頁。オプラーは「アングロ・アメリカの最良の特徴のいくつかが日本法に統合（integrated）された」と表現する（A. C. Oppler, 'The Courts and Law in Transition', *Contemporary Japan*, vol.21, Nos. 1-3, 1951, p.23.）。

(15) 一九六〇年代の我が国の刑事訴訟法学において、所謂「モデル論」が盛んに提唱され「暗黙裡に「アメリカ法＝良い制度、ドイツ法＝悪い制度」との構図が一般化した感があった」とされるのは、この認識が「戦後」の我が国においても基本的には維持されていたことの反映であろう（三井誠「戦後刑事手続の軌跡」『岩波講座現代の法⑸　現代社会と司法システム』（岩波書店、一九九七年）七三頁以下）。なお、立法関係者の現行刑事訴訟法に対するスタンスについては、横山晃一郎「立法関係者の昭和刑訴観――立法理由確定の試みとして」『法政研究』四七巻二・三・四号（一九八一年）一六一頁以下を参照。

(16) 一九四五（昭和二〇）年四月三日頃アメリカ海軍軍政府により公布された所謂「ニミッツ布告」の第五条は「爾今総テノ日本裁判所ノ司法権ヲ停止ス。但シ追テノ命令アル迄、該地方ニ於ケル軽犯罪者ニ対シ該地方警察官ニ依リテ行使サルル即決裁判権ハ之ヲ継続スルモノトスル」としていた（「資料・沖縄の法制」『ジュリスト』四五七号（一九七〇年）三八頁）。天川晃が、「ニミッツ布告」と後述する「三布告」は「表現は異なるが基本的には同趣旨の内容のものであるといってよい」と述べているのは、本節の問題関心から極めて興味深い指摘である（天川晃「日本本土の占領と沖縄の占領」同『占領下の日本――国際環境と国内体制』（現代史料出版、二〇一四年）七二頁）。

　なお沖縄においては、占領開始後には布告や指令違反を管轄する軍政府裁判所が設置され、翌年初頭には現行日本法を適用する裁判所が四箇所復活された（アーノルド・G・フィッシュ「琉球列島の軍政　一九四五～一九五〇」沖縄県文化振興会編『沖縄県史　資料編⒁』（沖縄県教育委員会、二〇〇二年）九九頁）。占領下における沖縄の司法制度については不明な点も多いが、さしあたり日本弁護士連合会編『沖縄司法制度の研究』（日本弁護士連合会、一九六一年）、垣花豊順「特定軍事法廷と米国民政府裁判所に関する一考察」『琉大法学』二六号（一九八〇年）六七頁以下等を参照されたい。米国民政府裁判所が陪審制度を備えていたことは比較的知られているが、小沢隆司「琉球列島米国民政府裁判所の陪審制度――「アメリカ世」の憲法史・序説　上・下」『早稲田大学大学院法研論集』八六～八七号（一九九八年）は、沖縄法制度との位相からその意義を考察する。

(17) 越川純吉「過渡期渉外司法の諸問題――その国内法的研究（特に管理法令の研究）」『法曹時報』八巻一〇号（一九五六年）一五頁以下。これについて兼子一は「此の種の措置は連合国側で自ら裁判権を行使するのではないから、純然たる直接管理ではないと共に、日本政府の権限を利用せずに直接に裁判所に指令する点で全くの間接管理でもなく、両者の中間的な形式と云へよう」とする（兼子一「日本管理と司法権」『日本管理法令研究』一巻八号（一九四六年）二〇頁以下）。

(18) 「日本占領及び管理のための連合国最高指令官に対する降伏後における初期の基本的指令」（JCS一三八〇／一五）4g（外務省編『日本占領及び管理重要文書集　⑴』（日本図書センター、一九八九年）一一九頁以下）。

(19) 鈴木九萬監修『日本外交史㉖　終戦から講和まで』（鹿島研究所出版会、一九七三年）一〇六頁以下。

(20) 兼子前掲「日本管理と司法権」二二頁以下。なお後述するように、軍事占領裁判所の運営主体は法務局ではなく地方軍政部であった（この点を含めて、軍事占領裁判所についてはさしあたり、松元秀之「「占領軍裁判所」について」『警察研究』二一巻一号（一九五〇年）五二頁以下、高橋眞清「軍事警察裁判所（Provost Courts）の審理手続――我国に於る英米式刑事訴訟手続の一形態として」『判例タイムズ』二輯（一九四八年）五二頁以下、竹前栄治・中村隆英監修『GHQ日本占領史(2)占領管理の体制』（日本図書センター、一九九六年）一〇五頁以下、及び、Cho, Sung Yoon, *Jurisdiction over Foreign Forces in Japan, 1945-1960.*, Tulane University, Ph. D., 1963.）。このことは、一九四五（昭和二〇）年九月二日降伏文書調印後も、講和条約の発効まで国際法上は日本と連合国は戦争状態にあり（安藤仁介「国際社会と日本――日本国憲法と国際協調主義」佐藤幸治他編『憲法五〇年の展望 I』（有斐閣、一九九八年）二七九頁）、駐屯する外国軍隊に対する裁判権の制限が一般国際法上承認され得ることの帰結と言えよう（高野雄一「管理下の裁判管轄権の回復」『日本管理法令研究』三二号（一九五一年）四頁以下。もっとも、同時代文献においては、この点を明示する国際法上の成文法はない旨の指摘がなされている（松元前掲「「占領軍裁判所」について」五四頁））。

(21) その最も顕著なものは、公職追放に関する司法判断に関するものであろう。片山内閣の農林大臣であった平野力蔵が公職追放処分を不服として申請した効力発生停止の仮処分に対し、東京地方裁判所は申請を認める決定を行ったが、GHQは一九四八（昭和二三）年二月五日にその取消しを指令している（萩山虎雄「司法権が独立しなかったとき――被占領下の裁判所・検察庁・弁護士会」『判例タイムズ』一四巻一三号（一九六三年）一三四頁以下。なお、平野力蔵パージについては、増田弘『政治家追放』（中央公論新社、二〇〇一年）一六六頁以下に詳しい）。また、大阪放出造兵廠において発生した横領事件に関する占領軍からの干渉の実態について、当時の判事補が克明に日記に記している（神余正義「若い判事補の目(1)〜(12)」『判例時報』五四二〜五六二号（一九六九年）。なお同事件については、小田成光『鐘鳴りわたれ――回想の群像・法律家運動』（勁草書房、一九八七年）五〇頁以下、和島岩吉『刑事弁護士――無実への弁論』（日本評論社、一九八六年）二六二頁以下を参照）。

(22) なお、勅令第三一一号の内容の詳細に関しては、矢崎憲正「勅令三一一号――占領目的有害行為処罰規定の制定」『警察研究』一七巻九号（一九四六年）二頁以下、及び、神谷尚男「勅令第三百十一号について」『警察研究』二一巻第九号（一九五〇年）三三頁以下を参照。

(23) 本節は主に、「GHQ／SCAP文書」「ウィリアムズ文書」（国立国会図書館憲政資料室所蔵、同室でデジタルデータが公開されているものについては（http://ndl.go.jp/jp/service/tokyo/constitutional/index.html）、フォルダ単位のフィッシュ番号を示してコマ数を附し、二回目以降の引用については主題と日付のみを記し、初出注番号を付記した）、及び、Makoto Iokibe (ed.), *The Occupation of Japan: U.S. and Allied Policy, 1945-52*, Congressional Information Service, Maruzen, 1989 に基づいている。

二　軍政局・民政局における軍事占領裁判所構想

(一)　司法の「直接管理」の準備

占領開始当初から、「占領目的に有害な行為」、典型的には連合国最高司令官の発した指令等に対する違反行為が問題視されていたことは、容易に想像可能である。このことは、一九四五(昭和二〇)年九月二日に日本政府及び大本営布告として公布された「一般命令第一号　陸、海軍」が以下のように宣言していることからも理解されよう。

十二　日本国ノ及日本国ノ支配下ニ在ル軍及行政官憲並ニ私人(private person)ハ本命令及爾後連合国最高司令官又ハ他ノ連合国軍官憲ノ発スル一切ノ指示ニ厳格且迅速ニ服スルモノトス本命令若ハ爾後ノ命令ノ規定ヲ遵守スルニ遅滞アリ又ハ之ヲ遵守セザルトキ及連合国最高司令官ガ連合国ニ対シ有害(detrimental)ナリト認ムル行為アルトキハ連合国官憲及日本国政府ハ厳重且迅速ナル制裁ヲ加フルモノトス(24)

一般命令第一号は、国務・陸軍・海軍三省調整委員会(State-War-Navy Coordinating Committee, 以下「ＳＷＮＣＣ」)

において降伏文書等と共に作成され（SWNCC二一シリーズ）、マニラにおいて日本側に手交された、降伏に伴って生じる軍事的事項について定めた文書である。[25] 周知のように、当初アメリカ政府の対日占領政策においては直接軍政が構想されていたが、降伏文書調印の直前に間接統治に方針転換がなされたため、「降伏後における米国の初期の対日方針」（SWNCC一五〇シリーズ）を始めとする政策文書はこの転換に沿って修正された。一般命令第一号の上引の箇所についても、連合国軍最高司令官の指令によって「日本帝国大本営」（the Japanese Imperial General Headquarters）により発出されるべき文書の一部として、それまで用いられていた表現や文書の形式が修正されている。[26] しかし、同年九月六日付でトルーマン（H. S. Truman）大統領から連合国最高司令官マッカーサー（D. MacArthur）に宛てて交付された指令において、間接統治は「満足な成果をあげる限度内において」であり「必要があれば直接に行動する貴官の権利を妨げるものではない」とされていたことに端的に示されているように、[27] 日本本土においても直接管理の可能性はなお留保されていた。一般命令第一号第一二項は「私人」を対象として明示していたため、日本側関係者はこれを「直ちに国民を対象とし、これに義務を命じた例」として、占領側が留保した直接管理の権限を端的に示す規定と解釈したのである。[28]

一方、実際に日本占領を担うこととなっていたＧＨＱ／ＡＦＰＡＣ（General Headquarters/ United States Army Forces, Pacific, アメリカ太平洋陸軍総司令部）においても、指令違反行為にどのように対処するかが議論されていた。六月一四日には統合参謀本部（Joint Chief of Staff, JCS）が、太平洋陸軍の司令官であったマッカーサーに対して日本の早期降伏に対処するための占領計画の作成を指示しており、[29] これを受けて立案され、八月八日に確定した「ブラックリスト（Blacklist）」作戦においても、降伏条項や太平洋陸軍司令官の指令の実施に対する抵抗への対処方法が検討されている。[30] また同じ頃、日本占領の主力部隊となる第八軍の陸軍法務部室（Office of the Army Judge Advocate）でも、日本本土に軍政を布く際の指令遵守を命じる布告を準備していた。[31] しかし、より具体的な構想を練ることになったのは、八月五日にＧＨＱ／ＡＦＰＡＣに設置された軍政局（Military Government Section, MGS）であり、[32] その概略は、八月半ばに軍政局で作成された「対占領犯罪・軍事占領裁判所」と題する文書によって知ることが出来る。「日本国民に告ぐ」という文言で始まるこの文書は、第一条「犯罪及び罪科」において、以下の犯罪が「死刑もしくは軍事占領裁判所が課すそれ以下の刑により罰せられる」旨を定める。

a．降伏条項、又は連合国最高司令官により日本国民に対し発された全ての布告、命令、警告、指令、規則を無視し又は違反する行為
b．占領軍の全ての兵員に対する殺害又は暴行
c．占領軍又はその兵員の財産を盗み、詐取し又は権限なしに所持する行為
d．占領軍又は連合国最高司令官の命令に従った者が追求中の者の逃亡を容易ならしめる行為
e．公務に関して占領軍の全ての兵員に対してこれを妨害し、口頭又は文書を以てこれを誤らせるような又は虚偽の供述を行う行為、又はこれらの者から要求された情報を拒絶し又は拒否する行為
f．連合国最高司令官に依って解散させられ又は非合法と宣告された団体、又は同司令官の命令に依って解散させられ又は非合法と宣告された団体を支持する行為
g．占領軍又は連合国人に敵対的な又は無礼な行動
h．戦争法及び慣習に違反する行為、又は占領軍又はその全ての兵員の良好な秩序又は利益に有害な（prejudice）行為[33]

続いて第二条では、第一条の犯罪を処断する軍事占領裁判所の組織及び手続きを比較的詳細に定め、第三条では軍事占領裁判所の公用語が英語であることを定めている。この文書は、八月二二日に「総司令官の個人的な承認」を経ており、八月三一日から効力を持つことになっていた。[34]

また軍政局ではこの頃、同じように「日本国民ニ告ク」で始まる、所謂「三布告」を作成しているが、[35] そのうちの「布告第二号　犯罪及罪科」は、以下のように規定していた。

> 降伏文書若ハ連合国最高司令官ノ権限ニ基キ発セラルル一切ノ布告、命令若ハ指示ノ諸項ニ違犯《ママ》シ又ハ善良ナル秩序ヲ害シ若ハ「アメリカ」合衆国若ハ其ノ連合国ニ属スル人若ハ財産ニ対シ生命、安全若ハ安寧ヲ害スル行為ヲ為シ又ハ公共ノ平和及秩序ヲ攪乱シ若ハ裁判ヲ防害《ママ》スルノ目的ヲ以テ行シ又ハ故意ニ連合国ニ対シ敵意アル行動ヲ為ス一切ノ私人ハ占領軍裁判所ノ犯決《ママ》ニ基キ死刑若ハ当該裁判所ノ判決スル其ノ他ノ刑ニ処セラルヘシ[36]

この二つの文書に示されているように、軍政局の構想は、指令違反行為については対占領軍犯罪と併せて軍事占領裁判所において対処するというものであった。しかし、軍政局においてこれらの文書が作成されたのは、前述のように、ワシントンにおいて対日占領政策が間接統治方針へと慌しく転換されていた時期にあたる。方針転換の通知を受けた太平洋陸軍は、八月二八日に「作戦命令第四号付属第八号（軍政）」を発してこれに対応した。[37] 八月三一日から効力を持つことになっていた「対占領犯罪・軍事占領裁判所」については「日本では軍事占領裁判所は直ちに必要ではない」という理由により延期されることになり、[38] また、「犯罪及罪科」を含む「三布告」は、九月二日に連合国最高司令官マッカーサーの裁可を経て一旦は日本側に手交され、翌日より告示される旨が伝達されたが、周知のように、重光葵外務大臣とマッカーサーの会談によって撤回されたのである。[39]

ところで、この間の経緯について、軍政局長であったクリスト（W. E. Crist）が後に、以下のように総括していることは注目されよう。

日本占領に先立って、ＧＨＱ／ＡＦＰＡＣがマニラにあった時、軍政局は、初期占領の開始と共に発布されるための布告第二号「犯罪及び罪科」（Proclamation Number 2-"Crimes and Offences"）を準備した。その後、連合国最高司令官は日本において布告を発しないことを決定したため、布告第二号は発布されなかった。

マニラの法務部（Staff Judge Advocate）のスタッフとの話し合いと協力の結果、日本と朝鮮に軍事占領裁判所を設けることを認める命令が準備された。布告第二号の公表差し止めの決定に続いて、参謀長もしくは副参謀長がこの命令が朝鮮に限定されることを決定した。(40)

北緯三八度線以南の朝鮮半島の占領に伴い、南朝鮮の占領を担った太平洋陸軍第二四軍団は、日本本土では撤回された「三布告」と極めて近い内容の「マッカーサー布告」を九月九日に発出した。(41)クリストが述べているように、軍政局では当初、日本本土及び南朝鮮に適用されることを予定した軍事占領裁判所設置のための命令を準備していたが、日本では「三布告」が撤回されたために、さしあたりその適用を南朝鮮のみに限定して九月一八日に発出したのである。(42)しかし、前述したように、原則として間接統治の方針を採るとはいえ、日本本土における「直接管理」の権限は否定されてはいない。実際「作戦命令第四号付属第八号」においても、第二四軍団だけでなく、日本本土に展開する第六軍・第八軍の司令官もまた、その責任範囲内で軍事法廷を設置する旨が規定されていたのである。(43)このことは、直接軍政的な色彩の濃い軍事占領裁判所の設置については、日本本土と南朝鮮の占領が類似の構造の下で把握されていたことを示すものと言えよう。

（二）民政局における軍事占領裁判所構想とＧＨＱ／ＳＣＡＰの管轄問題

一方、これと並行する形で、ワシントンのＳＷＮＣＣにおいても、「一般命令第一号」（ＳＷＮＣＣ二一シリーズ）

とは別の文脈から、軍事占領裁判所の設置に関する問題が議論されていた。その契機となったのは、イギリス大使館が同年八月二四日付でアメリカ国務省に送付した意見書（Aide Memoire）である。この文書では「英国政府は、連合国による日本占領期間においては、いかなる連合国人も日本の裁判所の管轄に服しないことを確実にすることが不可欠であると考える」という前提の下に、「連合国最高司令官が発出すべき最初の布告の中の一つによって連合国軍事裁判所（Allied military courts）が設置されるべきであり、また、この布告の中では、いかなる連合国人も日本の裁判所の管轄に服しないということ、及び、軍法会議で裁き得ない者が連合国軍事裁判所で審理されることを確実にする規定を含むべきである」ことが示唆されたのである。(44) この文書を受けて陸軍省は、九月一八日付の覚書によってＳＷＮＣＣの極東小委員会（Subcommittee for the Far East）に照会を行い、(45) 以降この問題は「連合国人に対する刑事及び民事裁判権の行使」と題されてＳＷＮＣＣで議論されることとなった（ＳＷＮＣＣ一九二シリーズ）。(46) 以上のような問題意識に基づく、連合国人の裁判管轄についてのＳＷＮＣＣからの照会によって、布告第二号の差し止めによって一時棚上げにされていた日本本土における軍事占領裁判所設置に関する議論が再開されることとなった。(47)

さて、軍政局の議論を引き継いで軍事占領裁判所に関する議論を行ったのは、同年一〇月二日にＧＨＱ／ＳＣＡＰの発足と同時に設置され、クリストが局長を務めていた民政局であった。(48) アメリカ軍及び連合国人の人員及び財物に対する犯罪を犯した日本人がいかなる裁判所で審理されているのかという情報を求めるワシントンからの一〇月五日付の来信に対し、(49) 参謀長は民政局に対応を求め、これに応じる形で、民政局政策係（Policy Branch）のケーディス（C. L. Kades）は以下のような返信を作成し、対敵諜報部（Counter Intelligence Corps, CIC）と法務局の非公式の承認を得ている。

現在のところ、アメリカ軍及び連合国人の人員及び財物に対する犯罪を犯した日本人は、日本側の通常の裁判所で日本法によって裁かれることになるであろう。占領の初期段階においては、これらの犯罪及び占領に顕著に関係する犯罪を管轄する軍事占領裁判所の設置が検討されたが、日本政府が正しい裁判が行われることを保証していることと、今日までこれらの犯罪についての報告がないことから、その必要性は生じていない。もし軍事占領裁判所の必要性が引き続き生じないのであれば、日本の裁判所におけるこのような類型の事件の裁判は拒否権を伴って監視・検証される、という日本政府への指令が発出されることとなるであろう。(50)

この文書を受ける形で、民政局長クリストは一〇月九日付で参謀長宛の覚書を提出し、占領軍や連合国人、もしくはその財物に関係する事件が起こった場合の処理について二つの選択肢を提示している。すなわち、ケーディスが述べるように、司法機関がこのような事件をすべて連合国最高司令官に知らせる必要がある旨の指令を日本政府に発し、連合国最高司令官にはこれらを審査し拒否する権限が担保されることとするか、あるいは、これらの事件を管轄する軍事占領裁判所を設置するか、というものである。(51)しかしこの覚書の中で、クリストがこのように述べていることは注目されよう。

軍事占領裁判所の設置は、既存の日本法及び日本の刑法典が、占領軍や連合国人もしくはその財物に対する犯罪に充分厳しい刑罰を定めていない可能性があるという問題をカバーするであろう。しかしながら、日本人の完全な協力が示された後になって、この類の裁判所を設置し、彼らが従わなければならない犯罪類型を定めることは、日本人によって、直接軍政への根拠の無いステップと考えられるであろうし、連合国人を含む事件において秩序を維持し、司法を運営している現在の日本政府に対する不信を表明することになるであろう。(52)

ここに見られるクリストの軍事占領裁判所の設置に対する消極的な立場は、間接統治方針に基づく初期の日本占領が比較的スムーズに推移していたことの反映であろう。しかしその背景には、GHQにおける管轄の重複の問題が存在していた。当初全九局体制で出発したGHQ／SCAPにおいては、各局の業務が「一般命令(General Order)」の形で定められたが、その内容は必ずしも明瞭なものではなく、各局の間には管轄についての混乱が見られた(53)。民政局設置と同日、戦争犯罪に関する業務と共に「法律問題一般」を取り扱い、「軍事裁判所、戦争犯罪裁判のための軍事委員会その他の法廷の構成、それらの指標となる規則および手続を勧告すること」を任務とする法務局が設置されているが(54)、軍事占領裁判所に関する管轄は早晩法務局に移ることが予定されていたものと思われ、民政局朝鮮係(Korean Branch)のスティーブンス(H. E. Stevens)と行政係(Public Administration Branch)のバイヤード(D. S. Byard)は、副参謀長の要求に従って、連合国人の裁判管轄と軍事占領裁判所に関する問題について法務局長のカーペンター(A. C. Carpenter)と討議を行っている(55)。そして一〇月二一日、クリストはカーペンターに「GHQ／SCAPにこのような部局を設置するという命令の下では、〔軍事占領裁判所に関する〕全ての事項は民政局ではなく法務局の職務に含まれるため、マーシャル(Marshall)将軍〔参謀長〕はこの問題を法務局に引き渡すよう命令した」として、それまで軍政局及び民政局で議論された軍事占領裁判所に関する一件書類を添付した覚書を送付した。これ以降この問題は、もっぱら法務局を主務部局とすることになる(56)。

クリストが軍事占領裁判所の問題を民政局の管轄から手放した背景には、更に、軍政局が解体され、民政局が誕生した際の事情も関係していた。前述したような管轄の不明瞭さを解消するため、GHQでは、「降伏後における米国の初期の対日方針」(SWNCC一五〇シリーズ)を具体化する「日本占領及び管理のための連合国最高司令官に対する降伏後における初期の基本的指令」(SWNCC五二／JCS一三八〇シリーズ)のワシントンにおける策定作業と並行して、各局の責任割当を確定する作業が行われた(57)。そして、九月二一日付でGHQに伝達された「日本における降伏後の軍政のための基本的指令」(SWNCC五二／四)に基づいて作成された一一月一七日付の責任割当においては、パラグラフ４ｇの前段に対応する「必要な軍事裁判所の設置」については法務局と共に民政局が「主に関連する部局」とされ、後段に対応する「占領軍に直接関係のない事件についての日本側裁判所の管轄の実施を確実にする」ことはもっぱら民政局が管掌することとされた。[58] ところが、副参謀長に宛てた同月二〇日付の文書で、クリストはこの責任割当について以下のように反論を行っている。

パラグラフ４ｇは全て法務局に割り当てられるべきであり、法務局と民政局に分掌されるべきではない。日本側裁判所の権限についての審査の実施は、軍事裁判所の設置と密接に関係している。もし民政局が日本の裁判所についての管轄を持つと決定されるのであれば、この計画の場合においても、民政局に法律家を割り当てる必要性に関する…コメントが同じように適用可能である。[59]

この時期の民政局がスタッフ不足の状態にあったことはしばしば指摘されるところであるが、[60] 本節の問題関心からは、「軍政局の解消の際、法律課（Legal Division）の局員が〔ＧＨＱ／〕ＳＣＡＰの他のセクションに分散（dispersed）してしまった」[61] というクリストの認識に注目したい。後に憲法改正作業において中核的な役割を果たすケーディスやハッシー（A. R. Hussey Jr.）等の法律家が、軍政局からの改組の後も民政局に所属していたにもかかわらず、初期の民政局は法的問題を取り扱うに足る人材を擁していない、とクリストは評価していたのである。

（24）外務省編前掲『日本占領及び管理重要文書集 (1)』四四頁。
（25）五百旗頭真『米国の対日占領政策 下』（中央公論社、一九八五年）一一七頁以下。
（26）八月一〇日のＳＷＮＣＣ二一／三までの文書では、一般命令第一号（補遺Ｄ）の該当箇所は「日本国統帥部（Japanese Imperial High Command）」とすべての日本国官吏に対して、一般命令第一号の遵守違反もしくは遅滞、司令官の要求の完全な履行に対する違反もしくは遅滞、連合国もしくはその構成員に対し司令官が有害と見なす行為があった場合には厳重に処罰される旨を警告したものであった（Department of States, *Foreign Relation of the United States*, 1945, vol.6, p.528）。ところが、八月一一日のＳＷＮＣＣ二一／四「無条件降伏の法的意味」においてＳＷＮＣＣ二一／三が無効とされ、一般命令第一号は補遺Ｂとして書き換えられることとなった（山極晃・中村政則編『資料日本占領⑴　天皇制』（大月書店、一九九〇年）三七七頁）。なお、ＳＷＮＣＣ二一／三まで補遺Ｃとして検討されていた「布告第一号」の中には「連合国軍事当局に対し全面的協力を供することを怠り、または前記の規定にもとづいて発せられる布告・命令もしくはその他の指示に完全に従うことを怠るいかなる団体または個人も、即刻かつ厳重に処罰されるものとする」という規定が含まれていた（三七三頁以下）。史料的な連続性を明示することは出来ないが、一般命令第一号第一二項において「私人」も規定の対象とされた背景には、布告第一号におけるこの規定の存在があったとも推測される。

（27）　もっともこの文書が、連合国と日本との関係について「契約ベースのものではなく、無条件降伏によるもの」と述べている点については、これまでも様々に議論されてきた点であるが（例えば、江藤淳『忘れたことと忘れさせられたこと』（文藝春秋社、一九七九年）、疑問の余地無しとしない（この点については、笹川隆太郎「対日占領管理権限の根拠とポツダム宣言条項――一九四五年九月四日附チャンラー大佐覚書」『石巻専修大学研究紀要』一六号（二〇〇五年）が興味深い検討を行っている）。本節では詳しく言及することが出来ないが、勅令第三一一号、及び、それを引き継いだ「占領目的阻害行為処罰令」（昭和二五年政令第三二五号）が「憲法外において法的効力を有する」としても、「上位の法規範（ポツダム宣言等）」との適合性の検討はやはり別途必要であろう（長谷川正安『憲法判例の研究』（勁草書房、一九五六年）、山手治之「日本占領法令の効力　⑴～⑶」『立命館法学』三一～三三号（一九五九～一九六〇年〔未完〕）などを参照）。

（28）　田中二郎「連合国の管理下に於ける日本行政法」同『法律による行政の原理』（酒井書店、一九五四年）一三四頁以下。日本政府は、一般命令所定の事項の実施に際しては当面行政上の措置により対処することを九月一日に閣議決定している（江藤淳編『占領史録　上』（講談社、一九九五年）二四三頁以下）。その理由は、この規定に該当する「当面の違反者は軍又は政府の官憲であると見られるから、この命令に関する限りは、むしろ懲戒罰でまかなえるように思われる」と判断したためという（佐藤達夫「ポツダム命令に関する私録　⑴」『自治研究』二八巻二号（一九五二年）七頁以下）。

（29）　五百旗頭前掲『米国の日本占領政策　下』二二二頁以下。

（30）　*History of Intelligence Activities under General MacArthur, 1945-50, a brief history of the G-Section, GHQ, SWPA and affiliated units*, Scholarly Resourses Inc., 1983, Appendix 4, Annex 5c, "Blacklist" Enforcement of Surrender Terms, no date.

（31）　「ＧＨＱ／ＳＣＡＰ文書」〔以下「GHQ/SCAP」〕, LS-00504, [TOP SECRET], Military Government, 23 July 1945.

（32）　軍政局については、竹前前掲『ＧＨＱ』二四頁以下、竹前・中村前掲『占領管理の体制』二一頁以下、大蔵省財政史室編『昭和財政史　終戦から講和まで(3)　アメリカの対日占領政策』（東洋経済新報社、一九七六年）一二七頁以下、天川晃・福永文夫「民政局の組織と機能」同編『ＧＨＱ民政局資料・占領改革　別巻　民政局資料総索引』（丸善、二〇〇二年）六頁以下、及び、Dale M. Hellegers, *We, the Japanese People, World War II and the Origins of the Japanese Constitution*, vol.2, Stanford University Press, 2001, pp.419-426; GHQ/USAFPAC, Military Government Section, Report of Military Government in Japan and Korea, 10 October 1945（「ジャスティン・ウィリアムズ文書」JW214-16）を参照されたい。

(33)　GHQ/SCAP, LS-00506, Offences Against the Occupation, Military Occupation Courts, no date. Hellegers, p.421., ibid. なお、日本側で「有害」と訳される原語が、ＳＷＮＣＣ系列の文書（detrimental）とＧＨＱ／ＡＦＰＡＣ系列の文書（prejudicial）で異なっていることは注目されよう。

(34)　GHQ/SCAP, GS(A)-02572-02575 [191-195], Establishment of Military Occupation Courts, 21 Jan 1946.

(35)　Hellegers, op. cit., p.421.

(36)　江藤編前掲『占領史録　上』二七一頁以下。

(37)　大蔵省財政史室編前掲『アメリカの対日占領政策』一二九頁（その抄訳は、同書付属資料一〇頁以下）。

(38)　Establishment of Military Occupation Courts, 21 Jan 1946 [supra note 34].

(39)　重光外相とマッカーサー、及びサザーランド（R. K. Sutherland）参謀長との会談記録は、江藤編前掲『占領史録　上』二七八頁以下に採録されている。また、重光外相と岡崎勝男終戦連絡中央事務局長官の談話が、住本利男『占領秘録』（中央公論社、一九八八年）八一頁以下にある。この「三布告」の発出と撤回は、日本本土の占領における「直接軍政」と「間接統治」の定義が流動的であったことを示す興味深い事例であろう（天川晃「占領初期の政治状況」『社会科学研究』二六巻二号（一九七五年）三頁以下。また、秦郁彦「発見された軍票布告文」『ファイナンス』一九七五年七月号七四頁以下を参照）。

(40)　GHQ/SCAP, LS-00505, Military Occupation Courts for Japan, 21 October 1945.

(41)　森田芳夫・長田かな子『朝鮮終戦の記録・資料編　(1)』（巌南堂書店、一九七九年）三四七頁以下。南朝鮮における米軍政府の成立過程については、李圭泰『米ソの朝鮮占領政策と南北分断体制の形成過程――「解放」と「二つの政権」の相克』（信山社、一九九七年）一三五頁以下に詳しい。本節でその一端を検討する日本本土の占領の「軍政」的側面は、アメリカ軍による南朝鮮占領・沖縄占領との類似性を強く印象づけるものであり、「占領管理体制」を総体的に把握するためにはその比較検討が必要であろう。今後の課題としたい。

(42)　GHQ/SCAP, LS-00506, [RESTRICTED], Establishment of Military Occupation Courts, 18 September 1945. この命令と「対占領犯罪・軍事占領裁判所」の関係は明示されてはいないが、定められた内容はその第二条と酷似している。このことから、引用部後段で述べられている「日本と朝鮮に軍事占領裁判所を設けることを認める命令」は、本文で言及した「対占領犯罪・軍事占領裁判所」を示すものと推定される（なおその運用の実際については、さしあたり、森田芳夫『朝鮮終戦の記録』（巌南堂書店、一九六四年）八三二頁以下を参照されたい）。

(43) 大蔵省財政史室編前掲『アメリカの対日占領政策』付属資料一一頁。

(44) Iokibe (ed.), *The Occupation of Japan: U.S. and Allied Policy*〔以下「OCJ」〕2A-502, [CONFIDENTIAL], SWNCC192/D, Appendix, Aide Memoire, British Embassy, August 24 1945.「対占領犯罪・軍事占領裁判所」や「布告第二号」に占領軍に限定されない「連合国」の人員や財物についての言及が見られるのは、あるいはこの意見書の影響である可能性もあるが、史料上は明らかでない。

(45) OCJ-2A-502, [CONFIDENTIAL], SWNCC192/D, Enclosure, Memorandum by the Assistant Secretary of War, 18 September 1945.

(46) OCJ-2A-505, [CONFIDENTIAL], SWNCC192/3, 28 November 1946.

(47) なお、この問題に関する議論は極東委員会（Far Eastern Commission, FEC）にも引き継がれ、占領期間を通じて多くの政策決定が行われている（George H. Blakeslee, *A study in international cooperation. 1945 to 1952*（山極晃解説『極東委員会(1)』（東出版、一九九四年）二〇一頁以下）。

(48) サザーランド参謀長は、九月二六日に「ポツダム宣言および降伏条項が日本政府を通じて順調に実施される限り、日本において直接軍政が行われることはない」として、「米太平洋陸軍総司令部軍政部は廃止し、その要員は新設の参謀部〔ＧＨＱ／ＳＣＡＰの特別参謀部〕に転属する」旨を通達した（竹前・中村前掲『占領管理の体制』二五頁）。なお、民政局の組織及びスタッフの変遷については、天川・福永前掲「民政局の組織と機能」五頁以下、福永前掲『占領下中道政権の形成と崩壊』一九頁以下、平野孝『内務省解体史論』（法律文化社、一九九〇年）八六頁以下に詳しい。

(49) GHQ/SCAP, AG(D)03263, [CONFIDENTIAL], WX-73092, 4 October 1945.

(50) GHQ/SCAP, LS-00506, [CONFIDENTIAL], Outgoing Message, 7 October 1945., [CONFIDENTIAL], Memorandum for the Record, no title, 7 October 1945. なお、この頃対敵諜報部を示す略語は一定していないが、これは所謂「ＧＨＱの二重構造」の帰結として、ＧＨＱ／ＡＦＰＡＣの対敵諜報部とＧＨＱ／ＳＣＡＰの民間諜報局とが事実上一体となって活動していたことによると考えられる（「ＧＨＱの二重構造」については、竹前前掲『ＧＨＱ』八八頁以下を参照）。

(51) GHQ/SCAP, LS-00506, Memorandum for the Chief of Staff, no title, 9 October 1945.

(52) ibid.

(53) この観点から日本国憲法の制定過程を再検討する、天川晃「民政局と憲法制定——三つ目の「偶然」」同前掲『占領下の日本』一〇五頁以下の議論は極めて説得的である（天川晃「ＧＨＱトップシークレット文書集成第Ⅱ期　行政・法律関係文書解説」同監修『ＧＨＱトップ・シークレット文書集成　第Ⅱ期――行政・法律文書(1)』（柏書房、一九九五年）四頁以下も併せて参照されたい）。また、本節冒頭で言及した、刑事訴訟法の制定過程における民政局と民間諜報局の対抗関係の背景にも、管轄業務の混乱があったと見て良いであろう（前掲拙稿「ＧＨＱの司法改革構想から見た占領期法継受」三五五頁以下〔本書七三頁以下〕。なお、民政局と民間諜報局の間には、公職追放に関しても管轄の重複が生じていた。増田弘『公職追放論』（岩波書店、一九九八年）を参照）。

(54) 竹前・中村前掲『占領管理の体制』一六七頁。

(55) Military Occupation Courts for Japan. 21 October 1945 [supra note 40]. ここで朝鮮係のスティーブンスが議論に参加していることは注目して良いであろう。

(56) ibid.

(57) 「初期の基本的指令」の成立過程については、増田前掲『公職追放論』三三頁以下に詳しい。なお、本節の問題関心からは、ＳＷＮＣＣにおいて準備されていた「初期の基本的指令」（ＳＷＮＣＣ五二シリーズ）の「軍政のための基本的指令」としての特質についての天川晃の指摘が示唆的である（天川晃「日本における占領」同前掲『占領下の日本』四頁以下）。

(58) 〔TOP SECRET〕Allocation of SCAP Responsibilities for Execution of Provisions of Directive Contained in SWNCC 52/4 - 21 Sept 1945（天川晃監修『ＧＨＱトップ・シークレット文書集成　第Ⅱ期――行政・法律文書(8)』（柏書房、一九九五年）七一頁）. なお、これに先立つものとして、一〇月一三日付のＳＷＮＣＣ一七六／八に基づいて責任割当が定められたという（増田前掲『公職追放論』三三頁）。

(59) 〔TOP SECRET〕Allocation of SCAP Staff Responsibilities, 20 Nov 45（天川編前掲『ＧＨＱトップ・シークレット文書集成(8)』六五頁）.

(60) 民政局立法課長を務めたウィリアムズは「当初はほとんど全員が軍政局に在籍していた職員であった。軍政局の残党である一八人の将校――私もその一人だった――がクリスト将軍の下でＧＨＱ／ＳＣＡＰの民政局を構成した」と述べる（ジャスティン・ウィリアムズ／市雄貴・星健一訳『マッカーサーの政治改革』（朝日新聞社、一九八九年）一四頁）。

(61) Allocation of SCAP Staff Responsibilities, 20 Nov 45 [supra note 59].

三　法務局における軍事占領裁判所構想

（一）　法務局の軍事占領裁判所設置提案

上述のように、一九四五（昭和二〇）年一〇月二一日の参謀長の命令によって、軍事占領裁判所に関する業務は民政局から法務局に移管された。法務局長カーペンターは、業務移管前の民政局員との討議の段階から軍事占領裁判所の設置に積極的な意見を表明しており(62)、民政局から引き継いだ文書に基づいて局内で活発な議論を継続していた(63)。そして、これらの議論を踏まえて、カーペンターは副参謀長に宛てて「日本における軍事占領裁判所の設置」と題する覚書を一一月二二日付で提出し、占領軍関係者と連合国人に関する犯罪、及び、指令違反を含む対占領軍犯罪について管轄する裁判システムを占領軍側に新たに設置し、日本側裁判所の管轄から外す具体的な提案を行った(64)。

カーペンターはまず、アメリカ軍が歴史上設置してきた占領裁判所について、一八四七年にメキシコにおいて設置された軍事委員会（military commission）や第一次世界大戦後のラインラント占領時の軍事裁判所に遡って沿革を述べた後、占領裁判所の目的を「占領軍の安全、財産及び目的に対する犯罪の処罰を確実にすること」、及び、「占領者及び連合国人の公平かつ公正な裁判を確実にすること」の二つであるとし、占領裁判所が必要な理由を以下のように分析する。

a．占領権力としてのアメリカ合衆国は現在、数ヶ月に亘って、占領軍に対する犯罪の処罰、占領政策を含む指令の実施、アメリカ人及び連合国人の財産の保護について完全に敵に依存している。

b．現在の日本人及び日本政府の協力的な態度が変わる可能性、及び、現在沈黙している破壊活動分子（subversive groups）が混乱と困難を促進する可能性を考慮すべきである。この点に関してはハーグ陸戦法規の第四三条が、占領者は「成ルヘク公共ノ秩序及生活ヲ回復確保スル為施シ得ヘキ一切ノ手段ヲ尽スヘシ」と定めている。[65] 日本における公共の安全及び秩序の保証は、これらの可能性に対処する占領裁判所制度によって守られる。

c．このような機構の存在は、占領者に対する犯罪を計画するあらゆる個人及び団体に対する有益な心理的影響を及ぼすであろう。

カーペンターは覚書の中で「日本占領には甚だしい困難は生じていない」ことを是認するが、その一方で、現在の比較的良好な状態に綻びが生じ始めていることを、実例を挙げて指摘する。

d．法務局は既に、占領軍もしくは連合国人に対して犯された犯罪についての適切な処罰の保証に関する、第六軍及び第八軍双方の司令官による調査について言及した。これらの調査には、連合国人（中国人）に対する殺人犯、及び、アメリカ軍の物資に対する窃盗犯をこれらの軍の部隊が逮捕したという報告が付されていた。[66]

e．民間諜報局は法務局に対して、同局が、日本人による連合国最高司令官指令及び占領軍の様々な部隊の命令に対する大量の違反の申立てを受け取ったと知らせてきた。これらの多くは民間諜報局により調査及び立証が行われているが、その中には、兵器の備蓄の報告もしくは引渡し漏れのような危険なものが含まれている。民間諜報局は、違反者の職場からの追放は処罰としては不十分であり、これらの違反者の処罰を日本側に委ねなければならないのは困惑する事態であると報告している。

ここで本節の関心から注目したいのは、e項で言及されている指令違反行為についてである。記録によると、カーペンターのこの覚書が提出される前日にあたる一一月二一日、法務局広報将校（Public Relation Officer）のジョーンズ（R. A. Jones）を介して、法務局には民間諜報局から以下のような情報がもたらされていたのである。

民間諜報局計画班（planning unit）のマーカム（Markum）少佐が、本日、日本における占領裁判所の提案の状況について調査するために法律課（Law Division）を訪れた。彼は、このような裁判所が直ちに設置されるべきだと考えていると述べた。彼は、民間諜報局は日本人によるＳＣＡＰ指令違反や、他の様々な占領軍の命令に対する違反の大量の記録もしくは申立てを保持していると伝えた。これらの多くは民間諜報局によって調査、立証されており、これらの中には、武器の報告もしくは引渡し漏れ等のような大変危険なものが含まれている。

マーカム少佐は、これらの違反を調査した結果、日本人にはいかなる罰則も行使されることがない点に注意を喚起されたことにより、民間諜報局の業務が妥協と困難とを被っていると述べた。この状況の帰結として、違反は増加しつつある。(67)

その内容の詳細さから見て、上述のカーペンターの一一月二二日付の覚書は、事前に時間をかけて準備されたものであると思われるが、民間諜報局からもたらされたこの情報は、副参謀長への覚書提出の直接の契機となったものと考えられる。ここでは、法務局における当初の軍事占領裁判所構想においては、指令違反行為の処罰がその主要な目的の一つであったことを改めて確認しておきたい。カーペンターは更に、冬に向けて占領軍物資を対象とする犯罪が増加する懸念、軍法会議による処罰との不均衡、日本法における特定の犯罪類型に対する処罰の不十分さについても言及し、様々な角度から占領軍裁判所の必要性を説明する。そして、占領軍裁判所の設置が陸軍省の既存のマニュアル（軍政／民事マニュアル、(68)陸軍省野戦便覧）(69)の規定、及び、この頃には既に確定していた「日本占領及び管理のための連合国最高司令官に対する降伏後における初期の基本的指令」（ＪＣＳ一三八〇／一五）

に合致することを述べ[70]、占領裁判所の設置が推奨される旨を結論として記し、覚書をまとめている。

さて、一一月二二日付のこの覚書には添付文書として、日本政府に対する指令案と第六軍及び第八軍司令官に対する命令案が付されている。このうち後者は、軍事占領裁判所を設置する場合、その実際の運用は、既に日本全土に展開していた地方軍政部[71]に委ねられるという認識を前提とするものである。カーペンターは覚書の中で、法務局の人員の増員が必要ではないことと共に、まもなく唯一の占領軍となる第八軍[72]の法務部（Judge Advocate）に集められた人員が、軍事占領裁判所に関する業務を遂行するのに十分であるという認識を示しており、更にこれを敷衍する形で、以下のような文書を同月二八日付で副参謀長宛に提出している。

法務局に属している以下の業務は、第八軍及び第二四軍団に分散させられるべきである。

1．占領目的及び占領軍の安全に対する犯罪を管轄するための軍事法廷の設置及び運営。

2．この関係から、日本において占領裁判所を設置することの妥当性を検討したチェックシートが参謀長室に提出済みであり、このチェックシートには、この目的を遂行するのに必要な日本政府と第六軍・第八軍への指令が添付されている。

3．分散される業務には、当該法廷の運営及び監督、必要な軍事委員会及び憲兵裁判所（provost courts）の任命及びそのスタッフとなる人員の選択、必要な裁判規則の公布、事件の捜査、公訴及び審理、死刑が課されたものを除く事件の再審査（review）、刑の執行責任が含まれる[73]。

ここに至って、日本本土の軍事占領裁判所の設置及び運用の主体は、第八軍の地方軍政部となることとなったが、カーペンターが示した認識とは異なり、地方軍政部には、軍事占領裁判所を実際に運営するための人員が十分に配備されていたわけではなかった。実際、軍事占領裁判所が設置されるにあたって、ＧＨＱの民政局及び民間諜報局と第八軍の高級副官（Adjutant General）[74]のスタッフの間で行われた会談において、高級副官部のオブライエン（J. J. O'Brien）は、軍事占領裁判所を運営するための「法的訓練を受けたスタッフが必ずしも十分にいるわけではない」と率直に述べている。[75]このことは、占領期において地方軍政部が主体となって運営された「軍事裁判」に対する日本側の不信へと結びついていくこととなる。[76]

（二）　占領下の刑事裁判権の制限の実施

一方、ワシントンのＳＷＮＣＣにおいては、前述のイギリス大使館からの要請に応じる形で連合国人の裁判管轄に関する議論が継続されていたが、その結果は、統合参謀本部からの命令として同年一二月一九日付でマッカーサーに伝えられた（ＷＸ八九一一七）。[77]連合国人及び法人その他の諸団体について日本側裁判所の刑事裁判権の行使を認めず、「連合国軍事裁判所」がこれを管轄する、というこの命令は、対占領軍犯罪や指令違反行為に力点を置いていた法務局の軍事占領裁判所構想に、若干の修正を加える形で合流していった。法務局では、この命令に応じる形で、上述の日本政府に対する指令案と、第六軍及び第八軍司令官に対する命令案を修正し、[78]まず日本政府に対し、以下のような内容を持つ「刑事裁判権の行使に関する覚書」（ＳＣＡＰＩＮ七五六）を一九四六（昭和二一）年二月一九日付で発出した。

一　日本の裁判所は、以後連合国の人又は法人その他の諸団体に対し、刑事裁判権を行使してはならない。連合国人を被告人とする現に係属中の刑事訴訟は、総て連合国最高司令部に報告されることを要する。日本の裁判所はこの種の被告人に関する今後の処置を停止し、被告人は連合国最高司令官の権限ある代表者の指令に服させなければならない。

二　日本裁判所は、以後次に掲げた犯罪に対して刑事裁判権を行使してはならない。

（a）占領軍又はその凡ての兵員、又は占領軍に所属若くは随伴する凡ての者の安全に有害な行為。

（b）占領軍の凡ての兵員、又は占領軍に所属若くは随伴する凡ての者に対する殺害又は暴行。

（c）占領軍又はその凡ての兵員、又は占領軍に所属若くは随伴する凡ての者の財産を権限なしに所持、取得、受領又は処分する行為。

（d）占領軍又は連合国最高司令官または〔ママ〕その権限を有する部下の命令に従ったその他の者が、追求中の者を逮捕することに干渉又は妨害を為し又は拘禁中の者の逃亡を援助又は容易ならしめる行為。

（e）公務に関して占領軍の兵員又は占領軍に所属若くは随伴する如何なる者に対しても、これを妨害し、これから要求された報告を拒絶し、口頭又は文書を以て虚偽の又はこれを誤らすやうな供述をなし、又は、如何なる方法に依るかを問はずこれを偽罔する行為。

（f）連合国最高司令官に依って、又は同司令官の命令に基いて解散させられ又は非合法と宣告された団体の利益を計り、又はこれを支持する行為。

（g）上記の各犯罪に共謀し又はこれを教唆幇助する行為。

三　日本裁判所は、占領目的に有害な行為（acts prejudicial to the objectives of the occupation）が、日本の法律違反となるものである限りこれに対して裁判権の行使を継続することができる。但し、軍事占領裁判所も亦、この種の行為その他占領目的に有害な行為に対して裁判権を引取って行使することを妨げない。

四　第八軍司令官及び第五艦隊司令官は、上記の人又は犯罪に対する裁判権を持つ軍事委員会及び憲兵裁判所を含む軍事占領裁判所を、設置するように命ぜられてゐる。

五　（a）軍事委員会は、罰金、懲役若くはその併科、又は罰金の支払の代りに指定される選択的禁錮、追放、財産の没収、封鎖又は喪失、及び死刑の宣告を科する権限を与へられる。

（b）憲兵裁判所は、七万五千円以下の罰金、五年以下の懲役若くはその併科、又は罰金の支払の代りに指定される選択的禁錮、追放、価格が七万五千円を超えない各財産の没収若くは封鎖の宣告を科する権限を与へられる。

六　日本帝国政府は次の如き場合を除き、連合国人を逮捕する権限を有しない。

（a）連合国軍隊が現実に勤務してゐない地域で、而も連合国人によって重大な犯罪が行はれたと認められる相当な嫌疑のある場合。

（b）連合国最高司令官又はその権限を有する部下によって特に指令のあった場合。但し、右のやうな者を逮捕した場合には、逮捕官憲は、直ちにその事件を最寄の連合国軍官憲に報告し、その指示に従って当人を引渡さねばならない。

七　この指令は日本国民及び日本に在る凡ての者に、告知されなければならない。(79)

第四項にも言及されているように、第八軍司令官及び第五艦隊司令官は同日、軍事占領裁判所の設置命令を受けており、(80)これに対応する形で第八軍司令官は三月一一日に作戦命令を発し、四月二二日までに全国に二四箇所の憲兵裁判所が設置された。(81)ところで、この覚書について本節の関心から注目しておきたいのは、第三項における「占領目的に有害な行為」に関する規定である。日本政府に対する指令案と第六軍及び第八軍司令官に対する命令案の改訂作業の過程で、法務局は参謀長と複数回の文書のやりとりを行っているが、一月九日付で法務局から参謀長に送られた文書において、法務局副官（Executive Officer）のフルシャー（E. D. Fulcher）は以下のように記している。

「占領目的に有害な行為」というフレーズの更なる検討の結果、〔第六軍及び第八軍司令官に対する〕命令書簡及び日本政府に対する覚書に変更が追加された。軽微な指令違反（minor violations of directives）や、日本の裁判所が管轄する同様の犯罪については日本側裁判所による処罰を許す、という意図に関して問題が生じないように、〔規定を〕明瞭にすることが望ましいということが決定された。このことは、これらの行為を含む事件を移送する我々の権利を妨げないということを条件に、日本の裁判所にこれらの管轄の行使を継続することを特に認める、という…声明により果たされた。(82)

ここに示されているように、「刑事裁判権の行使に関する覚書」第三項に定められた「占領目的に有害な行為」という類型は当初、このカテゴリに属する日本の国内法上の犯罪と共に、「軽微な指令違反」についても日本側の裁判所に管轄させる意図のものであったことが理解されよう。しかし、次節で詳述するように、この「占領目的に有害な行為」は、後に「軽微な指令違反」を超えるあらゆる指令違反が日本の国内法上の犯罪となる、という措置が行われることによって、占領管理体制の重大な法的構造の転換のキーワードとなるのである。(83)

(62) Military Occupation Courts for Japan. 21 October 1945 [supra note 40].

(63) 民政局からの業務移管の翌日、軍政局が作成した南朝鮮の軍事占領裁判所に関して作成した規則、書式等の提案が法務局に送付されている。これらの書類には法務局に送付された後のものと思われる書き込みがあり、法務局がこの軍政局の提案に基づいて、日本本土の軍事占領裁判所の規則等を作成しようとしていたことが窺われる（GHQ/SCAP, LS-00505, Check Sheet, Military Occupation Courts in Korea, 22 Oct 45）。なお、業務移管後も民政局の法律家たちは法務局との議論を継続しており、バイヤードはカーペンターに対して、軍事占領裁判所の設置のメリットとデメリットを勘案した上で、「中庸の方針(middle course)」として、八月に軍政局が作成した「対占領犯罪・軍事占領裁判所」をベースに、特別な対占領軍犯罪についての規定を設けずに軍事占領裁判所を運用するプランを提示している（GHQ/SCAP, LS-24274, no title, 15 November 1945.）。

(64) GHQ/SCAP, LS-24273, [TOP SECRET], Establishment of Military Occupation Courts in Japan, 22 Nov. 1945（「TOP SECRET」表記は削除されている）. 以下の引用もこの文書に拠る。

(65) 周知のように、ハーグ陸戦法規（ハーグ陸戦法規慣例条約付属規則）第四三条が「交戦後の占領」である日本本土の占領に適用されるか否か、という点に関し、主として日本国憲法制定の「合法性」の観点から議論がある（この問題に関しては、田中英夫「日本国憲法の制定と「ハーグ陸戦法規」」国家学会編『国家学会百年記念　国家と市民⑴』（有斐閣、一九八七年）九三頁以下の分析が示唆的である）。少なくともこの局面については、GHQの法務局は日本本土に戦時国際法の適用があると理解していたと推測することが出来よう。ちなみにカーペンターは、民間諜報局が作成して日本側に提示した刑事訴訟法改正提案に反対する際にも、後述の「陸軍省野戦便覧」の第二八五条を根拠として挙げている（GHQ/SCAP, LS-1637, Proposed Revision of Japanese Code of Criminal Procedure, 8 July 46. 前掲拙稿「GHQの司法改革構想から見た占領期法継受」三六五頁〔本書九一頁〕）。

(66) 終戦連絡中央事務局の記録は以下のように述べる。「連合国人の犯罪、並、日本人の連合軍乃至其ノ将兵ニ対スル犯罪ノ裁判権ノ帰属ニ関シテハ政府ハ国際法上治外法権ニ《〔ママ〕》享有スル連合国将兵ノ犯罪ヲ除キ当然我方ニ於テ之ヲ有ストノ見解ノ下ニ該当事件ノ処理ヲ為シ来リタルガ昨年十月二十三日山形県酒田市ニ於テ邦人漁人ガ中華民国人窃盗犯人ヲ殺害セル事件発生シ其ノ裁判権ノ帰属ニ関シ現地日本側裁判所ト現地駐屯軍トノ間ニ見解ノ相違ヲ来シ双方ヨリ中央ニ請訓シタル結果当事務局ト連合軍総司令部トノ折衝ニ移リ数次ニ亘ル会談ヲ遂ゲタル次第ナルガ、同総司令部の態度容易ニ決セズ」（終戦連絡中央事務局政治部『執務報告』第二号（一九四六年四月一五日）荒敬編『日本占領・外交関係資料集 ⑶』（柏書房、一九九四年）二九九頁）。

(67) GHQ/SCAP, LS-24274, Memorandum, Urgent Need for Occupation Courts, 21 November 1945.

(68) カーペンターが引用するのは、「軍政／民事マニュアル（Field Manual 27-5, Military Government and Civil affairs, 22 December 1943)」の第三八条における「ある領域が占領され、軍政府の支配下に置かれた場合、戦域の作戦司令官は、軍事委員会及び憲兵裁判所を設置し、軍政に対する犯罪を審理すべきである」との規定、及び第四二条dで「合衆国人もしくは占領軍に付随する者の権利、利益、財産に関する管轄、及び、合衆国もしくは合衆国と連合する諸国の陸海軍法が対象とする管轄」については占領地において裁判権が奪われる旨の規定である（竹前栄治・尾崎毅訳『米国陸海軍　軍政／民事マニュアル』（みすず書房、一九九八年）一頁以下）。

(69)「陸軍省野戦便覧（Field Manual 27-10, Rules of Land Warfare, 1 October 1940)」の第二八五条のうち「軍事的なものではない全ての犯罪、または侵攻軍の安全に影響しないものは、現地裁判所に委ねるべきである」と規定する箇所が引用される（フィッシュ前掲「琉球列島の軍政」一六五頁）。

(70) パラグラフ4g「貴官は、必要に応じ、占領軍に対する犯罪及び降伏実施と両立するような他の事項について管轄権を有する軍事裁判所を設置する。しかしながら、貴官は、そうしないことを貴官が必要と認める場合を除き、日本の裁判所が貴官の軍隊の安全に直接且つ重大な関係を有しない事件については有効な裁判権を行使することを確実にする」が引用される（外務省編前掲『日本占領及び管理重要文書集⑴』、一二〇頁）。上述のように、このパラグラフ後半はクリストが民政局の管掌する業務から手放すことを求めた部分であるが、一一月二八日に確定したＪＣＳ一三八〇／一五に基づく業務管轄では、パラグラフ４g前半は法務局、後半は民政局に分掌される旨が命令されている。クリストの異議は容れられなかったのであろう（[TOP SECRET] Staff Memorandum Number 6, 28 November 1945.（天川編前掲『ＧＨＱトップ・シークレット文書集成 ⑻』一〇三頁以下）。ＪＣＳ一三八〇／一五がＧＨＱの活動の「すべての土台」として、パラグラフごとに分配され、実施されたことについては、セオドア・コーエン／大前正臣訳『日本占領革命――ＧＨＱからの証言 上』（ＴＢＳブリタニカ、一九八三年）三一頁以下に詳しい。

(71) 地方軍政部の組織、及び、その展開過程については、竹前栄治『アメリカ対日労働政策の研究』（日本評論社、一九六〇年）六七頁以下、笹本征男「島根県の場合」思想の科学研究会編『共同研究日本占領 その光と影 下』（徳間書店、一九七八年）一八二頁以下、阿部彰『戦後地方教育制度成立過程の研究』（風間書房、一九八三年）五頁以下、竹前栄治『占領戦後史』（岩波書店、二〇〇二年）三九頁以下、横浜市総務局市史編集室編『横浜市史Ⅱ ⑵下』（横浜市、二〇〇〇年）三頁以下、及び、Ralph J. D. Bradibanti, 'Administration of Military Government in Japan at the Prefectural Level', *The American Political Science Review*, vol. XLIII, 1949 等を参照。なお近年、日本占領の再検討の一つの視角として、府県レベルに着目した成果が公表されつつある。天川晃・増田弘編『地域から見直す占領改革――戦後地方政治の連続と非連続』（山川出版社、二〇〇一年）、同時代史学会編『占領とデモクラシーの同時代史』（日本経済評論社、二〇〇四年）、天川晃『占領下の神奈川県政』（現代史料出版、二〇一二年）等を参照されたい。

(72) 当初日本本土に進駐した陸軍部隊は第六軍と第八軍であったが、朝鮮半島情勢の緊迫化と第六軍の帰国等に伴って再編成が行われた結果、一九四六（昭和二一）年一月には第八軍が日本本土全体を管轄することとなった（竹前前掲『占領戦後史』三九頁、及び、横浜市総務局市史編集室編前掲『横浜市史Ⅱ ⑵下』四一頁以下）。

(73) GHQ/SCAP, LS-24273, Decentralization of Civil Duties to Commands in the field, 28 November 1945.

(74) 高級副官（部）については、荒敬「高級副官および高級副官部の任務と組織」同『日本占領史研究序説』（柏書房、一九九四年）三二九頁以下に詳しい。

(75) GHQ/SCAP, GS(A)-02572-02574 [163], Establishment of Provost Courts, 15 Mar 46.

(76) 大西兼治「軍事裁判」『別冊文藝春秋』九三号（一九六五年）二四二頁以下、佃実夫「占領下の軍事裁判」思想の科学研究会編『共同研究 日本占領』（徳間書店、一九七二年）三四七頁以下、尾崎治『公安条例制定秘史――戦後期大衆運動と占領軍政策』（柘植書房、一九七八年）二三頁以下、竹前前掲『占領戦後史』一九一頁以下などを参照。軍事占領裁判所の審理については、「異常ともいえるスピード裁判、判決における実刑の重さ、一切上審の見とめられない一方的裁判、証人台に立った日本の警察官のほとんどが検事側証人であること」などを理由に、その「不当性、過酷性」がしばしば指摘される（佃前掲「占領下の軍事裁判」三七七頁）。一方、「米人の官選弁護人のなかには、ずいぶんなげやりの人や、不愉快な人もいたが、概して公正であったようにおもう。弁護の方針について意見が対立することもあったが、彼らは最終的には私たちの意見に従った」という回顧もあり、その評価は必ずしも定まっていない（上田誠吉『裁判と民主主義』（大月書店、一九七九年）一八六頁）。軍事占領裁判所の実際の運営については、史料が不足しているため不明な点が多いが（大野省治『軍事裁判と教授会——佐賀大学開学時のレッドパージ』（私家版、二〇〇二年）には、地方軍政部側から提供された軍事裁判記録が翻訳・掲載されている。参照されたい）、史料の探索も含めた実証的検討は今後の課題としたい。

(77) GHQ/SCAP, GS(A)-02572-02574 [196-197], [CONFIDENTIAL, PRIORITY] WX89117, 19 December 1945.

(78) GHQ/SCAP, LS-24273, no title, 29 Dec 1945. なお、一二月一九日付統合参謀本部指令は連合国人に関する民事裁判管轄についても言及している。本節においては紙幅の関係からこの問題を取り扱うことができないが、この点は後に法務局と民政局との管轄争いにおいて主要な論点の一つとなった。

(79) 『日本管理法令研究』一巻八号（一九四六年）四五頁以下。この文書、とりわけ第二項の諸条項と、軍政局が前年八月半ばに作成した「対占領犯罪・軍事占領裁判所」との連続性は明らかであろう。しかしその一方で、次節で検討する指令違反行為についての言及が落ちているのは、連合国人の裁判管轄に議論のウェイトを置いたことの帰結とも考えられる。

(80) GHQ/SCAP, GS(A)-02572-02574 [164-167], Establishment of Military Occupation Provost Courts, 19 February 1946.

(81) GHQ/SCAP, LS-20037-20041, Operational Directive No.29, Establishment of Military Occupation Provost Courts, 11 Mar 46., LS-24284-24289, List of Provost Courts, 22 April 1946. 最終的には全国に二六箇所の憲兵裁判所が設置された（竹前・中村前掲『占領管理の体制』一〇六頁）。

(82) GHQ/SCAP, LS-24273, no title, 9 Jan 46.

(83) 一九四五（昭和二〇）年一一月二二日付覚書に添付された、日本政府及び第六軍・第八軍への指令案は、一二月一九日のＪＣＳ指令を受けて一二月二七日に改訂され、更に法務局と参謀長室とのやりとりを受けて、一九四六（昭和二一）年一月四日、一二日に再改訂されている。

四　結びに代えて

本節で明らかにしてきたように、軍事占領裁判所の設置、及び、それに伴う刑事裁判権の制限に関しては、GHQの法務局がイニシアティブを握って実施された。一方、当初軍事占領裁判所に関する業務を行っていた民政局は、上述のように一九四五（昭和二〇）年一〇月二一日付で一件書類を法務局に引き渡しており、それ以降この問題には関わっていなかった。しかし、良く知られているように、初代局長のクリストが南朝鮮に転出し、後任としてマッカーサーに近いホイットニー（C. Whitney）が局長に就任したことで、GHQ内における民政局の影響力は徐々に拡大していった[84]。軍事占領裁判所に関する業務についても、一九四六（昭和二一）年一月二一日付で、民政局長ホイットニーから参謀長に宛てて、自らの管轄において処理されるべきであることを主張する以下の文書が提出されているのが注目されよう。

1．もし本局にコメントの機会が与えられていたならば、軍事占領裁判所の設置に関するJCSの指令の提案（WX77593, 21 October 1945）[85]に同意する内容の本司令部からのメッセージの発出よりも前に、現在提示されている問題について参謀長の注意が喚起されていたであろう。しかし、それにもかかわらず、提案され（WX77593）、もしくは発出されたJCS指令（WX89117）が本局に提出、もしくは検討されるのはこれが初めてである。

a．一九四五年八月一七日から一九四五年一〇月二〇日の間、軍事裁判所の問題は継続的に本局において研究され、勧告が作成されていた。現在検討されているまさにその問題も予想されており、計画が描かれ、一九四五年一〇月二一日のJCS指令の提案受領に先立ち、問題を最小にとどめる勧告が作成された。

b．一九四五年八月二二日、管轄の発生（concurrent）の原則を具体化する軍事占領裁判所に関する一般命令の草案が提出され、司令官（C-in-C）の個人的な承認を得た。軍事裁判所は日本においてはすぐに必要ではないとの見地から、その発出は延期された。一九四五年九月一八日、〔南〕朝鮮において管轄の発生を認定する、軍事占領裁判所の設置に関する命令書簡（file AG014.1（18 Sept 45）MG）が本局の勧告として公布された。

c．ＪＣＳ指令の提案受領の僅か一日前、軍事占領裁判所に関する完全なファイルが、参謀長の命令によって法務局に送られた。[86]

この文書でホイットニーが「現在提示されている問題」と述べているのは、とりわけ占領下の日本における「共通法上の外地人」の法的地位についての問題であったが、[87]これ以降、民政局は再び軍事占領裁判所に関する業務についての提言を行うようになっていく。その中で、本節の問題関心である刑事裁判権については、二月末に民政局に着任し、[88]以降ＧＨＱ側で法制改革を遂行したオプラーと、彼が後に課長として率いることとなる司法法制課（Courts and Law Division）の法律家たちが、その検討の中心的な担い手となる。この点については、節を改めて検討することとしたい。

（84）天川前掲「民政局と憲法制定」一一六頁以下、天川・福永前掲「民政局の組織と機能」一一頁以下などを参照。
（85）GHQ/SCAP, AG(D)-03263, [CONFIDENTIAL, ROUTINE], WX-77593, 20 October 1945. この文書は、ＳＷＮＣＣにおける議論を受けて陸軍省からマッカーサーに送られたもので、後の一二月一九日付の正式な統合参謀本部指令と内容はほぼ同一である。
（86）Establishment of Military Occupation Courts, 21 January 1946 [supra note 34].
（87）ＧＨＱ／ＳＣＡＰ文書にはこの点に関する民政局と法務局、及び司法省関係者との興味深いやりとりが多く含まれているが、その検討は別稿に譲ることとしたい〔本書第五章を参照〕。なお、この問題についてはさしあたり、越川純吉『日本に在住する非日本人の法律上の地位（特に共通法上の外地人について）（法務資料三〇八号）』（法務府、一九四九年）五二頁以下、山崎茂「占領下の裁判手続上の諸問題——その実務上の考察」『判例タイムズ』四号（一九五〇年）一五頁以下、越川前掲「過渡期渉外司法の諸問題」一五頁以下、大沼保昭「在日朝鮮人の法的地位に関する一考察（4）」『法学協会雑誌』九七巻二号（一九八〇年）六五頁以下、畑野勇他『外国人の法的地位——国際化時代と法制度のあり方』（信山社、二〇〇〇年）六六頁以下などを参照。

(88) オプラー自身の回顧によれば「一九四六年二月二三日に、私は第一生命ビルの六階にあった民政局に出頭した」という（オプラー前掲『日本占領と法制改革』一五頁）。

第二節　「占領目的に有害な行為」と検察官の起訴猶予裁量権

一　序

前節においては、ＧＨＱ／ＳＣＡＰ（General Headquarters/ Supreme Commander for the Allied Powers, 連合国最高司令官総司令部、以下断りのない限り「ＧＨＱ」）の法務局（Legal Section, LS）が主導する形で、「占領管理体制」の下における刑事裁判権の制限の実施と、それを担保する制度としての「軍事占領裁判所（Military Occupation Courts）」が設置される過程について明らかにした。(1)すなわち、一九四六（昭和二一）年二月一九日付で日本政府に対して発出された「刑事裁判権の行使に関する覚書」（ＳＣＡＰＩＮ七五六）、及び、これに対応する形で地方軍政部に設置された軍事占領裁判所によって、対占領軍犯罪と、占領軍関係者及び連合国人に関する犯罪についての処理は一本化されたのである。(2)しかしその一方で、法務局長カーペンター（A. C. Carpenter）が軍事占領裁判所設置の理由の一つとして掲げていた日本人による指令違反行為については、上述の「刑事裁判権の行使に関する覚書」は直接言及していない(3)。

この問題を処理するために案出されたのが、前節においても言及した、「占領目的に有害な行為」の取り扱いについて規定する「昭和二十年勅令第五百四十二号ポツダム宣言の受諾に伴ひ発する命令に関する件に基く連合国占領軍の占領目的に有害な行為に対する処罰等に関する勅令」(勅令第三一一号、以下「勅令第三一一号」)である(4)。勅令第三一一号は、「占領目的に有害な行為」を「連合国最高司令官の日本国政府に対する指令の趣旨に反する行為、その指令を施行するために、連合国占領軍の軍、軍団又は師団の各司令官の発する命令の趣旨に反する行為及びその指令を履行するために、日本帝国政府の発する法令に違反する行為」と定義し、これを犯した者を一〇年以下の懲役もしくは七万五千円以下の罰金または拘留もしくは科料に処すことを定めた、「我法制上は空前且絶後と云われるような白地刑罰法規」であった(5)。勅令第三一一号によって、日本政府に対して発出された指令等が、所謂「ポツダム命令」(6)等の形で国内法化されなくとも直接日本国民を拘束することとなり、日本占領の原則であった間接統治方針に、法的な観点から重大な変更が加えられることとなったのである。

当然予想されるように、勅令第三一一号に対しては当初から多くの批判が寄せられたが(7)、とりわけ本節で注目したいのは、「前条の罪を除く外、占領目的に有害な行為から成る事件については、公訴は、これを行はなければならない」旨を規定した同法第二条である。ここで言及される「前条」、つまり、同法第一条で規定されているのは、前節において検討対象とした、軍事占領裁判所がもっぱら管轄して日本側の刑事裁判権を排除する案件である。すなわち、勅令第三一一号は、第一条で司法の「直接管理」の類型を規定した上で、第二条で「占領目的に有害な行為からなる事件」を日本側裁判所の管轄とし、これらの案件については起訴法定主義を採る旨を定めているのである。

さて、本書第一部において検討したように、現行刑事訴訟法には「大陸法と英米法の結合」と表現されるような比較法的特色があり、その背景には、ＧＨＱの民政局（Government Section, GS）において法制改革に深く関わったオプラー（A. C. Oppler）やブレークモア（T. L. Blakemore）らによってもたらされた、「比較法的差異」の認識によるアメリカ法継受の抑制の動きがあった。しかし、戦前の刑事司法との「連続性」は、アメリカ法継受の抑制の姿勢の結果として生じた大陸法的要素の残存という形でのみ説明され得るものではない。[8]戦前の我が国の刑事司法の運用については、後に「日本的特色」と呼称されることとなる独自性、言い換えれば、戦前期の日本において支配的な影響力を持っていたドイツ法のあり方との乖離が、明治末葉頃から看取されるようになっていたのである。そして、この「乖離」の核心となっていたのは、起訴便宜主義の採用とその広範な運用であった。[9]すなわち、当時のドイツ刑事司法が起訴法定主義を厳格に守っていたにもかかわらず、我が国の刑事司法実務においては徐々に起訴便宜主義の慣行が拡大し、一九二二（大正一一）年の旧刑事訴訟法（大正刑事訴訟法）に至って、いわば慣行を追認する形でこれが明文化されたのである。[10]

この起訴便宜主義については、現行刑事訴訟法の制定過程においても特にＧＨＱ側から問題視されることはなく、[11]旧法の条文に「犯罪の軽重」の語が加えられるにとどまっている。[12]占領期における手続法規の変動、すなわち「英米法化」の影響は、その後の我が国の刑事司法実務に一定程度の混乱を惹起したが、[13]起訴便宜主義に関しては、戦前から占領期を経て戦後に至るまでほぼ変わりなく運用され続けた。そしてこの起訴便宜主義の広範な運用こそが、刑事司法の「日本的特色」とされる「精密司法」の中核的役割を今日まで果たし続けていることは、論者によって夙に指摘されているところである。[14]すなわち、起訴便宜主義の広範な運用は、戦前・戦後を通じた刑事司法の「日本的特色」の中核をなすシステムであり、占領期においてもほとんど影響を被らずに継続されていたが、[15]勅令第三一一号による「占領目的に有害な行為」の創出は、この運用に対する重大な例外を設けることとなったのである。

本節では、占領管理体制における司法の「直接管理」の局面が日本の国内法に「浸出」したものとも言える、勅令第三一一号によって規定された「占領目的に有害な行為」の取り扱いに関して、検察官の起訴猶予裁量の認容の是非をめぐるGHQ側と日本側の交渉の過程を追う。この作業を通じて、刑事司法の運用の局面における、もう一つの「クロス・ナショナル」な関係が構築されるさまを明らかにすることを試みたい。

(1) 本節は主として、「GHQ／SCAP文書」(国立国会図書館憲政資料室所蔵、同室でデジタルデータが公開されているものについては(http://ndl.go.jp/jp/service/tokyo/constitutional/index.html)、フォルダ単位のフィッシュ番号を示してコマ数を附し、二回目以降の引用については主題と日付のみを記し、初出注番号を付記した)、及び、「公文類聚」(国立公文書館所蔵(http://www.digital.archives.go.jp/))に基づいている。なお、国立公文書館所蔵史料は上掲デジタルアーカイブで公開されているものを利用した。

(2) 兼子一はこの覚書について以下のように解説している。「平時でも適法に駐屯国の承認に基いて駐屯する外国軍隊の所属員は、駐屯国の裁判権に服しないのであるから、今度の日本占領軍の軍人又は之に随伴する者が日本の裁判権に服しないことは明らかである。その他の一般連合国人に対して日本裁判権を行使し得るか否かが曖昧であることは、連合国側としては、自国民保護の要求と戦勝国の威厳の点から堪えられない所であり、又日本側としても唯事実上遠慮して拱手して居たのでは犯罪の取締に間隙を生ずる不安を免れない。また占領軍として軍の安全並に占領目的の維持に第一の関心を持つ以上、之が妨害の鎮圧処罰は之を他人に任せることができないのも当然である。本覚書は此の種の人又は犯罪に対して、連合国軍機関が裁判権を行使することを明らかにした訳である。又従来既に各地に於て連合国軍官憲から、個別的に司法機関に対し為された指示要求等を統一する意味もある」(『日本管理法令研究』一巻八号(一九四六年)六七頁以下)。

(3) 日本政府に対する刑事裁判権の制限に関する覚書と、第八軍・第五艦隊司令官への軍事占領裁判所設置命令は数次の改訂を経ているが、その中では当初、軍事占領裁判所の事物管轄として、⑴軍事占領において制定された法及び確立した慣行(established laws and usages)に違反する行為、⑵占領地域もしくはあらゆる地点における刑事法に対するすべての違反行為、⑶占領目的に有害な行為、もしくは、占領軍またはそのすべての兵員、または占領軍に所属もしくは随伴する者、あらゆる連合国人の安全に有害な行為(この中には後に「刑事裁判権の行使に関する覚書」の第二項(a)～(f)に列挙される内容がおおよそ含まれている)、⑷これらに共謀・教唆幇助する行為、の四つの類型が予定されていた(「GHQ／SCAP文書」〔以下「GHQ/SCAP」〕LS-20040, Establishment of Military Occupation Courts, 27 December 1945)。しかしその後の参謀長室との調整の過程で、これらは「刑事裁判権の行使に関する覚書」の第一項〜第三項に列挙された類型へと整理された。

（4）勅令第三一一号に関しては、矢崎憲正「勅令三一一号――占領目的有害行為処罰規定の制定」『警察研究』一七巻九号（一九四六年）二頁以下、及び、神谷尚男「勅令第三百十一号について」『警察研究』二一巻第九号（一九五〇年）三二頁以下を参照。なお、宮崎繁樹「占領に関する一考察」『法律論叢』二四巻一・二号（一九五〇年）一三〇頁以下も参照されたい。

（5）本田正義・勝尾鐐三『新しい刑法　附　占領下の刑事裁判権』（近代書房、一九四八年）九二頁。

（6）ポツダム命令に関しては、佐藤達夫「ポツダム命令についての私録　(1)〜(4)」『自治研究』二八巻二号・五〜七号（一九五二年）を参照〔なお、本書第五章及び第六章も参照されたい〕。

（7）田中二郎「實定法秩序の構造」同『法律による行政の原理』（酒井書店、一九五四年）七〇頁以下。高野雄一は「これは司法権の問題というより、むしろ立法権の直接管理的な意味を有するといえよう」と述べる（高野雄一「管理下の裁判管轄権の回復」『日本管理法令研究』三二号（一九五一年）六頁以下）。

（8）この点に関しては、青柳文夫「新旧刑訴の連続性と非連続性」同『刑事裁判と国民性』（有斐閣、一九七九年）、松尾浩也「刑事訴訟法史のなかの現行法――旧法との連続性と非連続性」同『刑事法学の地平』（有斐閣、二〇〇六年）、佐藤欣子「戦後刑事司法における「アメリカ法継受論」の再検討　上・下」『警察学研究』三二巻一〇〜一一号（一九七九年）等を参照。

（9）松尾浩也「刑事訴訟の日本的特色――いわゆるモデル論とも関連して」同『刑事訴訟の理論』（有斐閣、二〇一二年）二九七頁以下。

（10）この点を含め、我が国における起訴便宜主義の定着過程については、三井誠「検察官の起訴猶予裁量　(1)〜(5)」『法学協会雑誌』八七巻九・一〇号〜九四巻六号（一九七〇〜七七年）が実証的な検討を行っており、本節の問題関心からも極めて示唆的である（なおその簡潔な要約として、三井誠『刑事手続法　Ⅱ』（有斐閣、二〇〇三年）二四頁以下）。また、大正刑事訴訟法の制定に至る過程は、小田中總樹『刑事訴訟法の歴史的分析』（日本評論社、一九七五年）を参照されたい。松尾浩也は、「直接主義の尊重と並んで、起訴法定主義の堅持をドイツ刑事訴訟法の魂と見るべきだとすれば、大正刑事訴訟法は、その外観においてドイツ法に酷似しながら、その精神においてはこれと異質であったと言わなければならないであろう」とする（松尾浩也「ドイツにおける刑事訴訟法及び刑事訴訟法学の発展――日本法との関連において」同前掲『刑事法学の地平』二九四頁）。

（11）一九四七（昭和二二）年一〇月二〇日に作成され、ＧＨＱ側に提出された刑事訴訟法の第二次政府案（第九次）の第二二〇条は「犯人の性格、年齢及び境遇並びに犯罪の情状及び犯罪後の情況により訴追を必要としないときは、公訴を提起しないことができる」として、大正刑事訴訟法と同じ内容を規定していた（法務府検務局「新刑事訴訟法制定資料（1）」『検察資料』二八号（一九五二年）三一頁〔井上正仁・渡辺咲子・田中開編『刑事訴訟法制定資料全集　昭和刑事訴訟法編⑽』（信山社、二〇一五年）一八一頁〕）。

（12）　GHQ側からは「起訴猶予につき検察官に強大な裁量権限が与えられているが、考慮用件のなかに個別事件自体の価値が入っていない」との指摘があった（同前、一一〇頁〔井上正仁・渡辺咲子・田中開編『刑事訴訟法制定資料全集　昭和刑事訴訟法編⑾』（信山社、二〇一五年）三七六頁〕）。刑事訴訟法の制定過程に関わった横井大三は、この「犯罪の軽重」の語の挿入は起訴猶予基準の変動を意味しないとする（横井大三「起訴便宜主義」熊谷弘他編『公判法体系Ⅰ　公訴』（日本評論社、一九七四年）七九頁以下）。

（13）　例えば、「〈座談会〉刑事訴訟法の応急措置法について」『法の支配』六三号（一九八五年）六六頁以下などを参照。

（14）　松尾前掲「刑事訴訟の日本的特色」二九七頁以下。我が国の刑事司法を「精密司法」と把握する立場はかなりの程度一般化しつつあるようである（団藤重光「刑事訴訟法施行五〇年にあたっての所感――新世紀をにらんで」『現代刑事法』一巻一号（一九九九年）三頁以下、佐々木知子『日本の司法文化』（文藝春秋社、二〇〇〇年）などを参照）。なお、「精密司法」論に対する法制史の立場からの興味深い応答として、大平祐一「「日本的特色」の歴史的探求について――「精密司法」と江戸幕府の刑事手続について」大平祐一・桂島宣弘編『「日本型社会」論の射程』（文理閣、二〇〇五年）六三頁以下を参照されたい。

（15）　松尾浩也「刑事裁判の経年変化」内藤謙他編『平野龍一先生古希祝賀論文集　下』（有斐閣、一九九一年）三八七頁以下。

二　勅令第三一一号の成立過程

（一）指令等違反行為の取締りの必要性

前節において検討したように、軍事占領裁判所の設置構想を準備する過程において、日本側で頻発していた指令等違反行為に対処する必要性を強く認識していた法務局長のカーペンターは、一九四六（昭和二一）年三月二〇日付で以下のような文書を参謀長に送っている。

2．基本通信（basic communication）の添付文書を審査すると、日本当局及び様々な日本人は、明らかに命令の遂行を怠っているばかりか、故意にこれらに違反している。違反行為は深刻かつ目に余るものである。

3．連合国最高司令官の命令に違反した者を、違反行為が「占領目的に有害な行為」（Paragraph 3c (8), Letter Order, AG015, dtd 19 Feb 46, GHQ, SCAP, to Commanding General, Eighth Army, Subj: "Establishment of Military Occupation Courts"）を構成するとして軍事占領裁判所において訴追することにより必要な処罰を行う権限が、第八軍に与えられることを推奨する。(16)

この文書に見られるように、カーペンターは法務局における当初の構想に従い、指令違反行為が軍事占領裁判所の管轄に含まれるという前提で、「占領目的に有害な行為」の類型にこれらを当てはめることを提案している。しかし参謀長室はカーペンターに対して、三月二七日付の以下の文書で、これとは異なる形での指令違反行為への対応を検討するよう指示した。

2．日本政府に連合国最高司令官による指令の遵守について可能な限り多くの責任を負わせるために、目に余るものを除く全ての指令違反を訴追するよう彼らに要求するのが望ましいと考えられる。問題とされている事件の総てが、占領軍裁判所に提起されるべき性質のものとは考えられない。

3．それゆえこれらの事件は再審査され、以下の二つの等級に分けられることが要求される。

a．占領軍裁判所に提起されるべきもの。

b．日本政府により矯正（remedied）されるべきもの。

4．更に、〔以上のことを〕実施するために必要な、第八軍及び日本政府に対する指令が準備され、本室を通じて送付されることが要求される。(17)

前節において述べたように、同年二月一九日付の「刑事裁判権の行使に関する覚書」においては、「占領目的に有害な行為」について、日本側の裁判所は「日本の法律違反となるものである限りこれに対して裁判権の行使を継続することができる」旨が規定されていたが、そこには「軽微な指令違反」について日本側に処罰を委ねる、という含意があった。しかし、上述の参謀長室の文書には、日本側裁判所に「目に余るものを除く全ての指令違反」について日本側裁判所が管轄するという、法務局と方向性を異にする構想が示されており、法務局はそのために必要な措置を講じることを求められたのである。

参謀長室の指示を受けた法務局は、直ちに、連合国最高司令官指令等に対する違反行為が日本側裁判所で取り扱われ得る可能性、すなわち、日本の国内法における指令違反行為に対する罰則規定についての調査を開始した。四月八日、法務局法律課（Law Division）のアンドレー（H. P. Andree）及びウェスト（R. A. West）と日本側の内務省及び司法省係官との間で会談が持たれ、前年九月二四日に発出された「日本軍より受理せる或は受理すべき資材、需品及装備に関する覚書」（SCAPIN五三）に対する違反行為の罰則の有無が問われた[18]。この会談においては、今のところ当該指令に対する内務省令やポツダム命令による罰則は定められておらず、「もし上記の勅令〔ポツダム命令〕の形式によって管轄省庁が処罰命令を公布すれば、司法省は違反者を日本裁判所で訴追し得る」が、「司法省は上記の勅令の形式によって発出された省令による罰則の効力によって日本人が訴追された、という事件を一件も知悉していない」ことが確認された上で、以下のような結論が示されている。

f．状況が不十分（bad）であることが理解された。日本側参加者は、連合国最高司令官指令違反、及び、これらを推進するための省令に対する違反について、日本裁判所で処罰可能にする手段を歓迎するものと思われる。

g．以下の二つの方法が選択肢として提示され、議論された。

1．連合国最高司令官指令、及び、これを補完する省令、占領軍司令官の命令に対する違反について定めた白地刑罰法規を定め（providing a blanket penalty）[19]、公布する旨を日本政府に指令する最高司令官からの覚書の発出。

2．勅令第五四二号及び第五四三号に基づく補足命令として、罰則規定を公布することを管轄省庁に命じる独立したパラグラフを、必要に応じて連合国最高司令官指令に規定する。例えば生糸の放出命令のような、多くの連合国最高司令官指令については、罰則規定を挿入する必要はないであろう。

日本側の参加者は第二の選択肢を希望した。

この会談を踏まえる形で、法務局副官のホルジンガー（H. W. M. Holsinger）は、この問題についての法務局の回答を同年四月一一日付で参謀長室に送っている。

3．本局は、我々が軍事占領裁判所で訴追することを望む大きな事件を除く全ての違反を訴追することによって、日本政府が連合国最高司令官指令の実施に責任を負うべきであるという…意見に同意する。日本法の現状においては、当該案件〔SCAPIN五三〕に関する軽微な違反についてさえも、日本政府がその遵守を実施することは事実上不可能である。[20]〔中略〕

7. 本局の意見は…白地刑罰法規を定める勅令が望ましいというものである。

8. 本局の意見は、以下の理由によっている。

a. 第二の選択肢は、管轄官庁が補充的命令を発出しない事件を扱うことが出来ない。

b. 第二の選択肢は、占領軍団司令官 (occupation force unit commanders) が発した適法な命令を守らせる手段とはならない。

c. 第二の選択肢は、既に発出され、現在罰則規定を含まないと推測される日本側の命令によって実施されている多くの連合国最高司令官指令を守らせるという問題を扱うことが出来ない。

d. この種の命令一本ならば容易に周知されうるし、より強い抑止力を日本の公衆に与えるであろうから、第一の選択肢は指令の遵守をより確実にすると考えられる。[21]

会談において日本側関係者が第二の選択肢を希望したにもかかわらず、法務局はその希望を退け、指令違反行為を「占領目的に有害な行為」として国内法化し、日本裁判所において処断するための白地刑罰法規を制定するという第一の選択肢を選んだ。この選択が、勅令第三一一号の制定へと直接繋がっていくこととなるのである。

(二) 勅令第三一一号の制定

さて、占領開始当初から、対占領軍犯罪や連合国人に関する犯罪についての地方による不統一な取扱いに苦慮していた日本側関係者は、「刑事裁判権の行使に関する覚書」によって「治外法権を連合国人に与へ[22]」、「我方ノ裁判権ヲ全面的ニ剝奪セラレタルハ真ニ遺憾ニ耐ヘザルトコロ」としながらも、「我方ノ裁判権ノ限界明確トセラレタル結果従来トモスレバ起リ勝チナリシ我方ノ現地司法機関ト連合軍側現地進駐軍トノ間ノ好マシカラザル紛争モ□□〔二字不明〕消滅セラル、モノト期待セラル[23]」として、GHQ側とその運用についての会談を重ねていた[24]。そしてその成果を踏まえ、司法省刑事局係官は同年五月八日に「刑事裁判権の行使に関する覚書」の運用上必要な法制上の措置を定めた勅令案を携え、法務局を訪れて会談を行っている[25]。この会談の翌日、カーペンターは参謀長に対してチェックシートを送付し、勅令案の各条文につき若干の変更を経て「本局の承認を得た」と述べた上で勅令案に対する承認を求め、「日本政府に当該勅令の制定についての正式な許可の提出を求めることにより、日本側が示しているイニシアティブが遅延されるべきではない」ことを理由に「日本政府にその承認について非公式に伝える許可」を求めた[26]。

　しかしここで、事態は急な展開を見せる。後に法務局から参謀長宛に提出された文書によると、その経緯は以下の通りである。

> その後、〔参謀長室の〕ハリス（Harris）大佐と法務局、及び、民政局の間で行われた会談の結果、〔五月八日に提示された司法省による〕勅令案は、連合国最高司令官指令違反を日本法の下で処罰し得るようにするための、民政局により準備された勅令案と統合された。〔二つの〕勅令案の統合の結果準備された草案は、参謀長室から本局に送られた五月一一日付のチェックシートにより承認され、〔本文書に〕添付されている[27]。

日本側は、五月八日の法務局との会談において提示した勅令案について、会談の席上での修正を反映させた上で「刑事裁判権等の特例に関する勅令」(勅令第二七四号)として五月一五日に公布していた。[28] ところが、これに対して法務局は、上掲の会談の結果を踏まえて、五月一一日付で参謀長の承認を受けた以下の勅令案を五月一七日に日本側に手交し、「一週間以内に制定公布せよ」と口頭で命じたのである。[29]

第一条　左の罪に係る事件については、公訴は、刑事訴訟法第二百九十二条第一項の規定にかかはらず、これを行ふことができない。
一　連合国人(法人を含む)の犯した罪
二　連合国占領軍、その将兵又は連合国占領軍に附属し、若しくは随伴する者の安全に対し有害な行為
三　連合国占領軍、その将兵又は連合国占領軍に附属し、若しくは随伴する者に対する殺害又は暴行行為
四　連合国占領軍、その将兵又は連合国占領軍に附属し、若しくは随伴する者の財産を権限なくして所持、取得、受領若しくは処分する行為
五　連合国占領軍、連合国最高司令官の指示に従ふ他の者又は権限ある同司令官の部下によつて捜索中の人物の逮捕を妨害し又は拘禁中の人物の逃走を援助する行為
六　公務に関し、連合国占領軍の将兵又は連合国占領軍に附属し、若しくは随伴する者に対し妨害を加へ、その要求に係る情報を拒絶し口頭若しくは文書を以て虚偽若しくは誤解を生ぜしめるやうな説明をなし又は方法の如何を問はずこれを欺罔する行為
七　連合国最高司令官によつて直接に若しくはその命令に基いて解散せられ若くは非合法と宣言せられた団体の為にする行為又はこれを支持する行為
八　右各号の行為について共謀し又は教唆若しくは幇助する行為
第二条　但し、占領目的に有害な行為よりなる罪については公訴を行はなければならない。このやうな罪の公訴は、特別の罪について裁判権が軍事占領裁判所によって接収される場合においてのみこれを取消すことができる。

占領目的に有害な行為と謂ふのは、連合国総司令官の日本帝国政府に対する指令、同指令を施行するため軍、軍団若くは師団の司令官の発するすべての命令及びこれらの指令を履行するため日本帝国政府の公布するすべての命令又は法律に違反する行為を指すのである。

第三条 〔監獄における拘禁・労役場における留置：略〕

第四条 この勅令に違反し及び第二条第二項に掲げた占領目的に有害な行為を為した者は十年以下の懲役若しくは七万五千円以下の罰金に処し又は双方を併科する。但し、処罰の特別規定が既に連合国最高司令官の指令又はこのやうな指令を補足する日本帝国政府の命令によつて定められている場合にはこの限りでない。

附則 この勅令は、公布の日からこれを施行する。(30)

この命令を受けた司法省は「最高司令官の指令が直接に日本国民を拘束してその違反行為に罰則を科することになることとの意外さに驚愕」(31)し、五月二〇日に再度法務局を訪れて「その後更に検討の結果、右立法手続を為すには、改めて正式の覚書を頂度(ママ)致したる上、法制局、中央終連〔終戦連絡中央事務局〕を始め、その他政府の各部門と慎重なる打合はせを為す必要あること、判明した」として、「急遽其の旨をお話して期間の、猶予を、お願ひ致すこと丶なりたる次第なり」と申し入れ、GHQ側の真意を探ろうとしている。(32)

法務局のバッシン（J. Bassin）は、今回の要求について「従来における司法省側の遣り方に、何等かの不満ありたるが為」ではない、と断った上で、最近起こった指令違反行為について「当司令部より日本政府に対し右違反者の厳罰方要求したるところ、未だ斯る違反者を処罰すべき罰則なし、との理由に依りて拒絶されたる為、已むなく当方に於て然るべく処分したるが、斯くの如き事例あるは眞に遺憾とするところなり」とその理由を述べている。(33)既に見た通り、日本側関係者は、指令違反行為を日本裁判所において処断すること自体についてはおおよそ同意していたが、その処理については、日本政府宛の覚書の中に管轄省庁による罰則規定を個別に挿入することにより処理することを希望していた。そのため、法務局から提示された勅令案には以下のように抵抗を試みている。

従来の建前より云へば、連合軍の発出する覚書は、日本政府に宛てられ居るものにて、夫れ自身、直に、法規たるの効力を有せず。日本政府に於て、之に基く勅令等を制定公布することに依りて、初めて国内法規たるの効力を生じ、一般国民は、之に従ふの義務を負ふものなり。然るに、今、右勅令第二条第二項に依れば、単に、SCAPの指令のみならず、軍、軍団若しくは師団の司令官の発する命令迄が、すべて、直接、国内法たるの効力の生ずることゝなるものなるところ、かくては、政府に於て、之等の指令、命令等を、即刻、正確に翻訳の上、一般国民に周知せしめざるべからざること、なるも此の事最近に於ける指令等の数及内容よりみて至難なるのみならず、国民としても、日本法令の形に整理されざる指令の内容を理解することは…到底、期待し難きところなるべし。(34)

これに対しバッシンは「仮令、従来迄は、今、申さるゝ如き仕組なりしとするも将来は、夫れを、改めるやうに、希望するものなり。尤も、斯様を〔ママ〕事例は世界の何処にもあるまいが、目下、連合軍の占領下に在る日本としては、かゝる措置も、亦、已むを得ざることゝ、考え置かれたし」と回答し、「本件は、決して、自分等の私見には非ずして、上部よりの命令に因るもの」であり、「マックアーサー元帥も、特に、早くやるよう、希望され居る」として、原案のままの即時制定を強く求めた。(35)

GHQ側の圧力に押される形で、司法省はこの問題を「政府全般の施策に影響するところも大きい」として、五月二八日の閣議に提出した。(36)閣議の席上で司法省は、GHQが提示した勅令案が「従来の法制と著しく異つている」ため、「法制上従来の建前を崩さないで、しかも要求の趣旨を全部受け容れることは恐らく不可能と思はれる」との認識を示した上で、「法制上の建前を堅持する方針を執れば、ある程度先方の要求を満すことができない面を生ずることゝなるが、それもやむを得ずとしてあくまで従来の建前堅持の方針で更に総司令部に折衝を重ねるか、或は本案をそのまゝ受け容れ、あとは運用によってできるだけ妥当な結果を得ることゝするかの二途の一を選ぶことになる」と意見を述べた。その結果閣議では前者に拠った措置、すなわち、指令についての個々の罰則を過去に遡って整備することを条件に勅令案の修正を求めるという方向でＧＨＱとの折衝を継続する旨が了承され(37)、これを受けて六月三日に司法省総務課長が再び法務局を訪れた。しかし、カーペンターの対応は極めて高圧的なものであった。

　「カ」〔カーペンター〕は覚書案を一覧したる後、些か興奮の面持にて、本件に付ては、司法当局とは四、五回に亘り会談し、充分日本側の意見を聞きたる上司令部の意嚮を徹底せしめ居る次第にて、自分としては、何故に早く、司法当局が之を実行に移さざるか、理解しがたし、…要之本件勅令案に就ては、既に参謀長の同意は勿論、「マ」元帥の賛同をも得居りて、再考の余地なく、此の点重ねて司法当局に御伝願度…尚「カ」は裁判管轄権の問題に付ては「マックアーサー」の命令によりて、長き以前Closed Bookとなりたる問題を、今更蒸し返さんとするが如き、日本政府の誠意を疑はざるを得ずとて、強き反対の意を表示せり(38)。

カーペンターの以上のような強硬な態度に接した日本側はこの時点で折衝を断念し、翌日「曩に貴方よりお示しの勅令案を、全面的にお受けする様、今般政府の方針が決定した」旨を法務局に伝えている(39)。そして、その後数回の細かな折衝の後、勅令第三一一号はほぼＧＨＱ側が提示した原案のまま、六月一二日に公布されたのである(40)。

（16）　GHQ/SCAP, LS-05924, Violations of SCAP Directives, 20 March 1946.

(17) GHQ/SCAP, LS-05924, Violations of SCAP Directives, 27 March 1946.

(18) GHQ/SCAP, LS-24288, Notes on Conference, Law Division, Legal Section, 8 April 1946. 以下の引用もこの文書に拠る。なお、「日本軍より受理せる或は受理すべき資材、需品及装備に関する覚書」は、一般命令第一号第六項に定められた軍用資材・需品・装備の保全命令に対応するもので、その第一項は「日本政府に軍用品引渡の為迅速な措置を執ることを要求」している(『日本管理法令研究』一巻一号(一九四六年)八五頁以下)。

(19) この語については、勅令第三一一号をめぐる議論に関する当時の日本側の記録や論文において、しばしば「罰則の絨毯を敷く」という直訳が行われている。このことは、当時の司法省係官や日本側法律家・法学者の英米法についての理解が不足していたことの傍証となるであろう。松尾浩也は、戦前の我が国においては、英米型の刑事訴訟法の研究が「皆無だったわけではありませんが、かなりゼロに近かったことは否定できません」と述べている(松尾浩也「日本における刑事訴訟法学の発展」同『刑事訴訟法講演集』(有斐閣、二〇〇四年)七七頁。なお、戦前におけるアメリカ法研究の「不振」については、田中英夫「日本における外国法の摂取　アメリカ法」伊藤正己編『岩波講座現代法⒁　外国法と日本法』(岩波書店、一九六五年)二八七頁以下を参照)。

(20) この点については四月一八日に、参謀長がSCAPIN五三違反事件について軍事占領裁判所の管轄から外すという希望を持っていることに基づき、参謀長室のハリスから重ねて質問があったことが記録されており、アンドレーは、現状では日本法において指令違反を日本裁判所で訴追することは出来ない旨を回答している。なお、この問題の処理について、民間財産管理局(Civil Property Custodian, CPC)の弁護士であり、日本での長い実務経験を持つスペンサー判事(Judge Spencer)の助言を得て、アンドレーがハリスに対して以下のように付言していることは興味深い。「日本の憲法、及び法律は事後法(ex post facto laws)の制定を禁じていない。しかし、FM27-5〔軍政/民事マニュアル(Field Manual 27-5, Military Government and Civil affairs, 22 December 1943)〕はパラグラフ35bで、占領地の住民は不服従に対する処罰につき警告を受けなければならないと定めている。また、既存の憲法は事後法を禁じていないけれども、我々が唱導している新しい憲法案は第三四条において特にこれを禁じているので、一方で新しい憲法を支持しながら、もう一方でそれに違反するという両義的な状況に陥らないかどうかが検討される必要がある」(GHQ/SCAP, LS-05924, Memo for the Record〔以下「M/R」〕, Enforcement of SCAP Directives, 18 April 1946.)。

(21) GHQ/SCAP, LS-05924, Violations of SCAP Directions, 11 April 1946.

(22) 「「刑事裁判管轄権の行使」及「朝鮮人其の他の者に対し言渡されたる判決の再審査」に関する「カーペンター」法務部長との会談録(第一回)」最高裁判所事務局渉外課『昭和二十三年十月　渉外月報特別資料(四～六合併号)』六頁。以下、本史料からの引用については、二回目以降について史料名を適宜略記する。

(23) 終戦連絡中央事務局政治部前掲『執務報告』第二号(荒前掲『日本占領・外交関係資料集 (3)』三〇〇頁)。

(24) 法務局及び第八軍法務部と司法省の会談は以後、二月二五日、三月七日、三月一五日、三月一八日の五度にわたっている(前掲『渉外月報特別資料』一四頁以下)。

(25) GHQ/SCAP, LS-05923, Check Sheet, Confinement of persons convicted in Military Occupation Courts, 9 May 1946.

(26) なお、このチェックシートの中では、「一旦新たな議会が召集されたら、この種の勅令による立法〔ポツダム命令〕はもはや適切なものではなくなるであろう」ことについても注意が喚起されている(ibid.)。緊急勅令の制定については、帝国議会閉会中であることを条件とすると解されていたため(末弘厳太郎・田中耕太郎編『法律学事典 (1)』(岩波書店、一九三七年)五一三頁〔美濃部達吉執筆〕)、国会開会中のポツダム命令の発出も極力避けられたが、開会中に制定された例は少なくなく、しばしば国会でも問題となった(佐藤前掲「ポツダム命令についての私録 (3)」一八頁)。

(27) GHQ/SCAP, LS-05923, Imperial Ordinance No.311, 1946, 18 June 1946. ここで承認された勅令案の内容は、本節で検討してきた法務局と参謀長室の間の議論の方向性に則った内容のものであると言えるが、何故民政局が当該勅令案を準備することとなったのか、その理由を直接示す史料は管見の限り見出されない。本文で言及したように、法務局がこの二日前に参謀長に対して日本政府から提示された勅令案への承認を求めていることを考えると、民政局の提案は時期的にも不自然な印象が拭い切れない。この点については、今後更に検討する予定である。

(28) この勅令は、「刑事裁判権の行使に関する覚書」を受けて、第一条において軍事占領裁判所が管轄する事件について公訴の取消しを認め、第二条において軍事占領裁判所から刑の執行等の委任を受けた際に監獄法を準用する旨を定めたものである。なおこの勅令については、「我が国の刑事裁判権が制限を受けるといふ点を正面から規定してはをら《ママ》ず、単に主として当面する問題を眼中において、その具体的措置を規定したにすぎない」と事後的に説明されている(小野慶二「刑事裁判権等の特例に関する勅令」我妻榮編『新法令の研究 (2)』(有斐閣、一九四七年)一四九頁)。

(29) 「昭和二十一年二月十九日附刑事裁判権の行使に関する覚書に基づく、立法措置に関し、GHQ「リーガル、セクション」バッシン(Bassin)大尉と会談したる件報告」前掲『渉外月報特別資料』六六頁以下。なお、後日の閣議では「五月十七日連合国軍総司令部法務部より司法省に対し、本年二月十九日附連合国軍最高司令官により日本帝国政府に対する刑事裁判権の行使に関する件と題する覚書の実施に関連して、別紙甲号の如き勅令案を提示し、口頭を以てこれを急速に公布実施すべき旨の要求があった」と報告されている(「刑事裁判権の行使に関する連合国軍総司令部の要求に関する件」「公文類聚」第七〇編・昭和二一年・巻八〇)。

(30) 前掲「刑事裁判権の行使に関する連合国軍総司令部の要求に関する件」の訳文を掲載した。なお、公布された勅令第三一一号とは若干訳文が異なる箇所があるが、内容に変更はない。

(31) 鮫島眞男『立法生活三十二年――私の立法技術案内』（信山社、一九九六年〔当時司法省事務官だった神谷尚男からの書簡〕）。

(32) 前掲「昭和二十一年二月十九日附刑事裁判権の行使に関する覚書に基づく、立法措置に関し、ＧＨＱ「リーガル、セクション」バッシン大尉と会談したる件報告」六七頁。

(33) バッシンがその直接の契機として挙げた事例は、「学校に於て、木銃等に依り軍国主義的精神を鼓吹する教練をなすが如きは、夙に、禁止せられて居るところにして、ＧＨＱに於ても、日本政府に対し斯る銃器は之を速に回収して連合軍当局に引渡すべき旨指令しておきたるに拘らず、曩頃、北海道地方に於て右指令に違反し木銃を以て軍国主義的教練を敢行したる者あり」というものであるが（「二月十九日附「刑事裁判権の行使に関する覚書」に基づく立法に関するＧＨＱバッシン（Bassin）大尉との会談の件報告（第二回）」前掲『渉外月報特別資料』七八頁以下）、これに該当する事件記録を見出すことが出来なかった。今後の課題としたい。なお同年一〇月、教練に用いていた木銃を適切に処分しなかったとして、中学校の校長が札幌憲兵裁判所で有罪判決を受けた例がある（『北海道新聞』一〇月五日付。詳細は、毎日新聞社編『私たちの証言――北海道終戦史』（毎日新聞社、一九七四年）一六三頁以下を参照されたい）。

(34) 前掲「ＧＨＱ「リーガル、セクション」バッシン大尉と会談したる件報告」七一頁以下。

(35) 同前七三頁以下。なお、第二回会談の席上、司法省側の申し出によって「本件についての確答は来る二十四日（金）又は遅くとも二十八日《〔ママ〕》（火）の閣議に附議する迄、猶予すべきことを了承」するにあたり、「バッシン大尉がＧＳのドクター・オプラー（Oppler）と、電話連絡の上回答したるもの」と付記されていることは、勅令第三一一号の制定と民政局との関係を示す事実として興味深い。なおオプラーは、後述するように、五月二五日の第三回会談にも同席している（「昭和二十一年二月十九日附刑事裁判権の行使に関する覚書に基づく立法措置に関し、ＧＨＱ「リーガル、セクション」バッシン大尉と会談したる件報告（第三回）」前掲『渉外月報特別資料』八二頁以下）。

(36) 前掲「刑事裁判権の行使に関する連合国軍総司令部の要求に関する件」。

(37) なお司法省は「前者の方法については現在のところ事務的折衝のみではその限度に達してゐる」と申し添えている（同前）。

(38) 「司法裁判権行使に関する件」前掲『渉外月報特別資料』八六頁以下。司法省係官はこのようにも回顧する。「当時終連の部長だった黄田多喜夫氏が司令部法務部長に掛け合ってくれることとなり、私がお伴して赴いたのであるが、法務部長も無理を押し付けていると知ってか、かえって横へいな態度を示し、例えば足を机にあげて応対し、こちらの言い分に全くとり合おうとしなかった」（鮫島前掲『立法生活三十二年』三四頁）。

(39) 「昭和二十一年二月十九日附刑事裁判権の行使に関する覚書に基づく立法措置に関しＧＨＱ「リーガル、セクション」アンドレー、バッシン両大尉と会談したる件報告」前掲『渉外月報特別資料』九〇頁以下。

(40) この件に関して六月六日、木村篤太郎司法大臣からの閣議請求において以下のように申し添えられていることは興味深い。「追つてこの勅令案は、連合国最高司令部より別紙のやうな原案が提示され、その公布実施方を要求されたものであるが、これについては、連合国最高司令部より書面による指令の交付がないため、当省係官において連合国最高司令部に対し正式の指令の交付を求めたところ、同司令部法務部《〔ママ〕》より「極めて明白な理由に基づき、本案に関して書面による指令を交付しない、しかし連合国最高司令部の内部においては、最高司令官より本勅令案を司法省に提示し、日本政府よりこれに添ふ勅令を発布せしめる指示を受けてゐる。」との回答があつた。よつて本案については、連合国最高司令官より日本政府に対し口頭による指令があつたものと認めざるを得ないので、念のために申し添える」(「昭和二十年勅令第五百四十二号「ポツダム」宣言の受諾に伴ひ発する命令に関する件に基く連合軍の占領目的に有害な行為に対する処罰等に関する件」「公文類聚」第七〇編・昭和二一年・巻八〇)。司法省は法務局に対して、勅令案提示当初から、ポツダム命令発出の前提としての覚書の交付の必要性を説いていたが、法務局側は「正式の覚書を出すや否やは、ヂェネラル《〔ママ〕》(マックアーサー元帥のこと)の決定するところにして…確答し兼ぬる次第なるも、或る極めて明白なる理由に因り、本件に関し、新なる覚書を発出することは、到底望み得ざるものなりと、謂はざるを得ず」と回答している(前掲「昭和二十一年二月十九日附刑事裁判権の行使に関する覚書に基づく、立法措置に関し、GHQ「リーガル、セクション」バッシン大尉と会談したる件報告」七二頁以下)。ポツダム命令は「連合国最高司令官ノ要求ニ係ル事項」に従って制定されると規定されていたが、少なくとも勅令第三一一号制定当時においては、日本側関係者はこの「要求」を、日本政府宛覚書(SCAPIN)に代表されるような書面形式のものと限定的に解釈していたことが理解されよう。なお、公務員の団体交渉権などを制限した所謂「政令第二〇一号」の制定の際、その根拠がマッカーサーから芦田均首相に宛てた「書簡」であったことが一時問題視されたが(田中二郎「マ元帥書簡の法的性質」『日本管理法令研究』二七号(一九四九年)一頁以下)、後にこの「要求」は特に形式を問わないと解釈されるようになった(佐藤前掲「ポツダム命令についての私録(3)」一五頁以下)。勅令第三一一号については一貫して、前節で引用した指令第一号第一二項と「刑事裁判権の行使に関する覚書」がその根拠であると説明されている(矢崎前掲「勅令第三一一号」五頁以下、及び、神谷前掲「勅令第三百十一号について」三三頁以下)。

ところで、司法大臣の発言中にある「明白な理由」について、司法省係官は「GHQはあくまで日本政府のイニシアチー《〔ママ〕》ブでやらそうとしたのは、対ソ連との関係があったからだといわれている」とする(鮫島前掲『立法生活三十二年』三四頁)。管見の限り、このことと直接の関連を示す史料を見出すことは出来ないが、同年四月三〇日の第三回対日理事会(Allied Council for Japan, ACJ)において、ソ連代表が「日本政府による最高司令官の覚書及び指令の実施のコントロール方法について」の質問を行っていることは注目に値しよう(Verbatim Minutes of the Third Meeting, Allied Council For Japan

(Afternoon Session). この史料に関しては、福永文夫教授にご教示いただいた。ここに記して感謝を申し上げる。その概略については、外務省編『初期対日占領政策――朝海浩一郎報告書　下』(毎日新聞社、一九七九年) 四六頁以下)。なお、ほぼ同じ時期に民政局において作成された官僚制改革についての覚書においては、日本側が作成した文書を評価する理由の一つに「日本側の自発的な要請であり、GHQの指示が不要なために対日理事会への問題提出を避けることが可能になる」ことが挙げられている (岡田彰『現代日本官僚制の成立――戦後占領期における行政制度の再編成』(法政大学出版局、一九九四年) 三一頁)。対日理事会や極東委員会 (Far Eastern Commission, FEC) などの連合国関係機関の議論が占領政策に与えた影響については、日本国憲法の制定過程や農地改革などの一部の領域を除いて、必ずしも明らかになっているとは言い難い (赤坂幸一「戦後議会制度改革の経緯 (1)」『金沢法学』四七巻一号 (二〇〇四年) 六頁)。今後の検討課題としたい。

三　「占領目的に有害な行為」と起訴法定主義の「運用」

(一)　勅令第三一一号の運用をめぐる折衝

以上のような経緯で制定され、「占領目的に有害な行為」という犯罪類型を国内法上に創出した勅令第三一一号は、広範な白地刑罰法規を定めたと言う点で実体法上の問題があるというだけにとどまらず、手続法上も大きな問題を日本側に投げかけるものであった。それは、本節の冒頭において言及したように、同法第二条が「占領目的に有害な行為から成る事件については、公訴は、これを行わなければならない」として、起訴法定主義を採っていた点である。

この点につき法務局側は「Public prosecution must be had (公訴を提起すべし) なる字句を用ひ Public prosecution may be had（公訴を提起することを得）なる表現を用ひざりしは、若し斯る語を使用すれば、汎く起訴、不起訴の裁量権を、検事に与ふることとなる結果、連合軍側に好意を持たざる検事在りて、不起訴権を濫用する虞なきにしも非ざるが為なり」と述べている。(41) 前節において検討したように、連合国最高司令官指令を始めとする指令等に対する違反行為は、当初司法の「直接管理」の一端として軍事占領裁判所が処理する構想であったものが、GHQ側における議論の結果、これを日本側裁判所において「占領目的に有害な行為」という国内法上の犯罪類型として取り扱うこととなったものである。これは司法の「直接管理」が日本側にいわば「浸出」したと言えるものであり、そうである以上は、日本側検察官に起訴猶予裁量権が与えられないのは当然と言えよう。

しかし日本側は、この起訴法定主義の規定を排除するべく、重ねてGHQ側と折衝を行っている。その理由付けは以下のようなものである。

二条一項によれば検事は、占領目的に有害なる行為については、必ず公訴を提起すべきものとなされあるも、若し然りとすれば、検事は如何に些細なる事件と雖も、証拠十分なる限り、之を起訴すべき義務あり、裁判所も亦之に従い、有罪判決を為さざるを得ず、而も現在日本に於ては、宣告猶予の制度なき為、仮令執行猶予の判決を為すも、その者は所謂前科者として、一般世人の指弾を受け生涯拭ふべからざる恥辱を受くることとなるべし。(42)

ここで強調されているのは、起訴猶予処分が持つ刑事政策的な意義、とりわけ特別予防的な側面における意義であるが、(43) 司法省のこのような主張には、起訴便宜主義の広範な運用による無駄のない公訴提起、及び、それに基づく極めて高い有罪率の帰結として、「いったん起訴されると一般社会からは有罪という烙印が押され」(44) るという事態が、当時の日本社会において既に生じているという認識が看取されよう。(45)「我が国の刑事訴訟法は所謂大陸法系に属」し、「過去五十年の長きに亘って、我々はこの大陸法系に属する刑事訴訟法によつて、刑事裁判を行つて来た」[46]という日本側の立法関係者の「比較法的自覚」は、刑事訴訟法などの法制改革の過程においてGHQ側にも共有されていたが、勅令第三一一号の規定をめぐる司法実務に関する議論の場においては、ドイツ法とは乖離した、後に「日本的特色」と呼ばれることとなる起訴便宜主義の広範な運用のあり方が、自覚的な形で擁護されていることが、ここから理解される。

これに対してGHQ側は、日本側の「心配は尤もなり」として、早い段階から「通牒その他の行政措置を以て賄」うことを前提に、起訴猶予処分については「日本側に於て現地進駐軍と連絡の上適宜処理されて然るべきなり」と述べていた[47]。この対応は、「占領目的に有害な行為」についてのGHQ側の関心が、勅令第三一一号第二条が定める起訴法定主義の厳格な遵守にあったのではなく、その処理があくまで占領軍の知悉する範囲で行われる必要がある、という点にあったことを示していよう。しかしその一方で、起訴法定主義の規定について「現地進駐軍の諒解あるときは、公訴を提起せざることを得る趣旨に、訂正して可なるや」という日本側の申し入れに対して、法務局は「その点は、確答し兼ぬるも、自分としては、賛成出来ざる次第なり」とこれを拒否している[48]。法務局は「法制局方面の希望として、本勅令案の趣旨を正確に把握し得るやうにする為、多少、文言を変更し度し」という日本側の希望についても、「左様にすると、又面倒故、兎も角、その儘にして遣つてもらいたく、細かい説明は、附則又は別個の法令に譲ること丶せられ度し」として、参謀長が承認した原案のままの公布を主張し続けたのである[49]。

かくして勅令第三一一号は、前述のように、ほぼGHQ側の提示した原案に従う形で六月一二日に公布されたが、日本側は一四日に再び法務局を訪れ、「若干釈明致し難きところを書面に記載し参りたる故、夫れを御覧の上、書面にて、回答をお寄越して下されば、幸なり」として、質問書を手交している[50]。その中で日本側は、第二問目として「本案は日本の訴追及び裁判の現状を著しく変更しようとするものではないと理解して良いか」と問うた上で、第四問において、以下のように婉曲な形で起訴便宜主義の運用の維持についての理解を求めている。

本条第一項は日本における訴追手続の現状に著しい変更を加えるものではなく、従って、日本の訴追手続の根幹となっており(forms the back-bone)、現在占領軍との緊密な連絡の下に極めて円滑かつ有益に機能している起訴猶予制度は現状のまま認められるのであり、同時に、占領軍により明示された事件、もしくは重大な事件について、必ず公訴を行わなければならないと理解して良いか。(51)

この質問書を受け取った法務局は回答案を作成して参謀長に提出し(52)、その承認を経た上で(53)二八日に口頭で以下のような回答を行い、「占領目的に有害な行為」についての起訴猶予処分を必ずしも否定するものではないが、その判断はあくまで地方軍政部に委ねられる旨を改めて日本側に伝えたのである。

質問二　然り、当方としては、日本の刑法及び刑事訴訟法に何等根本的なる変改《マヽ》を加へんとする意図あるに非ず。只、従来日本の法制に於ては、検事が起訴不起訴に関する自由なる裁量権を有し居りたるものなるが、今回の改正の結果斯る自由なる裁量権を喪ひ、全般的に進駐軍の意向に依つて拘束せらるゝことゝなりたるものにて、例へば或る進駐軍関係の事件に付、之を起訴すべきや又は不起訴処分に付すべきや疑はしき場合には、事前に現地進駐軍と連絡して適当なる指示を求むべく、此の場合現地進駐軍に於て当該被疑者の年齢、境遇その他諸般の情状を総合勘案の上、起訴、不起訴に関する一定の支持を与ふべきにより、検事はその指示に従ひ事件を処理すべきことゝなるなり。(54)

法務局はまた、日本側への回答と並行する形で、第八軍司令官に対して勅令第三一一号の運用に関する説明文書を七月一日付で送付している。(55) 第八軍司令官は、この説明文書に基づいて八月一七日に作戦命令を発しており、「占領目的に有害な行為」の起訴猶予処分につき一律の対応を行い得るよう、以下のような形で周知徹底を図っている。一カ月あまりの周知期間を経て七月一五日に施行された勅令第三一一号における起訴法定主義の規定は、事前の地方軍政部との折衝と判断を得るという条件を付す形で、明文から乖離した形での「運用」が開始されることとなったのである。

5．占領目的に有害な行為及び犯罪は、以下のように裁かれ、処理される。〔中略〕

c．勅令第三一一号第二条の規定による日本裁判所による裁判。この規定は、日本の刑法及び刑事訴訟手続を根本的に変更しようとするものではない。しかし、検察官が起訴を行わないことについての裁量権は変化する。この権限は現在、検察官が、起訴が適当でないと考える事件について、地方軍政部司令官の検討を求めて提示し、起訴を取りやめる許可を得た後においてのみ行使され得るのである。このような事件に関する報告を受けた占領軍司令官は、その事件が日本側裁判所で裁かれるべきものかどうかを決定し、速やかにその決定を日本側検察官に伝達することになる。この裁量を行使するに当たって、占領軍司令官は、告発された事件の性質、犯罪者の年齢や情状、酌量に値する状況やそれに類する事柄について検討することになる。理にかなった判断を行うことで、軽微な犯罪の裁判が適切に避けられることになると考えられる。司法省は、地方の検察官が、勅令第二条に含まれる、起訴が適当でないと彼らが考える全ての事件について、適当な地方軍政部司令官の検討を求めるために提示しなくてはならないと忠告されている。これらの司令官は、この指令が地方の検察官により確実に遵守されるようにすることとなる。(56)

（二）　検察官の起訴猶予裁量権をめぐる法務局と民政局の対立

ところで、同年六月一四日に日本側から提示された質問書に対する回答を作成するにあたって、法務局は民政局にも意見を求めている。民政局は六月二二日に法務局の回答案に同意しているが、[57] この件に関する六月一五日付の非公式のチェックシートが、民政局のオプラーから法務局のバッシンに宛てて送られている。これは、司法省からの質問書の第一三問、すなわち、勅令第三一一号に対する日本の刑法典の総則規定の適用可能性について、以下のような理由からこれを是認すべきだと言うものであるが、その内容は本節の問題関心に即して極めて興味深いものである。

一定の刑事犯罪の裁判が日本裁判所に委ねられることが決定された後に、いかなる事件についても、〔地方〕軍政部に相談し、その決定に従うことを強いることで、これらの裁判所の司法機構を妨げることは不可能である。当該事件が裁かれるのが軍事裁判所であれ日本裁判所であれ、私は、日本の裁判所を連合国当局（Allied administrative authorities）の指令に従わせるというもう一つの可能性（the third possibility）を理解することは出来ない。

質問四の場合、状況は異なっている。というのは、ここでは、起訴を猶予するか否か、という行政的な裁量を行使する際に、検察官が占領当局に対して相談を行うことが想定されているからである。しかし、質問一三の場合、純粋に司法的な判断が検討されるのである。その結果日本の裁判所は、彼らが従うべき法律のみを適用するのではなく、軍政部に「あなた方は我々がどのように判断することを望みますか？」と問うよう要求されることとなる。

刑法典の総則規定は、刑罰を課すために本質的に必要な条件、すなわち、成人であること、正気であること、強制や過失の有無について言及している。これらの大部分は、全ての近代的な刑事法に共通のものである。それらは時に我々自身の法律とは異なるかもしれないが、我々は、日本法の下での犯罪者を、日本の基準に従って罰することを求めているのだという事実に留意すべきである。

我々は彼らにチャンスを与えるべきである。もしシステムがうまく機能せず、彼らが厳格な判断を怠っていることが判明した場合は——おそらくこのようなことは生じないであろうが——我々は勅令を改正するか、占領裁判所においてより多くの事件を審理するかすることが出来るのである〔強調原文〕(58)。

このチェックシートにおいてオプラーは、起訴猶予処分が「行政的裁量」であることを前提として、これに関する占領軍との事前折衝は是認した上で、「司法的な判断」について占領軍が日本側の判断に介入することを戒めている(59)。本書第一部で検討したように、オプラーは、法制改革の場において日本の刑事司法が「大陸法型」であるという理解を日本側と共有しており、後年「確かに私はこの大陸法型に賛成する傾向を持っている」と述べているが、ドイツ法のあり方から乖離する形で戦前から「日本的」に運用されてきた起訴便宜主義を否定する態度を採ったわけではなかったことが、この文書からも理解できる(60)。

しかし、勅令第三一一号に規定された起訴法定主義の「運用」について、民政局の意見が法務局と全く同じだったわけではない。その差異は、勅令第三一一号制定のほぼ一年後となる一九四七〔昭和二二〕年六月二七日に、「刑事裁判権の行使に関する覚書」の二（c）、すなわち「占領軍又はその凡ての兵員、又は占領軍に所属若くは随伴する凡ての者の財産を権限なしに所持、取得、受領又は処分する行為」を削除する覚書が発出されたことに伴い必要となった、勅令第三一一号の改正過程において明らかとなった(61)。

同年六月二七日の覚書発出を受けた司法省係官は直ちに法務局を訪れ、勅令第三一一号の改正についての会談を始めているが、七月一〇日の第三回会談の際に持参した質問書において「public prosecution の行使については、Paragraph 1 article 2 of Imperial Ordinance No.311 の施行について当時各地軍政部より与えられた諒解に従い従来どおり無罪、軽微、情状酌量等の理由による不起訴処分を行うことは差支ないものと解する」旨の申し入れを行った。[62] これについて法務局側は当初「貴見の通りである」と回答したが、[63] 七月二三日の第五回会談においてこれを撤回し、「こちらからオフィシャルな意見を発表することは、これを差し控える方がよいと思われるから、三百十一号の場合と同様、各現地の軍政部と相談の上で、適当に処理するようにしてもらいたい」旨を述べた。日本側もこれを了承し、勅令第三一一号の第一条第四項を削除し、占領軍関係者の財物不法所持事件を軍事占領裁判所の専権的な管轄から外すための法律案が、同日法務局によって承認されている。[64]

一方、この件についての改正法律案は「国会に提出する前にＧＳに提出せねばならぬこととなつて」おり、[65] 司法省と法務局の会談の席上でも、しばしば法務局担当官が民政局と電話で交渉を行っていた。[66] ところが、七月二三日に法務局の承認を受け、閣議を通過した上記法律案[67]について、民政局は突然議会への提出を差し止めた。その理由を質すために七月二五日に来訪した司法省係官に対し、民政局司法法制課（Courts and Law Division）のマイヤース（H. Mayers）は以下のように応えている。

当方としては、先般貴方から出された案そのものに対しては、何等反対はないのであるが、最近、われわれＧＳの中では、勅令第三百十一号第二条第一項に、占領目的に有害な行為から成る罪に係る事件については、「公訴はこれを行わなければならない」とあるのを「公訴はこれを行うことが出来る」と改正すべきであるとの意見が起こり、目下参謀部で審議中であるので、これが確定するのを待って、一緒に法案の中へ織り込んでもらいたいと思うのである。[68]

オプラーが課長を務め、民政局において法制改革を担当していた司法法制課は、「数本の煙草やこれに類する些細な物品を所持していた軽微な犯罪者について、検察官が起訴を行うか否かを決定出来るようにするために、これらの事件について「起訴猶予裁量権」を持つことが許されるべきだと言う意見で一致して」いたが、[69] 軍事占領裁判所の専権的な管轄から外された占領軍関係者の財物不法所持事件が累積することを避けるために、さしあたり、七月二三日に法務局が承認を与えた勅令第三一一号の改正法律案には同意している。[70] しかしマイヤースはその後、法務局のバッシンと電話会談を行い、この事件類型については大正刑事訴訟法の第二七九条及び第二八〇条を適用して検察官に起訴猶予裁量権を与えることを認める旨を定めた勅令第三一一号の更なる改正案を提示するチェックシートを七月三〇日付で作成し、同日付の民政局長ホイットニー（C. Whitney）宛覚書に添付している。[71] ここで注目したいのは、些細な財物の不法所持についての起訴猶予処分が「法律の運用の問題として」行われるという法務局の見解に対してマイヤースが行った、以下のような反論である。

法律の規定においてある振る舞いを定めさせた上で、それを逆の結果を引き起こすように運用させるのは極めて危険である。過去の日本においては、極めて多くの法律が、規定された読み方とは異なる形で運用された。法的擬制（legal fictions）を助長するような振る舞いは支持されるべきではない、というのが本局の強い意見である。[72]

前述のように、民政局は、日本の刑事司法における広範な起訴猶予裁量権の行使そのものについて批判的なわけではなかった。しかし、「法律においてひとつの事を定めておきながら、異なった運用を行うのは、法律に対して不誠実であり、日本法における過去の嘆かわしい慣行を持続させることになる」[73] という理由から、彼らは勅令第三一一号で定められた起訴法定主義について、規定と乖離した「運用」についての批判を行うこととなったのである。

しかし、我が国において起訴便宜主義が採用される過程は、まさしく、治罪法、及び、明治刑事訴訟法においては明文で起訴法定主義が採られているにもかかわらず、実務において起訴猶予処分の運用が規定と乖離する形で定着し、その乖離が大正刑事訴訟法において追認される過程であった。そうであるならば、勅令第三一一号が「占領目的に有害な行為」について起訴法定主義を定めていたにもかかわらず、実際の運用が規定と乖離していたとしても、それは決して不思議なことではない。ましてや、その乖離については、地方軍政部への事前折衝を前提として法務局も是認していたのである。司法省係官は、七月二五日の会談における民政局の申し出に対してこのように回答している。

検事の起訴不起訴に関する裁量権の問題に付いては、なるほど法文の上では、一応「公訴はこれを行わなければならない」ということになっているが、実際は当時バッシン氏などのご尽力の結果、疑わしい事件については、一々現地軍と相談して起訴不起訴を決定しており、別段の不都合も生じて居らない状態なのであるから、貴方の御好意あるご尽力は誠に有難い次第であるが、この点は一応割愛して先日の案〔勅令第三一一号第一条第四項を削除する法律案〕の方だけ先にアプルーブして頂けないであろうか。(74)

この回答が明瞭に示しているように、日本側にとってこの問題は、施行から一年の間に蓄積された起訴法定主義の「運用」によって、既に解決済みであった。そうである以上「将来検事が一々現地軍の意見を聞かなくてもよいようにしてあげたいと思つて努力して」いるというオプラーの意図とは裏腹に、民政局の申し出は司法省係官が「G・SとL・Sの板挟みになって、相当に当惑」する要因にしかならなかったのである。(75)

結局、民政局は更なる勅令第三一一号の改正、すなわち検察官の起訴猶予裁量権の明文化を断念することになった。(76) しかし、《表1》に見られるように、「占領目的に有害な行為」における明文と乖離した起訴法定主義の

《表1　昭和二十一年勅令第三一一号及び昭和二五年政令第三二五号の処理》

			昭和21年	昭和22年	昭和23年	昭和24年	昭和25年		昭和26年		昭和27年	
							勅令第311号	政令第325号	勅令第311号	政令第325号	勅令第311号	政令第325号
受理人員	旧受		0	34	89	140	80	0	306	30	77	346
	新受		225	1118	2022	1052	3230	197	483	4553	97	1273
	計		318	1621	2771	1192	3310	197	789	4583	174	1619
処理人員	起訴	公判請求	30	453	715	412	623	37	68	1206	5	278
		略式命令請求	8	207	77	19	478	2	141	69	24	9
		計	38	660	792	431	1101	39	209	1275	29	287
	不起訴	起訴猶予	57	140	904	279	411	43	78	783	18	220
		罪とならず	7	25	64	10	54	2	14	58	8	6
		未成年	0	3	1	0	2	0	0	2	0	0
		心神喪失	0	0	0	0	0	0	1	0	0	0
		嫌疑なし	14	113	213	183	368	37	146	860	62	591
		親告罪の告訴取消無効・欠如	0	0	1	0	0	0	0	0	0	0
		時効	0	0	0	0	0	0	0	0	2	0
		確定判決・大赦・刑の廃止・免除	0	6	1	0	0	0	0	1	32	197
		その他	34	20	14	78	9	1	0	23	0	5
		計	112	307	1228	550	844	83	239	1727	122	1019
	中止		31	100	65	31	158	8	55	224	5	104
	他へ送致		100	426	549	100	870	49	217	1105	17	148
	処理人員計		281	1493	2634	1112	2973	179	720	4331	173	1558
未処理			37	128	137	80	337	18	69	252	1	61
起訴猶予率（%）			60.0	17.5	53.3	39.3	28.5		36.7		43.0	

※各年度『検察統計年報』より作成した。なお、昭和21年～23年の旧受・新受人員は件数を示す。また、昭和21年～24年の起訴猶予処分には微罪処分を含む。

「運用」は、一九五〇（昭和二五）年に勅令第三一一号に代って「占領目的阻害行為処罰令」（政令第三二五号、以下「政令第三二五号」）が制定された際にも「占領目的に有害な行為からなる事件については、公訴は、行はなければならない」という規定に引き継がれ、占領終結まで続けられることとなるのである。(77)

(41)「昭和二十一年二月十九日附刑事裁判の行使に関する覚書に基く立法措置に関しGHQ「リーガルセクション」バッシン大尉等と会談したる件報告」前掲『渉外月報特別資料』一〇五頁以下。

(42)前掲「GHQ「リーガル、セクション」バッシン大尉と会談したる件報告（第三回）」八三頁以下。

(43)三井誠「猶予制度(1)」宮澤浩一他編『刑事政策講座(1)』（成文堂、一九七一年）三〇四頁。

(44)大谷實『刑事政策講義〔第四版〕』（弘文堂、一九九六年）一九四頁。

(45)閣議における司法省の以下のような説明を見ると、その自覚のあり方は一層明瞭となる。「日本においては、苟くも裁判所で有罪の認定を受けると、本人が更正の希望を失ひ、且つその子や孫に至るまで家の恥として記憶することが多いから、必ず起訴するといふことは、徒らに占領治下の国民を網する結果となる」（前掲「刑事裁判権の行使に関する連合国軍総司令部の要求に関する件」）。

(46)「刑事訴訟法の改正に関する中間報告」刑事訴訟法制定過程研究会「刑事訴訟法の制定過程(12)」『法学協会雑誌』九三巻三号（一九七六年）一〇四頁（井上正仁・渡辺咲子・田中開編『刑事訴訟法制定資料全集　昭和刑事訴訟法編(4)』（信山社、二〇一三年）四六頁）。

(47)前掲「GHQ「リーガル、セクション」バッシン大尉と会談したる件報告（第三回）」八四頁以下。なお前述したように、この回の会談には民政局のオプラーも同席している。『渉外月報特別資料』は会談要旨の記述の際の発言者の記載について、連合国側か日本側かという区別しか設けていないため、この発言を行ったのがバッシンであるか、それともオプラーであるのかを、史料上特定することは出来ない。

(48)前掲「GHQ「リーガル、セクション」アンドレー、バッシン両大尉と会談したる件報告」九四頁以下。

(49)同前九四頁以下。

(50)「昭和二十一年二月十九日附刑事裁判権の行使に関する覚書に基づく立法措置に関しGHQ「リーガル、セクション」バッシン大尉等と会談した件報告」前掲『渉外月報特別資料』一〇〇頁以下。なおこの際、日本側は同時に、公布した勅令と原案の異同（勅令の名称の変更、第一条における「刑事訴訟法第二百九十二条第一項の規定にかかはらず」の箇所の削除、及び、附則における施行期日の延期と「刑事裁判権等の特例に関する勅令」（昭和二一年勅令第二七四号）との調整）についての説明書を併せて提出しており、法務局はこれに基づいた説明を参謀長に提出している（Imperial Ordinance No.311, 1946, 18 June 1946 [supra note 27].）。司法省係官も「本勅令の制定については、事柄の関係上制定の頭初より連合国最高司令部と密接な連絡をとり、条文の配列、使用字句、更にその解釈に至る迄示唆を受けた」としている（矢崎前掲「勅令第三一一号」四頁）。

（51） GHQ/SCAP, LS-16265, no title, 13 June 1946.

（52） GHQ/SCAP, LS-16265, Replies to Questions Submitted in Memo from Director of Criminal Bureau to Legal Section, dated 13 June 1946., no date.

（53） GHQ/SCAP, AG(A)-00036, Check Sheet, Imperial Order No. 311, 1946., 26 June 1946.

（54） 第四問については「此の点は従前繰返しお答へしたる通りにて、要之、当方としては起訴猶予制度そのものを全般的に否認せんとするものに非ざるも只、検事に於て或る事件に付、起訴猶予処分を可なりと思料するときは、必ず事前に現地進駐軍の諒解を得置かれ《ママ》たし」と繰り返している（「昭和二十一年二月十九日附刑事裁判権の行使に関する覚書に基づく立法措置に関しGHQ「リガールセクシヨン」係官と、会談したる件報告（第八回）」前掲『渉外月報特別資料』一一〇頁以下）。

（55） GHQ/SCAP, LS-16264, Violations of Directives of the Supreme Commander for Allied Powers., 1 July 1946. なお法務局は参議長に対し、司法省の質問書とそれに対する法務局の回答を第八軍宛の説明文書に添付するよう述べている（Imperial Ordinance No.311, 1946, 18 June 1946 [supra note 27].）。

（56） GHQ/SCAP, LS-16264, Operational Directive No.29/2, Trial of Offences Prejudicial to the Objectives of the Occupation by Japanese Courts, 17 August 1946. 第八軍司令部との折衝を行っていた終戦連絡横浜事務局の『執務報告』は、「右施行命令〔作戦命令二九／二〕で問題となるのは、起訴不起訴の決定権が各地占領軍司令官により行わるる点である。すなわち実際問題として個々の軽微な事件を一々司令部まで持出さないで何等か便法の余地なきやということである。この点につき第八軍係官は検事は証拠充分なる限りは起訴を要し不充分なものは不起訴となすべきは当然であるが、右の内占領軍に提出を要するは証拠充分なるも犯罪事実軽微にして且つ情状酌量の余地ある事件であるからそれ程多数にも上るまいと語った」と記録している（「昭和二十一年十二月　YLO執務報告　終戦連絡横浜事務局」横浜市総務局市史編集室編『横浜市史Ⅱ　資料編Ⅰ　連合軍の横浜占領』（横浜市、一九八九年）八頁）。

（57） GHQ/SCAP, LS-05923, Check Sheet, Violation of SCAP Directives, 22 June 1946. この文書の原案はオプラーが作成したものである。

（58） GHQ/SCAP, LS-05923, Check Sheet, Informal, Violations of SCAP Directions, 15 June 1946. ここでオプラーが示している

日本法理解が、「アメリカ―ヨーロッパの犯罪及び法システム（American- Europian System of crimes and law）の下で重罪とされる犯罪のいくつかが、法的及び倫理的観点から日本の法典の下ではそう考えられていない」というものであり、軍事占領裁判所の設置の必要性を説く法務局長カーペンターの、前節で言及した日本法理解との際立ったコントラストを示していることは興味深い（GHQ/SCAP, LS-24273, [TOP SECRET], Establishment of Military Occupation Courts in Japan, 22 Nov. 1945)。

(59) 法務局が用意した回答においては、オプラーが問題とした第一三問については「第二問及び第四問を参照」とだけ述べられていたが（Replies to Questions Submitted in Memo from Director of Criminal Bureau to Legal Section, dated 13 June 1946., no date [supra note 52].）、法務局からの口頭の回答の際には「現地進駐軍の諒解を得て、日本側司法機関に於て処理することゝなりたる事件に付て、総て、日本刑法の適用あるは、当然の事理にして、此の事は、前述の質問二及四に対する回答を総合すれば、容易に判る筈なり」と述べられている（前掲「ＧＨＱ「リガール〔ママ〕セクション」係官と、会談したる件報告（第八回）」一一四頁）。

(60) アルフレッド・オプラー／内藤頼博監修／納谷廣美・高地茂世訳『日本占領と法制改革』（日本評論社、一九九〇年）一二一頁。もっともオプラーは他方で、現行刑事訴訟法において起訴便宜主義を規定した「第二四八条は…情実に導く可能性があり、そうした情実の発見」を主要目的として検察審査会制度を設けたと述べている（同八八頁）。この点については本節の末尾でも若干触れる〔なお、本書第三章第一節を参照〕。

(61) 越川純吉『日本に在住する非日本人の法律上の地位（特に共通法上の外地人について）（法務資料三〇八号）』（法務府、一九四九年）三六五頁。以下の過程については、本書第七章第三節で詳述する。

(62) 「覚書「Amendment to Exercise of criminal Jurisdiction」の実施について」（「昭和二十一年勅令第三百十一号等の改正法律案に関する総司令部法務部係官との会談録（第三回）」別紙）前掲『渉外月報特別資料』一四六頁。

(63) 前掲「昭和二十一年勅令第三百十一号等の改正法律案に関する総司令部法務部係官との会談録（第三回）」一四三頁。

(64) 「昭和二十一年勅令第三百十一号等の改正法律案に関する総司令部係官との会談録（第五回）」前掲『渉外月報特別資料』一五七頁以下。

(65) 「昭和二十一年勅令第三百十一号等の改正法律案に関する総司令部法務部係官との会談録（第二回）」前掲『渉外月報特別資料』一三三頁。この処理の理由は明瞭でないが、次注で言及する法令形式の問題ではないかと推測される。

(66) 七月一五日の第四回会談の席上、日本側が「もし本改正をポツダム宣言の受諾に伴い発する政令で行うことゝなると、さきに貴方からＧＳへ法律で改正すると伝えていただけに趣旨と違うこととなるから、その点貴方からＧＳえ〔ママ〕もお話おき願いたい」という希望に対し、バッシンは直ちに民政局のケーディス（C. L. Kades）と電話で交渉し「勅令は現在法律と同様の効力を有するものとなつており、勅令を政令で改正することは許されない。もしさようなことをしても、最高裁判所が違憲の判決をすることになつて了うだろうというのである」という回答を日本側に伝えている（「昭和二十一年勅令第三百十一号等の改正法律案に関する総司令部法務部係官との会談録（第四回）」前掲『渉外月報特別資料』一五二頁以下）。なお、ポツダム命令のような委任命令によって法律を直接改廃し得るかどうかは当時学説上議論があったが、実際には八〇件以上の法律がポツダム命令で改廃されたという（佐藤前掲「ポツダム命令についての私録(3)」二一頁以下。

(67)「昭和二十一年勅令第三百十一号等の改正法律案に関する総司令部係官との会談録（第六回）」前掲『渉外月報特別資料』三四頁以下（なお、『渉外月報特別資料』は、この回以降の会談について、前年に行われた「刑事裁判権の行使に関する覚書」に関する会談の後に誤って編綴している）。

(68) 同前三五頁。既にこの点については、七月八日の第二回会談の席上バッシンが民政局のブレークモアと電話で交渉した際に「ＧＳでは、勅令第三百十一号第二条第一項の“must”（…公訴は、これを行はなければならない。）とあるのを“may”（…公訴は、これを行ふことができる。）と改正する旨のサジェスチョンをする筈である」旨が語られている（前掲「昭和二十一年勅令第三百十一号等の改正法律案に関する総司令部法務部係官との会談録（第二回）」一三三頁）。

(69) GHQ/SCAP, LS-29180, M/R, Amendment of Ordinances Concerning Exercise of Criminal Jurisdiction by Japanese Courts, 28 July 1947.

(70) GHQ/SCAP, LS-29180, Memorandum for the Chief, Government Section, Exercise of Criminal Jurisdiction: Further Amendment of Imperial Ord. No. 311, 30 July 1947. なお本文中で後述するように、この覚書には上部に手書きで「NOT USED」との書き込みがある。

(71) GHQ/SCAP, LS-29180, [DRAFT] Exercise of Criminal Jurisdiction: Further Amendment of Imperial Ord. No. 311., 30 July 1947. この文書はホイットニー名で提示されることを予定したチェックシートの草稿であり、作成に至る経過が「Memo for Record」の形で付記されている。

(72) マイヤースはほかにも、検察官が規定を鵜呑みにして軽微な犯罪を起訴したり、あるいは個人的な敵対者を起訴したりする危険性や、証拠の収集が容易さによって軽微な犯罪を起訴して、重大な犯罪や、巧みに身を隠した闇取引の元締め (blackmarket operators) を取り逃す結果を招くこと、この種の犯罪についての検察官の行為が最終的には連合国最高司令官への非難に繋がりかねないという危惧などを論拠として提示している (ibid.)。

(73) Exercise of Criminal Jurisdiction: Further Amendment of Imperial Ord. No. 311, 30 July 1947 [supra note 71].

(74) 前掲「昭和二十一年勅令第三百十一号等の改正法律案に関する総司令部係官との会談録（第六回）」三六頁以下。なお、八月四日の会談では、「この際全国の検察官に対し、いわゆる小事件（Minor Case）については、起訴をしないようにとの趣旨の通牒を出そうと思う」という司法省からの提案に対して、法務局のバッシンは「その趣旨の通牒を出されることは結構だろう。がしかし、それは「極秘」の通牒にしてもらいたい」と応え、同趣旨の連絡を各地占領軍に行うことを約している（「昭和二十一年勅令第三百十一号等の改正法律案に関する総司令部係官との会談録（第七回）」前掲『渉外月報特別資料』四六頁）。

(75) 前掲「昭和二十一年勅令第三百十一号等の改正法律案に関する総司令部係官との会談録（第六回）」三六頁以下。

(76) その結果政府は、勅令第三一一号第一条第四項を削除する法律案と、この類型を国内法化するための「連合国占領軍、その将兵又は連合国占領軍に付属し、若しくは随伴する者の財産の収受及び所持の禁止に関する法律案」を八月一日の参議院司法委員会に上程した。しかしその後、民政局から参議院に対して当該法律案の審議差止命令が出され、この二つの法律案は八月二五日に撤回され、同日それぞれ昭和二二年政令第一六五号、第一六六号として公布された〔本書第七章第三節を参照〕。

(77) 一九五〇（昭和二五）年一〇月一八日付の「民事、刑事裁判権の行使に関する件」に伴い、連合国人に対する刑事裁判権が日本裁判所の管轄に移された（これは九月二一日の極東委員会決定に基づくものである）。これに対応するため、一〇月三一日に「連合国人に対する刑事事件等特別措置令」（政令第三二四号）、及び、政令第三二五号が公布された。なお、江尻美雄一「刑事裁判権の拡張に関する政令について」『警察研究』二一巻一二号（一九五〇年）三六頁以下を参照。

四　結びに代えて

勅令第三一一号の制定によって創出された「占領目的に有害な行為」は、前節において検討を行った、軍事占領裁判所によって実施された司法の「直接管理」の延長線上に位置づけられる犯罪類型であり、その帰結として、大正刑事訴訟法から「日本国憲法の施行に伴う刑事訴訟法の応急措置に関する法律」（昭和二二年法律第七六号）、そして現行刑事訴訟法（昭和二三年法律第一三一号）という法令の変遷にもかかわらず維持され、広範に運用されていた起訴便宜主義についての例外を――少なくとも明文上は――構成することとなった。本節においてはこのことを、司法の「直接管理」の日本の刑事手続への「浸出」として再構成することを試みたが、その過程の検討を通じて明らかとなったのは、日本側司法関係者のGHQ側に対するスタンスの変化であった。

上述のように、一九四六（昭和二一）年五月一七日に勅令第三一一号の原案の提示を受けた司法省は、連合国最高司令官が日本政府に発した指令に対する違反行為が「占領目的に有害な行為」として直接に国内法上の犯罪となることに激しく反発を示しているが、このことに関連して、以下のような主張が併せて行われていることは興味深い。

之が違反行為に付ては、一般国民は勿論、判事に於ても、概して、処罰に値せさるものと、思い居るものなるところ、今、俄に之等の行為を処罰することとなれば、判事は自然ごく軽き刑を科すこととなるべく、さなきだに、従来、往々、進駐軍関係事件に対する、日本側裁判所の科刑軽きに失するとの非難が、現地進駐軍の間に為され居る状況なるに鑑み、将来、この種事件の科刑をめぐりて、現地司法機関と進駐軍との間に、種種煩わしきトラブルを惹起し、ひいて、またもや判事罷免の破局にまで発展するの虞なしとせず、自分は深くこの点を気遣い居る次第なり。(78)

ここで「判事罷免の破局」と述べられているのは、一九四五（昭和二〇）年一二月一六日、武器の隠匿行為について不当に軽い刑罰を課したとして、京都地方裁判所判事に対する罷免指令が出されたことを受けたものである。(79)前節において検討したように、占領下における我が国の司法機関は統治権の一部として連合国最高司令官に従属していたが、このことは、国内法上――旧憲法下においても――存在していた司法権の独立を容易に超え、裁判官の身分保障を直截におびやかすものであった。(80)勅令第三一一号の原案の提示は、一九四六（昭和二一）年二月一九日付の「刑事裁判権の行使に関する覚書」によって一端安定を見せ始めたGHQ側と司法機関との関係を動揺させ、再び「判事罷免の破局」を引き起こす契機となりかねないものと受け止められたのである。以上のような状況を前提とするならば、勅令第三一一号第二条において「占領目的に有害な行為」に関して起訴法定主義が採られたことに対し、司法省が示した次のような危惧についても理解が可能となる。

検事は一面、反占領目的違反行為〔占領目的に有害な行為〕中本案第一条掲記のものについては起訴を禁ぜられてゐるが、この種の違反行為と、必ず起訴を要する違反行為との限界が、具体的の事件では疑はしい場合が多いから、本案をそのまま実施することは検事の事務処理を著しく困難ならしめ、且つ渋滞せしめる。(81)

勅令第三一一号は、第四条において「この勅令に違反した者」、すなわち、「占領目的に有害な行為」について起訴を行わなかった検事についても刑罰が適用される旨定めている。すなわち、上引の史料における事務処理の「困難」や「渋滞」には、「占領目的に有害な行為」について起訴を行わなかった検事が本勅令第四条違反に問われる危険性が含意されていたのである。このことは、勅令第三一一号公布後の六月一四日に司法省がGHQの法務局に提示した質問書の中に、「地方占領軍の口頭または書面による指示に基づいて日本当局が取った措置が本案各条の解釈に反していた場合、日本側当局はその措置について免責されると理解して良いか」という項目が見られることからも明らかであろう。(82) 勅令第三一一号の制定過程において、日本側司法関係者とGHQ側との間には、このような緊張関係が存在していたのである。

ところで、勅令第三一一号の制定をめぐってGHQの法務局と日本側の司法省の間で議論が行われた時期は、本書第一部において検討を行った、GHQの民政局と日本側立法関係者の間で刑事司法制度改革に関する議論が行われた時期と並行している。しかし、法制改革の場においては「クロス・ナショナル」な関係を構築するのに有益であった彼我の「比較法的差異」についての認識は、勅令第三一一号の制定過程においては全く逆の作用をもたらすこととなる。すなわち、同年五月二五日の司法省との会談において、法務局のバッシンは、この会談に同席していた民政局のオプラーが席を外したのを見越すかのように、以下のような発言を行っているのである。

此の際、当方より希望し置き度きは、元来、日本の法制は、大陸法系故、英米法の立前と一致せざるは当然にして、若し両者が現実に衝突するときは、日本側に於て、英米法の立場に譲歩するは当然なる点を、十分念頭に置かれ度きことなり。本案に付ては、既に、五月十二日に参謀長の決済を得たるに拘らず、夫れより、二週間を経たる今日に至るも尚徒に、概念的なる議論を闘はし居るは、自分としても、甚だ困ることなり。(83)

管見の限りでは、勅令第三一一号に関する議論において、GHQ側と日本側のいずれも、自らが抱く比較法的認識について述べている箇所はほとんどなく、バッシンのこの発言はいささか唐突である。(84) また、本節において検討してきたように、勅令第三一一号をめぐる大きな論点の一つが「占領目的に有害な行為」についての起訴法定主義の採用であったことに鑑みれば、この点について「日本の法制は大陸法系」と述べるバッシンの議論はやや正確さを欠く。(85) しかし、彼我の「比較法的差異」を政治的な文脈で強調することによって、日本側の反論を「概念的」なものとして封じようとするバッシンのこの発言は、その差異の認識の上で「協調的努力」を実践しようとするオプラーの姿勢と際立った対照を見せている。(86)

司法省担当係官が同年発表した論文の中で、勅令第三一一号は「従来の大陸法系の建前とは異なった英米法的理念によって制定されたものであり、運用者の健全な常識的合理的判断を前提とし、これによつて運用上の困難が解決され得ることを予定(87)」していると述べているのは、上引のバッシンの発言を踏まえてのものと思われる。

しかしこの筆者が、同じ論文の中で、英米法の特色を「事件を解決する人の優れた常識によつて具体的事件についての具体的法規範が発見され、これが累積して法秩序が維持される」ものとして描き出し、本勅令の運用者に対して「単純な文理解釈による運用を以て事足れりとなし、末節に拘泥した運用に堕する」ことを戒める時[88]、この「英米法的理念」は、別の意味に読み替えられることが予定されてはいなかったであろうか。例えば、司法事務官による勅令第三一一号の運用に関する同時代の解説には、以下のような文章が見られるのである。

問　第一条の罪と第二条の反占領目的罪〔占領目的に有害な行為〕とを区別する標準は、どういう点にあるのですか。
答　この区別の標準は極めて不明確です。…この両者の区別は結局は占領軍の立場を考慮しての常識的合理的判断に求めるより外なく、具体的事実について疑義のある場合には占領軍当局と密接な連絡が必要となります。[89]

「占領軍当局との密接な連絡」を前提とした「常識的合理的判断」により「単純な文理解釈」を避ける——この構造はまさに、勅令第三一一号の制定過程においてGHQの法務局との折衝の結果日本側が獲得した、起訴法定主義の「運用」のあり方である。そして、本節において検討したように、実際に生起する「占領目的に有害な行為」についての起訴猶予裁量権の行使の可否をめぐる事前折衝を積み重ねることによって、勅令第三一一号制定の一年後、一九四七（昭和二二）年に同法の改正が行われる際には、両者の関係は「疑わしい事件については、一々現地軍と相談して起訴不起訴を決定しており、別段の不都合も生じて居らない状態」にまで至っている。すなわち、勅令第三一一号に規定された起訴法定主義の「運用」過程は、日本側司法機関、とりわけ検察と、地方軍政部及びGHQの法務局の間に、法制改革の場において形成されたものとは別の動因に導かれた、もう一つの「クロス・ナショナル」な関係が構築される過程であったと理解することが出来る。このように、勅令第三一一号の「運用」の過程で「今後ともこの種事件をめぐつて現地司法機関と現地軍との折衝はより密接に行われる必要がある」とされた両者の関係は[90]、一九五〇（昭和二五）年に勅令第三一一号が政令第三二五号へと切り替えられる直前においては「特別の事件を除き、検察官が数年来占領軍当局と連絡してきた経験に基づく適正な基準に従って処理」することを前提に、日本側で「一々の承認を受けずとも起訴、不起訴を決して差し支えない[91]」とされるまでに強固に確立されることとなる[92]。

それでは、このもう一つの「クロス・ナショナル」な関係の帰結として「別段の不都合もなく」運用されていた勅令第三一一号について、民政局は一九四七（昭和二二）年の同法の改正過程において何故介入を試みようとしたのであろうか。この点について、民政局のオプラーが一九四九（昭和二四）年にまとめた法制改革についての報告の中で、戦前の日本法における「人権の状況」を以下のように描いていることに着目したい。

最悪の人権侵害は、制定法により定められた権限によるのではなく、法律に意図的に残された抜け道（loopholes）の利用と、法的擬制（legal fictions）の発達により生じた。刑事訴訟法典の規定は、その母法国（in the countries of their origins）においては、逮捕、勾留、捜査、押収に関する警察と検察の無制限の権力から個人を守るために充分であることを示している。しかしながら、日本の実務においては、いかなる裁判所においても争い得ないような瑣末な行政法の利用によって、個人は無力で、警察のなすがままだったのである[93]。

上述のように、民政局のオプラーとマイヤースは、日本の刑事司法において広範に運用されていた起訴便宜主義そのものに批判的だったわけではない。そこで示されたのは、勅令第三一一号が明文上では起訴法定主義を謳っていながら、実際には規定と乖離した運用が行われていることに対する、「法的擬制」を用いた「過去の嘆かわしい慣行」の再現の懸念であった。このことは、司法の「直接管理」の局面を担ったＧＨＱの法務局の関心があくまで占領管理体制の下での司法の運営に向けられていたのに対し、「改革」の局面を担っていた民政局の法律家たちの眼差しが、占領軍が去った「戦後」に向けられていたことを意味してはいないだろうか。

我々が現在身を置いている「戦後」の刑事司法は、連合国による軍事占領という極めて特殊な状況下にその出自を持っている。本節で検討したように、GHQ側で司法の「直接管理」の局面を担った法務局と、日本側司法機関、特に検察部との間に「直接管理」の「浸出」の結果としての勅令第三一一号の運用をめぐって、もう一つの「クロス・ナショナル」な関係が構築されていたことは、おそらく、戦後法制改革にもかかわらず、我が国の刑事司法が「糺問的検察官司法」の問題点を克服し得なかったとの指摘に結びつく問題であろう。[94]その一方で、第一部で検討したように、法制改革を担当した民政局のオプラーは、占領初期において民間諜報局(Civil Intelligence Section, CIS)から提示され、一度排斥されたものの一九四七(昭和二二)年九月に再び提起された検察官の公選や大陪審の導入の試みに対して、一貫して反対の意見を表明し続けた。[95]このオプラーの姿勢が「検察の民主化」の不徹底を招いた、と評価することも勿論可能である。しかし、再言を厭わずに述べるならば、このオプラーの意見は、「比較法的差異」の認識に導かれた、法制改革における日本側立法関係者との「クロス・ナショナル」な関係を反映したものだったのである。オプラー自身が後年、この関係が「軍事的占領においては珍しいこと」であったと述べていることは、[96]「戦後日本の原点」における「占領」と「改革」の位相、そして、そこに立ち現れる「占領者」と「被占領者」の位相について、改めて検討する必要性を示唆しているように思われる。[97]

(78) 前掲「昭和二十一年二月十九日附刑事裁判権の行使に関する覚書に基づく、立法措置に関し、GHQ「リーガル、セクション」バッシン大尉と会談したる件報告」七四頁以下。
(79) 法務大臣官房司法法制調査部『続司法沿革史』(法務省、一九六三年)三五五頁。なお、終戦連絡各省委員会において司法省は以下のように説明している。「陸軍技術大尉某引越ノ際荷物「トラック」ニ満載シアルヲ所在ノMP点検シ柳行李中ニ手榴弾八個及拳銃一挺アルヲ発見之ヲ差押ヘタル上「本件ハ極メテ grave ナリ」と言ヒテ検事局ヘ引渡シタリ、検事局ニテ取調ヘタル処…別ニ害心ヲ認メス仍テ二百円ノ罰金ニ処シタル次第ナリ。然ル処米側ヨリ御承知ノ如キ挙ニ出デタルモノニシテ米側ハ右判決ヲ以テ軽キニ失スト云フモ此種法定刑ハ懲役三ヶ月以下罰金二百円以下ニシテ罰金トシテハ最高ナリ（通常ヨリスレハ七、八十円程度カ相場ナリ）況ヤ米側ノ云フ十五ヶ月ノ懲役ノ如キ論外ナリ、如斯キ調子ニテ掣肘セラルルに於テハ日本ノ裁判ハ行ヒ得サルヘシ、本件拡大セハ相当上層部ノ問題トナルヘシ」「尚及聞ニ依レハ本件判決ニ対スル…判事ノ態度多少米側ノ心証ヲ害シタルヤノコトナルモ右ハ判決ノ公正ヲ信スル以上当然ノ態度ト存ス」（終戦連絡中央事務局「終戦連絡各省委員会議事録」（一二月一八日及び一二月一九日）荒敬編『日本占領・外交関係資料集 ⑵』（柏書房、一九九一年）二六頁以下）。この処分については、最高裁判所からの依頼により、一九五一（昭和二六）年の再度の連合国最高司令官指令により取り消された（オプラー前掲『日本占領と法制改革』一九六頁以下）。なお、この判事罷免事件については、ＧＨＱ側の史料を補充して別稿にて詳論する予定である。

(80) 兼子一「日本管理と司法権」『日本管理法令研究』一巻八号（一九四六年）二〇頁以下。

(81) 前掲「刑事裁判権の行使に関する連合国軍総司令部の要求に関する件」。

(82) Replies to Questions Submitted in Memo from Director of Criminal Bureau to Legal Section, dated 13 June 1946, no date [supra note 52]. なお司法省係官は、占領軍の承認があった場合については、本勅令第二条違反の違法性は阻却されるため、起訴猶予処分を行った検察官は第四条「本勅令に違反した者」にあたらなくなると説明している（矢崎前掲「勅令第三一一号」二〇頁以下、及び、神谷前掲「勅令第三百十一号について」四三頁以下）。

(83) 前掲「ＧＨＱ「リーガル、セクション」バッシン大尉と会談したる件報告（第三回）」八五頁。

(84) あるいは、オプラーの退席後の発言であることから、民政局が法制改革において示していた日本側への融和的態度を牽制した発言であるとも解釈出来よう。

(85) 西欧各国の検察官の比較法的な特色に関しては、「〈特集〉検察官」『比較法研究』三八号（一九七七年）を参照。なお、バッシンはニューヨーク大学ロースクール出身の弁護士であった（GHQ/SCAP, LS-09817, Personal History, Jurius Bassin, no date）。

(86) オプラーが課長を務めていた民政局の司法法制課は、一連の法制改革が終了した一九四八（昭和二三）年五月に法務局に移管され、立法及び司法課（Legislation and Justice Division）となった。同じ局で働くこととなったバッシンについてオプラーは「有能で臨機の才に富んだ法律家」であり「私が法務局に加わったときには、バッシンがこの局を牛耳っていた」と述べている（オプラー前掲『日本占領と法制改革』一九二頁）。

(87) 矢崎前掲「勅令第三一一号」二一頁。

(88) 同前。

(89) 本田・勝尾前掲『新しい刑法』一〇七頁。なお、後に法務府渉外課長を務めた妹尾晃は以下のように回顧する。「引揚後、東京刑事地方裁判所の判事として取扱う記録の中には、私が以前に判事だつた頃には全然見受けたことのなかつた符号のついた事件が相当数あるのに気がついた。「渉外」という符号のついた事件である。そして、検察官からの照会に対する回答の形式で、「本件を日本裁判所において取扱うことを承認する。但し裁判の結果は何日内に報告しなければならない。なお、云々の物件は何々に引き渡さなければならない」などという意味の英文タイプにした書類が、記録の中に綴り込まれているのを発見した。…いかにもポツダム宣言を受諾した敗戦国日本の裁判所である」（妹尾晃『渉外私語』（大学書房、一九五〇年）二〇〇頁）。

(90) 終戦連絡中央事務局政治部『執務報告』第七号（一九四七年九月一日）荒前掲『日本占領・外交関係資料集 (3)』三六九頁。

(91) 神谷前掲「勅令第三百十一号について」四四頁。

(92) 同じく法務局が管轄したBC級戦犯裁判においては「占領側・被占領側を縦断するパートナーシップの形成がほとんどなかった」ことが指摘される（松並潤「占領改革としてのBC級戦争犯罪裁判」『大阪学院大学法学研究』二八巻一号（二〇〇一年）二〇七頁以下）。

なお潮見俊隆は、占領期において「検察部は米占領軍の直接的な下請機関として、平和と独立をもとめる民主的運動や言論に対する政治的弾圧をこととした」と述べる（潮見俊隆・松井康浩「戦後の日本社会と法律家」潮見俊隆編『岩波講座現代法(6) 現代の法律家』（岩波書店、一九六六年）一三四頁）。確かに、「占領目的に有害な行為」として処罰される指令違反行為は、制定当初は武器引渡違反や申告漏れ、不法出入国、神社祭礼への寄付金強要などがその主な類型であったが（本田・勝尾前掲『新しい刑法』一〇五頁以下）、占領後期には、連合国ないし占領軍への誹謗行為が「言論及び新聞の自由に関する覚書」や「日本の新聞の拠るべき規則に関する件」（所謂「プレス・コード」）違反に問われる事件が頻発した（プレス・コードを始めとする、占領初期のメディア統制に関しては、有山輝雄『占領期メディア史研究――自由と統制・一九四五年』（柏書房、一九九六年）、山本武利『ＧＨＱの検閲・諜報・宣伝工作』（岩波書店、二〇一三年）等を参照されたい）。勅令第三一一号に代った政令第三二五号は「対共万能法令として横暴を恣にしていた」とも評されるが（沼田稲次郎「大法廷に敬意」『法律時報』二五巻九号（一九五三年）八一頁）、勅令第三一一号、及び、政令第三二五号の運用の実態については史料の不足から不明な点も多く、その評価についてはなお実証的な研究を必要としよう。

(93) *Political Reorientation of Japan, Sept.1945 to Sept. 1948, Report of Government Section, Supreme Commander for Allied Powers,* vol. I, Government Printing Office, 1949, p.192.

(94) 小田中總樹「検察の民主化と検察官の良心」『法学セミナー増刊　現代の検察』(日本評論社、一九八一年)三七頁以下。小田中は、本節の冒頭に言及した「精密司法」が「「政策」的、「権力」的所産」であると指摘し、刑事司法改革におけるモデル論の有効性を主張する(小田中總樹「刑訴改革論議の基礎的視点——〝精密司法〟論の検討を手掛かりとして」内藤謙他編『平野龍一先生古希祝賀論文集　下』(有斐閣、一九九一年)二三九頁以下)。

(95) 一九四六(昭和二一)年二月から四月にかけて提示された民間諜報局のマニスカルコ(A. J. Maniscalco)による刑事訴訟法の改正提案は、六月二七日に民政局長ホイットニーがその内容及び手法に反対する意見を表明したことで、裁判所構成法、陪審法の改正提案と共にGHQ内での影響力を失ったものと思われるため(前掲拙稿「GHQの司法改革構想から見た占領期法継受」三六四頁以下を参照されたい〔本書八九頁以下〕)、検察審査会法の設置に繋がる「検察官の民主的コントロール」についての議論は、この民間諜報局の構想と直接接続するものではない。司法法制課のマイヤースの記録によれば、この議論は「民政局内の幾つかの課の課長による会談の際に、検察官は選挙により選ばれるべきだという提案がなされた」ことに起因する。しかしこの提案に司法法制課は反対意見を表明し、その対案となる「検察官の民主的コントロール」の手段として、司法法制課内の討議と司法省との会談を通じて作られたのが検察審査会制度である。なお、この過程で「アングロ・アメリカの大陪審制度に類似のシステム」の導入も議論されたが、マイヤースは以下のように結論づけている。「アングロ・アメリカの制度をその歴史的コンテクストから分離して異質な土壌に移す危険は避けられた。〔検察審査会の〕審査は大陪審ではない。純粋な正式起訴状案への答申(render a true bill of indictment)ではないのである」(GHQ/SCAP, LS-16265, M/R, Democratic Controls Over Public Procurators, 1 April 1948〔古関彰一編『GHQ民政局資料「占領改革」(1)　憲法・司法制度』丸善(二〇〇一年)三五七頁以下〕)。なお、検察審査会制度の導入過程についても、稿を改めて検討することとしたい〔本書第三章第一節を参照〕。

(96) オプラー前掲『日本占領と法制改革』六四頁。

(97) 竹前栄治は「占領体制下では官僚は不死鳥のように生命を保っていたという重大な事実がある。…戦後改革においても行政官僚の影響力を排除することはできなかった」と指摘する一方で「全体として占領体制の歴史的意義は、「日本的近代化」=「日本的民主化」への方向と速度を決定するハンドルとアクセルの役割を果たすことにあったといえよう」との評価を同時に行っている(竹前栄治『占領戦後史』(岩波書店、二〇〇二年)五七頁)。この両者がどのような位相にあったのか、という問題が、これからの占領・戦後史研究の課題となろう。この点に関し、山之内靖「総力戦体制からグローバリゼーションへ」同『総力戦体制』(筑摩書房、二〇一五年)三四三頁以下が示唆的である。

第三節　「占領目的に有害な行為」に関する検察官の起訴猶予裁量の運用

一　序

第二次世界大戦後の我が国を規定した「占領管理体制」は、連合国側で唱えられた「無条件降伏」モデルに伴う「占領管理（Occupation and Control）」を様々なレベルで実施するために、重層的な法的特質を備えていたが、その中核をなすのは、一九四五（昭和二〇）年九月二〇日に公布され、即日施行された「「ポツダム」宣言ノ受諾ニ伴ヒ発スル命令ニ関スル件」（勅令第五四二号、以下「ポツダム緊急勅令」）と、その委任によって五〇〇本以上発出された所謂「ポツダム命令」であった。「連合国最高司令官ノ為ス要求ニ係ル事項ヲ実施スル為特ニ必要アル場合」という条件のみを掲げたポツダム緊急勅令は、その委任範囲の広さが新旧の憲法の規定と抵触する疑いが極めて強かった上、「連合国最高司令官ノ為ス要求」の内容が憲法秩序と矛盾を来すものであった場合、その実施のために発出されるポツダム命令もまた憲法秩序を逸脱せざるを得ないという構造を抱えていた(1)。ポツダム緊急勅令は、占領管理が当初アメリカ政府において構想されていた直接軍政ではなく、本土占領開始直前に決定された間接統治により実施されるという原則を担保するための「已ムヲ得ザル」措置として制定されたものであった。すなわち、連合国最高司令官が留保していた「直接行動」を取る権限を日本側で抑制し、その「要求」については可能な限り国内法の枠組みによって解決しようとするために、ポツダム緊急勅令、及び、その授権に基づくポツダム命令の「超憲法性」が是認されざるを得なかったのである。(2)

さて、占領管理体制の下における連合国最高司令官の「要求」の実施にあたっては、既存の法令の運用によって対応することが不可能な場合は、新たに立法措置を取るか、そうでなければ、その「要求」を直接の根拠として法的対応を行う必要があった。このうち前者については、法律の制定、ポツダム命令の発出のほか、大日本帝国憲法（明治憲法）下において命令によって処理される事柄に属していた場合には命令によって、特定分野にかかる既存の法律の授権規定でまかない得る場合には委任命令によって処置されたが、後者については「別段の国内立法手続を経ないで先方の要求が直ちに実施されたものも少なくな」かったとされる。この両者、すなわち、「立法措置をとつたものと、直接実施に移されたものとの区別の標準」は必ずしも明瞭なものではなかったようだが、前節において検討の対象とした「占領目的に有害な行為」は、まさにこの両者の境界線に関わる問題であった。(3) 一九四六（昭和二一）年六月一二日に公布され、七月一五日に施行された「昭和二十年勅令第五百四十二号ポツダム宣言の受諾に伴ひ発する命令に関する件に基く連合国占領軍の占領目的に有害な行為に対する処罰等に関する勅令」（勅令第三一一号、以下「勅令第三一一号」）は、同年二月一九日付「刑事裁判権の行使に関する覚書」（SCAPIN七五六）により、日本側裁判所から、連合国人または会社その他の団体に対する人的管轄、及び、占領軍の安全もしくは利益を害しまたは占領目的に反する特定の行為に対する物的管轄が排除されたことを踏まえ、このことを第一条で改めて確認した上で、第二条で「連合国最高司令官の日本帝国政府に対する指令の趣旨に反する行為、その指令を施行するために、連合国占領軍の軍、軍団又は師団の各司令官の発する命令の趣旨に反する行為及びその指令を履行するために、日本帝国政府の発する法令に違反する行為」を「占領目的に有害な行為」と規定し、これらについては「公訴は、これを行はなければならない」として、明文で起訴法定主義を採ったのである。(4)

ところで、占領管理体制の下で行われた法制改革、とりわけ、日本国憲法の制定と、それに伴う広範な憲法附属法等の制定・改正が、「戦後」の我が国の法システムの中核をなしていることは言うまでもない。(5) その中でも、詳細な人身保護規定を備えた日本国憲法に対応する形で刑事訴訟法が全面改正されたことが象徴するように（昭和二三年法律第一三一号）、刑事司法制度の見直しは「戦後改革」の重要な一角を占めていた。(6) しかし、制定の当初より認識されていたように、現行刑事訴訟法には、旧刑事訴訟法（大正刑事訴訟法）との「連続」と「非連続」の両面が存在している。(7) このことは、本書第一部で明らかにしたように、刑事訴訟法の制定過程において、GHQ／SCAP（General Headquarters/ Supreme Commander for the Allied Powers, 連合国最高司令官総司令部、以下断りのない限り「GHQ」）側と日本側立法関係者の「協調的努力」が顕著に現れたことの反映であり、特に、GHQ側で法制改革に深く関わった民政局（Government Section）のオプラー（A. C. Oppler）やブレークモア（T. L. Blakemore）といった人物が備えていた「比較法的差異」の認識により、アメリカ法継受への慎重な態度が維持された結果であると理解することが出来る。(8) 大正刑事訴訟法と現行刑事訴訟法の「連続」の局面の内実は、特にオプラーが強調していた、戦前の日本の刑事司法の大陸法的な特色にとどまるものではなく、戦時において生じた刑事手続の簡略化をもその射程に収めるものであったが、(9) 本節の問題関心から検討するべきは、刑事司法の「日本的特色」の中核をなすとも評価されている、大正刑事訴訟法の制定に先立って実務において顕在化していた、検察官の起訴猶予裁量の行使のあり方の変容である。(10)

現行刑事訴訟法において検察官の起訴猶予裁量を規定した第二四八条は、大正刑事訴訟法第二七九条の「犯人ノ性格、年齢及境遇並犯罪ノ情状及犯罪後ノ情況ニ因リ訴追ヲ必要トセサルトキハ公訴ヲ提起セサルコトヲ得」という規定に「犯罪の軽重」という語句が追加されたにとどまっており、統計的に見ても、この語句の挿入によって検察官の起訴猶予裁量の行使のあり方に大きな変化が生じたとは考えにくい[11]。そうであるとすれば、上述の勅令第三一一号の制定は、戦前から戦時、更に、占領期から戦後にわたっても「断絶」せずに運用され続けたこの起訴便宜主義についての重要な例外を設けることになったはずである。前節において検討したように、確かにこの点については、勅令第三一一号の制定過程において、連合国最高司令官による指令などが直接国内法化されることにより「占領政策の大幅な変更」となる点や、広範な白地刑罰法規であるため罪刑法定主義に反するという点と併せて、日本側立法関係者が激しく抵抗を示した問題であった。GHQ側で「占領目的に有害な行為」等を管轄していた法務局（Legal Section）は、勅令第三一一号において「Public prosecution must be had（公訴を提起すべし）なる字句を用ひPublic prosecution may be had（公訴を提起することを得）なる表現を用ひざりしは、若し斯る語を使用すれば、汎く起訴、不起訴の裁量権を、検事に与ふることとなる結果、連合軍側に好意を持たざる検事在りて、不起訴権を濫用する虞なきにしも非ざるが為なり」として、明文上では起訴法定主義の修正を許さなかった。しかし、日本側の再三の要請に従う形で、事前に地方軍政部と連絡して適当な指示を受けることを条件に、法務局が最終的には日本側検察官の起訴猶予裁量の行使を是認するに至った。すなわち、この「占領目的に有害な行為」の取扱いを通じて、GHQの民政局と日本側立法関係者との間に法制改革を通じて構築された「クロス・ナショナル」な関係とは異なるもう一つの「クロス・ナショナル」な関係が、GHQの法務局及び地方軍政部と日本側の司法省及び地方検察庁との間に構築されることとなったと考えられるのである[12]。

このことを踏まえて、本節では、一九四七（昭和二二）年に制定された「昭和二十年勅令第五百四十二号ポツダム宣言の受諾に伴い発する命令に関する件に基く連合国占領軍、その将兵又は連合国占領軍に附属し、若しくは随伴する者の財産の収受及び所持の禁止に関する政令」（政令第一六五号、以下「政令第一六五号」）の立法過程、及び、これに伴う勅令第三一一号の一部改正の過程についての史料と、この改正を踏まえて日本側で作成されるようになった報告文書などを紹介しつつ、「占領目的に有害な行為」に関する日本側検察官の起訴猶予裁量の行使のあり方について検証する。この作業を通じて、GHQの法務局及び地方軍政部と日本側の司法省及び地方検察庁との間におけるもう一つの「クロス・ナショナル」な関係がどのように構築されたかを明らかにすることで、「戦後」の刑事司法が占領管理体制の下でどのようにその最初期の歩みを開始したのかを跡づけるのが、その目的である。(13)

（1）詳しくは、拙稿「憲法秩序の変動と占領管理体制——「日本国憲法施行の際現に効力を有する命令の規定の効力等に関する法律」（昭和二二年法律第七二号）の制定及び改正過程を中心として」『桐蔭法学』一四巻二号（二〇〇八年）を参照〔本書第六章に収録〕。

（2）さしあたり、長谷川正安『憲法判例の研究』（勁草書房、一九五六年）を参照。

（3）佐藤達夫「ポツダム命令についての私録(3)」『自治研究』二八巻六号（一九五二年）一七頁以下。

（4）その制定の経緯については、拙稿「「占領目的に有害な行為」と検察官の起訴猶予裁量——占領下における刑事司法の管理と法制改革の交錯」『桐蔭法学』一二巻一号（二〇〇五年）において若干の検討を加えた〔本書第七章第一節及び第二節に収録〕。なお、勅令第三一一号の内容を含む、占領管理体制の下での刑事裁判権に関する問題については、矢崎憲正「勅令三一一号——占領目的有害行為処罰規定の制定」『警察研究』一七巻九号（一九四六年）二頁以下、本田正義・勝尾鐐三『新しい刑法　附　占領下の刑事裁判権』（近代書房、一九四八年）八四頁以下、神谷尚男「勅令第三百十一号について」『警察研究』二一巻九号（一九五〇年）三三頁以下、山崎茂「占領下の裁判手続上の諸問題——その実務上の考察」『判例タイムス』四輯（一九五〇年）一五頁以下、越川純吉『日本に在住する非日本人の法律上の地位（特に共通法上の外地人について）』（法務資料三〇八号）（一九四九年）一四〇頁以下、同「過渡期渉外司法の諸問題——その国内法的研究（特に管理法令の研究）」『法曹時報』八巻一〇号（一九五六年）一五頁以下等を参照。

（5）その概要については、さしあたり、拙稿「戦後占領期日本の法制改革研究の現況と課題」『法制史研究』五六号（二〇〇七年）を参照されたい〔本書第一章に収録〕。

（6）刑事訴訟法の制定過程に関しては、刑事訴訟法制定過程研究会「刑事訴訟法の制定過程(1)～(23)」『法学協会雑誌』九一巻七号～九九巻一二号（一九七四～八二年〔未完〕）、小田中聰樹『現代刑事訴訟法論』（勁草書房、一九七七年）、井上正仁・渡辺咲子・田中開編著『刑事訴訟法制定資料全集　昭和刑事訴訟法編(1)～(14)』（信山社、二〇〇一～一六年）等を参照。

（7）松尾浩也「刑事訴訟法史のなかの現行法――旧法との連続性と非連続性」同『刑事法学の地平』（有斐閣、二〇〇六年）二一〇頁以下。

（8）拙稿「GHQの司法改革構想から見た占領期法継受――戦後日本法史におけるアメリカ法の影響に関連して」『法学政治学論究』四九号（二〇〇〇年）三五七頁以下を参照されたい〔本書第二章第一節に収録〕。なお、オプラーとブレークモアについては、それぞれの旧蔵文書を用いて簡単な紹介を行っている。併せて参照されたい（「「亡命ドイツ法律家」アルフレッド・C・オプラー――異文化接触としての占領期法制改革」『法学研究』八二巻一号（二〇〇九年）、「トーマス・L・ブレークモアと日本法――東京帝国大学の学生として、GHQの法律スタッフとして」John O. Haley and International House of Japan (ed.), Proceedings of The Symposium Honoring the Contributions and Career of Thomas L. Blakemore entitled Law and Practice in Postwar Japan: The Postwar Legal Reforms and Their Influence, The International House of Japan and The Blakemore Foundation, 2010）〔共に本書第四章に収録〕）。

（9）佐伯千仭「証拠法における戦時法の残照」『刑法雑誌』三一巻一号（一九九〇年）一頁以下。

（10）松尾浩也「刑事司法の日本的特色――いわゆるモデル論とも関連して」同『刑事訴訟の理論』（有斐閣、二〇一二年）二九七頁以下。この問題につき、田口守一「精密司法論の意義」同『刑事訴訟の目的』（成文堂、二〇〇七年）一〇五頁以下をも参照されたい。

（11）横井大三「起訴便宜主義」熊谷弘他編『公判法体系Ⅰ(1)公訴』（日本評論社、一九七四年）七九頁以下、及び、三井誠「検察官の起訴猶予裁量――その歴史的および実証的研究(3)」『法学協会雑誌』九一巻九号（一九七四年）一二四頁以下。

（12）前掲拙稿「「占領目的に有害な行為」と検察官の起訴猶予裁量」六〇頁以下〔本書四〇五頁以下〕。

（13）本節は主として、「GHQ／SCAP文書」（国立国会図書館憲政資料室所蔵）、「公文類聚」（国立公文書館所蔵（http://www.digital.archives.go.jp/））に基づいている。なお、国立公文書館所蔵史料は上掲デジタルアーカイブで公開されているものを利用した。

二　政令第一六五号の制定

（一）連合国占領軍財産等収受所持行為の管轄をめぐって

前節において検討を行ったように、勅令第三一一号は、一九四六（昭和二一）年二月一九日付「刑事裁判権の行使に関する覚書」（SCAPIN七五六）を受けて制定されたものであった。すなわち、第一節において言及したように、同覚書第一項によって日本の裁判所は「連合国の人又は法人その他の諸団体に対し、刑事裁判権を行使してはならない」とされ、また、第二項によって、以下に列挙した犯罪についても「刑事裁判権を行使してはならない」とされたのである。

（a）占領軍又はその凡ての兵員、又は占領軍に所属若くは随伴する凡ての者の安全に有害な行為。
（b）占領軍の凡ての兵員、又は占領軍に所属若くは随伴する凡ての者に対する殺害又は暴行。
（c）占領軍又はその凡ての兵員、又は占領軍に所属若くは随伴する凡ての者の財産を権限なしに所持、取得、受領又は処分する行為。
（d）占領軍又は連合国最高司令官また《ママ》はその権限を有する部下の命令に従ったその他の者が、追求中の者を逮捕することに干渉又は妨害を為し又は拘禁中の者の逃亡を援助又は容易ならしめる行為。
（e）公務に関して占領軍の兵員又は占領軍に所属若くは随伴する如何なる者に対しても、これを妨害し、これから要求された報告を拒絶し、口頭又は文書を以て虚偽の又はこれを誤らすやうな供述をなし、又は、如何なる方法に依るかを問はずこれを偽罔する行為。

（f）連合国最高司令官に依って、又は同司令官の命令に基いて解散させられ又は非合法と宣告された団体の利益を計り、又はこれを支持する行為。
（g）上記の各犯罪に共謀し又はこれを教唆幇助する行為。(14)

日本側裁判所から除かれた人的・物的管轄は、同日設置が命令された「軍事占領裁判所（Military Occupation Courts）」に移されることとなった。(15) このことに伴い、日本側ではまず同年五月一五日に「刑事裁判権等の特例に関する勅令」を公布・施行し（勅令第二七四号）、軍事占領裁判所へと管轄が移される事件についてはいつでも公訴を取り消し得るものとし、その指示があった場合には、監獄の長は指定された者を拘禁または留置しなければならない旨を規定して対処したが、GHQ側にとってこの勅令は「刑事裁判権の行使に関する覚書」に対応した措置としては不十分なものであった。そこで、「占領目的に有害な行為」について「罰則の絨毯を敷く」ことを企図して、五月一七日に、「一週間以内に制定公布せよ」との口頭命令を付して、法務局から日本側に対して勅令第三一一号の原案が提示されることとなった。この勅令案には、司法省及び法制局が「従来の法制と著しく異なっている」として強い抵抗を示したが、法務局のバッシン（J. Bassin）らは強硬な姿勢を貫き、結局日本側は六月四日に「曩に貴方よりお示しの勅令案を、全面的にお受けする様、今般政府の方針が決定した」旨を法務局に伝え、一二日に勅令第三一一号が公布されることとなった。(16)

さて、勅令第三一一号の第一条は、前掲の「刑事裁判権の行使に関する覚書」において日本側の裁判管轄から除かれた犯罪類型について列挙し、これらについては「公訴は、これを行はない」と規定している。このうち、本節が主な検討対象とする、同覚書第二項（c）に掲げられ、勅令第三一一号第一条第四号が規定する「占領軍又はその凡ての兵員、又は占領軍に所属若くは随伴する凡ての者の財産を権限なしに所持、取得、受領又は処分する行為」（以下「連合国占領軍財産等収受所持行為」）については、その解釈及び範囲について、日本側からしばしば疑義が提示されることとなった。「刑事裁判権の行使に関する覚書」が発出された二日後の二月二一日に、この件についてのＧＨＱ側と日本側との会談が開始されているが、その際にも、「例へば、日本人が連合国軍の倉庫に侵入し缶詰を盗んだ場合には、一応第二項ｃにより、占領軍の裁判管轄に服すべきなるも、同時に右は侵入罪、窃盗罪、として、日本法律により日本裁判所に於ても裁判し得べきことを、規定したるもの」ではないかとの日本側の主張に対し、ＧＨＱ側はそれを否定し、「御引例の場合には日本裁判所に管轄権なきことは、第二項に明示しあり」と述べている。そして、「日本裁判所は、占領目的に有害な行為が、日本の法律違反となるものである限りこれに対して裁判権の行使を継続することができる」とした上で、「軍事占領裁判所も亦、この種の行為その他占領目的に有害な行為に対して裁判権を引取って行使することを妨げない」旨を規定した同覚書第三項は、「例へば闇市場取締の場合に於て、日本法律が之等を罰し得るものならば、日本裁判所は之を裁判して可なるも、同時に闇行為の如きは、占領軍の目的に反する行為なるを以て、占領軍の裁判所も管轄権を主張し得る訳なり」と返答しているのである。(17)

更に、本節の問題関心からは、同年二月二五日の会談の段階で、以下のような解釈が提示されていることが注目される。

1　日本人が、刀剣、拳銃等を正当な理由なくして所持する場合は、其の事自体に於て既に連合軍の安全に有害なるを以て、該所持者に於て、連合軍其の者に対する害意あると否とを問はず総て連合軍側に於て之が審判を為す。

メチール、其の他、有毒物含有飲料の販売には亦同じ、但し、之等事件を連合軍側に於て一応審理したる結果連合軍に対する害意無き事明《〔ママ〕》となりたる場合は、該事件を日本側に移し審判せしむことあるべし。（以上はａに関するもの。）

2　連合軍側の内規としては、連合軍将兵等が物品を日本人に譲渡し、又は、贈与するを一切禁止し居るを以て、日本人にして右将兵より物品を譲受け又は貰ひ受くる行為は原則として総て unauthorized と謂はざるべからず。

然れども、実際としては適当なる斟酌を加へ、極く少量なる物品贈与の如き（例、煙草二、三本）は之を不問に附する考なり。（以上はｂ《（ママ）》に関するもの）[18]。

このうち後者の点を担保するために、同年三月二四日付で「連合国軍将兵よりの物資購買の禁止に関する覚書」が発出されており[19]、更に、七月一五日の勅令第三一一号の施行を受けて、以下のような内容を持つ「連合国軍将兵よりの物品買受等禁止に関する件」が七月三〇日に公布・施行されている（内務司法省令第一号）。

第一条　何人も左の各号に掲げる物品は、これを連合国占領軍将兵（連合国占領軍に附属し又は随伴する者を含む以下同じ）より買受け又は交換により譲受けることはできない。

一　亜米利加合衆国その他の連合国の所有に帰する給与品

二　連合国占領軍将兵の使用に充てる目的をもつて連合国政府機関より、又は同機関によつて物品給与の権限を附与せられておる福利機関より適法に給与又は売渡された給与品その他の物品

第二条　何人も前条各号に掲げる物品につき、同条に違反して取得せられたものである事情を知りながら、これを売渡し若しくは、買い受け又は交換により授受することはできない。

第三条　前二条の規定に違反した者は、三年以下の懲役若しくは五千円以下の罰金又は拘留若しくは科料に処する。但し、情状により懲役及び罰金を併科することができる。

前項の規定は、昭和二十一年勅令第三百十一号第一条第四号の規定が適用されている間は、これを適用しない。

第三条第二項が規定するように、この省令は制定されたものの「実際には運用されて居ない」状態であった。[20]そもそもこの「連合国軍将兵よりの物品買受等禁止に関する件」は、占領が開始されてから「国民中ニ連合軍将兵ヨリ煙草其ノ他ノ物資ヲ買漁ル者」が発生し、この傾向が「進駐ガ全国ニ拡大スルト共ニ各地ニ波及シ其ノ犯情モ漸次悪質トナリ一部連合軍将兵中ニハ軍紀ヲ紊リ官給品タル軍衣、軍靴等サヘ盗ミ出ス者ヲ出シ、他面国民中ニハ之ヲ転売シテ暴利ヲ企求スル者アルヲ見ルニ至リタリ」という状況となっていたにもかかわらず「我国現行法制上ニハ之ヲ強力ニ取締ル法規ナク」、その処分について「現地進駐軍当局ヨリ軽キニ失スルトノ非難各地ニ於テ起リ司法権ノ円満ナル遂行上軽視シ得ザル情勢ヲ惹起スルニ至」っていたため、この種の事件に関する「厳重ナル罰則」を課すためのポツダム命令を「司法内務両省令ヲ以テ制定スベク一月以来総司令部ト折衝ヲ開始」していたが、上述の「刑事裁判権の行使に関する覚書」の発出を受けて「右省令の発布ハ更ニ再検討ヲ要スルコトト」なったという経緯を持っている。[21]その結果として、上述のように勅令第三一一号第一条第四号の規定によって連合国占領軍財産等収受所持行為は日本側の裁判管轄から外され、軍事占領裁判所が管轄するものとして、司法の「直接管理」の下で取り扱われることとなったのである。

(二) 勅令第三一一号の改正をめぐって

勅令第三一一号の発出の前提となった「刑事裁判権の行使に関する覚書」は、しかし、一九四七（昭和二二）年六月二七日付の「「刑事裁判権の行使」の修正に関する覚書」（SCAPIN一七四〇）によって、以下のような修正が加えられることとなった。

1．一九四六年二月一九日付日本政府宛覚書（ＳＣＡＰＩＮ七五六）「刑事裁判権の行使」に関する件――これは一九四六年九月一九日付同修正に関する件（ＳＣＡＰＩＮ一二一八）で修正された――の第二項ｃを削除する。

2．占領軍若しくはそのすべての兵員、又は占領軍に所属若しくは随伴する凡ての者の財産を正当の権限なしに所持、取得、受領又は処分することを禁止する。

3．上記第二項の違反は、一九四六年六月一一〔ママ〕日の勅令第三一一号の規定によって訴追する。

4．この覚書の内容に抵触する一切の法律規定は、これに従って修正することを要する。

5．勅令第三一一号によって行われた裁判事件に関する月次報告を、各事件毎に法廷の所在地、事件番号、犯罪の概要、被告訴人員数、抗弁、有罪の判決及びその他関係事項を記入の上、各地方軍政部を経て本司令部に提出せねばならない(22)。

この覚書の発出により、「刑事裁判権の行使に関する覚書」によって日本側の裁判管轄から除かれていた連合国占領軍財産等収受所持行為が軍事占領裁判所から日本側に移管されることとなり、その取扱いのために勅令第三一一号の一部改正が必要となった(23)。その措置に関する日本側とＧＨＱ側との間の会談は同年七月一日から開始されているが、その過程では、占領管理体制の法的特質を検討する上で興味深い論点がいくつか提示されている。

まず問題となったのは、連合国占領軍財産等収受所持行為に対して課される罰則の軽重についてであった。当初日本側は、前述した「連合国軍将兵よりの物品買受等禁止に関する件」等を踏まえて「三年以下の懲役若しくは五千円以下の罰金」程度を想定していたが(24)、法務局のバッシンらは「勅令第三百十一号は十年、七万五千円ときめているのに省令の方が三年、五千円というのは、その調和からいつておかしい。われわれとしては一箱の煙草というような小さな事件を問題にするのでなくて、大きな闇事件の撲滅を目的としているのであるが、この刑で他の目的が達せられるであろうか」と疑義を提示している。これに対し日本側は、この「昭和二十一年内務、司法省令第一号を改正して、その第三条第二項を削ると、同令第一条が生きてはたらくことになる」として、「そもそも、この省令は今日あるにそなえて作つたものなのであるが、この省令でまかなうことにしてはいけないか」と反論し、闇行為については物価統制令（昭和二一年勅令第一一八号）によって処罰することが可能である旨回答している。[25] GHQ側は一旦了承したが、後に、憲兵裁判所（Provost Courts）の罰則の基準を勘案して「懲役の方を最高五年とし、重金《ママ》の方も最高七万五千円か、或は少くとも五万円程度に引き上げる方が良いのではないかと思われる」としている。「さようにしないと、プロボー・コート《ママ、以下同じ》の方で事件を取つて、しまつて《ママ》なかなか日本側の方へ渡そうとしないおそれがある」ため、「プロボーコートをコントロールして、事件を日本側から取らないようにするために、是非刑の足並みを揃えてもらいたい」というのが、その理由であった。[26]

　また、勅令第三一一号の改正をどのような法令形式で行うべきかという点も議論となった。この問題については、日本側は「新憲法の実施された今日、殊に国会の会期中である現在、政令の形式で行い得るかどうか、法律によらねばならないかどうかの点については、法制局とも打合せの上決定することとしたい」と述べており、[27]当初は法律により改正を行うこととしていた。一方、GHQ側でこの問題について強い関心を寄せていたのは民政局であり、その見解は当初「本問題も目下国会開会中であるから、総司令部側で日時の制限を附しているというような緊急やむをえないものでない限り政令でなく法律の形式によるべきだ」というものであった。七月一五日に行われた会談において、国会審議の遅延に逢着した法務局が、口頭で「本日から十日内に実施することを命ずる」旨を日本側に伝えた際にも、日本側の申し出によって法務局と民政局の間で電話による調整が行われ、民政局のケーディス（C. L. Kades）の見解として、「勅令は現在法律と同様の効力を有するものとなつており、勅令を政令で改正することは許されない。もしさようなことをしても、最高裁判所が違憲の判決をすることになつて了うだろう」との意見が伝えられている。[28]

しかし、同年七月三一日に国会に提出された勅令第三一一号の改正法律案は、後に、民政局自らが「国会で審議すべきものではなくて、ポツダム勅令で規正《ママ》されるべきものであるということになつた」として審議を差し止めた。[29]この点については「要するにこの種の事項を国会の論議に付したくないということであつたと思われる」とも推測されているが、[30]民政局のオプラーは、八月二七日付の民政局内における覚書で「連合国最高司令官の指令が実行される必要があり、その修正に他の選択肢が無いというような場合であれば、立法の基礎的な要素の一つを構成する行動の自由が欠けている」ため、この場合は国会による立法よりもポツダム命令の方が望ましいとの意見を記録している。[31]この見解は、ちょうど同じ時期に進められていた「日本国憲法施行の際現に効力を有する命令の規定の効力等に関する法律」（昭和二二年法律第七二号）の改正過程において、オプラーが後に提示することとなる、ポツダム命令は「明白に占領法規（occupation law）を構成し、それらを改正したり、あるいは無効になることを決定したりする国会の権限を超越する（beyond the power of the Diet）」との立場と軌を一にするものであったと考えられる。第一回国会はまさに、占領管理体制と「新憲法秩序」との矛盾が表面化する場でもあったのである。[32]

しかし最大の論点となったのは、やはり、連合国占領軍財産等収受所持行為と検察官の起訴猶予裁量権との関係であった。前述したように、勅令第三一一号の制定にあたって、日本側はＧＨＱの法務局と再三の折衝を重ね、「占領目的に有害な行為」に関しては、日本の検察官は「全般的に進駐軍の意向に依つて拘束せらるゝことゝなりたるもの」の、「例へば或る進駐軍関係の事件に付、之を起訴すべきや又は不起訴処分に付すべきや疑はしき場合には、事前に現地進駐軍と連絡して適当なる支持を求むべく、此の場合現地進駐軍に於て当該被疑者の年齢、境遇その他諸般の情状を総合勘案の上、起訴、不起訴に関する一定の指示を与ふべきにより、検事はその指示に従ひ事件を処理すべきこと、なるなり」として、検察官が事前に地方軍政部と折衝を行うことにより、起訴猶予処分を行い得るとの妥協を引き出していた。実際、この枠組みに従った起訴猶予処分は広範に行われており、その実績を踏まえて日本側は、同年七月一〇日に持参した質問書において「public prosecution の行使については、Paragraph 1 article 2 of Imperial Ordinance No.311 の施行について当時各地軍政部より与えられた諒解に従い従来どおり無罪、軽微、情状酌量等の理由による不起訴処分を行うことは差支ないものと解する」旨の申し入れを行っている。これに対して法務局側は当初「貴見の通りである」と回答したが、後にこれを撤回し、「こちらからオフィシャルな意見を発表することは、これを差し控える方がよいと思われるから、三百十一号の場合と同様、各現地の軍政部と相談の上で、適当に処理するようにしてもらいたい」と意見を変更している。一方民政局のオプラーらは、条文と運用の乖離を問題視する観点から、この機会に勅令第三一一号についての起訴猶予裁量の明文化を企図していたが、日本側は「バッシン氏などのご尽力の結果、疑わしい事件については、一々現地軍と相談して起訴不起訴を決定しており、別段の不都合も生じて居らない状態」であるとして、この点については消極的な態度を示しており、「将来検事が一々現地軍の意見を聞かなくてもよいようにしてあげたいと思つて努力して」いるというオプラーの発言に対しても「G・SとL・Sの板挟みになって、相当に当惑」していると述べるにとどまり、GHQ内部の対立を超えてまで検察官の起訴猶予裁量の明文化にこだわっていないことが注目されよう。(33)

この点は、連合国占領軍財産等収受所持行為の取締りの目的及び射程とも関連した問題であった。同年七月八日に行われた会談の際、法務局のバッシンは「一箱の煙草というような小さな事件を問題にするのでなくて、大きな闇事件の撲滅を目的としている」のであり、そのために「小さな犯罪は、なるべくこれを起訴しないように、もし起訴しても説諭か罰金位ですますことにし、特に重大な犯罪について徹底的に之を取締まることを望むものである」とし、「当方でも、プロボー・コートに、日本側で小さな事件を起訴しないか〔ママ〕とてかれこれ文句を言はないように指示を与へる積りである。重ねていうがとにかく持つているからすべて罰するというのでなく、キヤンデーを一つ持つているというような小さな事件には手心を加えて処罰なしい〔ママ〕というようにやつて貰いたい」旨を日本側に伝え、連合国占領軍財産等収受所持行為については、法定刑を重く設定した上で、起訴猶予裁量を積極的に活用することによって、より悪質な事件の取締りを徹底するよう求めているのである。

更に、「不法に所持する」という文言の意味について日本側が疑義を呈示した際にも、バッシンは「酒保で買つた品物は、日本人にやつてはいけないことになつている。徒つて〔ママ〕自分が貴下に一本の煙草を与えることも、厳密に言えば、「不法」である」とし、以下のように述べていることが注目される。

自分が貴下に煙草を一、二本与えても、何人も自分を処罰することはしない、それは自分には「意思」（酒保品を日本人にやつてはいけないという規則を犯す意思の意味だと思う――服部〔終戦連絡事務局事務官〕註）がないからである。日本法はさておき、英米法は「意思」を重んずる。「目的」が不法であるときは処罰するが、しからざるときには処罰しない。それ故、各検察庁に対して少し位の煙草や少しのキャンデーを持つているのは「不法の所持」に、はいらないということを指示すればよい。進駐軍の家庭で、日本人の女中に着古した着物をやつたり、食物の残りをやつたりする場合も同様で、このような事件は起訴すべきではなく、仮に起訴されても刑罰は科さないように裁判官が裁量すべきだと思う。要るに〔ママ〕、司法官憲の裁量によることとすればよい。[34]

ここに看取される、日本法とアメリカ法の「比較法的差異」の認識は、前年の勅令第三一一号の制定過程において法務局が示していた「元来、日本の法制は、大陸法系故、英米法の立前と一致せざるは当然にして、若し両者が現実に衝突するときは、日本側に於て、英米法の立場に譲歩するは当然なる点を、十分念頭に置かれ度きことなり」との言明と軌を一にした、ある意味「政治的」なものであり、法制改革を担っていた民政局の法律スタッフが彼我の「比較法的差異」の認識を「協調的努力」の実践へと接続した態度と好対照をなしている。(35)法務局は七月一〇日の会談で、連合国占領軍財産等収受所持行為について過失犯を処罰することの可否が問題となった際にも「米国には、制定法（statute）と普通法（Common law）とがある」と述べ、「もし制定法で飲食店をやる者は免許を受けなければならないという規定があるという場合に免許を求めに行つたが役所では後にして呉れといつて与えなかつたため、免許を受けないで営業をしたというような場合には実際上処罰しない取扱にしている」として、当該行為を「故意の有無を問わず処罰」しつつ「運用で適当に中和」することを示唆し、日本法との「比較法的差異」を説得の材料として持ち出している。(36)

以上のような議論を踏まえて、日本側は同年七月二三日に、法制局の審査を経た法律案をGHQ側に提示した。この最終案には、「社交友情その他の正当の理由により贈与された前項の財産」については収受や所持を認めても良い、との規定が盛り込まれていたが、GHQ側は「一、二本のタバコを贈与すること」も「それが適法ではなくて、違法であることは間違いないのである」から、これらを「犯罪不成立の規定にしてしまわれては、甚だ困る」と述べ、この部分を削除した上で「贈与の場合でも全部いけないということにして、後は、法律の運用に任せることにしておき、適宜、不起訴裁量権を行使することにした方が、よいのではないか」との主張を繰り返した。(37)日本側は「アメリカ側と日本側との接触がだんだん頻繁になつてゆこうとしているこの際」には「社交友情のため贈与程度のものは罪にならぬ」とするのが適当ではないかと主張し、「一応適法だが起訴しないですますようなやり方は、日本の法制の建前にはそぐわない嫌いがあるように思う」との反駁を行ったが、GHQ側は以下のように強硬な姿勢を貫いている。

総〔総司令部〕その議論には賛成できない、成程、気持の上から云えば、貴下の云われることもわからないことはないが、第一に、例えば、戸を少しでも開けば人がザァーッと入つて来て、結局、初めから大きく開けたのと同じ結果になつてしまう危険があるし、それに一定の限度をきめて、適法か否かの標準を立てることも、立法技術上難しいことだと思われるので、むしろ、全然さようなことを書かずに、全部的に禁止しておく方がよいのではないかと思う。そして一応、そういうことにしておいてごく小さな事件の場合は、検察官が現地の軍政部と連絡して不起訴処分にするか、又は仮に起訴するにしても、軽い罰金ぐらいで済ますことにしておけば、よいわけではないか。第二に、先日のメモランダムを見ても、占領軍等の財産の possession 及び receipt を一般的に禁止しているのであるから、この点から云つても貴下の云われるような除外例を設けることは、このメモランダムの趣旨に沿わないことになると思う。

総　当方の提案が、多少日本の法制上の建前にそぐわぬところがあるかも知れないということは認めるが、ともかく、この法律は憲法や刑法等の永久的なものとは違つて、占領が終るまでの臨時的なものであるし、それに、現在米軍の物資は、日本の経済界を混乱に陥れている有力な要素であるから、厳重にその流れを取締らなければならない。さもないと、しまいには、円が全く無価値になつて、アメリカタバコが、それに代つて通貨の役目をするというような破局に陥ることがないとも云えないと思う。

総　仮に当方の提案通りするとしても、検察官は、実際上起訴、不起訴の裁量権を失わないで持つているのであるから、この点から云つても、日本の法制の上から見ておかしいことはないと思う。(38)

日本側は「貴下の云われることはよくわかつたから、御趣旨に沿うように修正することにしよう」とその主張を受け入れ、「連合国占領軍、その将兵又は連合国占領軍に附属し、若しくは随伴する者の財産の収受及び所持の禁止に関する法律案」は七月三一日に国会に提出された。しかし、上述したように、民政局の方針転換によりこの法律案は撤回され、結局同年八月二五日に政令第一六五号が以下の内容で公布され、即日施行された。

第一条　連合国占領軍、その将兵又は連合国占領軍に附属し若しくは随伴する者の財産（連合国占領軍の発行するドル表示軍票、英国占領軍の発行するポンド表示軍票又は英国占領軍の使用する一ペニー若しくは半ペニーのオーストラリヤ銅貨幣を除く。）は、何人も、公に認められた場合を除くの外、これを収受し、又は所持してはならない。

日本国の通貨又は連合国占領軍の将兵若しくは連合国占領軍に附属し若しくは随伴する者が、連合国占領軍、連合国政府機関又は同機関によつて物品給与の権限を附与されている福利機関のいずれにも該当しない者から日本国内において取得した日本国内において製造された物品は、前項の規定にかかわらず、これを収受し、又は所持することができる。

第二条　連合国占領軍の発行するドル表示軍票、英国占領軍の発行するポンド表示軍票又は英国占領軍の使用する一ペニー若しくは半ペニーのオーストラリヤ銅貨幣は、何人も、他の法令に別段の定がある場合を除いて、これを収受し、又は所持してはならない。

第三条　第一条第一項又は前条の規定に違反した者は、これを五年以下の懲役又は五万円以下の罰金に処する。

前項の罪を犯した者には、情状により懲役及び罰金を併科することができる。(39)

また同日、勅令第三一一号の一部改正を行うポツダム命令が公布・施行され、「連合国占領軍、その将兵又は連合国占領軍に附属し、若しくは随伴する者の財産を権限なくして所持、取得、受領若しくは処分する行為」についての日本側での公訴を禁じた第一条第四号が削除されることとなったのである（政令第一六六号）。

(14)『日本管理法令研究』一巻八号（一九四六年）四五頁以下。

(15) 軍事占領裁判所に関しては、さしあたり、松元秀之「「占領軍裁判所」について」『警察研究』二一巻一号（一九五〇年）五二頁以下、高橋眞清「軍事警察裁判所（Provost Courts）の審理手続――我国に於る英米式刑事訴訟手続の一形態として」『判例タイムズ』二輯（一九四八年）五二頁以下を参照されたい。

(16) 以上の経緯につき、詳しくは前掲拙稿「「占領目的に有害な行為」と検察官の起訴猶予裁量」四七頁以下を参照されたい

〔本書三九五頁以下〕。

(17)「「刑事裁判管轄権の行使」及「朝鮮人其の他の者に対し言渡されたる判決の再審査」に関する「カーペンター」法務部長との会談録（第一回）」最高裁判所事務局渉外課『昭和二十三年十月　渉外月報特別資料（四～六合併号）』七頁以下（以下『渉外月報特別資料』として引用）。

(18)「二月二十五日「刑事裁判権執行に関する覚書」に付ての会談録」前掲『渉外月報特別資料』一五頁（2の末尾は「cに関するもの」の誤記と思われる）。

(19)『日本管理法令研究』一〇号（一九四八年）五三九頁以下。

(20) 矢崎前掲「勅令三一一号」一六頁。

(21) 終戦連絡中央事務局政治部『執務報告』第二号（一九四六年四月一五日）荒敬編『日本占領・外交関係資料集(3)』（柏書房、一九九四年）三〇〇頁以下。

(22)『日本管理法令研究』一八号（一九四八年）五九頁以下。なお、SCAPIN一二一八による修正は、日本側が連合国人を逮捕する権限に関する要件の、重大な犯罪を行ったことについての「相当の嫌疑（reasonable suspicion）」から「相当の証拠（reasonable evidence）」への変更であった。

(23) 田中二郎は「この覚書は、恐らく、右の禁止違反の行為は、占領目的に直接の侵害を与える行為ともいうことをえず、又一々軍事占領裁判所を煩わすべき種類の事件でもないとの見地に立つてであろう」と解説している（『日本管理法令研究』一八号（一九四八年）五九頁）。

(24) ほかに挙げられている関連法令は、以下の二つである（附則は省略した）。

○連合国占領軍の発行する弗表示軍票の取締等に関する件（昭和二一年大蔵逓信省令第一号）

第一条　第二条に規定する場合を除く外、連合国占領軍の発行する弗表示軍票を収受し又は所持する行為は、昭和二十一年勅令第三百十一号第一条第四号に該当するものとする。

第二条　通信官署の職員は、大蔵大臣の指定する給付の支払に限り、連合国占領軍に属する軍人又は連合国人たる軍属から弗表示軍票の提供を受けた場合には、日本銀行券、貨幣、政府の発行する小額紙幣及び臨時補助貨幣と一弗につき十五円の割合で、これを収受しなければならない。

第三条　前条の規定に違反した者は、これを三年以下の懲役若しくは禁錮又は五千円以下の罰金に処する。

○英国占領軍の発行する磅表示の軍票又は英国占領軍の使用する濠洲貨幣の取締に関する件（昭和二二年大蔵省令第五六号）

第一条　英国占領軍の発行する磅表示の軍票又は英国占領軍の使用する一ペニー若しくは半ペニーの濠洲銅貨幣を収受し又は所持する行為は、昭和二十一年勅令第三百十一号（連合国占領軍の占領目的に有害な行為に対する処罰等に関する勅令）

第一条第四号に該当するものとする。

前項の規定は、連合国占領軍に属する軍人若しくは連合国人たる軍属又は連合国最高司令官の指定する者については、これを適用しない。

(25)「昭和二十一年勅令三百十一号等の改正法律案に関する総司令部法務部係官との会談録（第二回）」前掲『渉外月報特別資料』一二七頁以下。

(26) 同前一六一頁以下。憲兵裁判所の科刑権限については、松元前掲「「占領軍裁判所」について」六五頁以下を参照。

(27)「昭和二十一年勅令三百十一号等の改正法律案に関する総司令部法務部係官との会談録（第一回）」前掲『渉外月報特別資料』一二一頁。

(28)「昭和二十一年勅令三百十一号等の改正法律案に関する総司令部法務部係官との会談録（第四回）」前掲『渉外月報特別資料』一五一頁以下。

(29)「昭和二十一年勅令三百十一号等の改正法律案に関する総司令部法務部係官との会談録（第八回）午後の部」前掲『渉外月報特別資料』五六頁以下。

(30) 佐藤前掲「ポツダム命令についての私録 (3)」一九頁。なお、占領終結時のポツダム命令の処理についての会同において、当時法務府法制意見長官であった佐藤は以下のように述べる。「〔勅令第三一一号の改正は〕憲法問題にはあまり関係のないことがらだつたと思います。それを議会中はなるべく法律でやろうということで出したのです。ところが「ちよつと待て」ということで撤回の指図が来て撤回したのであります。どうもその理由はよく判りません。後に聞いたことですが、撤回を命じた人の話では、あれは指令によるものであるということに気が付かなかつた。法案になつて出て、それが判つたから、撤回を命じたということをいつたように思つております。占領政策を議会で批判されるということは好ましくないという考え方だつたように思います。…われわれとしては国会ではなぜ国会の会期中にポツダム命令を出すかということで叱られるし、両方の板挟みで苦労をしたものです」（最高裁判所事務総局『刑事裁判資料六四号　全国刑事裁判官会同議事摘録昭和二十七年一月十、十一日（法廷秩序維持、平和条約発効後におけるポツダム政（勅）令違反事件の処理）に関する会同』（一九五二年）六九頁）。

(31)「GHQ／SCAP文書」〔以下「GHQ/SCAP」〕LS-29180, Amendment of Imperial Ordinance No.311 and of Ministry of Justice Ordinance Concerning Unauthorized Possession of Allied Goods, 21 August 1947.

(32) 前掲拙稿「憲法秩序の変動と占領管理体制」四八頁以下〔本書三二八頁以下〕。

(33) 前掲拙稿「「占領目的に有害な行為」と検察官の起訴猶予裁量」六六頁以下〔本書四一〇頁以下〕。

(34) 前掲「昭和二十一年勅令三百十一号等の改正法律案に関する総司令部法務部係官との会談録（第二回）」一二八頁以下。

(35) 前掲拙稿「「占領目的に有害な行為」と検察官の起訴猶予裁量」八〇頁以下〔本書四二二頁以下〕。

(36) 「昭和二十一年勅令三百十一号等の改正法律案に関する総司令部法務部係官との会談録(第三回)」前掲『渉外月報特別資料』一四一頁以下。ただし、七月一五日にこの問題が再度話題となったときには、日本側の「従来の通り一般原則によることにしてよくはないか」との主張に対し「それでよい」とあっさり認めているので、これはあくまで取引の材料であったようである(前掲「昭和二十一年勅令三百十一号等の改正法律案に関する総司令部法務部係官との会談録(第四回)」一五四頁)。

(37) なお、その際に「いづれにしてもこの問題は、難しい問題だから、後日この点に関して司法省から通牒を出されるような場合には、十分注意して慎重にやつてもらいたいと思う」と付言されていることは興味深い(「昭和二十一年勅令三百十一号等の改正法律案に関する総司令部法務部係官との会談録(第五回)」前掲『渉外月報特別資料』一五八頁以下)。この点についてては後述する。

(38) 同前一五九頁以下。なお、この会談には、法務局のバッシンらに加え、民政局からもマイヤース(H. Mayers)が参加しているが、総司令部側からの発言がそれぞれ誰のものかを史料上特定することは出来ない。

(39) なお、附則によって、昭和二一年内務司法省令第一号は廃止され、昭和二一年大蔵逓信省令第一号、及び、昭和二二年大蔵省令第五六号は改正された。

三　勅令第三一一号及び政令第一六五号の運用

(一)　新憲法下での連合国占領軍財産等収受所持行為の取締り

さて、政令第一六五号の制定によって、一九四七(昭和二二)年八月二五日以降に発生した連合国占領軍財産等収受所持行為については、その管轄が軍事占領裁判所から日本側裁判所へと移されることとなったが、同年五月三日には「日本国憲法の施行に伴う刑事訴訟法の応急措置に関する法律」（法律第七六号、以下「応急措置法」）が施行されており、大正刑事訴訟法の下で行われていた刑事実務の運用にも大きな変動が生じることとなった。[40] 応急措置法は、その名称が示すように、憲法附属法の改正作業が難航したことによる「新憲法の実施のために必要な、いわば最小限度の応急措置」であったが、その一方で「新憲法に盛られた理想を追うて著しく現実を変革しようとしている点において、刑事訴訟法の画期的な改正」であった。[41]

政令第一六五号の制定に伴う事件処理の引継ぎに関わる調整は、当然のようにこの変動を踏まえながら行われた。日本側とGHQ側との間で八月四日に「近い将来右法案〔連合国占領軍、その将兵又は連合国占領軍に附属し、若しくは随伴する者の財産の収受及び所持の禁止に関する法律案〕の議会通過後における手続上の問題」が話し合われた際にも、逮捕手続に関して「先般の刑訴応急措置法によると、検察官は被疑者逮捕後七十二時間以内に、裁判官に対し、拘留状の請求をしなければならなくなつている」ことを踏まえ、MP（Military Police）が連合国占領軍財産等収受所持行為を行った犯人を逮捕した場合の「時間的制限の起算点」をどこに置くべきかがまず協議されている。[42] 逮捕に伴う身柄拘束時間の問題は、応急措置法の制定過程において「逮捕は、取調べを伴うのが当然である」とする「日本的な逮捕観」と「警察官は、逮捕した被疑者を遅滞無く裁判官――ないし検察官――のもとへ送致すべきだ」とする「アメリカ的な逮捕観」との鋭い対立が見られた問題であったが、[43] 司法省は「日本側の警察官が、身柄をM・Pから受取つた時を起算点とすべきだという解釈も、もちろん成り立ち得るし、又実際上もM・Pに於て相当期間身柄を拘束していることもあると思う」が、運用としては「M・Pが犯人を逮捕したときから七十二時間以内になるべくなら手続を運びたいと思つている」として、法務局に対して「現地M・Pと連絡して、犯人の身柄は、できるだけ早くこれを、日本側官憲に引渡すよう指示して頂きたい」と要請している。これに対して法務局のバッシンは「七十二時間という時間的の制限は、日本側の警察が、犯人の身柄を、M・Pから受取つた時から起算することにして、さしつかえない」とした上で、連合国占領軍財産等収受所持行為は引き続き軍事占領裁判所においても取り扱うことが出来る以上は「M・Pとしても、事件を日本側に移すべきや否やについて相当、慎重に考慮することもあり得ると思われるので、犯人の身柄を、早く、日本側に引き渡すようにというような命令を出すわけにはゆかない」との姿勢を示している(44)。

この問題は、八月一二日午後に行われた日本側と民政局との間の会談でも議論されており、日本側は「将来M・Pが本件被疑者を捕えた場合」には「原則として、日本側の検察官なり司法警察官吏なりが、裁判官から逮捕状をもらつて、それによつて、身柄の引取を受ける」こととなるが、「M・Pが、身柄を同行して、即刻、身柄の引取を求めて来たような場合には、応性《ママ》の措置として、刑訴応急措置法第八条第二号による緊急逮捕処分として、事後直ちに裁判官の逮捕状を求める手続を執る」こととし、「応急措置法第八条第三号所定の七十二時間の時間的制限は、現実にM・Pら《ママ》身柄を引取つた時から起算すべきものと思つている」との見解を伝えており、民政局のオプラーらからは特段の異論は出ていない(45)。政令第一六五号の制定を受けて発出された通牒においては、被疑者の受取は、応急措置法第八条第一号及び第二号「孰れの場合も四十八時間の起算点（逮捕の時）は占領軍官憲より現実に身柄の引渡を受けたときと解して取扱う」こととするが(46)、「具体的事件の処理に当つてはできるだけ犯人が事実上拘束を受けた時間を斟酌されたく、なお引継を受けるに当つては、なるべく進駐軍側より被疑事実及び関係証拠の梗目《ママ》を記載した書面の公布を受けることとされたい」とされている(47)。

GHQの法務局との会談における日本側の上述の主張の含意は、連合国占領軍財産等収受所持行為の日本側裁判所への速やかな移管についての地方軍政部への命令発出を促すことであったと推測される。逮捕の起算点についての議論に続けて、日本側は被疑者の身柄引渡しの際に、証拠物の引渡しと共に、上述の通牒で言及されているように「犯罪事実の概要を書面に書いて、一緒に引継いで欲しい」こと、更に「犯人が事実を否認している場合には関係証人の住所氏名をも知らせて頂きたい」旨を法務局側に要請している。これに対して法務局のバッシンは、「犯人を逮捕して日本側に引継て〔ママ〕仕事は、東京や横浜では、M・Pがやつているが地方によつてはM・G（Military Government）がやつているところもあつて、画一的な指令を出すことは至難である」ため、「犯罪事実の概要を書面に書いて引継いだり、関係証人の住所氏名を日本側に知らせたりすることは、一般的に指令するわけにはゆかない」として、「結局、現地の司法官憲が、当該地方の進駐軍当局と適宜折衝して、解決するようにしてもらいたいと思う」と伝えており、更に日本側が「貴官の御意見を各現地の司法官憲に伝えてさしつかえないか」と確認すると、バッシンは「自分の名前を出されることに反対はしないが、元来命令は八軍を通じてなさるべきもので、自分には、命令権がないのであるから、現地の進駐軍が自分の意見に従うかどうかは敢て保証の限りではない」旨返答している。(48)

ここで興味深いのは、政令第一六五号の制定をめぐる具体的な調整の過程において、日本側とGHQ側の間に刑事司法のあり方についての本質的な意見の齟齬が見られることである。上述の会談において法務局のバッシンは、被疑者と共に証拠物の引渡しが求められた際に「証拠物を引渡すことは、当然なこと」であり、「もし引渡を拒むような場合には有罪の証拠が無いわけになるのであるから、被告人を無罪釈放にすればよいのであつて、さような点を心配される必要は毫もないではないか」と述べ、更に、占領軍関係者の証人喚問が必要となつた場合の協力が日本側から要請された際には、以下のように返答しているのである。

総　進駐軍の将兵等を証人として法廷に喚問することが絶対必要の場合には、遠慮なくM・PなりM・Gなりに協力方を要求されたらよろしかろう。さような場合、進駐軍としては、もち論〔ママ〕好意的な取計らいをすると思うが、万一要求に応じないでそのために証拠がそろわないような場合には、裁判には、日本の法律に従つて無罪の言渡をなすべきである。

日　もし将来さような事態が起つた場合には至急貴官に御連絡しようと思うが如何。
総　自分の方へ連絡されるのも結構だが、自分としては、日本の裁判所が、さような理由によつて、被告人を無罪にしたからといつて、決してそれを非難するようなことはしないつもりである。なぜなら、日本の裁判所は日本の法律によつて裁判するものである以上、証拠不十分の場合に被告人を無罪放免にするのは当然であると思うからである。[49] しかし、これは最悪の場合で、自分としては進駐軍が最大限度、日本側に協力するであらう事を確信して疑わぬのである。

また、政令第一六五号の制定過程の最終段階になって、民政局のオプラーらが、第一条第一項に「公に認められた場合を除くの外（unless duly authorized）」との文言を挿入するよう求めた際にも、「不法の所持のみが罰せられるということを明示して置けば、所持の「不法」なることは、検察官が立証しなければならないことになるではないか」との民政局側の主張に対して、日本側は「日本の法律の建前から云えば、犯罪の積極的要件の存在は勿論、消極的要件の不存在に付てもすべて検察官が立証する責任を負つている」との観点からの反論を行っている。[50] ここに集約的に示されているように、検察を中心とする刑事司法の運営のあり方については、応急措置法を経て現行刑事訴訟法が制定された後も、その「日本的特色」が維持されていくこととなるのである。[51]

（二）　連合国占領軍財産等収受所持行為と検察官の起訴猶予裁量権

さて、政令第一六五号及び第一六六号の制定の直接の要因となった、一九四七（昭和二二）年六月二七日付「「刑事裁判権の行使」の修正に関する覚書」は、前述のように、第五項で「勅令第三一一号によって行われた裁判事件に関する月次報告を、各事件毎に法廷の所在地、事件番号、犯罪の概要、被告訴人員数、抗弁、有罪の判決及びその他関係事項を記入の上、各地方軍政部を経て本司令部に提出せねばならない」と定めており、この規定に基づき同年七月より、勅令第三一一号に関する裁判記録がGHQ側に提出されることとなった。この間の様子を伝えるものとして、稲田得三元仙台高等裁判所長官の回想を以下に引用しよう。

私が進駐軍と関係を持つようになったのは、私が京都区裁判所の監督判事をしていた時であった。突然ジャッジ・アドヴォケートの名で出頭を命じてきた。…法務部には、少佐を頭に二三人の法務官がいたように思う。そして出頭した私に対し、今後進駐軍に関係のある事件が起訴された場合、およびその裁判のあった場合にはいちいち報告せよ、と命じた。どんな無理難題をいわれるのかと、実はひやひやしていたのであったが、要求されたのが裁判そのものに関することではないし、単に事件の報告だけだったので、これくらいは敗戦国として仕方なかろうと、そこに来た時よりはずっと気楽な気持ちで法務部を出た。しかしそれからは、たくさんの進駐軍関係事件の起訴状やその裁判の翻訳に追われた。乏しい英語の力をたよりに、和英辞典と首っ引きで、曲がりなりに翻訳をしては、週に一回くらい米軍の法務部へそれを持っていった。(52)

日本側から各地方軍政部を通じてGHQの法務局に提出された裁判記録は、様式が統一されておらず、また、そのすべてがGHQ/SCAP文書の中に整理・保管されているわけではないようであるが、(53)「占領目的に有害な行為」として日本側裁判所で裁かれた事案が、具体的にはどのような指令違反であったかを知る上で有益な史料である。例えば、勅令第三一一号の制定当初から問題となっていた、同法第一条第二号の「連合国占領軍、その将兵又は連合国占領軍に附属し、若しくは随伴する者の安全に対し有害な行為」と「銃砲等所持禁止令」(昭和二一年勅令第三〇〇号)違反事件との関連について、司法省刑事局関係者は「この勅令施行当初は、最高司令部の見解も、又各地の事実上の取扱いも大体において第一条第二号該当の事件として占領軍々事裁判所において裁判が行われていた」が、一九四七年一〇月頃から「第二条該当事件として逐次我方に裁判権が委譲されるようになり、銃砲以外の刀剣匕首等の不法所持は全面的に（個々的にではなく）我方の裁判に付され」、また「銃砲の不法所持についても現地軍司令官の承認がある場合は我方で裁判を行っている」旨を解説しているが、これと平仄を合わせるように、同年後半の史料には、特に地方において「武器不法所持」が勅令第三一一号該当事件として記載される頻度が高いことが確認出来る。(54)

さて、「『刑事裁判権の行使』の修正に関する覚書」が第三項において明示しているように、政令第一六五号に規定された連合国占領軍財産等収受所持行為には、勅令第三一一号第二条第一項が適用されることになる。すなわち、上掲の解説によると、軍用品としては「ピストル、機銃等の銃器、無線有線の電信電話の送受信器の機械をはじめ各種の兵器」「ジープ、セダン（乗用車）、トラック、トレーラー、自動車等の各種の車輌」「毛布、軍衣袴、軍靴その他の物で倉庫等に格納又は貯蔵されている各種の衣料品」「連合国占領軍人、軍属又は家族等に給与すべき食料品で倉庫等に貯蔵されている各種の食料品」「揮発油、軽油、重油その他各種の燃料」「タイプライター、その他の事務用品、冷蔵機その他の厨房用具」等、官給品としては「各種煙草」「衣料品、食料品、調度品その他の物品で各人の日常の用途に充てられ、且つその者において一定の保管義務のあるもの」「自転車、タイプライター等の小車輌、小器械であつて各人の日常の用途に充てられ、且つその者において一定の保管義務のあるもの」等、その他「各人がP・Xから購入したもの、確認が本国から持参し又は郵送を受けたもの、軍票本国の通貨凡て」について、「有償であると無償であると、売買であると交換であることを問わず、とにかく買つても貰つても拾つても、持つていてもいけない」ということになり、明文上は、これらの行為はすべて日本側裁判所に起訴されなければならないこととされた。(55) しかし実際には、前述したように、勅令第三一一号の制定の当初から地方軍政部との事前調整によって日本側の検案による起訴猶予裁量が柔軟に運用されており、そのあり方は政令第一六五号においても引き継がれていた。明文における規定こそ設けられなかったものの、日本側からの「司法省としては、従前の貴官こ《〔ママ〕》の会談の結果に基きこの際全国の検察官に対し、いわゆる小事件（Minor Case）については、起訴をしないようにこの趣旨の通牒を出そうと思う」という意向に対する、バッシンの「その趣旨の通牒を出されることは結構」だが「「極秘」の通牒にしてもらいたい」という返答、更に、日本側からの「その点については、貴方からも、同趣旨の連絡を、各現地進駐軍当局にして置いて頂きたいと思う」との依頼に対する、「訓令（instruction）の形ではなく政策（policy）として指示するつもりであるから御安心を願う」とバッシンの返答等から、勅令第三一一号の制定から一年余が経過したこの段階で、既に両者の間に緊密な「クロス・ナショナル」な関係が構築されていることが確認出来る。(56) 政令第一六五号の制定直後の八月二七日、司法省刑事局から「総司令部《〔ママ〕》法律部の了解を得ているものである」旨を申し添えた上で、以下のような通牒が出されていることは、このことを裏付けるものであろう。

（一）　昭和二十二年政令第百六十五号違反事件については昭和二十一年勅令第三百十一号第二条第一項が適用される訳であるが、その具体的運用については従来通り起訴猶予処分も認められるものと解するから、その具体的方法基準等については現地占領軍当局と連絡して最善の処理方法を採るよう努められたい。

（二）　昭和二十二年政令第百六十五号違反事件の処理に当つては悪質重大犯に検挙処罰の重点を置くよう運用せられたい。(57)

それでは、勅令第三一一号及び政令第一六五号の起訴猶予処分は、実際にはどのように行われていたのだろうか。その一端を示す史料として、《表1》及び《表2》を掲出しよう。これは、一九四八（昭和二三）年四月一八日付で東京軍政部から第八軍司令官に提出された同年三月の裁判月例報告に含まれていた文書であり、同月に東京地方検察庁の下で行われた勅令第三一一号関連事件の起訴処分七五件（七八名）、及び、不起訴処分一〇四件（一〇六名）についてまとめたものである。[58] 無論、過度な一般化は慎まなければならない上、地域によって偏りがあることを踏まえなければならないが、とりわけ、不起訴処分を行うにあたって、通し番号を附して個別に地方軍政部側の承認を受けている事例と、日本側で通常の不起訴処分と同様に犯罪の軽重や情状を酌量して不起訴処分とした被疑者について事後的に報告している事例とが混在していることや、個別に憲兵部（Provost Marshal）大尉による承認が行われた事例があることなどは興味深い。日本側関係者は、勅令第三一一号が明文上では起訴法定主義を維持しつつも「実際上も軽微な罪の事件まですべて起訴する方針をとるならば、かえつて一般国民に占領政策の過酷を思わしめ、決して占領目的に寄与することとならないと考えたので、わが検察官は、事案の内容に応じ適切な処理を行うことに努め占領軍の係官もまたわが検察官の意見を尊重するに吝かでなかつた」との評価を占領後期に行っているが、[59] そのような評価の背景には、日本側の地方検察当局とＧＨＱ側の地方軍政部との間に、このようなグラデーションを許容し得る程度に密な「クロス・ナショナル」な関係があったことを指摘することが出来るであろう。

（40） さしあたっては、「〈座談会〉刑事訴訟法の応急措置法について」『法の支配』六三号（一九八五年）六六頁以下を参照されたい。

（41） 高橋一郎『新憲法下における刑事訴訟法解説――応急措置法を中心として』（近代書房、一九四七年）序文。なお、応急措置法の制定過程に関しては、松尾浩也「応急措置法の制定過程」同『刑事法学の地平』（有斐閣、二〇〇六年）一四四頁以下を参照。

（42） 応急措置法は第八条第三号で「現行犯人が逮捕された場合には、遅滞なく刑事訴訟法第百二十七条及び第百二十九条に定める時間の制限内に検察官から裁判官に対する勾留状の請求がされなければならない」とし、「この制限された時間は、逮捕の時からこれを起算する」と定めていた。

《表1　東京地裁管内1948年3月：起訴事件》

番号	被疑者氏名（国籍・性別、年齢、職業）	態様	答弁	嫌疑	犯行日	告訴日	求刑
1	H.S（日本人男性、19歳、労働者）	窃盗	有罪	共謀による毛布2枚窃取	1948.1.8	1948.3.1	懲役6ヶ月
2	T.N（日本人男性、19歳、労働者）	窃盗	有罪	勤務中に手袋5組、ハンカチ2枚窃取	1948.2.16	1948.3.1	懲役4ヶ月
3	T.F（日本人男性、25歳、運転手）	165号違反	有罪	砂糖10ポンド、タオル8本を1800円で購入、所持	1948.2.24	1948.2.2	罰金3000円
4	S.M（日本人男性、37歳、修理工）	165号違反	有罪	砂糖10袋、タオル16本を2400円で購入、所持	1948.2.24	1948.3.2	罰金3000円
5	H.Y（日本人男性、26歳、雑役夫）	窃盗	有罪	タオル28本、砂糖8ポンド、肌着2枚、下穿き1枚窃取及び売却	1948.2.24	1948.2.2	懲役1年
6	M.H（日本人男性、35歳、修理工）	165号違反	有罪	タオル12本、肌着2枚、下穿き1枚を1600円で購入	1948.2.24	1948.3.2	罰金3000円
7	K.S（日本人男性、20歳、水夫）	165号違反	有罪	ジャンパー1着を520円で購入、所持	1947.10.29	1948.3.2	罰金2000円
8	I.E（日本人男性、19歳、給仕）	165号違反	有罪	肌着2枚、蓄音機1台及び物品7点を購入、所持	1948.2.13	1948.3.3	懲役6ヶ月及び罰金5000円
9	Y.T（日本人男性、55歳、雑役夫）	窃盗	有罪	共謀による砂糖2袋窃取	1947.8.22	1948.3.4	懲役6ヶ月
10	T.T（日本人男性、27歳、質屋）	窃盗	有罪	タバコ2箱を購入、所持	1948.2.23	1948.3.5	求刑未確定
11	T.T（日本人男性、60歳、食堂主）	165号及び価格統制令違反	有罪	共謀によるタバコ150箱、バター10ポンド、砂糖15ポンド所持	1948.12.23	1948.3.6	懲役5年及び罰金100万円
12	G.S（日本人男性、51歳、雑役夫）	165号違反	有罪	ボストンバッグ1つ、石鹸11個、物品16点を所持	1947.10.20	1948.3.6	懲役6ヶ月及び罰金2000円
13	I.I（日本人男性、20歳、労働者）	窃盗	有罪	売却目的で砂糖65ポンド窃取	1948.2.25	1948.3.6	懲役1年
14	K.M（日本人男性、28歳、質屋）	贓物故買	有罪	三輪タイヤ2本、二輪タイヤ2本を2000円で販売	1947.12.22	1948.3.8	懲役1年10ヶ月
15	H.U（日本人男性、25歳、無職）	強盗未遂	有罪	タイヤ強盗未遂	1948.1.22	1948.3.8	懲役10ヶ月
16	K.T（日本人男性、37歳、無職）	窃盗及び165号違反	有罪	ジャッキ1台所持、盗品タイヤを11万7千円で販売	1948.2.14	1948.3.8	懲役2年
17	Z.S（日本人男性、24歳、質屋）	165号違反	有罪	ズボン1着、物品2点を購入、所持	1948.3.7	1948.3.9	懲役4ヶ月
18	S.K（日本人男性、23歳、労働者）	窃盗	有罪	共謀によるガラス5箱窃取	1948.2.25	1948.3.9	懲役10ヶ月
19	K.Y（日本人男性、22歳、労働者）	窃盗	有罪	共謀によるガラス5箱窃取	1948.2.25	1948.3.9	懲役10ヶ月
20	N.I（日本人男性、35歳、八百屋）	165号違反	有罪	外套2着、物品6点を購入、所持	1947.10.31	1948.3.10	罰金10000円
21	S.S（日本人女性、25歳、店員）	窃盗	有罪	ズボン1着を吉原病院で購入、所持	1948.3.1	1948.3.10	罰金1000円
22	M.S（日本人男性、20歳、自動車修理工）	165号違反	有罪	櫛1個、物品123点所持	1948.2.11	1948.3.11	懲役10ヶ月及び罰金3000円
23	K.T（日本人男性、29歳、音楽家）	165号違反	有罪	タバコ70箱を購入、ライター1個、腕時計1個を受領、所持	1947.9.10	1948.3.12	懲役6ヶ月及び罰金3000円
24	F.S（日本人男性、36歳、料理人）	165号違反	有罪	ラード17ガロン、物品1点所持	1948.2.20	1948.3.12	懲役6ヶ月及び罰金500円
25	S.K（日本人男性、20歳、労働者）	窃盗	有罪	チェスターフィールド50箱窃取	1947.11.4	1948.3.12	懲役2年
26	S.H（日本人男性、21歳、労働者）	窃盗	有罪	キャラメル50カートン窃取及びシューズ1足、物品購入	1947.11.5	1948.3.12	懲役2年
27	T.N（日本人男性、23歳、無職）	165号違反	有罪	ウィスキー50本所持	1947.12.20	1948.3.15	懲役8ヶ月
28	T.T（日本人男性、22歳、貴金属商）	165号違反	有罪	3ドル、パーカー万年筆1本所持	1947.10.8	1948.3.16	罰金500円

番号	被疑者氏名（国籍・性別、年齢、職業）	態様	答弁	嫌疑	犯行日	告訴日	求刑
29	C.H（日本人男性、36歳、無職）	165号違反	有罪	タバコ19箱、物品3点所持		1948.3.16	懲役4ヶ月及び罰金5000円
30	G.I（日本人男性、28歳、労働者）	窃盗	有罪	50ヤードの綿2ロール窃取	1948.3.4	1948.3.16	懲役1年
31	S.S（日本人男性、39歳、労働者）	311号違反	有罪	G.Iから石鹸2個、物品32点を購入、所持	1948.3.4	1948.3.17	罰金3000円
32	I.U（日本人男性、45歳、労働者）	311号違反	有罪	G.Iからパイプタバコ10缶、物品2点を購入、所持	1947.8.4	1948.3.17	罰金1000円
33	S.H（日本人男性、39歳、労働者）	311号違反	有罪	G.Iからタバコ7箱、物品5点を購入、所持	1947.8.5	1948.3.17	罰金1000円
34	E.Y（日本人男性、35歳、ボイラー工）	311号違反	有罪	G.Iからタバコ5箱、物品7点を購入、所持	1947.8.5	1948.3.17	罰金2000円
35	C.M	165号違反	有罪	売却目的で砂糖所持	1947.12.27	1948.3.17	懲役4ヶ月及び罰金10000円
36	A.T（日本人女性、18歳、街娼）	165号違反	有罪	ズボン6本、靴下4足所持	1948.3.11	1948.3.18	懲役1～3年
37	H.K（日本人男性、19歳、労働者）	窃盗	有罪	チョコレート4本窃取	1948.3.4	1948.3.16	懲役6ヶ月
38	E.W（日本人男性、29歳、労働者）	165号違反	有罪	婦人物靴下4足所持	1948.2.20	1948.3.20	罰金2000円
39	G.K（日本人男性、25歳、労働者）	165号違反	有罪	絨毯1枚所持	1948.3.4	1948.3.20	罰金2000円
40	M.S（日本人男性、31歳、労働者）	165号違反	有罪	ランニング14着、物品3点所持	1948.1.20	1948.3.6	懲役4ヶ月及び罰金3000円
41	K.E（日本人男性、25歳、修理工）	165号違反	有罪	タイヤ8本、ジャッキ2台所持	1948.1.27	1948.3.8	懲役1年6ヶ月及び罰金1000円
42	B.J.K（韓国人男性、18歳、無職）	165号違反	有罪	ジャンパー1着、物品2点所持	1948.2.3	1948.3.19	罰金2000円
43	T.S（日本人男性、25歳、料理人）	165号違反	有罪	シーツ1枚、物品83点所持	1948.1.27	1948.3.19	懲役1年及び罰金5000円
44	S.I（日本人男性、17歳、無職）	窃盗	有罪	共謀による毛布1枚窃取	1947.12.5	1948.3.20	未定（他の犯罪により求刑予定）
45	K.H（日本人男性、27歳、料理人）	165号違反	有罪	毛布1枚、物品3点所持	1948.3.15	1948.3.20	未定（他の犯罪により求刑予定）
46	S.Y（日本人男性、21歳、無職）	窃盗	有罪	靴下41足窃取	1948.3.12	1948.3.20	懲役1年6ヶ月
47	M.T（日本人男性、17歳、職工）	窃盗	有罪	毛布3枚、物品3点窃取	1947.12.3	1948.3.20	未定（追加捜査により決定）
48	T.K（日本人男性、19歳、労働者）	窃盗	有罪	チョコレート6本窃取	1948.3.4	1948.3.20	懲役4ヶ月
49	K.O（日本人男性、26歳、無職）	窃盗	有罪	シャツ1着窃取	1948.3.9	1948.3.20	懲役6ヶ月
50	S.W（日本人男性、20歳、鉄道員）	窃盗	有罪	アルコール6缶窃取	1947.12.23	1948.3.22	懲役1年
51	H.K（日本人男性、20歳、PX店員）	165号違反	有罪	セーター1着、物品6点所持	1948.2.21	1948.3.23	罰金2000円
52	S.H（日本人男性、34歳、雑役夫）	165号違反	有罪	シーツ1枚、ガーゼ10枚窃取	1947.12.18	1948.3.22	罰金2000円
53	T.S（日本人男性、40歳、会社社長）	165号違反	有罪	ジャケット1着、シャツ1着所持	1947.12.29	1948.3.23	罰金1000円
54	I.I（日本人男性、25歳、セールスマン）	165号違反	有罪	黒人G.Iからタオル3本、物品7点を購入、所持	1947.12.7	1948.3.23	罰金3000円
55	T.S（日本人男性、21歳、会社員）	165号違反	有罪	バター1.5ポンド所持	1948.3.5	1948.3.23	罰金1000円
56	S.T（日本人男性、19歳、労働者）	165号違反	有罪	バター1ポンド所持	1948.3.5	1948.3.23	罰金500円
57	K.N（日本人男性、24歳、労働者）	165号違反	有罪	バター1ポンド所持	1948.3.5	1948.3.23	罰金500円
58	K.K（日本人男性、28歳、労働者）	165号違反	有罪	バター2ポンド所持	1948.3.5	1948.3.23	罰金1000円
59-a	J.O（日本人男性、32歳、会社役員）	311号違反	有罪	ペニシリン、靴下28足所持	1947.11.15	1948.3.23	懲役6ヶ月及び罰金10000円
59-b	S.O（日本人男性、29歳、無職）	165号違反	有罪	ペニシリン5本所持	1947.11.25	1948.3.16	罰金5000円
59-c	M.M（日本人女性、29歳、無職）	165号違反	有罪	N（59-d被疑者）の求めによりペニシリン10本所持	1947.11.26	1948.3.16	罰金5000円

番号	被疑者氏名 （国籍・性別、年齢、職業）	態様	答弁	嫌疑	犯行日	告訴日	求刑
59-d	T.N（日本人男性、43歳、会社役員	165号違反	有罪	ペニシリン95本所持	1947.11.15	1948.3.16	懲役1年及び罰金10000円
60	K.O（日本人男性、26歳、無職）	窃盗	有罪	シーツ6枚、物品46点窃取	1948.3.1	1948.3.19	懲役1年6ヶ月
61	T.F（日本人男性、37歳、ラジオ修理工）	165号違反	有罪	電流計2台、物品33点所持	1948.2.20	1948.3.24	罰金2000円
62	Y.M（日本人男性、22歳、無職）	165号違反	有罪	チェスターフィールド5箱所持	1947.12.24	1948.3.24	罰金2000円
63	M.T（日本人男性、34歳、労働者）	165号違反	有罪	タバコ9箱、物品4点所持	1948.2.23	1948.3.25	懲役6ヶ月及び罰金5000円
64	M.H（日本人男性、32歳、労働者）	窃盗	有罪	ズボン2本、シャツ2枚窃取	1948.3.27	1948.3.27	懲役1年
65-a	H.S（日本人男性、28歳、労働者）	窃盗	有罪	ズボン30本、物品2点窃取	1948.3.2	1948.3.27	懲役2年
65-b	T.M（日本人男性、18歳、労働者）	窃盗	有罪	ズボン30本、物品2点窃取	1948.3.2	1948.3.27	懲役1年6ヶ月
66	M.T（日本人女性、19歳、酒場店員）	165号違反	有罪	ズボン1着所持	1948.3.22	1948.3.29	罰金1000円
67	M.O（日本人男性、23歳、無職）	窃盗	有罪	ガラス10枚窃取	1948.3.14	1948.3.29	懲役1年
68	H.S（日本人男性、20歳、無職）	窃盗	有罪	ズボン3本、物品3点窃取	1948.2.18	1948.2.30	罰金2000円
69	T.S（日本人男性、22歳、バーテンダー）	窃盗	有罪	5ドル所持	1947.12.31	1948.3.30	罰金500円
70	S.M（日本人男性、21歳、無職）	165号違反	有罪	短パン1着、セーター1着所持	1947.10.31	1948.3.31	罰金1000円
71	T.M（日本人男性、19歳、労働者）	165号違反	有罪	靴下1足、物品3点所持	1947.10.31	1948.3.31	罰金2000円
72	I.T（日本人男性、21歳、労働者）	165号違反	有罪	砂糖30ポンド所持	1948.3.25	1948.3.31	罰金2000円
73	E.T（日本人男性、39歳、通訳）	165号違反	有罪	石鹸11個、物品23点所持	1948.3.18	1948.3.31	懲役6ヶ月及び罰金5000円
74	Y.S（日本人男性、31歳、農業）	165号違反	有罪	ズボン1本、物品6点所持	1948.3.29		懲役6ヶ月及び罰金3000円
75-a	I.K（日本人男性、22歳、労働者）	窃盗	有罪	バター10ポンド窃取	1948.3.5	1948.3.31	懲役4ヶ月
75-b	C.M（日本人男性、27歳、運転手）	窃盗	有罪	K（75-a被疑者）の窃取したバター10ポンド保管	1948.3.5	1948.3.31	罰金2000円
合計	75件（78名）						

《表2　東京地裁管内1948年3月：不起訴事件》

番号	被疑者氏名 （国籍・性別、年齢、職業）	態様	答弁	嫌疑	犯行日	不起訴 決定日	不起訴理由
1	T.K（日本人女性、34歳、通訳）	165号違反	有罪	洗剤1缶、物品3点所持	1947.8.11	1948.3.1	犯罪軽微
2	K.K（日本人男性、18歳、学生）	窃盗	有罪	砂糖1.5ポンド窃取	1947.10.6	1948.3.1	前科無し、犯罪軽微
3	S.M（日本人男性、23歳、労働者）	165号違反	不明	1ドル所持	1947.8.23	1948.3.1	被疑者所在不明
4	Y.K（日本人男性、46歳、料理人）	窃盗	有罪	ベーコン7切窃取	1948.2.27	1948.3.1	犯罪軽微
5	S.F（日本人男性、27歳、料理人）	窃盗	有罪	砂糖9オンス窃取	1947.2.27	1948.3.1	犯罪軽微
6	I.O（日本人男性、41歳、人足）	窃盗	無罪	飴1袋窃取	1947.8.11	1948.3.1	嫌疑無し
7	Y.T.M（韓国人男性、25歳、無職）	165号違反	有罪	ラッキーストライク1箱所持	1948.2.20	1948.3.1	前科無し、犯罪軽微
8	T.T（日本人男性、19歳、労働者）	165号違反	有罪	ビスケット7本所持	1947.10.7	1948.3.1	前科無し、犯罪軽微
9	S.I（日本人男性、58歳、水彩画家）	165号違反	有罪	石鹸5個、物品6点（アメリカで購入）引揚時持込	1948.1.6	1948.3.3	前科無し、犯罪軽微
10	F.H（日本人男性、32歳、居酒屋店主）	165号違反	有罪	ウィスキー1本所持	1947.11.7	1948.3.4	No.129による承認
11	C.N（日本人男性、52歳、タイプライター修理工）	165号違反	有罪	計算機2セットの修理	1948.1.18	1948.3.4	No.116による承認
12	S.T（日本人男性、40歳、労働者）	165号違反	有罪	ゴミ山からシューズ3足を拾得、所持	1947.9.12	1948.3.4	No.114による承認
13	S.M（日本人男性、20歳、給仕）	窃盗	有罪	ミルク2缶窃取	1948.2.5	1948.3.4	犯罪軽微
14	Y.T（日本人男性、55歳、雑役夫）	165号違反	有罪	腕時計1個受領、ゴミ山からシューズ1足他物品拾得	1947.11.15	不明	No.120による承認
15	M.A（日本人男性、51歳、労働者）	窃盗	有罪	売却目的で靴下1足窃取	1948.2.6	1948.3.4	犯罪軽微
16	Y.M（日本人男性、50歳、工場従業員）	165号違反	有罪	ウールセーター1着、物品5点購入、所持	1947.11.24	1948.3.4	No.112による承認
17	M.M（日本人男性、19歳、労働者）	窃盗	有罪	靴下1.5足窃取	1948.2.13	1948.3.4	犯罪軽微
18	T.F（日本人男性、61歳、モーター工場社長）	165号違反	有罪	腕時計1個、物品6点受領、所持	1947.11.20	1948.3.4	No.127による承認
19	S.K（日本人男性、23歳、記者）	165号違反	有罪	G.Iからタバコ10箱を1300円で購入、所持	1948.1.17	1948.3.4	No.115による承認
20	Y.T（日本人男性、19歳、鉄道員）	165号違反	有罪	2ドル所持	1947.10.16	1948.3.8	No.124による承認
21	T.S（日本人男性、20歳、給仕）	165号違反	有罪	2ドル所持	1947.10.16	1948.3.8	No.125による承認
22	M.I（日本人男性、20歳、給仕）	165号違反	有罪	1ドル所持	1947.10.16	1948.3.8	No.126による承認
23	A.M（日本人男性、23歳、学生）	窃盗	有罪	タバコ1箱窃取	1948.1.15	1948.3.10	犯罪軽微
24	O.N（日本人男性）						被疑者所在不明
25	S.M（日本人男性、56歳、労働者）	窃盗	有罪	原油1ガロン窃取	1948.1.30	1948.3.10	前科無し、犯罪軽微
26	K.S（日本人男性、49歳、労働者）	165号違反	有罪	靴下2足所持	1948.2.7	1948.3.10	前科無し、犯罪軽微
27	H.S（日本人男性、19歳、無職）	165号違反	有罪	チョコレート6本所持	1948.2.18	1948.3.11	前科無し、犯罪軽微
28	K.F（日本人男性、54歳、労働者）	窃盗	有罪	靴下1足窃取	1948.2.18	1948.3.11	前科無し、犯罪軽微
29	T.N（日本人男性、18歳、学生）	165号違反	有罪	ズボン1着購入、所持	1948.1.21	1948.3.12	No.173による承認
30	M.Y（日本人男性、43歳、保険勧誘員）	165号違反	有罪	砂糖10オンス所持	1947.12.24	1948.3.13	No.171による承認
31	Y.U（日本人男性、33歳、商店主）	165号違反	無罪	タイプライター2台所持	1947.12.29	1948.3.14	No.146による承認
32	T.Y（日本人男性、46歳、氷屋）	165号違反	無罪	毛布1枚所持	1947.11.6	1948.3.14	No.147による承認

番号	被疑者氏名 （国籍・性別、年齢、職業）	態様	答弁	嫌疑	犯行日	不起訴決定日	不起訴理由
33	K.T（日本人男性、22歳、会社員）	165号違反	有罪	シーツ1枚所持	1947.12.16	1948.3.14	No.122による承認
34	T.I（日本人男性、37歳、運転手）	165号違反	有罪	ベスト1着（シンガポールで受領）の引揚時所持	1948.3.3	1948.3.14	No.187による承認
35	K.K（日本人男性、33歳、自動車修理工）	165号違反	有罪	依頼によりズボン70着所持	1947.10.28	1948.3.15	No.185による承認
36	Y.M（日本人男性、19歳、労働者）	165号違反	有罪	野戦糧食1パック所持	1948.2.13	1948.2.23	No.152による承認
37	Y.S（日本人男性、48歳、書店員）	165号違反	有罪	毛布4枚、物品119点所持	1947.10.5	1948.3.11	No.184による承認
38	F.U（日本人男性、24歳、無職）	165号違反	有罪	2ドル70セント所持	1947.2.6	1948.3.12	No.144による承認
39	Y.M（日本人男性、34歳、運転手）	165号違反	有罪	シャツ1着所持	1948.2.13	1948.3.12	No.143による承認
40	T.H（日本人男性、21歳、労働者）	165号違反	無罪	セーター1着所持	1948.1.22	1948.3.14	No.199による承認
41	H.N（日本人男性、22歳、店員）	165号違反	有罪	2ドル70セント所持	1948.2.6	1948.3.17	No.144による承認
42	T.K（日本人男性、34歳、無職）	165号違反	有罪	シーツ2枚、シャツ1着、ズボン1着所持	1947.9.30	1948.3.17	No.175による承認
43	M.T（日本人男性、28歳、労働者）	窃盗	有罪	スプーン26個、物品3点窃取	1947.6.1	1948.3.17	No.162による承認
44	K.K（日本人男性、年齢、職業不詳）						被疑者所在不明
45	K.O（日本人男性、31歳、ワイン販売員）	165号違反	有罪	ピーナツ1缶購入、所持	1947.12.27	1948.3.17	前科無し、犯罪軽微
46	R.Y（日本人男性、39歳、東京府職員）	業務上横領	有罪	救援物資のパイナップル1缶、石鹸3個、グリーンピース1缶、物品10点横領	1948.3.1	1948.3.17	憲兵隊Millerat大尉による承認
47	K.M（日本人男性、40歳、労働者）	窃盗	有罪	靴下1足窃取	1948.2.13	1948.3.17	前科無し、犯罪軽微
48	T.H（日本人女性、29歳、女中）	165号違反	有罪	コカコーラ1瓶受領、所持	1947.12.15	1948.3.19	前科無し、犯罪軽微
49	N.T（日本人男性、25歳、会社役員）	311号違反	有罪	依頼により外套1着、物品54点所持	1947.7.6	1948.3.19	No.170による承認
50	T.M（日本人男性、27歳、仕立屋）	165号違反	有罪	スイス製腕時計所持	1947.10.2	1948.3.19	No.181による承認
51	C.O（日本人女性、22歳、無職）	311号違反	有罪	G.I.との結婚の際ラジオ1台、物品359点所持	1947.7.25	1948.3.19	No.168による承認
52	T.K（日本人男性、20歳、運転手）	311号違反	無罪	空気圧計10台所持（うち5台はHにより窃取）	1947.6.27	1948.3.16	No.186による承認
53	H.W（日本人男性、23歳、USKP）	窃盗	有罪	売却目的で石鹸5個窃取	1948.3.12	1948.3.22	犯罪軽微
54	S.N（日本人男性、55歳、労働者）	窃盗	有罪	ゴミ山からセーター1着、ズボン1着窃取	1948.2.19	1948.3.22	No.157による承認
55	K.F（日本人男性、19歳、労働者）	窃盗	有罪	コーンビーフ1缶窃取（食べようとした）	1948.1.28	1948.3.22	犯罪軽微
56	H.Y（日本人男性、36歳、労働者）	窃盗	有罪	靴下1足窃取	1948.3.5	1948.3.18	前科無し、犯罪軽微
57	K.H（日本人男性、18歳、労働者）	窃盗	有罪	砂糖1/2ポンド窃取	1948.3.4	1948.3.18	前科無し、犯罪軽微
58	S.T（日本人男性、36歳、労働者）	窃盗	有罪	砂糖6.5オンス窃取	1948.3.4	1948.3.18	前科無し、犯罪軽微
59	H.T（日本人男性、18歳、労働者）	窃盗	有罪	砂糖1/2ポンド窃取	1948.3.4	1948.3.18	前科無し、犯罪軽微
60	Y.K（日本人男性、23歳、労働者）	窃盗	有罪	ココア2ポンド窃取	1948.3.8	1948.3.18	前科無し、犯罪軽微

番号	被疑者氏名 （国籍・性別、年齢、職業）	態様	答弁	嫌疑	犯行日	不起訴 決定日	不起訴理由
61	H.S（日本人男性、27歳、雑役夫）	窃盗	有罪	ココア3ポンド窃取	1948.3.8	1948.3.18	前科無し、犯罪軽微
62	T.S（日本人男性、24歳、労働者）	窃盗	有罪	ココア1ポンド窃取	1948.3.8	1948.3.18	前科無し、犯罪軽微
63	H.S（日本人男性、19歳、労働者）	窃盗	有罪	チョコレート5本窃取	1948.3.8	1948.3.18	前科無し、犯罪軽微
64	K.H（日本人男性、23歳、労働者）	窃盗	有罪	チョコレート6本窃取	1948.3.8	1948.3.18	前科無し、犯罪軽微
65	T.A（日本人男性、21歳、運転手）	165号違反	有罪	ランニング1着所持	1948.3.4	1948.3.18	前科無し、犯罪軽微
66	T.S（日本人男性、36歳、運転手）	165号違反	有罪	ランニング1着所持	1948.2.25	1948.3.18	前科無し、犯罪軽微
67	M.K（日本人男性、16歳、労働者）	165号違反	有罪	チョコレート9本所持	1948.3.1	1948.3.18	前科無し、犯罪軽微
68	K.S（日本人男性、22歳、労働者）	165号違反	有罪	チョコレート2本所持	1948.3.1	1948.3.18	前科無し、犯罪軽微
69	T.I（日本人男性、20歳、労働者）	窃盗	有罪	チョコレート10本所持	1948.3.4	1948.3.18	前科無し、犯罪軽微
70	N.K（日本人男性、18歳、労働者）	窃盗	有罪	チョコレート3本窃取	1948.3.24	1948.3.24	前科無し、犯罪軽微
71	A.S（日本人男性、23歳、運転手）	窃盗	有罪	チョコレート2本窃取	1948.3.12	1948.3.24	前科無し、犯罪軽微
72	K.S（日本人男性、18歳、労働者）	窃盗	有罪	チョコレート2本窃取	1948.3.13	1948.3.24	前科無し、犯罪軽微
73	S.N（日本人男性、21歳、警備員）	窃盗	有罪	パン6斤窃取	1948.2.22	1948.3.24	前科無し、犯罪軽微
74	K.O（日本人男性、19歳、労働者）	窃盗	有罪	チョコレート6本窃取	1948.3.4	1948.3.24	前科無し、犯罪軽微
75	H.M（日本人男性、27歳、運転手）	165号違反	有罪	ランニング1着所持	1947.9.5	1948.3.24	前科無し、犯罪軽微
76	T.O（日本人男性、20歳、調理師補助）	165号違反	有罪	ココア2ポンド窃取	1948.1.21	1948.3.25	前科無し、犯罪軽微
77	K.K（日本人男性、63歳、雑役夫）	165号違反	有罪	砂糖1.5ポンド所持	1948.2.16	1948.3.29	前科無し、犯罪軽微
78	S.K（日本人男性、23歳、運転手）	165号違反	有罪	ジャケット1着、物品6点所持	1948.3.23	1948.3.23	No.208による承認
79	T.K（日本人男性、23歳、労働者）	165号違反	有罪	短パン2着所持	1948.2.27	1948.3.24	前科無し、犯罪軽微
80	T.Y（日本人男性、25歳、食料品店勤務）	165号違反	有罪	石鹸5個所持	1948.3.4	1948.3.25	前科無し、犯罪軽微
81	I.O（日本人男性、38歳、公務員）	165号違反	有罪	パーカー万年筆1本所持	1945.7.24	1948.3.25	中国人公官からの贈答品であったため
82	S.K（日本人男性、23歳、運転手）	窃盗及び贓物運搬	無罪	ズボン170着、物品3点輸送	1947.10.21	1948.3.25	嫌疑無し
83-a	S.I（日本人男性、18歳、運転手）	窃盗及び贓物運搬	無罪	同上	1947.11.11	1948.3.25	嫌疑無し
83-b	T.K（日本人男性、21歳、運転手）	窃盗及び贓物運搬	有罪	下着50着、物品2点を盗品と知らずに輸送	1947.11.11	1948.3.25	前科無し、犯罪軽微
84-a	I.Y（日本人男性、22歳、運転手）	窃盗及び贓物運搬	無罪	ズボン170着、物品3点を盗品と知らずに輸送	1947.9.2	1948.3.25	嫌疑無し
85	K.S（日本人女性、49歳、無職）	窃盗及び贓物運搬	有罪	ズボン400着、物品5点を盗品と知らずに管理	1947.11.11	1948.3.25	犯罪軽微
86	K.A（日本人男性、28歳、自動車修理工）	165号違反	有罪	縫糸2ロール所持	1948.2.20	1948.3.26	前科無し、犯罪軽微
87	M.S（日本人男性、20歳、露天商）	165号違反	有罪	石鹸4個所持	1948.2.6	1948.3.29	前科無し、犯罪軽微

番号	被疑者氏名 （国籍・性別、年齢、職業）	態様	答弁	嫌疑	犯行日	不起訴決定日	不起訴理由
88	T.J（日本人男性、26歳、労働者）	窃盗	有罪	干し杏1缶、干肉1缶窃取	1948.3.11	1948.3.27	No.216による承認
89	K.M（日本人女性、31歳、無職）	311号違反	有罪	ラジオ1台、物品67点所持	1947.7.30	1948.3.27	No.156による承認
90	K.K（日本人男性、24歳、無職）	窃盗	有罪	砂糖4ポンド窃取	1947.12.1	1948.3.27	前科無し、犯罪軽微
91	J.T（日本人男性、27歳、陶器商）	165号違反	有罪	万年筆1本所持	1947.10.30	1948.3.29	No.214による承認
92	N.H（日本人男性、20歳、学生）	165号違反	有罪	20ドル所持	1947.10.5	1948.3.29	No.215による承認
93	C.K（日本人男性、24歳、無職）	165号違反	有罪	タバコ6箱所持	1948.3.11	1948.3.29	前科無し、犯罪軽微
94	K.Y（日本人男性、38歳、雑貨商）	165号違反	有罪	ストリプトマイシン1瓶所持	1947.10.22	1948.3.30	No.210による承認
95	G.T（日本人男性、48歳、運転手）	311号違反	有罪	プラグ2個所持	1947.8.18	1948.3.30	No.207による承認
96	M.H（日本人男性、20歳、バス助手）	311号違反	有罪	ココア2ポンド所持	1948.1.31	1948.3.30	前科無し、犯罪軽微
97	Y.K（日本人男性、40歳、GHQ料理人）	窃盗	無罪	牛肉窃取	1948.1.14	1948.3.31	No.243により嫌疑無し
98	J.M（日本人男性、21歳、会社員）	165号違反	有罪	セーター2着所持	1947.12.2	1948.3.31	No.141による承認
99	K.K（日本人男性、21歳、米軍雇）	165号違反	有罪	背広上1着、物品5点所持	1948.2.15	1948.3.31	憲兵隊Miller大尉による承認
100	K.M（日本人男性、18歳、無職）	窃盗	有罪	石鹸2個窃取	1948.2.24	1948.3.31	前科無し、犯罪軽微
101	Y.K（日本人男性、45歳、会社副社長）	165号違反	有罪	13オンス窃取（物品不詳）	1948.3.1	1948.3.31	前科無し、犯罪軽微
102	S.I（日本人男性、26歳、労働者）	窃盗	有罪	砂糖13オンス窃取	1948.3.16	1948.3.31	前科無し、犯罪軽微
103	S.A（日本人男性、27歳、文化団体役員）	165号違反	有罪	サッカリン5ポンド所持	1947.8.31	1948.3.31	No.229による承認
104	W.N（日本人男性、20歳、労働者）	165号違反	有罪	短パン1着所持	1947.10.31	1948.3.31	前科無し、犯罪軽微
合計	104件（106名）						

※原史料はLS-17661～17662, GHQ/SCAP Recordsに含まれている。

被疑者氏名はイニシャルで示した。また、原史料には、被疑者及び犯行地住所、証拠品に関する情報も記載されているが、これらは省略した。なお、《表2》の「承認」は、地方軍政部において個別に不起訴を承認した事例と思われるが、当該史料は見出し得なかった。

(43) 松尾前掲「応急措置法の制定過程」一六二頁。
(44)「昭和二十一年勅令三百十一号等の改正法律案に関する総司令部法務部係官との会談録（第七回）」前掲『渉外月報特別資料』四三頁。
(45) 前掲「昭和二十一年勅令三百十一号等の改正法律案に関する総司令部法務部係官との会談録（第八回）午後の部」五九頁以下。
(46) 八月二八日付「占領軍物資の不法所持者等の取扱について通牒」『警察研究』一八巻一〇号（一九四七年）四八頁。
(47) 九月五日付「昭和二十二年政令第百六十六号、昭和二十一年勅令第三百十一号の一部を改正する政令の運用について依命通牒」『警察研究』一八巻一一号（一九四七年）四四頁。司法省刑事局関係者による解説書の中でも「実際の運用としては、前記〔応急措置法第八条〕第一号及び第二号の場合においても、犯人が事実上拘束を受けた時間が斟酌され、できるだけ速やかに処理されるものと思われます」とされている（本田・勝尾前掲『新しい刑法』一一八頁）。
(48) 前掲「昭和二十一年勅令三百十一号等の改正法律案に関する総司令部法務部係官との会談録（第七回）」四四頁以下。
(49) 同前四四頁以下。
(50) 前掲「昭和二十一年勅令三百十一号等の改正法律案に関する総司令部法務部係官との会談録（第八回）午後の部」五八頁以下。
(51) 三井誠「刑事手続法の行方――刑事司法の改革とその課題」『法学教室』二八〇号（二〇〇四年）二六頁以下。
(52) 稲田得三『裁判官四十年』（創元社、一九六三年）七〇頁以下。なお、以下のようなエピソードも紹介されている。「ある被告が進駐軍の建物の中にMPのマークをつけてはいり、折柄昼食時間で米人全部が食堂に行っているすきに、進駐軍の所有品を大量に窃取した事件について判決があり、その判決の翻訳を持って報告に行ったところ、翻訳を一覧した法務官は顔色を変え、こんな悪質な被告ことにこんな大量の窃盗事件は日本側で裁判してはいかん。米軍で裁判をやるべきだった。なぜ事前に報告をしなかったか、と怒った。…私はこの事件の起訴状段階で、すでにOKを取りつけているので少しもあわてず、意地悪く先方に怒るだけ怒らせておいて、さてOKの書いてあるその事件の起訴状の翻訳を、だまって先方の机の上に置いた。これを出されては先方は一言の弁解もなく、怒ったことを素直にわびた」（同前）。
(53) 当該史料は、GHQ/SCAP, LS-17636～18757に収められているが、勿論、別のフォルダに保管されている可能性もある。いずれにせよ、筆者はそのすべてを精査するに至っていないので、史料の全体像についての検討は別稿に委ねざるを得ない。なお、稲田判事は「初めは日本式に考え、どうせ一通は米軍へ取り上げられるものと思っていたので、私は先方へわたす分とその控えと二通こしらえて持参したのだが、法務官はそれを一覧した上、OKといって返してよこした。これはありがたかった。国辱にもなりかねない拙い翻訳が、米軍の手に残らなかったことは幸いであった」と回想している（同前七一頁）。

あるいはこのような事情でGHQ側に残らなかった史料もあるのかもしれない。

(54) 本田・勝尾前掲『新しい刑法』一〇七頁以下。なお、占領管理体制下における民間の武器回収に関しては、荒敬「占領軍の「刀狩り」――民間の武装解除」同『日本占領史研究序説』(柏書房、一九九四年)三八頁以下、及び、藤木久志『刀狩り――武器を封印した民衆』(岩波書店、二〇〇五年)二〇八頁以下を参照。

(55) 本田・勝尾前掲『新しい刑法』一一三頁以下。

(56) 前掲「昭和二十一年勅令三百十一号等の改正法律案に関する総司令部法務部係官との会談録(第七回)」四六頁。

(57) 「連合国占領軍、その将兵又は連合国占領軍に附属し若しくは随伴する者の財産を不法に処持《ママ》し、取得し、受領し又は処分する行為について」(刑事局長依命通牒)『警察研究』第一八巻第一〇号(一九四七年)五一頁。

(58) GHQ/SCAP, LS-17661 ~ 17662, Monthly Indictment Report No.7, no date, Monthly Non-indictment Report No.7, no Date. 上述したように、筆者は、GHQ側に提出された勅令第三一一号に関する裁判記録をすべて精査したわけではないが、管見の限り、地方検察庁による起訴及び不起訴処分を報告した史料はGHQ／SCAP文書の中にこれ以外発見出来ていない。SCAPIN一七四〇によって提出が求められているのは「各事件毎に法廷の所在地、事件番号、犯罪の概要、被告訴人員数、抗弁、有罪の判決及びその他関係事項」を記載した「裁判事件に関する月次報告」であり、おそらくこの文書は(なんらかの手続的な混乱によって)例外的にこのフォルダに含まれていたものと推測される。勿論、実際に起訴猶予処分の是非について事前調整を行っていた地方検察庁及び地方軍政部には、同様の文書が残されているはずである。他日を期して検討したい。

(59) 神谷前掲「勅令第三百十一号について」四四頁。

四 結びに代えて

一九四九(昭和二四)年九月一三日付連合国最高司令官総司令部回章第一三号「一般人事規則」により占領軍要員と日本国民の交渉が緩和されたことを踏まえて、同年一一月一五日に以下のような内容を持つ「連合国占領軍財産等収受所持禁止令」（政令第三八九号）が公布・施行され、政令第一六五号は廃止されることとなった。

第一条　米国軍票（United States Military Payment Certificates）、英国軍票（British Armed Forces Special Vouchers）、英占領軍の使用する一ペニー若しくは半ペニーのオーストラリヤ銅貨幣又は連合国占領軍の発行する外国貿易支払票（Foreign Trade Payment Certificates）は、他の法令に別段の定がある場合を除くの外、収受し、又は所持してはならない。

第二条　連合国占領軍の要員（連合国占領軍の将兵又は連合国占領軍に附属し、若しくは随伴する者をいう。以下同じ。）の財産（日本国の通貨を除く。以下同じ。）は、公に認められた場合を除くの外、収受し、又は所持してはならない。

2　前項に規定する公に認められた場合とは、左の各号に掲げる場合を含むものとする。但し、これらの場合に限られるものではない。

一　左に掲げる財産を収受し、又は所持する場合

イ　日本国政府機関その他日本国の公の機関を通じて交付される財産

ロ　連合国占領軍により日本国政府機関を通じて配給のために放出される医療品及び医療器具

ハ　連合国占領軍の指定する救済機関を通じて受け渡される財産

ニ　連合国占領軍により日本国内における消費又は加工のために放出される輸入品

ホ　修繕し、若しくは洗たく〔ママ〕するために又は連合国占領軍若しくは連合国占領軍の要員に雇用されていることに伴う職務を行う点に収受し、又は所持される財産

ヘ　書籍及び教育資料（連合国占領軍の政策又は規則に反する宣伝をするためのものを除く。）

ト　連合国占領軍の命令によりその収受、又は所持を許可された財産

二　連合国占領軍の要員の財産で自動車（乗用自動車、貨物自動車その他の自動車（けん引自動車、被けん引自動車及びスクーターを含む。）をいう。以下本条中同じ。）以外のものを、贈与により収受する場合

三　前号に規定する場合を除くの外、連合国占領軍の要員の財産（連合国占領軍の酒保、陸軍又は空軍用物資交換所、艦船用店舗その他これらに類似する機関から収得された財産を除く。）で自動車以外のものを、交換又は代物弁済による等対価として日本国の通貨を支払わないで収受する場合

第三条　前条第二項第二号の規定により収受することができる場合においても、その収受された財産は、販売その他の商取引の用に供してはならない。

2　前項の財産は、販売その他の商取引の用に供する目的をもつて所持してはならない。

第四条　第一条、第二条第一項又は前条の規定に違反した者は、五年以下の懲役若しくは五万円以下の罰金に処し、又はこれを併科する。[60]

また、ほぼ同時期に地方軍政機構が改編されたことを受けて、勅令第三一一号関連事件については、一九五〇（昭和二五）年一月に「特別の事件を除き、検察官が数年来占領軍当局と連絡して得た経験に基づく適正な基準に従つて処理する限り、一々の承認を受けずとも起訴、不起訴をして差支えない」との指示があり、「この種事件につき一般的に起訴、不起訴を決定してよい旨の包括的な承認」がなされた。[61] そして、極東委員会（Far Eastern Commission, FEC）の決定を踏まえて同年一〇月一八日に発出された「民事及び刑事裁判権の行使に関する覚書」（SCAPIN二一二七）に基づいて、一九四六年二月一九日付「刑事裁判権の行使に関する覚書」及び関連の覚書が廃止され、一〇月三一日には勅令第三一一号に代わって「占領目的阻害行為処罰令」が公布（政令第三二五号）、翌一一月一日に施行されている。このことにより、占領管理体制下の司法は、講和条約を見据えた「裁判権の回復の時期」へと向かうこととなったが、[62] とりわけこの「占領目的阻害行為処罰令」の運用については「検察部は米占領軍の直接的な下請機関として、平和と独立をもとめる民主的運動や言論にたいする政治的弾圧をこととした」との厳しい批判がなされている。[63] この批判が妥当であるかどうかを検討するためには、「占領目的に有害な

行為」及び「占領目的阻害行為」が具体的にどのような内容を持っており、日本側とGHQ側でどのような運用が行われていたかを、史料に即して更に分析する必要があろう。

(60) その概要として、最高裁判所事務総局渉外課『昭和二五年八月渉外資料八号 全国高等裁判所渉外関係刑事事件担当裁判官及渉外係裁判官会同議事要録(昭和二五年一月一九・二〇日)』(一九五〇年)一七頁以下を参照。

(61) 神谷前掲「勅令第三百十一号について」四四頁。

(62) 越川前掲「過渡期渉外司法の諸問題」二一頁。なお、江尻美雄一「刑事裁判権の拡張に関する政令について」『警察研究』二一巻一二号(一九五〇年)三六頁以下を参照。

(63) 潮見俊隆「検察官」潮見俊隆編『岩波講座現代法(6) 現代の法律家』(岩波書店、一九六六年)一三四頁。

結論――戦後法制改革と占領管理体制の交錯

一　戦後法制改革――アメリカ法継受をめぐる「クロス・ナショナル」

本書が明らかにした内容を、改めて整理してみたい。(1) まず第一部では、刑事司法をめぐる動向を中心に、戦後法制改革について、GHQ/SCAP（General Headquarters/ Supreme Commander for the Allied Powers, 連合国最高司令官総司令部、以下断りのない限り「GHQ」）側・日本側の立法関係者の「クロス・ナショナル」な関係を分析し、そこで発揮された「比較法的自覚」の内実を探ることを課題とした。

占領開始直後から、日本側では司法制度改正審議会において戦前の課題を踏まえた刑事司法制度改革の構想が練られていたが、この構想は、一九四六（昭和二一）年二月に、GHQの民政局（Government Section, GS）において作成された所謂「マッカーサー草案」に含まれていた、刑事司法上の人権の手厚い保護を含んだアメリカ型の司法制度を志向する規定によって根本的に方向転換を余儀なくされた。GHQ側では更に、上記憲法草案の起草に深く関わった民政局のラウエル（M. E. Rowell）・ハッシー（A. R. Hussey）らとも連携をとりながら、民間諜報局（Civil Intelligence Section, CIS）のマニスカルコ（A. J. Maniscalco）が刑事訴訟法改正案を作成し、マッカーサー草案とほぼ同時期に司法省刑事局に提示している。ＧＨＱ側では一九四六年二月頃まで、憲法の規定とこれを支える刑事訴訟法は、陪審法や裁判所構成法なども含めて、共にアメリカ法を大規模に継受する形で構想されていた。しかし、マッカーサー草案の起草を終えたラウエルの帰国と入れ替わる形で、二月末に「亡命ドイツ法律家」のオプラー（A. C. Oppler）が加わったことにより、民政局の法制改革構想は変化する。戦前の日本法がドイツ法に大きく依拠していたことを踏まえて、これとは歴史的に異なる背景を持ったアメリカ法の大規模な継受に慎重な態度をとったオプラーは、戦前に東京帝国大学への留学経験があり、五月に民政局に加わったブレークモア（T. L. Blakemore）と共にマニスカルコの刑事訴訟法改正提案を批判し、民政局長ホイットニー（C. Whitney）の賛同を得た。マッカーサー草案の起草という重要な作業を担ったことでＧＨＱ内の地位を向上させた民政局の下で進められた法制改革は、同年七月に設置された臨時法制調査会において、基本的には日本側が立法のイニシアティブをとる形で進められることになった（第一章、第二章第一節）。その結果、多くの法領域における戦後法制改革は、憲法の規定に即しつつ日本側が戦前の蓄積を活かして立法を行うという形式で進められたが、刑事司法に関しては、憲法上の規定を持たない陪審制度の復活は見送られることになった（ただし、おそらく連合国管理機関との関係から、裁判所法には最終段階で刑事陪審の導入を妨げない旨の規定が不自然な形で導入された（第二章第二節））。

一方、マニスカルコによる刑事訴訟法改正提案が排斥されることになった民間諜報局からの民政局に対する批判は、憲法附属法の整備の一環として進められていた検察庁法の制定過程において一九四六年秋頃から顕在化する。警察制度改革がその管掌業務であることを主張する民間諜報局は、治安上の観点から漸進的な警察分権化政策を立案し、即時分権化を図ろうとする民政局と鋭く対立したが、マニスカルコの後任となったモラー（E. Moeller）は、刑事司法制度においてアメリカ法の影響が除かれたことにも批判を加え、一九四七（昭和二二）年五月の日本国憲法施行までにはこの対立は決着を見なかった（刑事訴訟法に関しては応急措置法による経過措置がとられた）。他方、民政局の内部も決して一枚岩ではなかった。アメリカ法の継受に慎重なオプラーやブレークモアと、徹底した地方分権化を推進しようとする民政局のほかの課の間には、日本国憲法施行後の司法省再編や検察に対する民主的コントロールの方法をめぐって意見の対立が存在した。この対立は、日本側において、戦前からの主張である司法警察と行政警察の分離の観点から警察の分権化に前向きな司法省と、中央集権的な警察の維持に固執する内務省の間の対立にも結びつき、同年九月の所謂「マッカーサー書簡」により国家地方警察と自治体警察の二本立てによる警察改革の方針が固まるまでは、容易に解決を見なかった（第三章第一節、補論）。

一九四八（昭和二三）年三月から五月にかけて、現行刑事訴訟法の逐条的な検討が民政局と法務庁（同年二月に司法省を改組して設置）との間で行われた。この場では、日本側とGHQ側で、占領者・被占領者の枠組みを超えた率直な意見交換が行われたが、この段階の民政局は占領初期に民主化に関して課題としていた立法をほぼ終えていた。民政局の組織は縮小に転じ、中核メンバーが続々とアメリカに帰国する中、オプラーとブレークモアが所属していた課は、刑事訴訟法の成立と共に法務局（Legal Section, LS）に移管された（第三章第二節）。ブレークモアは占領終結をまたずに弁護士に転じたが、「亡命ドイツ法律家」のオプラーはアメリカ本国での職を見つけることが出来ず、占領終結後も早めのリタイアを決断する一九五九（昭和三四）年まで極東軍において勤務を続けた（第四章）。

二　占領管理体制——「最高法規」の限界ともう一つの「クロス・ナショナル」

続いて第二部では、占領管理体制の法的特質について、「「ポツダム」宣言ノ受諾ニ伴ヒ発スル命令ニ関スル件」（昭和二〇年勅令第五四二号、以下「ポツダム緊急勅令」）、及び、その委任に基づく「ポツダム命令」、特に「昭和二十年勅令第五百四十二号ポツダム宣言の受諾に伴ひ発する命令に関する件に基く連合国占領軍の占領目的に有害な行為に対する処罰等に関する勅令」（昭和二一年勅令第三一一号、以下「勅令第三一一号」）の制定及び運用に関する実証研究を行い、日本占領の軍事的な側面とその法的な担保の枠組みについて検討することを課題とした。

一九四五（昭和二〇）年九月二〇日に制定されたポツダム緊急勅令は、ポツダム宣言によって直接軍政から間接統治へと慌ただしく方針を変更した連合国軍（そのほとんどがアメリカ軍）の日本占領において、可能な限り「直接強権力」の行使を防止するため、連合国最高司令官の指令等をそのまま国内法化して適用するために急遽講じられた制度であったが、その広範な委任のあり方と大日本帝国憲法（以下明治憲法）との整合性は、敗戦直前に制定された戦時緊急措置法（法律第三八号）とほぼ同じ論理で説明されていた（第五章）。このポツダム緊急勅令、及び、その委任に基づいて発出されたポツダム命令の効力が、明治憲法から日本国憲法への「憲法秩序の変動」の影響を受けるかどうかという点が、一九四七（昭和二二）年五月の日本国憲法施行前後から同年末まで大きな議論となり、新旧の憲法秩序の経過規定である「日本国憲法施行の際現に効力を有する命令の規定の効力等に関する法律」（昭和二二年法律第七二号、以下「法律第七二号」）、及び、同法の改正法（法律第二四四号）の審議過程において検討された。日本側でこの問題を管轄した法制局は、上記の旧憲法下の解釈が新憲法下においても同じ論理で採用され得るという理解を示していたのに対して、民政局の当初の担当官であったピーク（C. H. Peake）は日本国憲法施行直後に、ポツダム緊急勅令は新憲法秩序と両立しないため、国会を関与させて「立憲的な手続」によるべきとしていた。その後この問題は民政局側において、政令の委任範囲の限定を行うべきというハッシーらの問題意識と、ポツダム命令と国会の権限の関係をどう考えるかというオプラーらの問題意識に別れたが、後者についてオプラーは、ポツダム命令は「占領法規」であり「国会の権限を超える」ものとして、法制局と折衝の上、憲法秩序から明示的に外す形での法律第七二号の改正を同年一一月に示唆することとなった（第六章）。

ポツダム緊急勅令とその委任に基づくポツダム命令は、しかし、占領管理のすべてを網羅できるわけではなく、国内法化されていない連合国軍の指令等に対する違反行為をどのように取り扱うかという問題が生じる。この点は、日本占領を直接軍政として実施する段階では、占領軍関係者に対する犯罪等を取り扱う「軍事占領裁判所(Military Occupation Courts)」を設置してその管轄下におくことが検討されていたが、間接統治への方針転換に伴いその設置は見送られた(アメリカ軍が軍事占領を行った南朝鮮ではそのまま設置された)。軍事占領裁判所の設置に関する問題は、イギリス大使館からアメリカ政府に対する、連合国人を日本の裁判管轄から外すべきとの問題提起と合流し、一九四五(昭和二〇)年一〇月から民政局で議論されたが、GHQ/SCAPの設置前からGHQ/AFPAC(General Headquarters/ United States Army Forces Pacific, アメリカ太平洋陸軍総司令部)の軍政局(Military Government Section, MGS)においてこの問題を検討してきた初代民政局長クリスト(W. E. Crist)の態度は消極的であり、後にその業務管轄は法務局に移管された。法務局では、法務局長カーペンター(A. C. Carpenter)及びバッシン(J. Bassin)を中心に同年一一月よりこの問題についての具体的な検討が行われ、一九四六(昭和二一)年二月に「刑事裁判権の行使に関する覚書」(SCAPIN七五六)によって、対占領軍犯罪、及び、占領軍関係者・連合国人を日本の裁判管轄から外し、地方軍政部において設置される軍事占領裁判所が管轄を有することとなった(第七章第一節)。しかしその議論の過程で、連合国最高司令官からの指令、及び、地方に展開している占領軍からの命令に対する日本人の違反行為が頻発していることが問題点として浮上した。当初は、上述のように、これらの行為も軍事占領裁判所の管轄とすることが構想されたが、参謀長とのやりとりの結果、これらを「占領目的に有害な行為」として日本の裁判所で取り扱う空白刑罰法規を制定する方針に転換し、法務局側は同年五月、そのためのポツダム命令を制定し、一週間以内に制定・公布することを司法省に口頭で命じた(第七章第二節)。

司法省の抵抗にもかかわらず、法務局の強い要請によって制定された勅令第三一一号は、当該事案については

「公訴は、これを行はなければならない」として、旧刑事訴訟法（大正刑事訴訟法）において明文化され、現行刑事訴訟法においても維持された検察官の起訴猶予裁量に対する重要な例外を規定していた。しかしこの点に関しては、法務局との折衝の結果、事前に地方軍政部と連絡することで、勅令第三一一号の規定と乖離する形で起訴猶予裁量の行使が是認されていた。一九四七（昭和二二）年六月、それまで軍事占領裁判所の管轄であった連合国占領軍財産等授受行為について勅令第三一一号の対象とすることとする覚書が発出され、同勅令は改正されることとなったが（政令第一六五号）、その際民政局のオプラーは、上記の起訴法定主義についてもこれに併せて修正することを提案している。しかし司法省は、この点は事実上解決済みであり「別段の不都合も生じて居らない」として法務局との対立を避けようとした。勅令第三一一号の運用の過程で、日本側の司法省及び地方検察庁と、GHQ側の法務局及び地方軍政部の間には、第一部の戦後法制改革における日本側の司法省とGHQ側の民政局の間に形成されたものとは別の次元の「クロス・ナショナル」な関係が形成されていたのである（第七章第三節）。

三　交錯の位相――占領下の「法」と権力

本書で明らかにしたこの両者の過程は、時期的にはほとんど重なっている。それでは、これらはどのように交錯を見せるであろうか。

戦後法制改革の側から見るならば、両者の交錯は、戦後改革が「占領管理」の一環として行われたことに伴う限界として現れる。ポツダム命令の存在に象徴されるように、明治憲法はもとより、日本国憲法の下での憲法秩序もまた占領管理体制の下位に位置づけられることになるが、第六章で論じたように、ポツダム命令の効力に関してオプラーは、法制局が旧憲法下から一貫して採用していた見解とは異なる「憲法・管理法令二元論」に近い考えをとっていた。同説を主張する田中二郎が、ポツダム命令のような広範な委任立法は「占領下だけなら何とでも説明できる」が「将来の立法に際してそういう広汎な委任命令をどんどんつくって行く危険性があるのじゃないか。憲法はその一線から崩れてしまうのではないかというおそれがある」と述べていることは、オプラーの考えを裏書きするものであろう。(2) 戦後法制改革を進める当事者の間では、占領管理体制によってその改革の限界が画されていることは、十分に理解されていたのである。

「最高法規」たる日本国憲法の規定に即して改正された刑事手続にも、占領管理体制に基づく構造上の限界が存在した。第七章で論じたように、連合国人や占領軍関係者は日本の裁判管轄に服さなかったが、一九四六（昭和二一）年二月の「刑事裁判権の行使に関する覚書」は、連合国人については、連合国最高司令官もしくはその権限を有する部下により特に指令があった場合のほかは、連合国軍隊が現実に勤務していない地域で、当該人物により重大な犯罪が行われたことについての「相当の嫌疑」があると認められない限り、日本側では逮捕することが出来ない旨を規定する。(3) 更に占領管理体制の下では、占領軍関係者が行った不法行為や、彼等に対する誹謗中傷等は検閲の対象となり、マスメディアによって報じられることもなかった。(4) ジョン・ダワーが述べるように、占領管理を担っていた「勝者は民主主義を説く一方で、命令による支配を行って」おり「平等という考えを熱心に擁護しながらも、勝者は侵すことの出来ない特権階級を作り上げていた」ことが、「上からの民主主義革命」の矛盾を露呈させる効果を持ったことは、容易に想像される。(5) なおこの構造は、占領終結後の在日米軍基地における権力の非対称性に引き継がれたが、(6) 占領管理体制の空間的な限界として、戦後改革の対象から沖縄がその射程から外れているという問題、(7) 更に、戦後日本における旧植民地の法的位置づけの曖昧さとも接続していることは、言うまでもないであろう。(8)

一方、占領管理体制の側から見るならば、両者の交錯は、軍事占領が「法」によって規定されるという、逆のベクトルの限界として現れる。上述のように、占領軍関係者は日本側の裁判管轄には服さなかったが、その行動は軍法によって規律されており、これに対する違反行為は、GHQ／AFPAC、及び、GHQ／FEC（General Headquarters/ Far East Command, 極東軍総司令部）においては法務部（Judge Advocate Section）、及び、憲兵部（Provost Marshal Section）が管轄し、第八軍の下に置かれた軍事占領裁判所、及び、軍法会議により処断されていた。もとより占領／被占領という非対称性があることは言うまでもないが、占領側にも軍隊としての秩序は存在しており、「陸軍省野戦便覧（Field Manual）」等のルールの下に置かれていたのである。[9] GHQ／SCAPもまた、アメリカ政府において国務省を中心に策定された初期対日占領政策よりも、それを統合参謀本部（Joint Chief of Staff, JCS）の命令として書き換えた「初期の基本的指令」（JCS一三八〇／一五）を重視する軍組織であったが、[10]軍隊とはそもそも「階統制、合理性、能率、明快な指揮系統、「科学的行政管理」の理論に基づく典型的な官僚組織」であり、この特質が、内務省は解体されたものの、基本構造は戦前のあり方を踏襲していた日本の官僚組織との間に、間接統治を通じて「クロス・ナショナル」な関係を築くことに繋がる。[11] 第七章で論じたように、日本側の管轄に委ねられた「占領目的に有害な行為」の取扱いについて、日本側の既存の刑事司法の運用としての検察官の起訴猶予裁量が是認されたことは、このような「クロス・ナショナル」な関係を通じて、連合国最高司令官に担保されていた「直接行動」の発現の機会が減じたものと評価することも可能であろう。

ところで、戦後法制改革と占領管理体制の双方に登場する「アメリカ法」の含意が、用いられる局面により異なっていることは、本書の問題関心にとって興味深い点である。第一部を通じて論証したように、戦後法制改革においてオプラーとブレークモアは、戦前の日本の法システムとの比較法的差異に鑑み、性急なアメリカ法の継受に反対したが、その態度は、刑事訴訟法の制定過程についてオプラーが述べるところによると「新しい法律、あるいはその条項は真の進歩を意味するのであって、たんに外国の要素を日本の法律におり込むことを意味するのではないことを日本人自身として納得できないかぎり、いかなる改革も占領後まで存続しないだろう、という深い確信」に支えられていた。[12]このことは、第七章第三節で論じたように、勅令第三一一号について「この法律は憲法や刑法等の永久的なものとは違つて、占領が終るまでの臨時的なものである」とし、その運用をめぐって日本側と対立が生じた場合には「英米法の立場に譲歩」を迫る法務局の態度、[13]及び、第三章第二節で論じたように、戦後法制改革の過程で警察の分権化に難色を示す日本側に対して、治安維持に関しては「アメリカが全部最後は引き受けてやるのだから、今のうちに民主主義の練習をしたらいいだろう」と述べる民間諜報局の態度と好対照をなしている。[14]この点に即して言い換えるならば、第一部において検討した戦後法制改革が、アメリカ法の継受に慎重であったが故に、「戦後改革」の一端として占領終結後に「戦後体制」の一部をなしていったのに対して、第二部において取り上げた占領管理体制は、あくまで占領終結までの特別な権力関係を維持するための法的措置として、占領後の「逆コース」をも想定したものであり、その暫定性故に、アメリカ法継受が「政治的」に用いられる場となったのである。約七年間の占領期とは、この両者が重層的な構造をとっていた時期であったと整理することが出来るように思われる。

四　課題と展望

本書における上述の整理を前提として、更に、以下の点を検討する必要があることが明らかになったように思われる。

第一に、本書がもっぱら占領前期を取り扱っていることの限界と対応する点であるが、占領後期、及び、占領管理体制終結後の「逆コース」の時期における法的状況についての歴史的実証研究の必要性である。刑事司法に関しては、現行刑事訴訟法によって持ち込まれたアメリカ型の刑事手続に対して、実体法である刑法が一部改正のみを被ったにすぎなかったこともあり、その「定着」が危惧されていたが、「逆コース」の時期を経て、その運用はおおよそ安定したことが指摘される。(15) 一方ポツダム命令は、一九五一（昭和二六）年のリッジウェイ声明に基づいて設置された「政令諮問委員会」において直接に見直しの対象となり、占領管理の終結に伴ってその移行措置が慌ただしく行われた。(16) また、勅令第三一一号の改正法である「占領目的阻害行為処罰令」（昭和二五年政令第三二五号）は、主として所謂「プレス・コード」違反をその対象とするようになり、所謂「レッド・パージ」と連動して、占領後期には占領政策の転換を直截に反映する形で運用されたのである。(17) これらの点は、法学の領域においてはやはり同時代的な検討にとどまっており、法制史（法史学）的観点からの十分な検討対象となっているとは言えない。この状況に鑑みるならば、歴史学・政治学における一九五〇年代社会論と対応するような、(18) 法的事象についての歴史的分析が行われる必要があるものと考えられる。このことは、「戦後法史」をどのように構築するか、また、それをどのように時期区分するかという、極めて大きな課題にも結びつく問題であるが、課題として提示しておきたい。

第二に、上記とは逆のベクトルであるが、占領前期の動向の前提となった「戦時体制」についての実証研究の必要性である。刑事司法制度改革に関しては、日本国憲法の規定を通じて受容された当事者主義の受け入れが円滑になされた「より本質的な要因」として、「検察官の活動が、すでに旧刑事訴訟法のもとで、捜査・公訴提起の両面において、次第に活発の度を加えて」おり、現行刑事訴訟法を受容する「擬似当事者主義の基盤はすでに造成されていた」ことが挙げられている。(19) また、占領管理体制に関しても、ポツダム緊急勅令に見られる広範な委任のあり方は、一九三七（昭和一二）年の「輸出入品等ニ関スル臨時措置ニ関スル法律」（法律第九二号）、及び、翌一九三八年の国家総動員法（法律第五五号）によって構築された枠組みを継続させたものと理解することが出来るであろう。[20] 一九九〇年代以降、政治史・経済史を中心に検討が進められ、「総力戦体制論」として多くの議論が蓄積されていることに鑑みるならば、[21] 法制史（法史学）も、これらの議論に応答できるような水準の研究を行っていく必要があるであろう。[22]

第三に、日本占領の軍事占領としての側面を実証するための、アメリカ太平洋陸軍及び極東軍の史料の更なる精査の必要性である。本書では枠組みしか提示することが出来なかったが、占領軍側で行われた軍事占領裁判所、及び、軍法会議における審理の実際については、今後、史料調査を継続して解明していく必要がある。アメリカ国立公文書館には関連史料が保管されていることが予想され、筆者も断片的には確認しているが、その全容の解明は、なお課題として残っている。併せて、日本各地に展開した地方軍政部の活動についても、日本側の自治体史などで蓄積されている業績を踏まえながら、検討を深めていく必要がある。[23]

第四に、戦後法制改革の成果を維持し、また、占領管理体制を「解釈」した法学の役割についての検討の必要性である。序論において言及したように、比較法的観点からは、「自覚的摂取の時代」に先行して、日本にはドイツ法学に依拠した「法学的摂取の時代」が存在している。この時代は、時期的にはそれほど長い期間ではないが、[24] 日本の法の存在形態を不可逆的に規定したという点で、極めて重要な時期であったものと考えられる。現行刑事訴訟法についても、團藤重光に象徴されるように、戦前・戦時において、大陸法の施行枠組みに基づいて刑事訴訟法の体系を学問的に構築していた法学者が立法過程に関わり、法律の制定から公布の間にいち早く概説書を出版してその内容の「注釈」を行っていることが、異なる法文化の影響を受けた法典の定着に寄与したことは言うまでもない。[25] また、戦後において「戦後民主主義」の価値を高く見積もり、正当性の危うい日本国憲法の理念を守ろうとしてきたのは、既存の法学と意識的な「断絶」を図ろうとする「戦後法学」の担い手たちであった。[26]

「法学的摂取」の結果として不可逆に変化した日本の法と法学の関係がどのようなものであったのか（あるのか）、基礎法学全体の問いとして、検討を加える必要があるであろう[27]。

これらの課題は、いずれも別途の研究を必要とするものであり、今後の検討に委ねることとしたい。

（1）以下の文中の章節の表示は、本書の中で主としてその問題を扱った箇所であるが、叙述が重複している場合もあるため、必ずしも厳密に区分されたものではない。
（2）「〈研究会〉ポツダム命令よどこへ行く」『ジュリスト』一号（一九五二年）四六頁以下。
（3）越川純吉『日本に存在する非日本人の法律上の地位（特に共通法上の外地人について）』（司法研修所、一九四九年）一四七頁以下。この「相当の嫌疑」は、同年九月一九日付の「民事及刑事裁判権に関する覚書の修正に関する覚書」により「相当の証拠」に改められ、要件が厳格化された。
（4）山本武利『GHQの検閲・諜報・宣伝工作』（岩波書店、二〇一三年）一一頁以下。
（5）ジョン・ダワー／三浦陽一・高杉忠明訳『敗北を抱きしめて――第二次大戦後の日本人　上』（岩波書店、二〇〇一年）二七一頁以下。
（6）山本英政『米兵犯罪と日米密約――「ジラード事件」の隠された真実』（明石書店、二〇一五年）。
（7）天川晃「日本本土の占領と沖縄の占領」同『占領下の日本――国際環境と国内体制』（現代史料出版、二〇一四年）。なお、福永文夫『日本占領史　1945-1952　東京・ワシントン・沖縄』（中央公論新社、二〇一五年）も参照。
（8）大沼保昭『〔新版〕単一民族社会の神話を超えて』（東信堂、一九九三年）、金太基『戦後日本政治と在日朝鮮人問題』（勁草書房、一九九七年）等を参照。
（9）竹前栄治訳『米国陸海軍　軍政／民事マニュアル』（みすず書房、一九九八年）。
（10）セオドア・コーエン／大前正臣訳『日本占領革命　上』（TBSブリタニカ、一九八三年）三一頁以下。
（11）T・J・ペンペル／畠山弘文訳「占領下における官僚制の「改革」――ミイラとりのミイラ」坂本義和・R・E・ウォード編『日本占領の研究』（東京大学出版会、一九八七年）二八七頁以下。
（12）A・C・オプラー／和田英夫・中里英夫訳「連合国占領下における日本の法制度および司法制度の改革」『法律時報』四五巻四号（一九七三年）五一頁。
（13）「昭和二十一年勅令三百十一号等の改正法律案に関する総司令部法務部係官との会談録（第五回）」最高裁判所事務局渉

外課『昭和二十三年十月　渉外月報特別資料（四～六合併号）』一五八頁以下。

（14）自治大学校編『戦後自治史Ⅸ（警察および消防制度の改革）』（自治大学校、一九六七年）一六〇頁〔久山秀雄発言〕。

（15）松尾浩也「総説」同『刑事訴訟の理論』（有斐閣、二〇一二年）一七頁。

（16）佐藤達夫「ポツダム命令についての私録（4）」『自治研究』二八巻七号（一九五二年）二三頁以下。

（17）潮見俊隆・松井康浩「戦後の日本社会と法律家」潮見俊隆編『岩波講座現代法（6）現代の法律家』（岩波書店、一九六六年）一三四頁以下。

（18）小熊英二『〈民主〉と〈愛国〉――戦後日本のナショナリズムと公共性』（新曜社、二〇〇二年）、道場親信『占領と平和――〈戦後〉という経験』（青土社、二〇〇五年）等。

（19）松尾前掲「日本における刑事手続の過去、現在、そして未来」同前掲『刑事訴訟の理論』四二五頁。

（20）詳しくは、拙稿「戦時・戦後初期の日本の法学についての覚書（1）～（2）――「戦時法」研究の前提として」『桐蔭法学』一九巻二号～二〇巻一号（二〇一三年）を参照されたい。

（21）雨宮昭一『戦時戦後体制論』（岩波書店、一九九七年）、山之内靖『総力戦体制』（筑摩書房、二〇一五年）等。

（22）この点に関しては、小野博司・出口雄一・松本尚子編『戦時体制と法学者　1931～1952』（国際書院、二〇一六年）を参照されたい。

（23）天川晃『占領下の神奈川県政』（現代史料出版、二〇一二年）等。

（24）野田良之「日本における外国法の摂取：序説」伊藤正己編『岩波講座現代法⒁　外国法と日本法』（岩波書店、一九六六年）一七一頁以下。

（25）三井誠「團藤博士の刑事訴訟法理論」『論究ジュリスト』四号（二〇一三年）三七頁以下。

（26）拙稿「「戦後法学」の形成――一九五〇年代の社会状況との関係から」「年報日本現代史」編集委員会編『戦後システムの転形（年報日本現代史⒇）』現代史料出版（二〇一五年）三七頁以下を参照されたい。

（27）曽根威彦・楜沢能生編『法実務、法理論、基礎法学の再定位――法学研究者養成への示唆』（日本評論社、二〇〇九年）、「〈特集〉実定法学の基礎法学」『法律時報』八三巻三～四号（二〇一一年）を参照されたい。

あとがき

　本書は、筆者がこれまでに公表した論考のうち、刑事司法制度改革を中心とする戦後法制改革、及び、その前提となる占領管理体制の法的構造に関するものを集めて一書としたものである。戦後法制改革については、これを法の継受の観点から分析することにより、戦前との「断絶」のみならず「連続」の側面についても視野に入れた筆者なりの歴史像を提示し、かつ、これまであまり分析の俎上に載せられて来なかった占領管理体制の複雑な法的構造については、重層化された委任法令のあり方を中心として描き出すことを試みた。これらの試みがどの程度成功しているかは、勿論、読者の判断に委ねることとしたいが、七〇年以上が経過した「戦後」とは果たして何だったのか、という、近時とみに大きな意味を持つようになった問いに対して、本書の叙述が多少なりとも寄与するところがあるならば、筆者としてはこれ以上の喜びはない。

　本書に収録した論考の初出は以下の通りである。転載を快く許諾していただいた方々に、この場を借りて御礼を申し上げたい。このうち第三章第一節は、同時期に別の媒体でやや力点を異にして執筆した二本の論考を統合したものである。シンポジウム報告を元にした第四章第二節は、当日配布した史料を中心に大幅に加筆を行った。これ以外の論考に関しては、原則として発表当時のままとしたが、一書としてまとめるにあたって表現の統一を図り、また、構成を一部組み換える等、必要に応じて適宜加筆修正を行っている。書誌情報等についても可能な限り更新するよう務めたが、執筆時から進展した研究動向を十分に内容に反映させることが出来なかった部分も多いことを、筆者の非才と共にここに明記しておく。なお、第三章第二節の他、序章及び終章も新稿として書き下ろした。

第一章　「戦後占領期日本の法制改革研究の現況と課題」『法制史研究』五六号（二〇〇七年）

第二章第一節　「ＧＨＱの司法改革構想から見た占領期法継受――戦後日本法史におけるアメリカ法の影響に関連して」『法学

政治学論究』四四号（二〇〇〇年）

第二章第二節　「ＧＨＱの司法改革構想と国民の司法参加——占領期法継受における陪審制度復活論」『法学政治学論究』四九号（二〇〇一年）

第三章第一節　「検察審査会法制定の経緯——ＧＨＱにおける議論を中心に」『法律のひろば』六二巻六号（二〇〇九年）、「検察審査会法制定の経緯」『法社会学』七二号（二〇一〇年）を元に再構成

補　論　「検察補佐官から検察事務官へ」『研修』七三七号（二〇〇九年）

第三章第二節　新稿

第四章第一節　「「亡命ドイツ法律家」アルフレッド・Ｃ・オプラー——異文化接触としての占領期法制改革」『法学研究』八二巻一号（二〇〇九年）

第四章第二節　「トーマス・Ｌ・ブレークモアと日本法——東京帝国大学の学生として、ＧＨＱの法律スタッフとして」Proceedings of The Symposium Honoring the Contributions and Career of Thomas L. Blakemore entitled Law and Practice in Postwar Japan: The Postwar Legal Reforms and Their Influence, The International House of Japan and The Blakemore Foundation, 2010を元に改稿

第五章　「占領管理体制の法的特質」鈴木秀光他編『法制史学会六〇周年記念論文集　法の流通』（慈学社、二〇〇九年）

第六章第一節及び第二節　「憲法秩序の変動と占領管理体制——「日本国憲法施行の際現に効力を有する命令の規定の効力等に関する法律」（昭和二二年法律第七二号）の制定及び改正過程を中心として」『桐蔭法学』一四巻二号（二〇〇八年）

第七章第一節及び第二節　「「占領目的に有害な行為」と検察官の起訴猶予裁量——占領下における刑事司法の管理と法制改革の交錯」『桐蔭法学』一二巻一号（二〇〇五年）

第七章第三節　「「占領目的に有害な行為」に関する検察官の起訴猶予裁量の運用——「連合国占領軍、その将兵又は連合国占

領軍に附属し、若しくは随伴する者の財産の収受及び所持の禁止に関する政令」（昭和二二年政令第一六五号）の制定過程を中心として」『桐蔭法学』一七巻二号（二〇一一年）

初出年次を一覧いただけば明らかであるが、筆者は、戦後法制改革の分析から出発し、やがて、戦後法制改革を可能とし、かつ、その限界ともなった占領管理体制のあり方に関心を移し、両者の関係性について考えるようになっていった。本書の終章において述べたように、現在の筆者の問題関心は、この両者の更なる前提条件をなす「戦時法」と、その帰結として形成された「戦後体制」、更に、戦後体制の重要な構成要素となった「戦後法学」へと展開しつつあるが、その作業の前提としても、これまでの成果を一書にまとめることは、次の段階に研究を進める上で、筆者にとって不可欠の作業であった。

本書に収めた後期博士課程在籍時から約一〇年間の研究成果は、その期間の割には内容の乏しいものではあるが、それでも、このような形で世に問うことが出来るようになるまでには、言うまでもなく多くの方の支えがあった。そこで、本書を閉じるにあたって、感謝の思いを申し述べたい。

まず、岩谷十郎先生（慶應義塾大学教授）には、筆者の慶應義塾大学法学部から慶應義塾大学大学院法学研究科前期博士課程を通じての指導教授としてだけでなく、大学院を出てから現在に至るまで、懇切な指導を賜っている。学部時代に、岩谷先生のゼミにおいて法制史（法史学）という学問の面白さに触れることがなかったら、今の筆者は存在しない。研究者を志して前期博士課程に進んだばかりの、既存の法制史学の分析枠組みに漠然とした違和感を抱きながらも研究の方向性を定めることが出来ずにいた筆者に、本書の随所で引用した、伊藤正己編『岩波講座現代法⒁　外国法と日本法』（岩波書店、一九六六年）の閲読を勧めて下さり（その後、神保町の古書店で同講座全一五冊を揃いで購入し、自宅までそのまま手で持ち帰ったことを今でも覚えている）、また、本書の主要な登場人物であるオプラーの回顧録とGHQ／SCAP文書の所在を示唆して下さったのも岩谷先生であった。修士論文の提出間際、当時はまだ電子メールは普及していなかったため、フランスに留学されていた岩谷先生からファックスで、最後は国際電話で論文指導をいただいたことも、今となっては懐かしい思い出である。研究者としての来し方のほぼ全てにわたってお世話になって来たため、何をもって御礼に代えることが出来るのかわからないというのが率直なところであるが、本書が、岩谷先生の長きにわたる学恩に少しでもお答え出来るものになっていることを祈るばかりである。また、森征一先生（慶應義塾大学名誉教授）には、慶應義塾大学大学院法学研究科後期博士課程において指導教授をお引き受けいただき、その該博な知見に多くのことを学ばせていただいた。本書第四章第一節に収めた論考は森先生の退職記念論文集のために執筆したものであるが、外国語に堪能な森先生の花道を筆者なりに飾ろうと、なるべくドイツ語・フランス語の文献を多く盛り込もうと苦闘したことを思い出す。

上記のお二人の直接の指導教授の他にも、法制史学会においては、多くの先生方からのご指導をいただいている。川口由彦先生（法政大学教授）、村上一博先生（明治大学教授）には、関東圏の私立大学の若手研究者を中心とした「日本近代法史研究会」を始めとする様々な機会において貴重な指導をいただいている。川口先生には、筆者が初めて行った法制史学会における拙い報告において、司会を引き受けていただいた。また、林真貴子先生（近畿大学教授）、宮平真弥先生（流通経済大学教授）には、筆者が大学院生としてオブザーバー参加した岩谷ゼミと川口ゼミとのインターゼミや、各地方での泊りがけの文書調査等を通じて、研究者としての心構えを一から学ばせていただいた。山中永之佑先生（大阪大学名誉教授）には、筆者が後期博士課程在籍中から近現代法史の概説書の執筆に継続的にお誘いいただき、それ以降、重みのある厳しいご指導を折に触れていただいている。水林彪先生（早稲田大学特任教授）には、水林先生が一橋大学在籍時に主催されていた「比較近代法史研究会」（通称「日曜研究会」）をきっかけに、そのスケールの大きな歴史構想に触れる機会を与えていただいた。同研究会を母体として、二〇一〇年に松本尚子先生（上智大学教授）とともに立ち上げた「戦時法研究会」は、現在でも筆者に貴重な思索の場を与えてくれている。更に、これらの研究会を通じて、宇野文重氏（尚絅大学准教授）、児玉圭司氏（舞鶴工業高等専門学校准教授）、小野博司氏（神戸大学准教授）、小石川裕介氏（後藤・安田記念東京都市研究所研究員）、山口亮介氏（北九州大学准教授）、岡崎まゆみ氏（帯広畜産大学講師）等の近代法史研究を志す若手研究者と知り合い、共に研鑽を積むことが出来たのは、専門の近い兄弟弟子の少ない筆者にとって大変にありがたいことであった。

一方で法制史学は、筆者が研究に取り組もうとしていた当時、戦後期についての蓄積に乏しい側面があった（この状況は、研究を志したときと残念ながらあまり変わっていない）。そのための出稽古のつもりで、後期博士課程一年の時に何の伝手もないまま参加したのが、歴史ある「占領史研究会」の後進にあたる「占領・戦後史研究会」である。同研究会において触れることの出来た緻密な史料実証の手さばきと、「戦後」という時代に取り組むための鋭敏な方法論は、研究会のフレンドリーな雰囲気とも相俟って、筆者の現在に至るまでの研究手法に大きく影響を与え続けている。同研究会において現在に至るまで大変にお世話になっている、「占領史研究」のパイオニアである天川晃先生（横浜国立大学名誉教授）を始め、同会の歴代代表を務められた植村秀樹先生（流通経済大学教授）、福永文夫先生（獨協大学教授）、雨宮昭一先生（茨城大学名誉教授・獨協大学名誉教授）、河野康子先生（法政大学名誉教授）、事務局を務められた高野和基先生（二松学舎大学教授）、小倉裕児先生（創価大学教授）に感謝を申し上げたい。なお、二〇一一年から二〇一五年まで、筆者は力不足ながらも同会の代表を務め、その際に『年報日本現代史』の特集を企画する機会に恵まれたが（『年報日本現代史』編集委員会編『戦後システムの転形（年報日本現代史20号）』（現代史料出版、二〇一五年））、このことが、同会にとって少しでもプラスになっていればと願うばかりである。

勿論、上記二つの学問的集団以外にも、筆者が参加させていただいている学会・研究会は数多くあり、常に学問的刺激を受け続けているが、紙幅の関係から、これらの場でお世話になっている全ての方のお名前を上げることは叶わない。この場を借りてその学恩に御礼を申し上げ、今後も引き続いて共に勉強させていただきたい旨の希望を述べるに留めたい。

本書に収めた研究を進めるにあたっては、国立国会図書館憲政資料室・国立公文書館・外交史料館・慶應義塾大学三田メディアセンターを始めとする史料所蔵機関に大変にお世話になった。個人文書研究の色彩の強い第四章に収録した論考に関するものを始めとして、史料調査に際しては多くの方にお世話をおかけしたが、その中でも特にお二方に、記して感謝を申し上げたい。お一方は、故高山京子氏（元法務図書館）である。筆者が後期博士課程在籍中、法務図書館に残されていた「未整理図書」の整理・目録化作業に従事する過程でいただいた厳しくも温かい言葉の数々は、今となっては忘れ難い。もうお一方は、海野優氏（ＵＲＴＡ）である。アメリカ国立公文書館における調査を行う際にいただいた家族ぐるみでのご助力は、筆者が覚束ない英語で現地での調査を進める上で、大変に心強いものであった。法務図書館・アメリカ国立公文書館所蔵史料の双方とも、本書に収めた論考ではなお十分に活かし切れていないが、今後の研究で更に分析を深めていきたいと考えている。また、本書に収めた論考の執筆過程は、史料をめぐる状況が大きく変わっていく時期と重なっている。執筆当時は所在すら不明であった史料が公開されて閲覧出来るようになり、更に、デジタルアーカイブも格段に整備されている。本書をまとめるにあたっては、このような史料状況の変化を十分に反映させることは叶わなかった。この点も、他日を期すこととしたい。

本書第二部に収めた論考のほとんどは、現在筆者が勤務している桐蔭横浜大学法学部の紀要に公表したものであるが、これらの執筆は、大学を取り巻く環境が厳しさを増す中で定期的に研究会を開催し、学術研究の営為を続けようとたゆまぬ努力を続けている先輩・同僚の姿を眺めながら行われたものである。本書が、このような営為に答えるものになっていればと思わずにはいられない。

本書の出版に際しては、慶應義塾学術出版基金の助成を受けることが出来た。関係各位に御礼を申し上げたい。また、本書に収録した論考には、科学研究費補助金（基盤研究（B）：二〇〇四～〇六年度、若手研究（B）：二〇〇七～〇八年度、挑戦的萌芽研究：二〇一一～一二年度）の成果が含まれている。

出版に至るまでの過程においては、慶應義塾大学出版会第一出版部の岡田智武氏に、大変にお世話をおかけした。まとまりなく書かれた筆者の論考が有機的に結びつき、一書としての存在感を示すことが出来ているとするならば、それは、全編にわたる綿密な岡田氏の校閲と助言によるものである。その辛抱強いご尽力に、心よりの謝意を示させていただきたい。

最後に、私事にわたって恐縮ではあるが、筆者をいつも支えてくれている家族に、この場を借りて感謝の念を伝えたい。無軌道で不摂生な筆者が、ともかくもここまで研究を続けることが出来たのは、家族の存在あってのことである。

なお、筆者が前期博士課程在籍中に急逝した父に、研究者として一書をまとめるに至ったことを伝えることが出来ないのは、やむを得ないこととはいえ、やはり断腸の思いである。学部時代にバーで二人でウィスキーを飲みながら、実は大学院に進みたいのだと相談した際、「そういう道も案外悪くない、インド哲学なんてどうだ」と、父らしい不器用さで背中を押してくれたことが、現在の筆者へと繋がっている。本書を亡き父の墓前に捧げることを許されたい。

二〇一七年三月

出口雄一

ら行

わ行

は行

ま行

や行

さ行

た行

な行

人名索引

ら行

欧文・略称ほか

ま行

や行

は行

た行

な行

さ行

事項索引

あ行

か行

出口 雄一（でぐち ゆういち）
桐蔭横浜大学法学部教授。1972 年生まれ。慶應義塾大学法学部法律学科卒業、慶應義塾大学大学院法学研究科公法学専攻後期博士課程単位取得退学。
専攻領域：日本近現代法史、法文化論。
著書に、『戦時体制と法学者　1931 ～ 1952』（共編著、国際書院、2016 年）、『憲法判例からみる日本――法×政治×歴史×文化』（共編著、日本評論社、2016 年）、『戦後システムの転形（年報日本現代史 20 号）』（共著、現代史料出版、2015 年）ほか。

戦後法制改革と占領管理体制

2017 年 5 月 31 日　初版第 1 刷発行

著　者――――出口雄一
発行者――――古屋正博
発行所――――慶應義塾大学出版会株式会社
〒 108-8346　東京都港区三田 2-19-30
ＴＥＬ〔編集部〕03-3451-0931
〔営業部〕03-3451-3584〈ご注文〉
〔　〃　〕03-3451-6926
ＦＡＸ〔営業部〕03-3451-3122
振替 00190-8-155497
http://www.keio-up.co.jp/
装　丁――――鈴木　衛
印刷・製本――萩原印刷株式会社
カバー印刷――株式会社太平印刷社

Printed in Japan ISBN978-4-7664-2433-1